普通高校经济管理类精品教材

管理学

MANAGEMENT

陈爱祖　主　编
吴长莉　副主编

清华大学出版社
北　京

内容简介

管理的载体是组织，组织是一个系统。本书以此为出发点，按照什么是管理及管理是如何产生和发展的—管理应遵循哪些基本规律—管理应做哪些具体工作的逻辑，以管理导论篇、管理原理篇和管理职能篇组成全书的基本架构。

在管理导论篇中，描述了组织的概念、组织系统模型，分析了管理的内外部环境；介绍了管理的基本知识、基础工作、基本方法以及管理学的特点、研究方法；以西方早期管理实践和古典管理理论、行为科学理论、管理科学理论、现代管理理论为主要内容介绍了西方管理理念的产生与发展；以古代管理、现代管理和当代管理为主线介绍了中国管理思想的产生与发展。

在管理原理篇中，以系统思想为指导，按照导论篇构建的组织系统模型，介绍了组织管理应遵循的以人为本、组织文化、诚实守信、社会责任等基本理念；以及由系统原理、结构功能原理构成的结构原理，由动态原理、闭环管理原理、和谐管理原理等组成的运行原理，由利益相关者满意原理、效益原理和可持续发展原理组成的绩效原理等基本内容。

在管理职能篇中，在借鉴经典管理职能理论的基础上，结合管理实践的发展与需要，按照管理职能之间相互作用的逻辑关系，分别介绍了决策职能、计划职能、组织职能、领导职能、激励职能、协调职能、控制职能和创新职能等管理职能的基本概念、基本理论以及基本方法等内容。

本书既可作为高等院校经济管理类专业本科生教材和相关学科研究生的参考教材，也可作为营利性组织和非营利性组织管理人员学习与工作的参考借鉴。

图书在版编目(CIP)数据

管理学/陈爱祖主编. --北京：清华大学出版社，2013 (2019.1重印)
(普通高校经济管理类精品教材)
ISBN 978-7-302-33194-0

Ⅰ.①管… Ⅱ.①陈… Ⅲ.①管理学—高等学校—教材 Ⅳ.①C93

中国版本图书馆CIP数据核字(2013)第159097号

责任编辑：杜 星 左玉冰
封面设计：汉风唐韵
责任校对：王荣静
责任印制：刘祎淼

出版发行：清华大学出版社
网　址：http://www.tup.com.cn，http://www.wqbook.com
地　址：北京清华大学学研大厦A座　**邮　编**：100084
社 总 机：010-62770175　**邮　购**：010-62786544
投稿与读者服务：010-62776969，c-service@tup.tsinghua.edu.cn
质 量 反 馈：010-62772015，zhiliang@tup.tsinghua.edu.cn
印 装 者：河北纪元数字印刷有限公司
经　销：全国新华书店
开　本：185mm×260mm　**印　张**：20　**字　数**：486千字
版　次：2013年8月第1版　**印　次**：2019年1月第6次印刷
定　价：45.00元

产品编号：053099-02

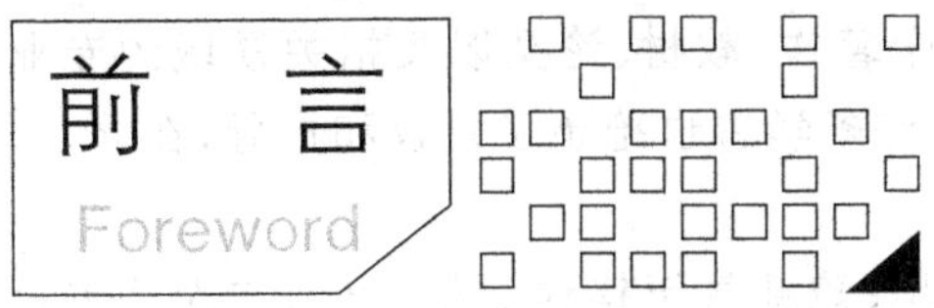

管理学是管理类专业的一门专业基础课，学好管理学对于学习专业课程和从事管理实践活动具有重要指导意义。

管理已成为一种社会现象，且越来越受到重视。原因在于：一是管理本身具有客观规律性。如管理的载体都是组织，组织与环境相互依存、相互作用，实现组织目标是所有组织的基本任务，都需要实施决策、计划、组织、领导、激励、协调、控制和创新等管理职能。因此，不尊重管理的客观规律，必然会受到惩罚。二是学习管理学是经济社会发展的客观需要，比如资源的有限性、竞争的残酷性、组织目标的多样性、环境的易变性等都决定了必须重视管理、加强管理。基于以上认识，本书从管理的载体是组织，组织是一个系统的观点出发，力图从以下几个方面有所强调。

首先，按照什么是管理及管理理论是如何产生和发展的—管理应遵循哪些基本规律—管理应做哪些具体工作的逻辑，以管理导论篇、管理原理篇和管理职能篇组成全书的基本架构。

其次，管理导论篇首先从管理载体和管理环境导入，使学者牢牢把握一切管理活动都是通过组织进行的这一基点，准确把握、深刻理解组织的概念、组织系统模型，对学好管理学、用好管埋学具有重要作用。充分认识组织与环境相互制约、相互作用的关系，有助于正确处理组织与环境的关系。

再次，管理原理篇按照导论篇构建的组织系统模型，介绍了组织管理应遵循的以人为本、组织文化、诚实守信、社会责任等基本理念；突出了利益相关者和组织的可持续发展，使学者养成在管理中遵循：树立先进的管理理念—构建科学合理的结构—实施严格的运行管理—谋求组织预期绩效的基本规律，为学好管理学、用好管理学奠定思想基础。

最后，管理职能篇在借鉴经典管理职能理论的基础上，结合管理实践的发展与需要，按照管理职能之间相互作用的逻辑关系，分别介绍了决策职能、计划职能、组织职能、领导职能、激励职能、协调职能、控制职能和创新职能等管理职能的基本概念、基本理论以及基本方法等内容，分析了维持、持续改进和创新的关系。

全书由陈爱祖任主编，吴长莉任副主编。具体编写分工如下：韩娜撰写第一章至第三章，郭宝珍撰写第四章、第六章和第十一章，吴长莉撰写第五章、第七章和第九章，刘满洲撰写第八章、第十章，尚鹏飞撰写第十二章至第十四章，陈爱祖、马立红撰写第十五章。

本书在编写过程中，参考了大量的国内外管理学著作、教材、论文以及相关领域的专业书籍，得到了河北科技大学的大力支持和帮助，同时许多学者也给予了建议和指导，在此，一并致谢！

由于编者的知识和能力有限，书中难免存在不足、疏漏甚至错误之处，恳请广大读者批评指正，我们将以此为鉴，持续改进、不断完善。

编　者

2013 年 5 月

目　录

Contents

第一篇

管理导论

本篇主要介绍了管理及其管理理论的产生与发展。

主要内容是：描述了组织的概念、组织系统模型，分析了管理的内外部环境；介绍了管理的基本知识、基础工作、基本方法以及管理学的特点、研究方法；以西方早期管理实践和古典管理理论、行为科学理论、管理科学理论、现代管理理论为主要内容介绍了西方管理理念的产生与发展；以古代管理、现代管理和当代管理为主线介绍了中国管理思想的产生与发展。

通过本篇的学习，应牢牢把握一切管理活动都是通过组织进行的这一基点，准确把握、深刻理解组织的概念、组织系统模型，对学好管理学、用好管理学具有重要作用。同时，组织和环境相互依存、相互作用，充分认识环境对组织管理的作用有助于正确处理组织与环境的关系。管理的基本知识、基础工作、基本方法以及管理学的特点、研究方法对学好管理学、用好管理学提供了最基本的理论基础。学习西方管理理论和中国管理思想，对于了解管理理论的产生与发展具有重要意义，既要学习基本理论，又要做到洋为中用、古为今用、取其精华、去其糟粕，指导管理学习和管理实践。

第一章

管理概述

学习目的和要求：

通过本章的学习，应深刻认识管理的必要性，掌握管理的载体以及管理所面对的各种环境，理解组织的系统模型以及组织的分类；准确理解管理的概念和内涵；了解管理的特点，掌握管理的自然属性与社会属性的统一、科学性与艺术性的统一及其内在规律与现实意义；了解管理的基础工作和基本方法；了解管理学的研究对象与学科特点，掌握管理学研究对象的范围、种类以及主要的研究内容；了解学习和研究管理学的方法，区分管理的方法与管理学的研究方法，掌握管理学研究方法的实质，培养运用基本管理理论去思考实际管理问题，提高有效管理方法的创新研究能力。

第一节　管理载体与管理环境

管理学是研究如何合理组织和协调人类活动，以提高稀缺资源利用效率、增加人类福利的科学。人类的所有活动，从根本上说，都是为了增加自己的福利，改善自己的生存和发展条件。因此，人类的发展史就是朝着这个永恒的目标不断追求和进步的历史。管理思想和管理理论是人类在这种漫长的过程中不断思考和探索的结晶，现代管理学正是在这些思考和探索的基础上，逐步形成和发展成熟的。

从广义角度讲，人类的任何活动都需要进行统筹安排和协调。即管理的客体既可以是个人单独开展的活动，也可以是由若干个人组成的集体活动。但是人类在适应和改造自然的过程中已逐渐意识到集体的力量，集体活动可以实现人们个别、孤立的活动所无法取得的成果。因而，人类的大多数活动都是以某种方式有组织地集体开展的。所以，现代管理学所研究的对象主要是人类有组织的集体活动，而非个体活动。

一、管理载体

要实施管理就必须有一个载体，管理的载体就是组织。

（一）组织的定义

管理是伴随着组织的出现而产生的，是协作劳动的必然产物。不论是好还是坏，组织对社会都有着强大的影响。如大多数人在医院（组织）里出生，在公立或私立学校（都是组织）接受教育，向企业（组织）购买所有需要的消费产品和服务，而且，人们的行为在很大程度上受到各种政府机构（也是一种组织）的影响。

德国社会学家马克斯·韦伯（Max Weber）认为：组织是组织成员为追逐共同的目标和从事特定的社会活动而联结起来的整体。系统组织理论创始人美国管理学家切斯特·巴纳德（Chester I. Barnard）认为：由于生理的、心理的、物质的、社会的限制，人们为了达到个人的和共同的目标，就必须合作，于是形成群体，即组织。正式组织是有意识地协调两个或两个以上的人的活动与力量的体系。在组织的定义中，影响比较大的有三种。

从结构论的角度看，组织是为了达到某种特定目标，经过分工与合作以及不同层次的权利和责任体系而构成的具有正式关系的人的集合。该定义包含三重含义：共同的目标、分工与协作、权利与责任体系。从行为论的角度看，组织是两人或两人以上有意识加以协调的活动或效率系统。该定义强调了组织不仅是由两人或两人以上组成的一个系统，而且是一个效率系统。从系统论的角度看，组织是开放的社会系统，具有许多相互影响、共同工作的子系统，当一个子系统发生变化时，必然影响其他子系统和整个系统的工作。该定义强调了组织是一个开放的大系统，在这个大系统内存在着具有共同目标的若干个子系统，每个子系统之间具有相互联系、相互依赖的关系。

从发展观点看，组织定义应突出组织的主体特征和系统特征。因此，本书将组织定义为：组织是以人为主体，为了达到某些特定目标，以相互作用、相互制约的资源为基础构成的开放性社会技术系统。其基本含义是：

第一，人是组织的核心。组织的发展离不开人，必然由人特别是组织的领导者产生对组织发展的思考，形成组织理念，引领组织的行为。

第二，组织存在的理由是要实现特定的目标。组织作为一个社会系统，其目标是利益相关者需求得以满足，并达到有机统一、和谐一致。

第三，为了实现组织目标，必须有实现目标的载体——产品。生产产品需要一定的资源，并对这些资源进行有效的管理。

第四，组织是一个系统，各种资源相互作用、相互制约，是一个有机体系。

第五，组织必须是一个开放的社会技术系统，它具有三重含义：一是组织与环境相互依存，进行各种物质、信息和能量的交换；二是组织成员之间、组织成员与组织之间是一种协作关系；三是组织的技术系统对组织成员、对群体行为方式以及对组织的组织方式、管理方式具有影响。

（二）组织系统

组织是一个系统，是存在于环境中的由人、群体、态度、动机、相互作用、目标、职权、资源等相互依赖的多种要素组合而成的一个复杂系统，并且是一个开放系统。组织要想保持生存和永续发展，就必须从外界环境中获取内部活动所需要的各种资源，并通过内部对这些资源进行合理分配，转换为成果，输出到外部环境中去，如图1-1所示。除了组

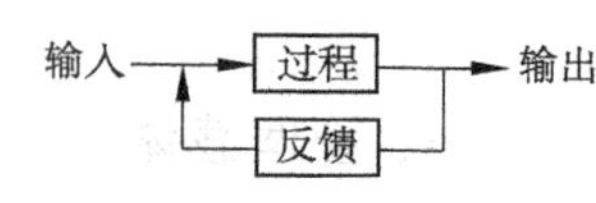

图1-1 组织系统图

织与外界环境之间实物的交换外,信息沟通具有更为重要的作用。一方面,组织需要根据环境所提供的信息,来决定自身的产出并调整内部的活动。同时,组织通过产出物所反映的信息来影响环境,改变环境对组织的认识和态度,从而改变组织在环境中的地位和作用。另一方面,组织通过搜寻能反映环境特征及其变化趋势的信息,主动适应环境的变化。

需要注意的是,系统的组成要素本身通常也是系统,称之为子系统,许多子系统还可以继续进一步分解为更小的子系统。同理,系统既然可以分解为子系统,也可以彼此结合成为更大的系统。因此,对于系统的边界做出恰当的定义就显得十分重要。定义了系统的边界,就确定了管理者应当考虑的范围。系统边界以外的事物就可以被视为环境的一部分。系统边界定义得过窄或过宽都不利于管理者的决策。定义得过于狭窄就会忽略掉系统要素之间的重要联系;而边界扩展得过于宽泛,则会增加问题的复杂性。系统边界的定义有着高度的艺术性,在很大程度上依赖于管理者的经验、技能和判断力。

(三) 组织系统模型

组织系统模型是指组织系统架构。组织系统模型包含理念子系统、结构子系统、运行子系统和绩效子系统四个子系统,如图 1-2 所示。

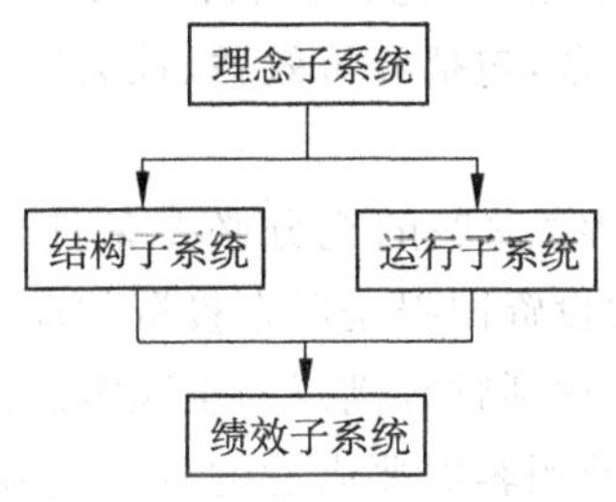

图 1-2 组织系统模型

1. 理念子系统

理念是组织对某人或某物的基本看法和持有的观点。组织理念子系统是指由组织若干理念构成的体系,可以包括组织文化、经营思想、经营战略、经营目标等,核心是组织文化。

理念子系统是组织管理的顶层设计,具有统帅作用,是组织发展的定位系统。理念子系统对组织具有决定性作用,决定着组织的结构、运行和绩效子系统。只有具备一个明确的理念子系统,整个组织才能在其统领下,充分发挥各子系统的功能,以较高的效率、较好的效果达到组织最终的目标。无论是何种组织,只有针对组织自身实际并根据环境需求构建确实可行的理念子系统,并具体化到组织的结构子系统、运行子系统,固化到全体员工的思想中,落实于全体员工的行动中,成为全体员工的自觉意识和行为,才能不断提高管理绩效。

2. 结构子系统

结构是指系统整体各部分的搭配和安排。结构子系统是指根据组织发展需求,对资源配置的框架体系,包括产品结构、人力资源结构、资产结构、组织治理结构、组织结构、组织制度等,关键是结构合理、比例协调。

结构子系统决定了子系统的功能。如产品结构决定了组织为顾客提供的服务功能;组织结构决定了组织分工协作关系和部门间的责权利关系,组织结构不合理、比例不协调必然造成组织功能过剩或组织功能不足。

结构子系统决定着运行子系统。比如汽车结构设计不合理，就会给操作带来困难，甚至造成操作失误。由于结构不合理带来的运行问题不胜枚举，如大量企业因为固定资产、流动资产、净资产、所有者权益、资产负债率等资产结构不合理引起资金链条断裂，导致企业破产倒闭。

结构子系统在组织管理中具有承上启下的作用，合理的结构子系统是组织稳定及正常运行的基础。

3. 运行子系统

运行是指组织的运营过程。运行子系统是组织业务管理子系统的总和，包括经营决策子系统、质量管理子系统、生产运作管理子系统、财务管理子系统、人力资源管理子系统、信息管理子系统等，关键是执行力，核心是形成组织的核心竞争能力。

运行决定成败。汪中求先生在《细节决定成败》一书中写道："中国绝不缺少雄韬伟略的战略家，缺少的是精益求精的执行者；绝不缺少各类规章制度、管理制度，缺少的是对规章制度不折不扣地执行。"提高执行力的一个重要问题就是在科学合理的结构子系统的基础上，使人们把严格执行制度、标准等作为一种习惯。

4. 绩效子系统

绩效是指组织期望的结果，是组织为实现其目标而展现在不同层面上的有效输出。绩效子系统是指一组有效输出的集合，包括经济效益、社会效益、生态效益等，核心是利益相关者满意。

利益相关者满意是组织可持续发展的充分必要条件。利益相关者包括股东、顾客、员工、社会、供方等。如获得必要的投资回报是股东投资的动力；顾客是组织财富的源泉，组织依存于顾客，只有满足顾客需求，达到顾客满意乃至顾客忠诚，组织才能赢得市场，因为市场的本质是顾客需求的总和；满意的顾客需要满意的员工创造，员工的报酬、成长、价值实现程度影响着员工的满意程度，影响着员工积极性、主动性和创造性的发挥；组织必须依法运营，承担保护环境、节约资源等社会责任，满足社会发展与进步的需要；供方的质量、成本、交货期影响着组织的绩效，组织与供方之间应是合作共赢关系。

总之，理念子系统处于组织管理的最顶层，具有定位和统帅作用，直接决定着组织的结构子系统和运行子系统，对绩效子系统具有导向作用。一个组织具有符合社会发展的理念子系统不见得马上成功，但一个组织没有一个符合社会发展的理念子系统注定失败。结构子系统和运行子系统是理念子系统的具体化，受理念子系统的制约。结构子系统和运行子系统具有辩证统一关系。结构子系统影响组织运行状态，同时，根据运行状态应不断调整结构子系统。绩效子系统是理念子系统、结构子系统和运行子系统综合作用的结果。理念子系统对绩效子系统具有指导作用；结构子系统的直接表现是结构子系统的功能，功能的实现程度就是绩效；运行子系统直接决定了绩效子系统。因此，组织管理必须从系统的角度出发，统筹兼顾。在充分分析所处环境的条件下，确定正确的理念子系统，设计科学合理的结构子系统，严格管理运行子系统，实现利益相关者满意的绩效子系统。

（四）组织的类型

按照不同的分类标准，可以将组织分为不同的类型。

1. 按组织的性质分类

依照组织的性质，可以分为如下几类。

(1) 经济组织。经济组织是人类社会最基本、最普遍的社会组织,它担负着为人们提供物质生活资料的任务,履行着社会的经济职能。包括生产组织、商业组织和其他服务性组织。

(2) 政治组织。政治组织与阶级和政权密切相连,包括政党组织和国家政权组织。政党组织代表着本阶级利益,为本阶级提出奋斗目标,制定方针政策。国家政权组织是国家用以管理社会的重要组织形式。

(3) 文化组织。文化组织以满足人们的文化需要为目标、以文化活动为基本活动内容。包括学校、艺术团体、科研院所等。

(4) 群众组织。群众组织是社会各阶层、各领域的人民群众为更有效地开展活动而形成的社会团体。包括工会、妇联和各种协会等。

(5) 宗教组织。宗教组织是以某种宗教信仰为宗旨而形成的组织,它代表宗教界的合法利益,开展正常的宗教活动。

2. 按组织的形成方式分类

依组织的形成方式,可以分为以下几类。

(1) 正式组织。正式组织是指为了有效实现组织目标,由管理者明确规定组织成员之间职责任务和相互关系的一种结构,其组织制度和规范对成员具有正式的约束力。在正式组织中,职责关系明确,组织结构严密,整个组织围绕组织共同目标而活动。

(2) 非正式组织。非正式组织是指人们在共同工作或活动中,由于具有共同的兴趣或爱好,以共同的利益和需要为基础而自发形成的团体,它是基于共同感情而建立起来的,有一套约定俗成的行为规范,具有较强的凝聚力。在任何一个组织中,都会产生一些非正式组织,这是组织成员在满足特定需要的心理引导下,比较自然地形成的团体。它有很深的感情基础,最大特性是感情的联系和快速的信息沟通。

3. 按社会功能分类

美国著名社会学家帕森斯(T. Parsons)认为,按组织的社会功能和社会效益可将组织分为以下几类。

(1) 以经济活动为导向的组织。这类组织是以经济活动为核心,其任务包括生产物质产品和提供劳务,如公司、银行、饭店、旅社等。

(2) 以政治为导向的组织。这类组织的社会功能在于实现某种政治目的,其重点在于权力的构架和分配,如政府机关。

(3) 整合组织。这类组织的社会功能在于协调各种冲突,引导人们向某种固定的目标发展,以保持一定的社会秩序,如法院、政党等。

(4) 模型维持组织。这类组织的社会功能在于维持特定的社会形式,以确保社会的平衡发展,如学校、教会等。

4. 按照是否营利分类

依组织是否营利,可分为以下几类。

(1) 非营利性组织。非营利性组织是指那些不以营利为主要目的,而是旨在通过努力,完成某项事业或使命的组织。在我国,非营利性组织主要有两大类:一类是群众团体组织,如专业学术团体、业余爱好者协会、消费者协会、个体经济协会、工会、妇女权益保护协会、退休人员协会、退伍军人协会、宗教协会、校友会、同乡会等,这类团体数量多、分布广、社会影响大；另一类是事业性组织，包括学校、医院、图书馆、新闻媒体、出版社、文艺团体、科研院所、体育机构等。

(2) 营利性组织。营利性组织是指从事生产、流通或服务等经济活动，为满足社会需要并获取盈利，依法进行自主经营、自负盈亏，实行独立经济核算，具有法人资格的基本经济单位。

企业是一种典型的营利性组织。一般是指在社会化大生产条件下，从事生产、流通与服务等经济活动的营利性经济组织。①按照行业特点分为农业企业、工业企业、建筑企业、流通企业、运输企业、金融企业、邮电企业、旅游企业、出版企业等。其中农业企业属于第一产业，工业企业和建筑企业属于第二产业，其他企业属于第三产业。②按照生产要素所占比重分为劳动密集型企业、技术密集型企业和知识密集型企业。劳动密集型企业是指生产需要大量的劳动力，产品成本中活劳动量消耗占较大比重的企业，又称为劳动集约型企业。在劳动密集型企业里平均每个工人的劳动装备不高，如纺织企业、食品企业、日用百货等轻工企业以及服务性企业等。技术密集型企业也称资金密集型企业，是指单位产品所需要的投资较多、技术装备程度高、用人少的企业。知识密集型企业是建立在现代科学技术基础上，生产高、尖、精产品，集中大量科技人员，科研设备先进的企业，也称为知识技术密集型企业。③按照企业规模可以分为大、中、小型企业。衡量企业生产规模大小的主要标准是企业的生产能力、固定资产原值及其设备数量和职工人数等，不同工业部门有其不同的分类标准。

5. 按组织构成基础分类

依组织的构成基础，可以分为以下几类。

(1) 产权型组织。产权型组织是以产权关系为纽带构建，一般是一个精密型组织，组织成员间是利益统一体关系，主要是分工协作关系，追求整体利益最大化。

(2) 契约型组织。契约型组织是以契约关系为纽带构建，一般是一个松散型组织，组织成员间是利益共同体关系，合作与竞争并存，在追求个体利益最大化的前提下，谋求互惠共赢。

6. 按构成人员主体分类

依组织构成人员主体的不同，可以分为以下几类。

(1) 体力型组织。体力型组织是指产品或服务实现主要依赖劳动者体能，是以大量和低廉的劳动力为主体构成的组织，如建筑、服装、玩具制造等组织。

(2) 技能型组织。技能型组织是指产品或服务实现需要技术装备程度较高且比较复杂，以具备较高知识与技能的人为主体构成的组织，如机电产品制造、石油化工等组织。

(3) 知识型组织。知识型组织是指产品或服务具有较高科技含量与附加值，产品实现主要依靠创新，以高知识群体为主体构成的组织，如软件公司、咨询公司、科研院所等组织。

二、管理环境

管理环境也称组织环境，是指组织在实施管理过程中必须考虑的物质条件及社会因素的总和。任何组织都存在于一定的环境之中，环境是组织生存和发展的土壤，它既为组织的活动提供条件与发展的机会，同时也会对组织的活动起到制约作用，甚至带来威胁，所以有效的管理就必须研究组织所处的环境，充分利用发展机会，避开各种威胁。环境分为组织外部环境和组织内部环境。

（一）外部环境

管理的外部环境是指组织边界以外的，对组织运行方式有潜在影响的一组力量和条件，是一个多主体、多层次、发展变化的多维结构系统。外部环境又分为外部宏观环境和外部微观环境。

1. 外部宏观环境

宏观环境是指那些在任何时期对所有组织均能产生影响的外部环境因素，包括政治法律环境、经济环境、社会文化环境、科学技术环境、自然环境等。

（1）政治法律环境。政治法律环境是指政府对商业的管制及企业和政府的关系。主要包括政府的政治制度、政党制度、政治性团体、党和国家的方针政策、政治形势、国际关系等。

不同的国家有不同的社会制度，不同的社会制度对组织活动有着不同的限制和要求。即使社会制度不变的同一个国家，在不同的时期，由于执政党的不同，其政治方针、政策倾向对于组织活动的影响也是不断变化的。对于这些变化，组织是无法预测的，但是一旦发生了变化，其对于组织的影响是可以分析出来的。因此，组织需要对政治环境进行研究，了解政府当前支持什么、反对什么、孤立什么、限制什么，从而使组织的管理活动符合国家利益，得到政府的支持和保护。

法律环境也是一个非常重要的因素，因为特别重要的文件都是以法律的形式出现的，以便制约和限制组织的管理政策和管理方法。组织必须全面了解与本组织生产经营活动有关的各种法律政策，依法对组织进行管理，并运用法律武器保护组织的合法权益，减少不必要的损失。

（2）经济环境。一个组织所处的经济环境是指组织运行所处的经济系统的情况，是一个多元的动态系统，主要包括社会经济机构、经济发展水平、经济体制和经济政策四大要素。

社会经济机构又称国民经济机构，是指国民经济中不同经济成分、不同产业部门及社会再生产各环节在国民经济整体中相互间的适应性、量的配比性和排列关联程度。它由生产结构、分配结构、交换结构、消费结构和技术结构组成，其中生产结构最为重要。

经济发展水平是指一个国家经济发展的规模、速度和所达到的水准。反映一个国家经济发展水平的常用指标有国民生产总值、国民收入、人均国民收入、经济发展速度、经济增长速度。组织可以从这些指标中了解国家当前经济发展的全貌，可以从横、纵两个方向对经济数据进行时间序列分析和比对，从而认识到总的宏观经济形势的发展变化，以便于组织更好地生存和发展。

经济体制是指在一定区域内（通常为一个国家）制定并执行经济决策的各种机制的总和。通常是一国国民经济的管理制度及运行方式，是一定经济制度下国家组织生产、流通和分配的具体形式，或者说就是一个国家经济制度的具体形式。简言之，经济体制就是资源配置的具体方式或制度模式。在组织的发展过程中要重视和加强对于新经济体制实质、形式及运行规律等方面的了解，把握和建立新的意识，不断更新原有行为方式和方法。

经济政策是国家或政府为了达到充分就业、价格水平稳定、经济快速增长、国际收支平衡等宏观经济政策的目标，为增进经济福利而制定的解决经济问题的指导原则和措施。这些政策规范了各项经济活动的范围、原则和方向，协调了各行业、各部门、各组织之间的关系，可保证社会经济的正常运转，有利于实现国民经济发展的目标和任务。

(3) 社会文化环境。社会文化环境是指一个社会所形成的传统习俗、教育水平、宗教信仰、生活习惯、道德观念、价值取向等。任何组织都是由人组成的，组织及其员工都处在一定的社会文化环境之中，会受到各种社会因素的影响和渗透，从而影响组织的运作方式和效率。

(4) 科学技术环境。科学技术是第一生产力。技术的含义很广，它既包括生产技术(如劳动手段，工艺流程的改进、发展和完善，特别是新技术、新设备、新工艺、新材料、新能源的生产与制造等)，也包括管理技术(如管理方法、计划决策方法、组织方法及推销方法的改进和更新等)，还包括生活技术、服务技术等内容。技术对组织及其管理工作一直都具有重要的影响。任何企业为了达到其预定的目标，都必须进行各种生产经营活动，而任何生产经营活动都与一定的技术密切相关。

(5) 自然环境。自然环境通常是指组织及其所在地区所处的地理位置、气候条件以及资源状况等因素。地理位置是制约组织活动特别是企业发展的重要条件。资源条件包括一个国家和地区的可再生资源和不可再生资源条件，特别是稀缺资源，不仅是国家和地区发展的基础，也是经济发展的限制条件。气候条件是指一年四季的变换以及特定条件下的异常变化。良好的气候条件不仅有利于改善人们的生活环境，而且也是发展经济的重要因素。

2. 外部微观环境

微观环境是指那些对组织的影响更频繁、更直接的外部环境因素，是与某一具体的决策活动和处理转换过程直接相关的各种特殊力量，是那些与组织目标的制定与实施直接相关的因素。外部微观环境中，主要有行业环境、政府环境、社会公众环境等。

(1) 行业环境分析。企业是在一定的行业之中从事生产经营活动的，按照美国学者迈克尔·波特(Michael E. Porter)的观点，行业环境的特点直接影响着企业的竞争力，一个行业激烈竞争的程度取决于这一行业的经济结构，而经济结构包括五种基本的竞争力量，即行业中竞争对手之间的竞争、新进入者的威胁、替代品生产者的威胁、用户讨价还价的能力、供应商讨价还价的能力，如图 1-3 所示。

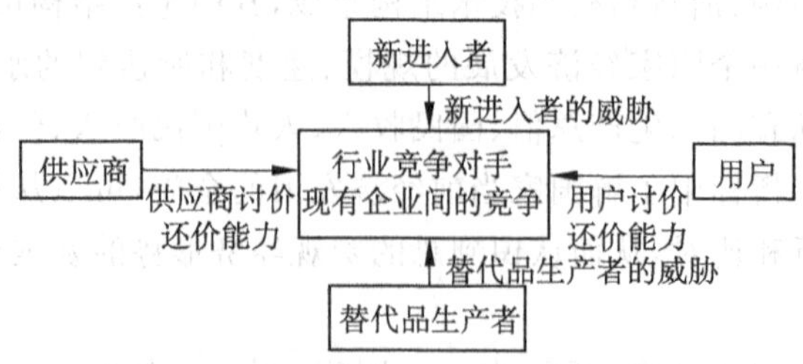

图 1-3　企业的外部微观环境模型——波特竞争模型

① 行业中现有竞争对手分析。在行业内与本企业竞争资源的其他组织就是竞争对手。对于行业中现有竞争对手的分析主要包括两个方面：一是对市场竞争基本情况的分析。研究的目的在于找到主要的竞争对手，对竞争对手的竞争实力以及情况变化进行分析判断。反映竞争对手实力的指标主要有销售增长率、市场占有率、产品获利能力。销售增长率是指企业当年销售量与去年相比增长的幅度。其数值为正且较高，说明该企业竞争实力在不断

增强;反之,企业的竞争实力在减弱。市场占有率是指企业的销售量在市场总容量中所占有的份额或比例。市场占有率的高低能够直接反映企业经济实力的强弱。产品获利能力一般用产品的销售利润率来表示,反映了企业竞争实力的持续能力。二是行业中主要竞争对手的发展方向。行业中主要竞争对手的发展方向主要包括竞争对手的市场发展与转移和产品的发展。企业要分析竞争对手能采取哪些新的发展方向、准备开发何种新产品、开拓哪类新市场等,从而有助于本企业及时采取相关措施应对,以保证在竞争中一直占有主动地位。

② 新进入者的竞争分析。某种新产品开发成功,开拓出新市场,会吸引众多的企业加入,这些新的进入者一方面会为市场带来新的活力,另一方面也会加剧该市场的竞争程度,给行业内现有的企业造成压力。新的进入者进入某一行业的难易程度既取决于该行业的技术特点,又取决于市场中现有企业所采取的应对措施。对于新进入者要进入某一行业需要考虑三方面的因素:一是规模经济。规模经济反映了两个相互联系的经济现象,它表明企业只有达到一定的规模才能够收回在经营过程中的成本。小于此规模,企业的经营不仅不能盈利,反而会出现亏损。同时,它还表明企业的生产和经营达到盈亏平衡产量之后,在没有超过某个上限值之前,企业单位产品的成本是随着产量的增加而降低的,产量越大,单位产品的成本就越低,企业在成本方面就越占有优势。二是产品差别。即使在同一个行业内所生产的产品也并非同质,必然存在着某种程度上的差异。这种差异可以来自产品本身,也可以来自消费者主观因素。三是在位优势。它是指原有厂家相对于新进入者而言所具有的综合优势,这种优势可以表现在多个方面。如原有厂家拥有一批技术熟练的工人和高水平的管理人员,从而具有劳动成本方面的优势。

③ 替代品生产者的分析。替代品生产者的分析主要包括两个方面:一方面是要确定哪些产品可以替代本企业生产的产品;另一方面是要判断哪些替代品可能对本企业的生产经营造成威胁。如果两种产品可以互相替代,对消费者而言,其功能的实现可以带来大致相当的满足度,但价格相差悬殊,则价格低的产品会对价格高的产品的生产和销售带来较大的威胁。相反,如果这两种产品的功能价格比大致相当,则它们之间不会造成威胁。

④ 用户的分析。用户是指购买本企业产品或服务的人或组织。一个企业可能要面对多种用户,如批发零售商和最终消费者、国内和国外用户等,企业的顾客会因受教育水平、收入水平、生产方式、地理条件等众多方面的不同而对企业的产品和服务提出不同的要求,这就要求企业必须在市场营销、质量管理、战略决策等方面给予充分的关注。用户的分析主要集中在用户需求研究和用户的价格谈判能力方面。用户需求研究主要是分析市场中总体需求的多少、需求结构如何变化、用户购买力如何变化;用户的价格谈判能力分析主要是用户购买量的大小、企业所提供的产品的性质、企业产品在用户产品中的重要性等方面的研究。

⑤ 供应商分析。供应商是组织从外部获取投入的来源。供应商可能是组织也可能是个人,企业从他们那里获得原材料、劳动力、信息、能源等。供应商的分析主要包括是否有稳定的供货渠道、供应商所处行业的集中度、寻找替代品的可能性以及能否自行生产自己所需要的原材料等。

(2) 政府环境分析。政府机构作为行政管理部门,负责制定各种法律法规,规范各类组织的活动。政府可以通过制定政策和措施,引导各类组织的行为,以及通过市场监管,促使各类组织活动符合法律法规的要求。政府根据法律法规,可以处罚某些组织的不法行为。组织应该在政府的指导下,在法律允许的范围内开展活动。一旦政府的政策法规发生了变化，组织的战略也应该随之变化。

(3) 社会公众环境分析。社会公众包括各种中介组织和社会团体等。如工会、消费者协会、中介媒体、环境保护组织。这些机构虽然没有政府机构掌握的行政执法权，但可以通过各种宣传工具制造舆论，或者直接向政府机构反映，同样具有很大的影响力。

(二) 内部环境

组织的内部环境是指组织所拥有的各种资源以及各项管理完善与协调的程度等。这是决定组织生存与发展的基本环境。主要包括组织的人力资源、物力资源、财力资源和信息资源等。人力资源是指各级管理人员和作业人员的数量和质量，特别是这些人员的心理与技术素质是组织能否提高效率和取得效益的关键；物力资源是指组织各项生产要素的来源及其保证程度；财力资源是指组织的资金及来源，雄厚的物力和财力资源是组织发展的重要物质基础；信息资源是指组织是否具备发达的管理信息系统，包括信息的采集、加工和传递，完备的信息管理系统是组织进行正确决策的前提和推行现代管理的基本条件。此外，组织结构以及各项法规制度的完善程度、组织的技术水平以及组织各要素之间的综合协调能力等，也是影响组织发展的重要内部环境。

第二节　管理概念及管理性质

管理的历史源远流长。有共同劳动，就有管理。管理作为人类最基本的活动之一，广泛地存在于现实的社会生活之中，大至国家、军队，小至企业、学校、医院、家庭，凡是由两个或两个以上的人组成的，有一定活动目的的组织，都离不开管理。管理已成为一种社会现象。

一、管理的概念

由于管理的广泛性和复杂性及研究的侧重点不同，对管理所下的定义也各异。美国"科学管理之父"弗里德里克·温斯洛·泰勒(Frederick Winslow Taylor)认为：管理就是确切地知道你要别人去干什么，并使他用最好的方法去干。法国"经营管理之父"亨利·法约尔(Henri Fayol)认为：管理就是实行计划、组织、指挥、协调和控制。美国现代管理学家哈罗德·孔茨(Harold Koontz)认为：管理就是设计和保持一种良好环境，使得人在群体里高效率地完成既定工作。美国管理学家、1978年诺贝尔经济学奖获得者赫伯特·西蒙(Herbert A. Simon)认为：管理就是决策。美国管理学家斯蒂芬·罗宾斯(Stephen P. Robbins)认为：管理是指同别人一起，或通过别人使活动完成更有效的过程。

关于管理的概念表述还有很多，每种表述都是从不同的角度，反映了管理性质的某一侧面。虽然有关专家、学者基于关注角度的不同，表述方式有所不同，但就管理的本质及其突出特性而言，管理学界的认识还是相对一致的。本书基于管理的广义内涵，将管理定义为：管理就是组织的管理者利用专门的知识、技术与方法，根据组织面临的环境，通过实施管理职能，管理组织的资源与活动，从而达到有效利用组织资源，实现预期目标的活动过程。准确理解此概念需要注意五个方面的问题：①管理是任何组织集体劳动所必需的活动，其任务是充分利用各种资源，以最小的消耗，正确有效地实现组织的预期目标；②管理的客体是组织拥有的各种资源和活动，其核心是处理人与人的关系；③管理的主体是具有专门知识、利用专门技术和手段，进行专门活动的管理者；④管理过程是由一系列相互关联、连续进行的活动所构成的，称为管理职能；⑤管理必须正确处理组织与环境的关系。

二、管理者

任何组织都是由一群人组成的集合体，根据其在组织中的地位和作用的不同，组织成员可以大致分为两类：作业人员或操作者，管理人员或管理者。作业人员是指在组织中直接从事具体的业务，且不承担对他人工作监督职责的人。管理者是指在组织中行使管理职能、指挥或协调他人完成具体任务的人。管理者是组织的心脏，其工作绩效的好坏直接关系着组织的成败兴衰。

（一）管理者分类

可按照不同的分类标准对管理者进行分类。

1. 按管理层次分

按照管理者在组织中所处的层次，分为高层管理者、中层管理者和基层管理者。不同层次管理者对不同管理职能工作的侧重点也不同，如图 1-4 所示。

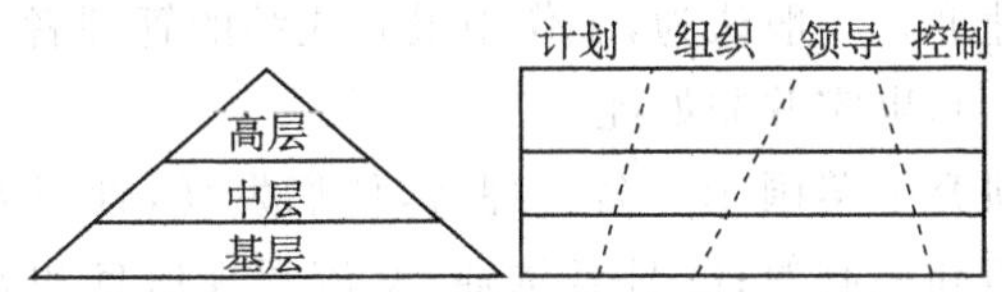

图 1-4　组织的管理层次与管理职能工作

（1）高层管理者。他们处于组织的最高层，对整个组织的管理负全面责任。他们的主要职责是：制定组织的总目标、总战略，掌握组织的大政方针并评价整个组织的绩效。高层管理人员在与组织外界的交往中，往往代表组织，并以“官方”的身份出现。

（2）中层管理者。他们通常是指处于高层管理人员和基层管理人员之间的一个或若干个中间层次的管理人员。他们的主要职责是贯彻执行高层管理人员所制定的重大决策，监督和协调基层管理人员的工作。与高层管理人员相比，中层管理人员特别注意日常的管理工作。

（3）基层管理者。基层管理人员亦称第一线管理人员，是组织中处于最低层次的管理者，他们所管辖的仅仅是作业人员，而不涉及其他管理者。他们的主要职责是：给下属作业人员分派具体工作任务，直接指挥和监督现场作业活动，保证各项任务的有效完成。

不同层次的管理者其工作的性质和内容都不外乎是计划、组织、领导和控制等方面，不同层次的管理者工作上的差别，不是职能本身不同，而是履行各项管理职能的程度和侧重点不同。一般而言，高层管理人员花在组织和控制工作上的时间要比基层管理人员多，而基层管理人员花在领导工作上的时间要比高层管理人员多。另外，即便是行使同一管理职能，不同层次的管理者所从事的具体管理工作的内涵也不完全相同。例如，就计划工作而言，高层管理者关注组织整体的长期战略规划，中层管理者偏重于中期计划，基层管理者侧重于短期业务和作业计划。

2. 按管理职能分

按照从事管理工作的领域和性质，分为综合管理人员和专业管理人员。

(1) 综合管理人员。综合管理人员是指负责管理整个组织或组织中某个事业部的全部活动的管理者。对于小型组织可能只有一个综合管理者，那就是总经理。他负责组织内部的生产、营销、财务、投资、人事、研发等在内的全部活动。对于那些大型组织可能会按产品和地区设立分部或分公司，这时，这些组织的综合管理人员就包括了总公司的总裁和分部或分公司的总经理，分别管理总公司和分公司的"全部"活动。

(2) 专业管理人员。专业管理人员是指仅仅负责管理组织中某一类活动的管理者。根据这些管理人员所管理的专业领域性质的不同，可分为生产部门管理者、营销部门管理者、财务部门管理者、人事部门管理者等。

3. 按评价标准分

按照评价标准，分为有效管理者和成功管理者。

美国管理学家弗雷德·卢森斯(Fred Luthans)在其《组织行为学》著作中描述了两种管理者，即有效管理者和成功管理者。有效管理者是指拥有优秀和忠实下属以及高绩效团队的管理者，对这类管理者的界定是以工作成绩的数量和质量，以及下级对其满意和承诺程度为标准。成功管理者是指在组织中相对快速地获得提升的管理者，对这类管理者的界定只有一个标准——晋升的速度。一般认为，工作中最有成绩的管理者，应该是组织中晋升最快的人。但是，研究结果表明，事实并非如此。

卢森斯与他的助手研究了美国450名管理者，他们发现，管理人员都从事着4种活动。①传统管理，如计划、决策和控制等；②日常沟通，交流常规信息和处理案头文件；③人力资源管理，如激励、奖惩、处理冲突、人员配备和培训等；④社交活动，社会化活动和与外界交往。成功管理者花费更多的时间和精力在社交活动上，相对来说，花费在日常沟通活动上的时间和精力较少，而花费在传统管理和人力资源管理活动上的时间和精力最少。因此，社交活动是成功的关键。有效的管理者主要参与的活动是日常沟通和人力资源管理活动，相对来说，传统的管理活动比例较少，社交活动最少。因此，有效的管理行为来自人本倾向的活动——沟通和人力资源管理。

通过上述比较分析可见，社交活动和管理者的成功有着最强的相关，但是却和管理者的有效性有着最弱的相关。人力资源管理活动和有效性有强相关(仅次于日常沟通活动)，但是却和成功有着很微弱的相关。成功的管理者所表现出的行为和有效的管理者所表现出的行为不仅不吻合，而且可以说是截然相反。这对晋升是基于绩效的传统假设提出了挑战，但从另一个方面也说明，对业绩考察的重要性。

(二) 管理者技能

根据美国管理学家罗伯特·卡茨(Robert L. Katz)的研究，管理者需要具备技术技能、人际技能和概念技能。

1. 技术技能

这是指使用某一专业领域内有关的工作程序、技术和知识完成组织任务的能力。如果是一个车间主任，就必须熟悉车间生产所必需的各种机械设备的性能、使用方法、操作程序、各种成品或半成品的加工工序、指标要求等。技术技能对于基层管理者尤为重要。因为这些管理者将大部分时间都用于培训下属或回答下属有关具体工作方面的问题，因而必须知道如何帮助下属来完成任务。

2. 人际技能

这是指处理组织内外部各种人际关系的能力，它不仅包括领导能力，还包括处理好与上下级、同级以及组织内外其他相关人员关系的能力。它要求管理者了解他人的信念、思考方式、感情和个性以及每个人对自己、工作和集体的态度，并且认识到人的信念、态度、观点与自己不一样是很正常的，要承认和接受不同的观念。要敏锐地觉察到别人的动机和需要，掌握评价和激励员工的技术和方法，从而在和谐的人际关系中最大限度地调动员工的积极性，实现组织目标。人际关系技能对各层次管理者而言都具有同等的重要意义。

3. 概念技能

这是指对事物的洞察、分析、判断、抽象和概括的能力。它要求管理者能够正确、迅速地看到组织的全貌，了解组织内部以及与外部环境之间的相互关联关系，找出关键性的影响因素，抓住问题的起因和实质，果断地做出正确的决策。概念技能对于高层管理者尤为重要。

上述三种管理技能是各层次的管理者所必须具备的，管理者所处的层次不同，对三项技能的要求也有所不同，如图 1-5 所示。

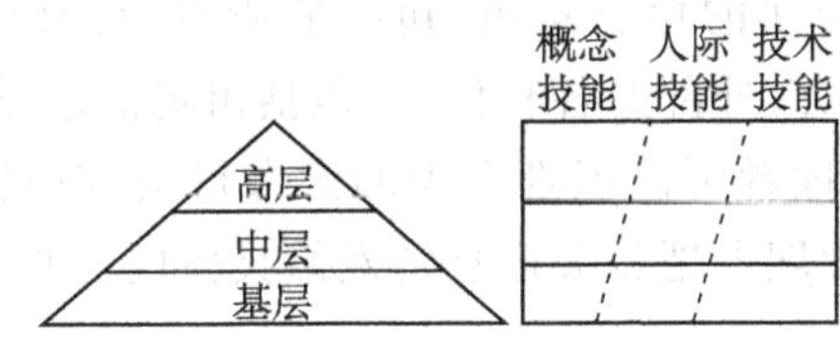

图 1-5　组织的管理层次与管理技能

（三）管理者角色

对于管理者的工作，除了可以从管理职能的角度来进行分析之外，还有一些学者从管理者角色的角度出发进行了深入的阐述。所谓角色是指人们对某人的行为整体的期望。这方面最具有影响的是美国著名管理学家彼得·德鲁克(Peter F. Drucker)和加拿大管理学家亨利·明茨伯格(Henry Mintzberg)。

德鲁克于 1955 年提出“管理者角色”的概念。德鲁克认为，管理是一种无形的力量，这种力量是通过各级管理者体现出来的，管理者扮演的角色或者说责任大体上分为以下三类。

1. 管理一个组织，求得组织的生存和发展

管理者必须做到：一是确定该组织是干什么的，应该有什么目标，如何采取积极的措施实现目标。二是谋取组织的最大效益。三是“为社会服务”和“创造顾客”。

2. 管理管理者

组织的高、中、基三个层次中，人人都是管理者，同时人人又都是被管理者，因此管理者必须做到：一是确保下级的设想、意愿、努力能朝着共同的目标前进；二是培养集体合作精神；三是培训下级；四是建立健全组织结构。

3. 管理工人和工作

管理者必须认识到两个假设前提：一是关于工作，其性质是不断急剧变动的，既有体力劳动又有脑力劳动，而且脑力劳动的比例会越来越大；二是关于人，要正确认识到“个体差

异、完整的人、行为有因、人的尊严”对于处理各类各级人员相互关系的重要性。

20 世纪 60 年代末，明茨伯格经过实证研究，提出了有效管理者需要扮演的 10 种角色，进而又将这 10 种角色归纳为三种类型。

1. 人际关系角色

管理者扮演人际关系角色是指代表组织与同行和外部组织开展有效联络和互动，对内开展领导工作，激励组织成员为实现组织目标积极工作。其中包括挂名首脑、领导者和联络者三种角色。管理者在工作中需要行使一些具有礼仪性质的职责，如有时出现在社区的集会上，参加社会活动或招待来访者、参加剪彩仪式等，在这种情况下，管理者实际上是扮演了挂名首脑角色。所有的管理者都扮演着领导者的角色，如安排工作、激励员工、惩戒雇员等。管理者还代表组织与同行组织或同级部门开展联络，扮演联络员角色。明茨伯格将联络员角色描述为与各种信息源的接触，信息源包含组织内部或组织外部的个人或团体。

2. 信息传递角色

在信息角色中，管理者负责确保和其一起工作的人员具有足够的信息，从而能够顺利地完成工作。由管理责任的性质决定，管理者既是所在单位的信息传递中心，也是组织内其他工作小组的信息传递渠道。整个组织的人依赖于管理结构和管理者以获取或传递必要的信息，以便完成工作。管理者扮演的信息角色，包括监听者、传播者、发言人三种。作为监听者，管理者需要及时搜集组织内外部的各种信息，包括市场需求动态、经济形势、新科学技术的发展等，有了这些信息，管理者可以识别组织的潜在机会和威胁，及时调整经营策略和有效配置资源。作为传播者，管理者把相关信息转发给具体的工作人员。作为发言人，管理者代表组织向外界介绍情况。

3. 决策制定角色

在决策制定角色中，管理者处理信息并得出结论。决策制定角色具体又包括企业家、混乱的驾驭者、资源分配者、谈判者四种。作为企业家，管理者要密切关注组织内外环境的变化和事态的发展，以便发现机会，并对所发现的机会进行投资以利用这种机会。作为混乱的驾驭者，管理者必须善于处理冲突或解决问题，如平息客户的怒气，同不合作的供应商进行谈判，或者对员工之间的争端进行调解等。当管理者分配人力资源、资金和各种物质资源时，管理者就成为了资源分配者。当管理者为了组织的利益，与供应商或其他团体进行业务谈判、商谈交易条件和签署合同协议时，则扮演着谈判者角色。

不论何种类型的组织，以及在组织的各个层面上，管理者都扮演着相似的上述管理者角色，但管理者角色的重点随组织的层次不同而变化。特别是像挂名首脑、传播者、谈判者、联络者和发言人角色更多地表现在组织的高层，而领导者角色在基层管理者身上表现得更为明显。

三、管理的性质

（一）管理的二重性

管理的二重性是马克思主义关于管理问题的基本观点。任何社会生产都是在一定的生产关系下进行的。管理，从最基本的意义看：一是指挥劳动，二是监督劳动。由于生产过程具有二重性——既是物质资料的再生产，又是生产关系的再生产。因此，对生产过程进行的管理也存在着二重性：一种是与生产力、社会化大生产相联系的管理自然属性；另一种是与生产关系、社会制度相联系的管理社会属性。

1. 管理的自然属性

管理是由于有许多人进行协作劳动而产生的，是由生产社会化引起的，是有效组织共同劳动所必需的。因此，具有同生产力、社会化大生产相联系的自然属性。管理学中的质量管理、库房管理、成本管理等，主要是对物的管理，不具有意识形态色彩，属于生产力的范畴，在不同国家、不同的社会制度之间可以通用。

2. 管理的社会属性

管理是在一定的生产关系条件下进行的，具有同生产关系、社会制度相关联的社会属性。管理学中的组织目标、组织道德、领导作风、组织文化等，主要是对人的管理，具有较强的意识形态色彩，属于生产关系和社会关系范畴。因此，在不同的国家、不同的社会制度、不同民族之间的借鉴和交流较为复杂，不可照搬。

管理的二重性的关系是辩证的。一方面，管理的自然属性总是在一定的社会形式、社会生产关系条件下发挥作用；同时，管理的社会属性也不可能脱离管理的自然属性而存在，否则，管理的社会属性也就成为没有内容的形式。另一方面，二者又是相互制约的，管理的自然属性要求具有一定的“社会属性”的组织形式和生产关系与其相适应；同样，管理的社会属性也必然对管理的科学技术等方面产生积极影响或制约作用。

（二）管理的科学性和艺术性

管理是一门科学，它以反映客观规律的管理理论和方法为指导，有一套分析问题、解决问题的科学的方法论。因此，管理的科学性可以理解为一个成功、有效的管理者应有的理论知识与基础，也是诸多管理实践中必不可少的基础。科学的管理通过计划、组织、领导、控制等过程来实现组织的目标，决定要做什么、为什么做、怎么做、做到什么程度，整个过程的每一步骤都具有可研究性和相对固定且有效的实施方案。而管理的科学性就是对这些过程进行研究，发现有效方案的普遍规律，对其进行总结、归纳、系统化、理论化，从而使管理者能够在科学方法论的指导下减少实践中的摸索时间或错误，以达到更高效的运作目标。但是，管理在实践运用中所处的环境和要处理的事物是复杂多变的，这些决定了管理的艺术性。管理的艺术性就是强调管理活动除了要掌握一定的理论和方法外，还要有灵活运用这些知识的技巧和诀窍，这些都要求经验的积累和对理论知识的正确实践。

管理的科学性和艺术性并不互相排斥，而是互相补充的。没有科学的理论指导，管理实践注定要花费更多的时间甚至走向误区，导致管理失效；而只强调理论，缺乏实践运用的灵活性与艺术性，则会导致管理僵化。因此，管理是科学与艺术的辩证统一。

（三）管理的不精确性

在给定条件下，能够得到确定结果的学科称为精确的学科，数学就是一门精确的学科。管理学则不同，即使在投入的资源完全相同的情况下，其产出也可能不同，其原因在于影响管理效果的因素很多，许多因素是无法完全预知的，正是这些无法预知的因素才造成了管理结果的多样性。实际上，所谓“两个企业的投入完全相同”这句话本身就是不精确的，因为“投入”不可能完全相同，即使在表面上数量、质量、种类等方面完全相同，人的心理因素也不可能完全相同。既然管理的客体主要是人，那么人的心理因素就必然是一种不可忽略的因素。而人的心理因素是一种模糊量，目前还没有找出更有效的定量方法来进行准确衡量，只能借助于定性的方法或是利用统计学的原理来研究管理。

第三节　管理基础工作与基本方法

企业是一种非常典型的组织形式。因此，以企业为例阐述管理的基础工作和基本方法。

一、管理基础工作

企业管理的基础工作包括标准化工作、信息工作、定额工作、计量工作、规章制度和员工培训六项。

（一）标准化工作

标准是对重复事物所作的规定，是企业员工共同遵守的行为规范，包括技术标准、管理标准和工作标准。标准化工作是指对标准的制定、执行、修订和日常管理。标准的确立是有效管理的前提。管理可以说是从标准的制定和标准的执行开始的。每一种产品、每一项服务、每一个工作岗位、每一个管理职位都必须有标准，而且标准应该是先进的、可行的、量化的、稳定的。

1. 技术标准

它是指对企业的产品、生产条件、生产方法以及包装、储存和运输等所作的有关规定。制定技术标准时要经过调查研究、收集资料、起草、试验、修改、确认等步骤。技术标准是企业标准的重要内容，包括材料标准、产品质量标准、工艺标准、设备及工具维修标准、安全与环保标准等。

2. 管理标准

它是对有关生产、技术、经营管理各个环节运用标准化原理所作的规定，它涉及各个管理方面，包括企业经营决策管理、生产管理、技术管理、质量管理、计划管理、人力资源管理、财务管理、设备管理、物资供运销管理等。

3. 工作标准

它是对各部门、单位的各类人员的基本职责、工作要求、考核办法所作的规定。工作标准是生产高质量产品、提高生产经营效率、实现各项技术标准的重要保证。具体来说，包括职责权利、工作程序、办事细则、考核标准和相互关系准则等。

（二）信息工作

信息是原始记录、资料数据、图纸报表等的总称，及时准确的信息是进行正确决策的依据。企业信息的收集、处理和利用，是企业生产经营的重要资源，对信息工作的要求是及时、真实、全面、经济。它一般包括以下几项工作。

1. 原始记录工作

对于组织的每一个要素的使用、占有、获得、耗费，每一项活动的进行都应有一个及时、真实的原始记录。它表现为台账、记账单、领料单、入库单、考勤表、报表、合同书、总结报告等。原始记录是信息工作的基础。

2. 统计分析工作

它是对原始记录提供的原始数据，用特定的方法进行收集、整理、分析，从数量上反映事物本质和动态的一项工作。准确及时地做好统计工作，可以了解某些现象在一定时间、地点、条件下的数量关系，从而为做出正确的决策提供依据。

3. 技术经济情报工作

情报一般是指为了一定目的而收集的比较有系统的经过分析和加工的资料。经济技术情报包括国内外产品需求情况、同行业的生产技术经济动态、社会所能提供的资源以及科学技术发展的新成果和趋势等。技术经济情报工作就是对与组织目标实现有关的各种经济情报和科技情报进行收集、分析和研究的工作。技术经济情报工作着重于动态，讲求时效性。

4. 科技档案工作

科技档案是指在生产和科研活动中形成和积累的应当归档保存的技术图纸、照片、报表、文字材料和音像资料等科技文件，它是企业的一种重要技术信息。科技档案工作就是将组织活动中有保存价值的图纸、文字材料、照片、录音、录像等作为历史记录保存起来以便查考的各项工作的总和。企业必须建立和健全档案管理工作，对科技档案实行统一管理，制定具体的工作制度和办法，保证档案的完整和安全，并有利于以后的应用。

（三）定额工作

定额是在一定的生产技术组织条件下，对各类资源的消耗和占用标准所作的规定，是标准的具体化。定额多种多样，有劳动定额（工时、产量）；物资定额（采购、消耗、占用、库存等）；设备定额（设备利用率、产量）；流动资金定额（占用的数量、时间）；成本定额；管理费用定额等。定额管理工作是指对各类技术经济定额的制订、贯彻执行、修订和管理工作。

做好定额管理工作必须做到：①采用科学的方法制订出科学量化的定额；②定额的水平必须是先进合理的，即跳起来摘“苹果”；③适时搞好定额的修订工作。定额不能一成不变，但也不能频繁修改，否则会使其失去“标准”的作用，挫伤员工的积极性。

（四）计量工作

计量是指用一种标准的单位量去测定另一个同类量的量值。计量工作包括计量检定、测试、化验和分析等方面的计量技术和计量手段的管理工作，主要是用科学的方法和手段对生产经营活动中量与质的数值进行掌握和管理。计量工作的基本要求是仪器设备配备齐全、仪器设备示值准确、正确使用，管理环节是仪器设备正确合理使用、仪器设备定期鉴定、仪器设备及时修复和报废、仪器设备妥善保管、计量手段现代化。

（五）规章制度

规章制度是用文字的形式，对各项管理工作和劳动操作的要求所作的规定，是全体员工行动的规范和准则。企业的规章制度主要有三大类：一是企业基本制度，即企业的领导制度和产权制度；二是企业的工作制度，即企业各个方面的专项管理制度，如计划、技术、劳动、财务等制度；三是企业的责任制度，即企业中各级各类人员的岗位责任制度。各项管理制度必需经过调查研究，做到切合实际，经过多次试行后才能推行。各项规章制度必须以经济责任为核心，简明扼要，便于操作执行。

（六）员工培训

一个组织最具有开发潜力的是人力资源，对人力资源开发的最有效的途径和方法是培训。培训工作是对企业的领导人员、工程技术人员、管理人员、工人和服务人员等全体员工所进行的本职业、本岗位所必需的思想文化素养和工程技术知识、管理知识培训。通过培训可大大提高员工的素质，有助于组织留住人、用好人；有助于减少组织的管理层次和管理人员；有助于员工快速理解和接受组织的管理理念和管理方式。员工培训的关键是使这项工作制度化，并采取各种各样的形式来培训员工，使他们适应不断变化的新形势。

二、基本管理方法

管理方法是在管理活动中为实现管理目标、保证管理活动顺利进行所采取的具体方案和措施，是管理理论、原理的自然延伸和具体化、实际化，是管理原理指导管理活动的必要中介和桥梁，是实现管理目标的途径和手段，它的作用是一切管理理论、原理本身所无法替代的。管理的基本方法主要包括行政方法、经济方法、法律方法和教育方法。

1. 行政方法

行政方法是指依靠企业各级行政管理机构的法定权力，通过命令、指示、规定、规章、制度以及具有约束性的计划等行政手段来管理企业的方法。行政方法具有权威性、强制性、无偿性、垂直性等特点。行政方法是管理企业必不可少的方法，是执行管理职能的一种根本手段。

现代企业是建立在社会化大生产基础之上的，为了使企业的生产经营活动与社会经济系统相衔接，使企业内部各个生产环节、各个劳动者的活动能相互配合，客观上就要求采用强制性的行政方法。从生产关系的角度看，企业的管理者也只有采用强制性的行政方法，才能有效地统一企业内部所有成员的意志和行动，才能组织企业全体成员为实现企业的既定目标共同奋斗。

2. 经济方法

经济方法是根据客观规律，运用各种经济手段，调节各种经济利益之间的关系，以达到较高的经济效益与社会效益的管理方法。采取经济方法的目的是要把劳动者个人的经济利益同经济组织的经济利益挂起钩来，最大限度地调动企业全体员工的主动性、积极性、创造性和责任感，促进企业的发展，实现管理经济的目标。

体现经济方法的各种经济手段，主要包括价格、税收、信贷、利息、工资、红利、奖金、津贴、罚款、经济合同和各种经济责任制等，不同的经济手段在不同的领域中，可发挥各自不同的作用。其中价格、税收、信贷、利息等主要运用于宏观经济管理，工资、红利、奖金、津贴等常用于企业内部。无论是宏观经济管理，还是微观管理，管理的经济方法的实质都是围绕人们普遍关心的物质利益问题，通过运用各种与物质利益相关的价值手段，正确处理国家、集体与个人三者之间的经济关系，进而调动各方面的积极性。

3. 法律方法

法律是体现统治阶级意志，由国家制定或认可，并以国家强制力量保证实施的行为规范的总和。法律方法是指企业依靠国家制定的法律来管理企业的管理方法。企业同其他社会组织一样，要想进行有效的管理，建立稳定的次序，就必须实行法治。

法律方法主要包括两方面的内容：一是建立健全各种法规；二是注重这些法规在司法工作中的运用。这两者相辅相成，缺一不可。法律具有稳定性、权威性、规范性的特点。法律方法运用的法律规范包括法律、法令、条例、决议、命令、细则、合同、标准、规章制度以及各级机构和管理系统所制定的具有法律效力的各种社会规范。法律方法在管理中能保证社会经济运行的必要次序，使管理系统具有稳定性，能调节各种管理因素之间的关系，促进管理系统的发展。

4. 教育方法

教育方法是指根据一定目的和要求，对被管理者进行有针对性的思想道德教育，启发其思想觉悟，以便自觉地根据组织目标去调节各自行为的管理方法。其实质是按照一定的目的、要求对受教育者从多方面施加影响的一种有计划的活动。教育方法的主要内容包括人生观及道德教育；爱国主义和集体主义教育；民主、法制、纪律教育；科学文化教育；组织文化建设等。其特点是具有启发性、长期性、灵活性。

第四节　管理学的特点及研究方法

一、管理学的特点

管理是管理学的基础，管理学是系统研究并阐述管理活动的行为、过程、特征及其规律性的科学。管理学有自己独立的研究对象，已构建起以管理性质、理论、职能、方法为基本框架的理论体系，具有其独立的理论地位。同时，管理学不仅是一门具有规范意义的理论科学，而且还是对实践具有直接指导意义的应用科学。管理学与其他学科相比，有许多不同的特点。

1. 一般性和普遍性

管理学是从一般原理、一般情况的角度对管理活动和管理规律进行研究，不涉及管理分支学科的业务和方法的研究。管理学是研究所有管理活动中的共性原理的基础理论科学，无论是“宏观原理”还是“微观原理”，都需要管理学的原理作基础来加以学习和研究，管理学是各门具体的或专门的管理学科的共同基础。

2. 边缘性和综合性

从管理内容上看，管理学涉及的领域十分广阔，它需要从不同类型的管理实践中抽象概括出具有普遍意义的管理思想、管理原理和管理方法。从影响管理活动的各种因素来看，除了生产力、生产关系、上层建筑这些基本因素外，还有自然因素、社会因素等。从管理学科与其他学科的相关性来看，它与经济学、社会学、心理学、数学、计算机科学等都有密切关系，是一门非常综合的学科。

3. 实用性和实践性

管理学所提供的理论与方法都是实践经验的总结与提炼，同时管理的理论与方法又必须为实践服务，才能显示出管理理论与方法的强大生命力。

4. 历史性和社会性

管理学是对前人的管理实践、管理思想和管理理论的总结、扬弃和发展，若割断历史，不了解前人对管理经验的理论总结和管理历史，就难以很好地理解、把握和运用它。构成管理过程主要因素的管理主体与管理客体，都是社会最有生命力的人，这就决定了管理的社会性；同时，管理在很大程度上带有生产关系的特征，因此没有超阶级的管理学，这也体现了管理的社会性。

5. 管理学是一门软科学

软科学是和硬科学相对应的一种说法，是借用了计算机技术中软件与硬件这两个术语的含义。如果把组织中的人力、物力、财力看作硬件的话，那么管理就是软件。充分调动人的积极性，发挥他们内在的潜力，有效地利用财力和物力，用较少的消耗取得预期目标，正是管理的任务。管理学是软科学还体现在，如果想通过管理来提高效益，是有一个时间过程的，其效益只能通过较长的时间之后才能看得出来，甚至有些管理措施在实施相当长时间之后，还不能准确地评价。

二、管理学研究的内容

管理学作为一门独立学科，其研究对象是人类社会的管理活动与管理过程，当然也包括管理理论的产生、发展与演变。从研究对象的内容上讲，主要有以下三个侧重点。

1. 从管理的二重性出发研究管理

(1) 生产力方面。研究如何合理配置组织中的人、财、物，使各要素充分发挥作用的问题；研究如何根据组织目标的要求和社会的需要，合理地使用各种资源，以求得最佳的经济效益和社会效益的问题。

(2) 生产关系方面。研究如何正确处理组织中人与人之间的相互关系问题；研究如何建立和完善组织机构以及各种管理体制等问题；研究如何激励组织内成员，从而最大限度地调动各方面的积极性和创造性，为实现组织目标而服务。

(3) 上层建筑方面。研究如何使组织内部环境与其外部环境相适应的问题；研究如何使组织的规章制度与社会的政治、经济、法律、道德等上层建筑保持一致的问题，从而维持正常的生产关系，促进生产力的发展。

2. 管理思想、管理理论的产生与发展研究

从历史角度与理论层面研究管理实践、过程、行为、思想、理念的形成、发展、替代和演变，包括总结管理实践过程中的经验与教训；阐述管理及管理理论对于社会发展的意义及其作用；概括管理的现代化特征、条件、趋势和管理理论的结晶与升华等方面。

3. 管理过程研究

从管理过程角度，系统研究管理活动的条件、特点、原理、规律和方法。包括管理活动的基本职能；执行这些职能所涉及的组织各要素；各项职能在实践中应遵循的原理；管理活动采用的模式、方式、方法、程序、技术；管理过程中可能遇到的障碍、阻力以及如何克服这些障碍、阻力等。

三、管理学的研究方法

管理学的研究方法取决于管理学的研究对象和研究任务。“工欲善其事，必先利其器”，管理学的研究方法科学与否，直接关系到管理学理论的进步与发展，也关系到能够尽快、更

好地学习管理学，达到事半功倍的效果。管理学的研究方法，包括一般方法与具体方法。

（一）一般方法

1. 唯物辩证法

马克思主义的辩证唯物主义和历史唯物主义是研究和学习管理学的方法论。根据唯物辩证法，管理学产生于管理的实践活动，是管理实践经验的科学总结和理论概括。为此，研究和学习管理学，必须坚持实事求是的态度，深入管理实践，进行调查研究，总结实践经验并用判断和推理的方法，使管理实践上升为理论。在学习和研究中还要认识到一切现象都是互相联系和相互制约的，一切事物也都是不断发展变化的。因此，还必须运用全面的、历史的观点，去观察和分析问题，重视管理学的历史，考察它的过去、现状和发展趋势，不能固定不变地看待组织及组织的管理活动。

2. 系统法

要进行有效的管理活动，必须对影响管理过程中的各种因素及相互之间的关系进行总体的、系统的分析研究，才能形成管理的可行的基本理论和合理的决策活动。总体的、系统的研究和学习方法，就是用系统的观点来分析、研究和学习管理的原理和管理活动。管理过程是一个系统，管理的概念、理论和技术方法也是一个系统。这样，从管理的角度看，系统有两个含义：一是指系统是一种实体，二是指系统是一种方法或手段。二者既有区别，又有密切联系。系统作为一种方法、手段或理论，则要求在研究和解决管理问题时必须具有整体观点、层次观点、开放观点等有关系统的基本观点。

3. 理论联系实际的方法

具体有案例调查与分析、边学习边实践、带着问题学习等多种形式。通过这种方法，有助于提高学习者运用管理的基本理论和方法去发现问题、分析问题和解决问题的能力；同时，由于管理学是一门生命力很强的建设中的学科，因而还应以探讨研究的态度来学习，通过理论与实践的结合，使管理理论在实践中不断地加以检验，从而深化认识，发展理论。理论联系实际还有一个含义，就是在学习和研究管理学时，要注意管理的二重性，既要吸收经济发达国家管理中科学性的东西，又要去其糟粕；既要避免盲目照搬，又要克服全盘否定，要从我国国情出发加以取舍和改造，有分析、有选择地学习和吸收。

4. 定量分析与定性分析相结合的方法

定量分析和定性分析相结合，是现代管理的特征之一。对组织的生产经营活动，传统的办法是依靠个人的经验进行定性的分析。定性分析对于处理组织生产经营活动中出现的不可控的、难以度量的、无法建立数学模型的进行科学计划的问题，具有很大的优势。但是，定性分析也存在科学依据不足、主观性强、容易导致个人独断专权等缺点，需要与定量分析相结合。定性分析和定量分析的结合有利于取长补短，能有效组织生产，提高组织管理水平，促进组织管理的科学发展。

（二）具体方法

1. 观察总结的方法

按照理论联系实际的要求，研究管理学必须进行观察管理实践，总结管理经验，并进行提炼概括，使其上升为理论的方法。人们的管理实践，特别是众多优秀管理者的管理经验，蕴藏着深刻的管理哲理、原理和方法。研究管理学，应培养如同天文学家观察天象那样的敏感意识，并运用分析、综合、抽象等逻辑方法总结实践经验，这样就会收到事半功倍的效果。

2. 比较研究的方法

有比较才会有鉴别。当代世界各国都十分重视管理和管理的研究，并各自形成了带有特色的管理科学。但借鉴、应用他国的管理理论与方法时，不能简单照搬。这就要求我们学会用比较研究的方法，对他国的管理实践与管理理论，通过比较分析，分辨出一般性的东西和特殊性的东西，可为借鉴的东西和不可借鉴的东西，真正做到博采众长，丰富我国管理学的内容。

3. 历史研究的方法

历史研究的方法就是运用管理理论与实践的历史文献，全面考察管理的历史演变、重要的管理思想和流派，从中找出规律性的东西，寻求对现在仍有意义的管理原则、方式和方法。任何管理现象都不是孤立的，都有它产生的历史背景及其发生、发展的过程。因此，对管理学中的某一种管理理论、某一种定义、某一个规律的研究，都应放在一定历史条件下，从其发生和发展的过程中去考察，才能掌握它的来龙去脉，了解它的实质所在，并给予恰当的评价。

用历史研究的方法研究管理学要求我们全面地、发展地看待一切管理思想、管理理论，既要挖掘出它的历史渊源，又要看到它的发展变化。一方面要注意其反映的普遍性问题，另一方面也要注意其所代表的是哪种生产关系主体的利益，即管理的个性方面。特别需要强调的是，在应用历史研究的方法时，一定要以马克思主义的辩证唯物主义和历史唯物主义为指导。

4. 案例分析法

案例分析法是指在研究管理学的过程中，通过对典型的管理案例进行分析、讨论，从中总结出管理的经验、方法和原则，加强对管理理论的理解与方法的运用。案例分析法是当代管理科学比较发达的国家在管理学教学中广为推行的方法，效果甚佳。研究管理学必须掌握案例分析法，将自己置身于模拟的管理情境，运用所学的原则、原理和方法去指导实践。

5. 试验研究的方法

试验研究的方法是指有目的地在设定的环境条件下认真观察研究对象的行为特性，并有计划地变动试验条件，反复考察管理对象的行为特征，从而揭示管理的规律、原则和艺术的方法。试验研究不同于案例分析，案例分析是将自己置于已发生过的管理情境中，一切都是模拟的，而试验研究则是在真实的管理环境中对管理的规律进行探讨。只要设计得合理、组织得好，通过试验方法能够得到很好的结果。著名的“霍桑试验”是运用试验研究的方法研究管理学的典范之一，为行为科学这一管理学分支的形成和发展奠定了基础。

6. 数学方法

数学方法是指在研究经济活动数量变化规律的基础上，运用有关数学知识和具体数据，通过建立、计算、分析和研究数学模型来实施管理职能，对企业生产经营活动进行管理的方法。运用数学方法对企业管理中存在的问题进行定量分析，能够对客观存在的经济规律的认识深化和精确化；预见经济现象在发生变动的情况下会产生什么后果；计算各决策方案的经济效果，帮助从中选择最优方案等。

7. 归纳法与演绎法

归纳法就是通过对客观事物存在的一系列典型事物（或经验）进行观察，从掌握典型事物的典型特点、典型关系、典型规律入手，进而分析事物之间的因果关系，从中找出事物变化发展的一般规律，这种从典型到一般的研究方法也称为实证研究。

演绎法是指人们以一定的反映客观规律的理论认识为依据，从服从该认识的已知部分推知事物的未知部分的思维方法，是由一般到个别的认识方法。对于复杂的管理问题，管理者可以从某种概念出发，或从某种统计规律出发，也可以在实证研究的基础上，用归纳法找到一般的规律性，并加以适当简化，形成某种出发点，建立起能反映某种逻辑关系的经济模型，这种模型与被观察的事物并不完全一致，它所反映的是简化了的事实，但完全合乎逻辑的推理。从理论概念出发建立的模型称为解释性模型，如投入产出模型、企业系统动力模型等。从统计规律出发建立的模型称为经济计量模型，如科普—道格拉斯生产函数模型，以及建立在回归分析和时间序列分析基础上的各种预测和决策模型。建立在经济归纳法基础上的模型称为描述性模型，如现金流量模型、库存储蓄量模型、生产过程中在制品变动量模型等。

本章小结

本章从管理的载体入手，剖析了组织、组织系统的概念和内涵，深刻理解组织系统模型的构成以及组织所面临的各种环境，有助于充分认识组织对管理的重要性。在此基础上，介绍了管理的概念，管理者分类、技能和角色，管理具有的社会属性和自然属性，管理的科学性和艺术性的统一，管理的不精确性。之后，介绍了管理六项基础工作和基本方法，最后介绍了管理的特点，从管理的二重性、管理思想、管理理论的产生与发展和管理职能的角度，阐述了管理学研究的主要内容以及学习管理学需要掌握的一般方法和具体方法。

复习思考题

1. 什么是组织以及组织系统？
2. 解释组织系统模型的构成。
3. 如何理解管理的概念？
4. 管理者所具备的技能有哪些？
5. 明茨伯格如何划分管理者角色？
6. 如何理解管理的二重性？
7. 如何理解组织所面临的环境？
8. 如何理解管理既是一门科学又是一门艺术？
9. 如何学习和研究管理学？
10. 管理的基础工作和基本方法有哪些？

第二章

西方管理理论的产生与发展

学习目的和要求：

现代管理科学的发展是建立在管理理论和管理实践的发展基础之上。从总体上了解和掌握西方管理理论的形成与发展过程，对在学习和工作中做到洋为中用、去其糟粕、取其精华，提升我国整体管理水平，逐步建立和完善具有中国特色的管理理论具有重要意义。通过本章的学习，应了解西方早期管理实践与管理思想；掌握古典管理理论、行为科学理论、管理科学理论的内容与特点；了解现代管理理论丛林各学派的主要观点，掌握走向统一管理理论的内容与特点，深刻理解现代管理理论的走向。

追本溯源，管理活动是随着人类集体协作、共同劳动产生的。管理活动是人类最基本的社会行为，它渗透到社会、政治、经济、军事、技术、文化和生活的方方面面。由此可见，管理活动自古就有，管理历史源远流长。只要有人类的集体活动，就存在着对这种活动的管理，并且就会有人对管理活动进行思考。作为对管理活动进行总结、提炼、抽象、概括的管理理论伴随着生产力的发展、科学技术的进步，经历了从经验到科学的不断丰富、发展过程，使管理在19世纪末20世纪初形成了一门独立的学科。纵观西方管理思想发展的全面历史，大致可以划分为以下几个时期：早期管理实践与管理思想，古典管理理论，行为科学理论，管理科学理论和现代管理理论。

第一节 早期管理实践与管理思想

西方早期的管理活动与管理思想是指19世纪末以前的管理，其内容丰富多彩，难以一一罗列，本教材力求从几个典型的管理活动和代表人物中显现其管理思想的发展脉络。

一、早期文明古国的管理活动和管理思想

早在公元前5000年，古埃及人在建造金字塔的工程设计和施工中，在巨大石方的采集、搬运、堆砌、人员吃住等方面都体现了丰富而朴素的计划、组织、领导和控制的管理思想。在公元前2000年左右，古巴比伦王国就颁布了《汉穆拉比法典》，这是世界上第一部由282条

法律组成的法典，其中蕴含了丰富的经济管理思想。古希腊人在发展工商业中认识到提高劳动效率的问题，提出了在劳动中推行标准动作以提高效率。古希腊著名哲学家苏格拉底和亚里士多德指出了管理活动的普遍意义，认为管理是一种独立存在的活动。古罗马天主教会采取按地理区域划分基层组织，并采用高效率的职能分工，使天主教会从一个地域性组织扩张为一个全球化组织，很大程度上得益于集权和分权相结合的先进组织形式。

二、中世纪（公元6—18世纪）的管理活动和管理思想

（一）威尼斯兵工厂的管理思想

威尼斯兵工厂是15世纪最大的兵工厂，占地60英亩，拥有1 000余名工人，主要制造弓箭、军舰等武器装备。它的管理实践颇具特色，主要体现在以下几方面：①全厂设一名正厂长和两名副厂长，还有若干职能部门，体现了分工和协作；②把各种部件和备品仓库安排在运河的两岸，并按照舰船的安装顺序排列，当舰船在运河中被牵引着经过各个仓库时，各种部件和备件从两岸的仓库中传出进行组装，提高了生产效率；③采用标准化部件，提高了作业速度、降低了成本；④限额定位的库存控制；⑤建立了成本会计制度，将所有的费用进行分类管理，利用成本控制和计量方法来帮助作出管理决策；⑥制定了严格的人事管理制度，严格规定上下工和工间休息的时间等。这些管理活动体现了职能制和分权管理的思想，是现代管理思想的雏形。

（二）尼科罗·马基雅维利的管理思想

在15世纪的意大利，曾出现过一位著名的思想家和历史学家尼科罗·马基雅维利（Niccolò Machiavelli），其著作《君主论》中最早提出了领导的思想：①领导者必须得到群众的拥护；②领导者必须维护组织内部的内聚力；③领导者必须具备坚强的生存意志力；④领导者必须具有崇高的品德和非凡的能力。马基雅维利的四项领导原理是对当时出色领导人的活动的概括和总结，现代领导理论中的一些原则同这些原理相当类似。

三、18世纪到19世纪末的管理思想

18世纪60年代以后，西方国家开始进行产业革命，开创了生产力发展的新纪元，以手工业为基础的资本主义工场向采用机器的资本主义工厂制度过渡，工厂成为基本的经济组织形式，企业内部结构变得更加复杂。因此，管理思想的许多方面得到了本质性的发展，具有代表性的人物是英国经济学家亚当·斯密（Adam Smith）、英国空想社会主义者罗伯特·欧文（Robert Owen）和英国数学家查尔斯·巴贝奇（Charles Babbage）。

（一）亚当·斯密

斯密在1776年发表了伟大著作《国家康富的性质和原因的研究》（以下简称《国富论》）。在这本著作中，斯密认为劳动才是最重要的，而劳动分工将能大量地提升生产效率。他还对劳动分工进行了具体而深入的论述，认为分工起源于人的才能的自然差异，这种差异促进了人类所特有的物品交换行为，这种行为属于个人的私利行为，其利益大小受分工的影响，如果个人愿意进行专业化分工和提高生产力，用剩余产品进行交换，从而增加个人财富，那么

这种过程便会提高社会生产力水平，促进社会繁荣，同时也使得社会利益和个人利益相协调。斯密还提出了劳动分工能极大提高生产效率的原因在于：第一，劳动者的技巧因专业而日进；第二，由一种工作转到另一种工作，通常需损失不少时间，有了分工，就可以免除这种损失；第三，许多简化劳动和缩减劳动的机械发明，只有在分工的基础上方才可能。他的思想对以后西方很多管理学派的发展都具有深远的影响。

（二）罗伯特·欧文

欧文是19世纪初最有成就的实业家之一，也是空想社会主义者。他最早注意到人的因素对提高劳动生产率的重要性，强调人和机器的根本区别在于人是有需要的有机体。欧文的思想集中体现在苏格兰纽兰纳克工厂的改良措施中，具体措施包括：改善工厂的工作条件，合理布局生产设备，缩短劳动时间，提高雇用童工的最低年龄限制，提高工资，在工厂内免费提供膳食，在工厂内开商店，按成本价出售给工人生活必需品，设立幼儿园和模范学校，创办互助储金会和医院，发放抚恤金，通过建设工人住宅与修建街道来改进工厂厂区的整体状况等。尽管欧文的改革设想不现实，但他最早注意到管理中人的因素，对以后行为科学的兴起与研究产生了重要的影响。后人为了纪念他在人事管理方面的贡献，尊称他为"人事管理之父"。

（三）查尔斯·巴贝奇

巴贝奇博学多才，精通数学、机械学和经济学，是产业革命后期对管理思想贡献最大的人，他在《论机械和制造业的经济》一书中，总结了他的管理观点和管理思想。主要集中在以下几个方面。

（1）进一步发展了斯密关于劳动分工对提高劳动生产率作用的思想，进一步分析了劳动分工使生产率提高的原因。他指出，这些原因是：①节省了学习所需要的时间；②节省了学习期间所耗费的材料；③节省了从一道工序转移到下一道工序所需要的时间；④经常从事某一工作，肌肉能够得到锻炼，不易引起疲劳；⑤节省了改变工具、调整工具所需要的时间；⑥重复同一操作，技术熟练，工作较快；⑦注意力集中于单一作业，便于改进工具和机器。

（2）提出了一种工资加利润的分享制度，以此来调动劳动者工作的积极性。主张工人的收入应由三部分组成：一是固定工资，二是按工厂所得利润的百分比额外得到的利润分享部分，三是奖金，而且后两部分与工人的贡献大小相联系。

（3）设计并发明了一些有助于提高作业效率的机器和工具。他曾发明了一种计数机器，用来计算工人的工作数量、原材料的利用程度等。他把这叫作"管理的机械原则"。还制定了一种"观察制造业的方法"，观察者用这种方法进行观察时利用一种印好的标准提问表。

（4）对经理人员提出了许多建设性意见。如制造程序及成本；应用时间研究技术；搜集资料时应使用印好的标准表格；分析企业机构的实际工作时，宜采用比较分析法；应研究各种不同颜色的纸张与油墨的效果，以确定何种颜色不易使眼睛疲劳；提问题时，要研究如何发问才能获得最佳效果等。

四、早期管理思想的特点

从早期管理活动和管理思想的轨迹来看，大多是依附在哲学、文学、教育等学科中。在中世纪，社会生产力与商品生产有了一定的发展，新思想、新理论不断涌现，管理思想也随大潮得到了极大的发展，是连接早期管理思想和资本主义管理思想的桥梁；在18世纪到19世纪末对管理的研究既有管理理论的研究，又有管理技术和方法的研究，主要集中在组织、职能、人事、分工和工资与激励等方面，但这些思想都是作为某个人或某一管理活动的体会，还没有形成完整的理论体系。

总的来看，这一阶段的管理活动和管理思想主要表现为三个特点：一是经验性，管理是凭经验进行的；二是零散性，个别的管理思想没有形成系统的管理理论；三是依附性，管理思想依附在其他学科之中。尽管如此，西方早期管理活动为以后管理理论的形成奠定了坚实的基础。

第二节 古典管理理论

从19世纪末到20世纪30年代形成了较为系统、颇有影响的古典管理理论。主要包括科学管理理论、管理过程理论和行政组织理论。

一、科学管理理论

（一）泰勒与“科学管理理论”

在管理科学领域中，美国的管理学家泰勒是享有盛名的。泰勒于1856年出生于美国费城一个富裕的家庭，19岁因故停学进入一家小机械厂当学徒工，22岁时进入费城米德维尔钢铁公司当技工，后来迅速提升为工长、总技师。28岁时任钢铁公司的总工程师，并在此做了著名的“金属切削试验”。1890年泰勒离开这家公司，从事顾问工作。1898年进入伯利恒钢铁公司继续从事管理方面的研究，在此期间，做了著名的铁锹实验和搬运生铁实验。后来他取得发明高速工具钢的专利。1901年以后，他利用大部分时间从事写作、演讲，宣传他的一套企业管理理论，于1911年出版了《科学管理原理》，标志着管理由经验管理上升为科学管理和科学管理理论的正式形成，为现代管理理论奠定了基础，使他赢得了“科学管理之父”的美誉，并被铭刻在他的墓碑上。

（二）科学管理的主要内容

科学管理理论的核心问题是提高劳动生产效率。要提高劳动生产率，就必须采用一系列科学的方法。泰勒的科学管理理论是以研究工厂内部的生产管理为重点，以提高生产效率为中心，解决组织方法科学化和生产程序标准化方法的管理理论。主要包括以下内容。

1. 工作定额原理

泰勒认为，要制定出有科学依据的工人的“合理的日工作量”，就必须进行工时和动作研究，使每个人都以正确的方法作业。方法是选择合适且技术熟练的工人，把他们的每一项动作、每一道工序所使用的时间记录下来，加上必要的休息时间和其他延误时间，就得出完成该项工作所需要的总时间，据此定出一个工人“合理的日工作量”。

2. 能力与工作相适应原理

为了提高劳动生产率，必须为工作挑选“第一流的工人”，制订培训工人的科学方法。所谓第一流的工人，泰勒认为：“每一种类型的工人都能找到某些工作使他成为第一流的，除了那些完全能做好这些工作而不愿做的人。”对第一流的人进行动作分解和优化使其达到最高效率。

3. 标准化原理

要使工人掌握标准化的操作方法，使用标准化的工具、机器和材料，并使作业环境标准化，用以代替传统的经验，为此需要调查研究，拿出科学依据。

4. 实行刺激性的差别计件付酬制

按照工人完成定额和实际表现而采用不同的工资率，通过对工时的研究和分析，制定出标准制度，改变过去以估计和经验为依据的做法。

5. 计划和执行相分离原理

把计划职能同执行职能分开，变原来的经验工作法为科学工作法。泰勒主张明确划分计划职能与执行职能，由专门的计划部门来从事调查研究，为定额和操作方法提供科学依据；制定科学的定额和标准化的操作方法及工具；拟定计划并发布指示和命令；比较“标准”和“实际情况”，进行有效的控制等工作。

6. 实行“职能工长制”

将管理的工作予以细分，使所有的管理者只承担一种管理职能。他设计出 8 个职能工长，代替原来的一个工长，其中 4 个在计划部门，4 个在车间。每个职能工长负责某一方面的工作。

7. 在组织机构的管理控制上实行例外原则

泰勒等人认为，规模较大的企业组织和管理，必须应用例外原则，即企业的高级管理人员把例行的一般日常事务授权给下级管理人员去处理，自己只保留对例外事项的决定和监督权。这种以例外原则为依据的管理控制原理，以后发展成为管理上的分权化原则和实行事业部制管理体制。

8. 劳资双方的精神革命

泰勒认为，提高劳动生产率的潜力是巨大的，但前提是首先必须通过一场精神上的革命，把注意力从分配转到生产上，实现雇主、管理当局和工人的合作。没有双方的这种精神上的革命，科学管理就不存在。要使雇主和工人两方面都认识到，当他们双方不再相互敌视，而是肩并肩地向同一方向前进时，通过他们的共同努力所创造的剩余将会多得令人目瞪口呆。

（三）对科学管理理论的简评

泰勒提出的科学管理的主张在管理学和管理实践中引起了一场革命。泰勒研究科学管理的意图是对付工人“磨洋工”，最大限度地利用工人的工作日，以保证企业主的最大利润，所以它的阶级性是很明显的。但是，在当时的情况下，它又极大地推动了生产力的发展。因此，需要从两个方面来看待泰勒的科学管理理论。

1. 泰勒科学管理的贡献

（1）他强调用科学管理取代传统管理，使管理第一次从经验上升为科学。

(2) 他主张管理与劳动分离，主张标准化、高效化，讲求效率的优化方法和调查研究的科学方法。

(3) 他创造和发展了一系列有助于提高效率的方法和技术。

由此可见，泰勒的科学管理和传统管理相比，靠科学来制定操作规程和改进管理，靠金钱来刺激员工的积极性，从而达到提高生产率的目的，而不像传统管理那样靠经验管理，靠威胁、恐吓员工来达到提高效率的目的。从这方面看，科学管理有了很大的进步。

2. 泰勒科学管理的局限性

(1) 泰勒对人的看法是错误的。他认为工人的主要动机是经济的，工人最关心的是提高自己的收入，即坚持"经济人"假设。

(2) 仅重视技术因素，对人群关系重视不够。他所主张的专业分工、计划与执行相分离等加剧了对工人的剥削。由于工人的分工越来越细，操作越来越简单，工人越来越成为机器的附属品。

(3) 仅解决了个别具体工作的作业效率问题，而没有解决企业作为一个整体如何经营和管理的问题。

(四) 其他一些管理学家对"科学管理理论"的贡献

在与泰勒同时和他以后的年代中，有许多人也积极从事管理实践和理论的研究，为科学管理理论做出了巨大贡献，比较著名的有以下几个。

1. 卡尔·乔治·巴思(Carl George Barth)

美籍挪威裔数学家，他是泰勒最早、最亲密的合作者，为科学管理工作做出了很大贡献，为泰勒的工时研究、动作研究、金属切削试验等研究工作提供了理论依据。

2. 亨利·甘特(Henry L. Gantt)

美国管理学家、机械工程师。甘特是泰勒在创建和推广科学管理时的亲密合作者，他与泰勒密切配合，使"科学管理"理论得到了进一步的发展。特别是他的"甘特图"，是当时计划和控制生产的有效工具，并为PERT(计划评审技术)奠定了基石。他还提出了"计件奖励工资制"，即除了按日支付有保证的工资外，超额部分给予奖励；完不成定额的，可以得到原定日工资。这种制度补充了泰勒的差别计件工资制的不足。此外，甘特还很重视管理中人的因素，强调"工业民主"且更重视人的领导方式，主张管理者有责任教育工人，使之养成勤奋合作的习惯，增进工人与管理者之间的相互了解，这对后来的人际关系理论有很大的影响。他还主张要把工作重点放在服务上，不应该以营利而应该以服务作为企业的最终目标。

3. 吉尔布雷斯夫妇(Frank B. Gilbreth and Lillian M. Gilbreth)

吉尔布雷斯是美国工程师，他侧重研究工人的操作方法和操作动作，通过减少劳动中的动作浪费来提高效率，被称为"动作研究之父"。他夫人的工作则侧重于管理心理学方面的研究，她认为传统的管理制度靠惩罚手段鞭策工人，容易限制个性的发展，不利于技术水平的提高，应注意对工人的培训和教育，使工人能全面发展。他们的主要贡献是：①把工人的操作动作分解为17种基本动作；②在一定程度上试图把效率和人的关系结合起来。

4. 哈林顿·埃默森(Harrington Emerson)

他被称为"效率工程师"，是美国早期的科学管理研究工作者，从1903年起就同泰勒有紧密的联系，并独立地发展了科学管理的许多原理，提出了提高效率的12条原则，即①明确的目的；②注意局部和整体的关系；③虚心请教；④严守规章；⑤公平；⑥准确、及时、永久性的记录；⑦合理调配人、财、物；⑧定额和工作进度；⑨条件标准化；⑩工作方法标准化；⑪手续标准化；⑫奖励效率。在组织机构方面，提出了直线和参谋制组织形式等。另外，他还在职工的选择和培训、心理因素对生产的影响、工时测定等方面也作出了贡献。

二、管理过程理论

在以泰勒为代表的一些人在美国倡导科学管理的时候，欧洲也出现了一些古典的管理理论及其代表人物，其中影响最大的是法约尔和他的管理过程理论。

（一）法约尔与管理过程理论

法约尔，法国人，1860 年从圣艾帝安国立矿业学院毕业后进入康门塔里—福尔香堡采矿冶金公司，成为一名采矿工程师，并在此度过了整个职业生涯。自采矿工程师后任矿井经理直至公司总经理，由一名工程技术人员逐渐成为专业管理者，他在实践中逐渐形成了自己的管理思想和管理理论，对管理学的形成和发展作出了巨大的贡献，被后人称为“管理过程之父”。其名著《工业管理与一般管理》于 1916 年问世，是他一生管理经验和管理思想的总结。他认为他的管理理论虽然是以大企业为研究对象，但除了可应用于工商企业之外，还适用于政府、教会、慈善团体、军事组织以及其他各种事业。所以，人们一般认为法约尔是第一个概括和阐述管理过程理论的管理学家。

（二）管理过程理论的主要内容

1. 区别了经营和管理的概念

法约尔认为经营是指导和引导一个组织趋向某一既定目标的活动，包括技术活动、商业活动、财务活动、会计活动、安全活动、管理活动。企业无论大小，简单还是复杂，其大部分工作都包含在这六项活动之中，且管理处于核心地位，企业本身需要管理，其他五项活动也需要管理，它们的关系如图 2-1 所示。

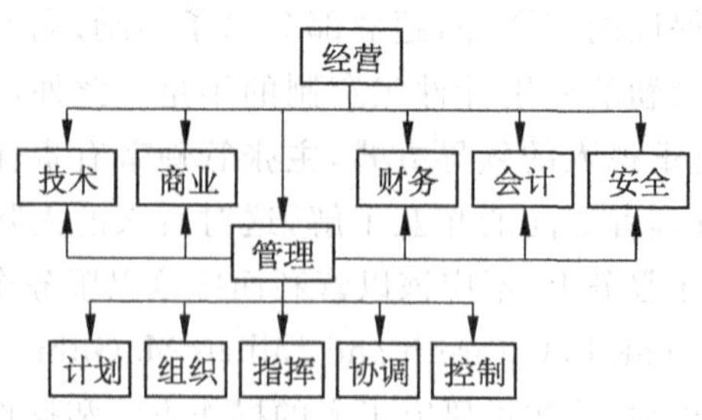

图 2-1　企业的基本活动与管理的五项职能

2. 明确了管理的职能

法约尔第一次明确了管理的五项职能是计划、组织、指挥、协调、控制，并对其作了较为详细的论述。计划职能是指预测未来和安排工作计划的活动；组织职能是指建立企业的物质和人事组织机构，把人力、物力和财力资源组织起来，为达到预定目标提供所需一切条件的活动；指挥职能是指对下属人员给予指导的活动；协调职能是指让企业的人员团结一致，使组织的各项工作统一起来，保持协调，以取得成功而进行的一切活动；控制职能是指为了确保实际工作与规定的计划相符合而进行的一切活动。

3. 提出了管理的 14 条基本原则

(1) 分工。他认为这不仅是经济学家研究有效地使用劳动力的问题，而且也是在各种机构、团体、组织中进行管理活动所必不可少的工作。

(2) 职权与职责。他认为职权是发号施令的权力和要求服从的威望。职权与职责是相互联系的，在行使职权的同时，必须承担相应的责任，有权无责或有责无权都是组织上的缺陷。

(3) 纪律。纪律是管理所必需的，是对协定的尊重，这些协定以达到服从、专心、干劲为目的。组织内所有成员通过各方所达成的协议对自己在组织内的行为进行控制，它对企业的成功与否极为重要，要尽可能做到严明、公正。

(4) 统一指挥。指组织内每一个人只能服从一个上级并接受他的命令。

(5) 统一领导。指一个组织，对于目标相同的活动，只能有一个领导和一个计划，这是行动的统一、力量的协调和努力一致的必要条件。

(6) 个人利益服从整体利益。即个人和小集体的利益不能超越组织的利益。当二者不一致时，主管人员必须想办法使它们一致起来。

(7) 合理报酬。报酬与支付的方式要公平，给雇员和雇主以最大可能的满足。

(8) 集权。这主要指权力的集中或分散的程度问题。要根据各种情况，包括组织的性质、人员的能力等，来决定“产生全面的最大收益”的那种集中程度。

(9) 等级链。指管理机构中，最高一级到最低一级应该建立关系明确的职权等级系列，这既是执行权力的线路，也是信息传递的渠道。一般情况下不要轻易地违反它。但在特殊情况下，为了克服由于统一指挥而产生的信息传递延误，法约尔设计出一种“跳板”，也叫“法约尔桥”。

(10) 秩序。指组织中的每个成员应该规定其各自的岗位，“人皆有位，人称其职”。

(11) 公平。主管人员对其下属仁慈、公平，就可能使其下属对上级表现出热心和忠诚。

(12) 保持人员的稳定。如果人员不断变动，工作将不能收到良好的效果。

(13) 首创精神。这是提高组织内各级人员工作热情的主要源泉。

(14) 团结精神。指必须注意保持和维护每一集体中团结、协作、融洽的关系，特别是人与人之间的相互关系，全体成员的和谐与团结是企业发展的巨大力量。

法约尔指出，这 14 条原则不是死板和绝对的东西，而是灵活的。要懂得如何运用它们才可以发挥效力，这是一门很难掌握的艺术，它要求智慧、经验、判断和应用尺度。

(三) 对法约尔管理过程理论的简评

1. 法约尔管理过程理论的贡献

(1) 系统性、理论性更强。他对管理的五大职能的分析为管理科学提供了一套科学的理论构架。

(2) 组织内部的管理职能和组织结构运行的管理原则更具有一般适用性。

(3) 所提职能、原则至今仍有指导意义。

2. 法约尔管理过程理论的局限性

法约尔的管理过程理论的主要不足之处在于缺乏弹性，以至于有时实际管理工作者无法完全遵守。但法约尔对管理理论的贡献和影响是巨大的，他的管理过程理论揭示了管理的本质和管理活动的规律性，为近代管理科学的发展做出了卓越的贡献。

三、行政组织理论

（一）韦伯与行政组织理论

韦伯，生于德国，曾担任过教授、政府顾问、编辑，对社会学、宗教学、经济学与政治学都有相当的研究。韦伯的主要著作有《新教伦理与资本主义精神》、《一般经济史》、《社会和经济组织的理论》等，其中的行政组织理论对后世产生了最为深远的影响。有人甚至将他与法国社会学家杜克海姆（Emile Durkheim）、马克思主义创始人卡尔·马克思（Karl Heinrich Marx）奉为社会学的三位“现世神明”。鉴于他对组织研究的贡献，被管理界称为“组织理论之父”。

（二）行政组织理论的主要内容

1. 区别了权力和权威的概念

权力是强制服从；而权威是自愿服从。

2. 提出了三种典型的权威和组织形态

韦伯认为，任何组织都必须以某种形式的权力作为基础，没有这种形式的权力，任何组织都不能达到自己的目标。人类社会存在三种为社会所接受的权力：传统权力、超凡权力、法定权力。这三种不同的权力形式都具有各自的合法依据。

传统权力是以古老传统的神圣不可侵犯性和按照传统行使权力者地位的合法性为依据。人们对其服从是因为领袖人物占据着传统所支持的权力地位，同时，领袖人物也受着传统的制约。但是，人们对传统权力的服从并不是以与个人无关的秩序为依据，而是在习惯义务领域内的个人忠诚。领导人的作用似乎只为了维护传统，因而效率较低，不宜作为行政组织体系的基础。

超凡权力的合法性，完全依靠对于领袖人物的信仰，他必须以不断的奇迹和英雄之举赢得追随者。超凡权力过于带有感情色彩并且是非理性的，不是依据规章制度，而是依据神秘的启示。所以，超凡的权力形式也不宜作为行政组织体系的基础。

韦伯认为，只有法定权力才能作为行政组织体系的基础，其最根本的特征在于它提供了慎重的公正。原因在于：①管理的连续性使管理活动必须有秩序地进行；②以“能”为本的择人方式提供了理性基础；③领导者的权力并非无限，应受到约束。相比之下，传统的权力形式、超凡的权力形式显然不如理性的权力形式有效。

3. 提出了行政组织体系结构

行政组织体系结构分为主要负责人、行政管理人员和一般工作人员三个层次。主要负责人的主要职能是决策，行政管理人员的主要职能是执行决策，一般管理人员的主要职能是做具体工作，如图 2-2 所示。

4. 行政组织体系的主要内容

(1) 明确的分工。组织中的人员应有固定和正式的职责并依法行使职权。组织是根据合法程序制定的，应有其明确目标，并靠着这一套完整的法规制度，组织与规范成员的行为，

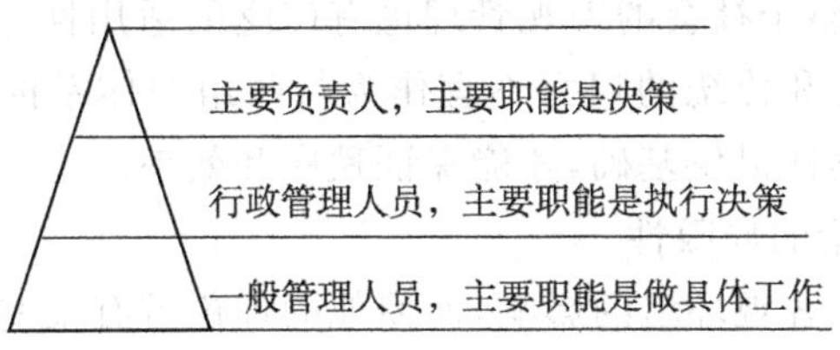

图 2-2　行政组织体系结构

以期有效地追求与达到组织的目标。

(2) 职权等级。各种职务和职位按职权的等级原则组织起来，形成一个自上而下的指挥体系和等级系统。

(3) 人员选拔。组织中所有人员根据职务要求，通过正式考试、训练和教育来公开选拔组织成员，使之与相应的职务相称。

(4) 人员任用。除了按规定必须通过选举产生的公职外，所有管理人员都是任命的。

(5) 人员归属。组织内部的管理人员不是他所管理单位的所有者，而只是其中的管理人员。

(6) 正式的规章制度。组织成员的活动必须严格遵守组织中规定的规则和纪律以及办事程序。

(7) 职业管理人员。管理人员是专职的，有固定的薪金和明文规定的升迁制度，按照年薪、工作成绩或者两者的综合来考虑升迁。但是管理人员的升迁完全由上级决定，下级没有发言权，以免破坏指挥系统。通过这种制度，在组织成员中培养集体精神，鼓励他们忠于组织。

(8) 人与人的关系。组织成员之间的关系是一种不受个人感情影响的关系，完全以理性准则为指导。

韦伯指出，从纯技术观点来看，这种理想的行政组织体系是符合理性原则、效率最高的。它在精确性、稳定性、纪律性和可靠性方面都优于其他组织形式；它在效率的高度和作业范围方面，都显示出很大的优越性，并能适应于各种管理工作，它是一种最好的组织形式。

（三）对韦伯行政组织理论的简评

韦伯的理论产生于20世纪，当时的德国正处于从旧的、以家庭为基础的企业制度转向大规模的资本主义企业制度的时期，这些组织在客观上要求管理的合理化，迫切需要一种稳定、严密、有效、精确的管理制度。韦伯的行政组织理论是以组织机构的合理化为研究中心，以组织的设置和需要为前提。组织的合理设置是第一位的，人是第二位的。遗憾的是在当时的德国，人们还囿于封建制度及观念的束缚，对大规模的企业、军队及其他组织的管理还没有足够的认识。因此，韦伯的思想在20世纪20年代以前很少能够引起人们的足够重视。到“二战”以后，企业组织形式与规模日益扩大化、复杂化，人们才认识到组织的重要性，才开始加强有关组织理论的探索。至此，人们才认识到韦伯所提出理论的价值。

1. 韦伯行政组织理论的贡献

首先，在他的理论中，为权力建立一个合理合法的基础，为挑选人员和进行各种过渡做出了有秩序的安排，这对以后的管理理论产生了极大的影响。韦伯的理论不仅适合于企业、军队或其他组织，而且对整个社会的宏观管理也有广泛的适用性。其次，他提出了理性—法律的权力。他分析了超凡和传统的权力不宜作为行政组织体系的基础，而只有理性—法律的权力才能为管理的连续性提供基础，才能保证秩序和效率。

2. 韦伯行政组织理论的局限性

由于受到历史条件和客观环境的影响，而使他的理论带有某些局限性与不足，主要表现在：他忽视了组织管理中人的主体作用；偏重于从静态角度分析组织结构和组织管理；忽视了组织之间、个人与组织之间、个人之间的相互作用；突出强调了法规对于组织管理的决定作用，以及人对法规的从属和工具化性质，刚性较强，强调以制度为中心的运转。

四、古典管理理论的系统化

泰勒、法约尔、韦伯等人所创立、倡导的古典管理理论，后来为许多人所研究、传授和实践，其中较为系统加以整理阐述的有厄威克和古利克。

林德尔·厄威克(Lyndall F. Urwick)是英国的管理学家，他提出了探索统一管理理论的设想，力图将古典管理理论的各种学说观点予以综合，使之一体化，以反映古典管理理论的本质。他提出了适用于一切组织的八项管理原则：①目标原则；②相符原则；③责任原则；④等级原则；⑤管理幅度原则；⑥专业化原则；⑦协调原则；⑧明确性原则。

卢瑟·古利克(Luther Gulick)是美国的管理学家，他对古典管理理论的发展也作出了重大贡献。他将古典管理学派中有关管理职能的理论加以系统化，提出了有名的POSDCORB(取各职能的英文词的字头，其中协调取了两个字母CO)，即管理七职能论：计划、组织、人事、指挥、协调、报告、预算。与法约尔的五职能相比，古利克继承了计划、组织、指挥和协调四个职能，把控制归入“报告”和“预算”两项职能中，从法约尔的“组织”职能中分离出人员配置和培训，形成独立的“人事”职能。古利克把管理职能分为七职能，基本上包含了当时学者们对管理职能所持有的不同观点，较为全面。

古典管理理论的广泛应用，大大提高了管理效率，其中许多原理、原则和方法至今仍被大量采用。所谓“古典”只是相对而言，并非过时。但古典管理理论是基于“经济人”假设提出和形成的管理理论。随着社会和经济的发展，西方世界一方面是生产力的发展，生产率提高；另一方面是阶级矛盾激化，劳资冲突加剧，科学管理理论的运用并没有出现使企业和雇主双方都皆大欢喜的结局，古典管理理论的局限性日益突出。因此，行为科学理论的兴起就成为时代的必然。

第三节 行为科学理论

20世纪20年代末，西方资本主义国家爆发了经济大危机，许多企业为了摆脱困境，或者将工人解雇，或者降低工人的工资，在这种背景下，工人为了保护自己的切身利益，成立了各种形式的工会，与企业主斗争，以保护自己的利益。与此同时，西方资本主义企业在20世纪初虽然已经比较普遍地采用了泰勒的科学管理制度，但是由于长期处于紧张的压力下，人们普遍感到再也不能接受所谓的“科学管理”。这就对管理人员和企业主提出了新的问题。在这种背景下，社会学家、心理学家、哲学家、人类学家等纷纷走向研究企业内部问题的道路上，并由此产生了早期的人际关系学说以及后来的行为科学。

行为科学是运用人类学、社会学和心理学等学科的理论和方法来研究人和群体的行为以及这些行为产生的原因，以协调组织内部人际关系，达到提高工作效率的目的。行为科学理论早期叫作人际关系学说，以后发展为行为科学，也称为组织行为理论。

一、人际关系学说

人际关系学说的代表人物是美籍澳大利亚人乔治·埃尔顿·梅奥（George Elton Mayo），他于1922年移居美国从事教学与科学研究工作，并通过霍桑试验提出了人际关系学说，其代表作是《工业文明中人的问题》和《工业文明中的社会问题》。

（一）霍桑试验

霍桑试验是指从1924年到1932年分四个阶段在霍桑工厂进行的一系列试验。在美国芝加哥城郊的西方电器公司所属的霍桑工厂，有25 000多名工人，专门为美国电报电话公司生产和供应电信设备，具有较完善的娱乐设施、医疗制度和养老金制度，但工人们仍愤愤不平，生产效率很不理想。为了找出影响生产率的原因，该厂进行了霍桑试验。霍桑试验在管理学发展史中不仅具有理论意义，而且具有重要的方法论意义。

1. 照明试验（1924—1927年）

照明试验的目的是研究照明情况对于生产效率的影响。试验分为两个组，即试验组和控制组。试验组照明度不断变化，控制组照明度始终不变。当试验组的照明度增加时，该组产量如预期的一样，开始增加；当工人要求更换灯泡时，而实际只给他们更换了一个同样光度的灯泡，产量继续增加。与此同时，控制组的产量也在不断提高。因此，研究小组发现，照明度只是影响生产效率的一项微不足道的因素，而另有未被掌握的因素在起作用，有必要继续进行研究。

2. 继电器装配工人小组试验（1927—1928年）

试验的目的是研究各种工作条件的变化对工作效率的影响。为了准确地测定工作条件的变化与产量的关系，研究小组选择了一组自愿参加的装配工组成一个试验小组，进入一间隔离的实验室内工作。在试验过程中，研究小组分期改善工作条件，比如，增加工间休息、供应午餐和茶点、缩短工作时间、团体计件工资制、改变工作作风与工作方式等。这个装配小组的工人们在工作时间可以自由交谈，观察人员对他们的态度也非常和蔼。这些条件的变化使产量不断上升。在这些措施实行了一年半以后，又恢复到原来的工作条件，结果产量仍然维持在高水平上。

为解释试验组生产率明显提高的现象，研究小组把可能影响生产效率的因素一一排列出来，提出了5种假设：①改善了工作方法；②改善了休息时间；③缓和了工作的单调性；④增加了奖金；⑤工人的工作态度发生了变化。此后，研究小组对这5个假设一一进行试验论证。最后，推翻了前四项假设，而把注意力集中于第5项假设上，即工人们的态度在实验室发生了明显的变化，有了高度的集体精神。而工作态度的变化是因为实验室里有较自由的气氛，其中的管理人员对工人较少采用直接命令的方式，表现出更多的人情味和兴趣。而工作条件不是影响员工生产效率的重要原因，重要的是员工的工作态度和情绪。因此，通过该试验使研究小组放弃了试图寻找工作条件与生产效率之间关系的目的，开始注意研究工作态度和组织气氛对工作效率的影响，这是霍桑试验的一个转折点。

3. 大规模访谈研究(1928—1931年)

访谈研究的目的是调查员工的士气，了解员工对工厂、工作环境、监工、公司和令他们烦恼的任何问题的内心感受，进而提高生产效率。在两年的时间内，研究小组对两万多名员工进行了访谈。通过数次面谈，研究小组发现按事先设计好的问答式访问并不能获得他们所需要的材料；相反，工人们更愿意自由地谈论他们认为重要的事情。因而，后来采用自由交谈方式，工人们通过交谈可以大大地发泄闷气，许多人认为这是公司所做的最好的事情，而且工人们看到他们的许多建议被采纳而提高了工作热情，认为他们参与了公司的经营，而不是只做一些没有挑战性和不被承认的工作。

通过这些研究发现，影响生产效率最重要的因素是工作中发展起来的人群关系，而不是待遇和工作环境，而且，每个工人的工作效率都要受其他同事们的影响。为了进一步进行系统的研究，研究小组决定进行第四阶段的试验。

4. 接线板小组观察试验(1931—1932年)

试验的目的在于揭示一些能激励工人动机的重要的社会因素。研究小组选择接线板接线工作室为研究对象，该室有9位接线工、3位焊接工和2位检查员。研究小组持续观察他们的生产效率和行为达6个月之久，结果有许多重要发现：①大部分成员都故意自行限制产量。公司以集体计件工资制为基础，确定工作定额每人每天7 312个接点，但研究小组发现，工人们仅完成6 000～6 600个接点，这是他们自己确定的非正式标准。分析原因一是怕公司提高工作定额；二是怕造成一部分人失业；三是保护那些速度慢的同事，免得他们受到管理阶层的斥责。②工人对待他们不同层次的上级持不同的态度。对待小组长、股长、领班都表现出不同的态度。③成员中存在着一些小派系。工作室中存在着派系，每一派都有自己的一套行为规范，谁要加入这个派系，就必须遵守这些规范。派系内成员如果违反这些规范，就要受到惩罚。

这一试验表明，在实际生产中，存在着一种“非正式团体”决定着每个人的工作效率，对每个职工来说，其在群体中的融洽性和安全性比工资、奖金等物质因素有更重要的作用。

研究小组通过在霍桑工厂进行的这四个阶段的试验，获得了大量的第一手资料，为人际关系学说的形成以及后来行为科学的发展打下了基础。

(二) 人际关系学说的主要内容

1. 人是“社会人”而不是“经济人”

在人际关系学说产生以前，西方社会流行的观点是把员工看作“经济人”，即认为金钱是刺激人们工作积极性的唯一动力。梅奥等人以霍桑试验的成果为依据，提出了“社会人”的观点，强调金钱并非是刺激职工积极性的唯一动力，新的刺激重点必须放在社会、心理方面，即追求人与人之间的友情、安全感、归属感和受人尊敬等，而后者更为重要。因此，不能单纯从技术和物质条件着眼，而必须首先从社会心理方面考虑合理地组织与管理。

2. 企业中存在着“非正式组织”

“非正式组织”与“正式组织”是相对应的概念。梅奥认为，人是社会高级动物，在共同工作过程中，人们必然发生相互之间的联系，共同的社会感情形成了非正式群体。在这种无形组织中，有特殊感情、规范和倾向，并且左右着群体内每一位成员的行为，进而构成了一个体系，这就是非正式组织。古典管理理论仅注重正式组织的作用，忽视了"非正式组织"对职工行为的影响，显然是不够的。非正式组织与正式组织相互依存，对生产效率的提高有很大影响。

3. 生产效率主要取决于职工的工作态度以及他和周围人的关系

传统的科学管理理论认为，生产效率与作业方法、工作条件之间存在着单纯的因果关系。可是，霍桑试验表明，这两者之间并没有必然的直接的联系。生产效率的提高，关键在于工人工作态度，即工作士气的提高。而士气的高低则主要取决于职工的满足度，这种满足度首先体现为人际关系，如职工在企业中的地位是否被上司、同事和社会所承认等；其次才是金钱的刺激。职工的满足度越高，士气也越高，生产效率也就越高。

二、行为科学

梅奥等人创立人际关系学说以后，从事这门学科研究的人士大量涌现，1949 年在美国芝加哥召开的一次跨学科的会议上，首先提出了行为科学这一名称，以后在 1953 年美国福特基金会召开的各大学科学家参加的会议上，正式定名为行为科学。

行为科学理论的产生和发展是现代化大生产发展的必然产物。它把社会学、心理学、人类学等学科的知识导入管理领域，为管理理论的研究与发展开辟了新领域，对现代化管理产生了重大影响。其特点如下：①提出了以人为中心来研究管理问题。它提出要关心人、尊重人的管理原则，它的基本论点是每个人都有自己的需要，激发人的动机就应首先满足他的合理需要，需要引起动机，动机决定行为。要研究人的行为规律，人的需要十分重要。②肯定了人的社会性和复杂性。行为科学研究的主要内容包括：①有关人的需求、动机和激励理论的研究；②有关"人性"假设理论的研究；③有关领导理论的研究；④有关群体行为理论的研究。

行为科学的基本思想是"以人为中心的管理"，把原来以"事"为中心的管理转变为以"人"为中心的管理；由原来对"纪律"的研究，发展为对人的"行为"的研究；由原来的"监督"管理，发展到"动机激发"管理；由原来的"独裁式"管理，发展为"参与式"管理；由原来的只研究工人，发展到也研究领导。在研究方法上，综合运用了社会学、心理学、生理学、经济学、人类学等多学科知识，使管理理论研究进入了一个新阶段，在理论和实践上都取得了一系列成就，诸如激励理论和方法、有效的领导方式、目标管理、参与管理、工作内容丰富化等都是可以借鉴的。同时，该理论也存在一定的局限性，如过分强调了情感因素，过分否定了物质条件。

第四节　管理科学理论

第二次世界大战期间，英美盟军为了防务需要而产生了"运筹学"，发展了新的数学分析和计算技术，这些成果被应用于企业管理，便产生了"管理科学"。提出这一理论的代表人物是美国研究管理和生产管理方法的学者布法(E. S. Buffa)等人,他们使管理从以往偏重定性描述走向定量分析的阶段。

所谓"管理科学理论"就是以现代自然科学技术的最新成果为手段,运用数学模型对管理领域中的各种资源进行系统的定量分析,并做出最优规划和决策的管理理论。实际上是"科学管理理论"的继续与发展。泰勒的"科学管理"主张用最好的方法、最少的时间和支出,达到最高的工作效率和最大效果,这与管理科学所追求的"最优化"有异曲同工之处。其不同之处就是管理科学运用了更多的现代自然科学和技术科学成就,研究的问题比泰勒更广泛。

一、管理科学的理论特征

1. 从系统的观点研究各种功能关系

企业组织中任何部分或任何功能的活动必然会影响到其他的部分或功能,所以评价组织中任何决策或行动,都必须考虑到它对整个组织的影响。

2. 应用多种学科交叉配合的方法考虑管理问题

管理科学把各种不同学科的知识用于研究和解决管理问题,它不仅需要数学,还需要经济学、管理学、物理学、计算机等多学科的知识。

3. 应用数学模型和定量化方法来解决问题

管理科学把组织中的管理问题都量化为数学模型,以模型求得最优规划。

4. 以决策为着眼点,以经济效益的好坏为评价管理行为的依据

决策是管理的一个重要组成部分,它存在于组织活动的不同过程中,管理科学就是使决策数量化、精确化,并且以经济效果最优为标准,随着情况的变化而修改模型,求出新的最优解。

二、管理科学理论的主要内容

(一) 数学方法

数学方法就是通过建立数学模型来研究和解决管理问题的方法,尤其以运筹学的广泛应用为代表。另外,还有其他一些数学方法也应用于管理过程中,如数理统计方法等。

(二) 系统分析

系统分析这一概念是由美国兰德公司于 1949 年首先提出的,它把系统的观点和思想引入管理方法中,应用系统观点分析管理问题,应用系统观点指导数学方法解决管理问题。其应用程序为:①首先把管理活动和管理问题看作一个系统;②确定系统的目标,包括系统的最终目标和中间性目标,并规定为实现目标所需做的工作;③研究系统各个组成部分之间的相互关系和影响,而且注重协调各个部分目标和系统整体目标的关系;④探讨达到总目标和子系统目标可供选择的方案;⑤在各种备选方案中,选出最优方案;⑥组织实施最优方案。因此,应用系统分析方法时,应掌握以下原则:内部条件与外部条件相结合、局部效益与整体效益相结合、当前利益与长远利益相结合。

（三）科学决策

科学决策是指决策时要以充足的事实为依据，采取严密的逻辑思考方法，对大量的资料和数据按照事物的内在联系进行系统分析和计算，遵循科学程序，做出正确决策。

（四）计算机应用

计算机是管理科学中所应用的最主要的先进工具，表现在：对数据的快速运算和统计；存储数据和资料，形成电子文档；迅速传递和反馈信息；处理各种数学模型的运算，辅助决策；进行模拟实验等。随着信息技术的快速发展，利用计算机技术已使企业管理信息系统趋于集成化，而且已经带来或即将带来管理意识、管理思想、管理模式、管理方法等多方面的变化。

三、管理科学解决问题的程序

管理科学解决问题的程序是：①确定研究问题；②建立问题模型；③求解模型；④模型验证；⑤建立控制方案；⑥方案付诸实施。

管理科学理论把现代科学方法运用到管理当中，为现代管理决策提供了科学的方法。它使管理理论从定性分析转向定量研究前进了一大步，其意义是十分明显的。但是，管理活动所涉及的因素多种多样，并非所有的管理问题都能够量化和用模型进行分析，过分依赖模型必然会忽视许多不可量化的因素，降低决策的可信度。因此，在管理活动中应做到定量与定性分析相结合。

第五节　现代管理理论

随着“二战”的结束，各国都在寻求促进本国经济发展的道路，这个过程必然导致资本的急剧扩张，生产与组织规模扩大，生产的社会化分工越来越细，而对于此过程中遇到的管理新问题、新理念、新思路就需要合理地解释和创新。因此，不仅从事管理实践的人们和专门研究管理的管理学家们在研究管理问题，许多经济学家、社会学家、人类学家、心理学家、哲学家，甚至很多从事自然科学研究的人们也对现代管理问题进行了研究，使管理理论的发展出现了进一步分散和力求统一的两种趋向。分散趋向表现在采用不同的方法，从不同的角度对管理理论进行研究，出现了各种管理理论学派，称之为“管理理论丛林”。统一趋向是从各学派中汲取最优秀的成果走出丛林，形成统一的管理理论。

一、现代管理理论丛林

1961 年 12 月，美国著名的管理学家孔茨发表了《管理理论丛林》一文，把各种管理学派划分为 6 个学派，到 1980 年孔茨在《再论管理理论丛林》一文中认为，管理学派的数量已不止 6 个，而是增加到 11 个。

（一）经验管理学派

该学派的主要代表人物有美国的管理学家德鲁克和欧内斯特・戴尔（Ernest Dale）等。

他们认为管理学就是研究管理经验，认为通过对管理人员在个别情况下成功和失败的经验教训的研究，会使人们懂得在将来相应的情况下如何运用有效的方法解决管理问题。该学派的贡献是提醒管理者要注意外部企业的成功经验和失败的教训，解决本企业的管理问题，但该学派没有回答如何在多变的环境下不断创新，求得生存和发展的问题。经验管理学派的主要观点如下。

1. 明确了管理的性质和任务

经验主义学派给出的管理定义是：管理是努力把一个人群或团体朝着某个共同目标引导、领导和控制。他们认为管理是研究对人进行管理的技能和知识的一个独立领域。德鲁克不赞成在普遍意义上理解“管理”的概念，他认为管理同生产商品和提供各种经济服务的工商企业有关，管理学则是管理工商企业的理论和实践的原理、原则的集合。经验主义学派认为，管理是特殊的工作，因而需要一些特殊的技能。德鲁克认为，作为企业主要领导的经理，其工作着重于两个方面：一是必须建立一个“生产统一体”；二是在做出每一决策和采取每一行动时，要把当前利益和长远利益协调起来。

2. 提出了目标管理的思想

德鲁克最早提出了“目标管理”的思路，经后人的补充和发展形成了至今仍被管理界所重视和使用的目标管理模式。德鲁克指出：所谓“目标管理”就是一个组织中的上级和下级管理人员共同制定一个目标；该目标应同每个人的工作成果相联系，通过确立目标，规定他的主要职责范围；并将这些目标作为经营一个单位和评价每一成员贡献的标准。目标管理是使管理人员和广大职工在工作中实行自我控制并达到工作目的的一种管理技能和管理制度。

3. 概括了企业组织结构

经验主义学派对建立合理组织结构问题普遍重视。如德鲁克认为，当今世界上管理组织的新模式可以概括为以下五种：集权的职能性结构、分权的联邦式结构（事业部制）、矩阵结构、模拟性分权管理结构、系统结构。在上述这几种组织结构中，德鲁克认为，并不能说哪一种组织结构最佳，应根据各企业的生产性质、特殊条件和管理人员的特点来确定自己的组织结构，而不能照搬别人的模式。

4. 主张用比较方法研究企业管理

这个学派的学者把对管理理论的研究放在对实际管理工作者的管理经验教训的研究上，强调从企业管理的实际经验而不是从一般原理出发来进行研究，强调用比较的方法来研究和概括管理经验。

（二）人类行为学派

人类行为学派也称人际关系学派。代表人物是美国管理学者劳伦斯·阿普莱（Lawrence Appley）。主要观点是：既然管理是让别人或同别人一起去把事情办好，因此就必须以人与人之间的关系为中心来研究管理问题。具体来说，它主要是从人的需求、欲望、动机、目的等心理因素的角度研究人的行为规律，特别是研究人与人之间的关系、个人与集体之间的关系，并借助于这种规律性的认识来预测和控制人的行为，以实现提高工作效率，达成组织目标。人类行为学派虽然没有研究出一套完整的管理知识，却已经为人们提供了许多有用的素材。

（三）群体行为学派

这个学派同人类行为学派密切相关，以致常常被混同。但它关心的主要是一定群体中的人的行为，而不是一般的人际关系和个人行为；它以社会学、人类文化学、社会心理学为基础而不是以个人心理学为基础。这个学派着重研究各种群体的行为方式，从小群体的文化和行为方式到大群体的行为特点，均在研究之列。有人把这个学派的研究内容称为"组织行为"研究。

这个学派的最早代表人物和研究活动就是梅奥和霍桑试验。德国学者卡特·卢因(Kurt Lewin)于1944年首先提出"团体动力学"的概念来描述团体中人与人相互接触、影响所形成的社会关系，对以后的团体行为的研究产生了较大影响。后来美国管理学家克里斯·阿吉里斯(Chris Argyris)在1957年发表的《个性与组织：互相协调的几个问题》一文中，提出所谓"不成熟—成熟交替循环的模式"，指出"如果一个组织不为人们提供使他们成熟起来的机会，或不提供把他们作为已经成熟的个人来对待的机会，那么人们就会变得忧虑、沮丧，甚至还会按违背组织目标的方式行事"。他认为，如何解决个体成长和组织原则之间的矛盾是管理者长期面对的挑战，领导者的任务之一就是努力减少这种不协调，从而提高组织运行的效率。

（四）社会协作系统学派

社会协作系统学派是以组织理论为研究重点，从社会学的角度来研究组织。这一学派的创始人是巴纳德，他的代表作是1937年出版的《经理的职能》一书。巴纳德把组织看作一个社会协作系统，即一种人的相互关系系统。该理论的主要观点是：

1. 组织是一个协作系统

这个系统的存在取决于三个条件：①协作效果，即组织的目标是否顺利达成；②协作效率，即在实现目标的过程中，协作成员损失最小而心理满足最高；③组织目标和环境相适应。

2. 协作系统必须满足三个条件

(1) 共同的目标；

(2) 组织中每一成员都有协作的意愿；

(3) 组织内部有一个能够彼此沟通的信息系统。

3. 经理人员应有三项责任

(1) 规定目标；

(2) 善于使组织成员为实现组织目标作出贡献；

(3) 建立和维持一个信息联系系统。

虽然社会协作系统学派从组织的角度研究管理，但巴纳德认为组织的要素只包括人，不包括物和其他要素，所以，对组织的研究就转变成对人的研究。通过巴纳德的职能表述可以看出，巴纳德把财和物排除在组织的要素之外，他提出的经理人员的职能没有对财和物管理的职能。

（五）社会技术系统学派

社会技术系统学派是在"二战"后兴起的一个较新的管理学派，是社会协作系统学派的进一步发展。这一学派是由英国的特里斯特(E. L. Trist)等人,在对英国的达勃姆煤矿现场作业组织进行研究的基础上形成的。他们认为,许多矛盾的产生是由于只把组织看作一个社会系统,而没有看到它同时又是一个技术系统,而技术系统对社会系统有很大的影响,只有使社会系统和技术系统两者协调起来,才能解决这些矛盾,从而提高劳动生产率,而管理者的一项重要任务就是确保这两个系统相互协调。该学派还特别注意工业工程、人机工程等问题的研究。

(六)决策理论管理学派

决策理论管理学派是在社会系统学派的基础上,吸收了行为科学学派的观点,运用计算机技术和运筹学的方法发展起来的。决策理论管理学派的代表人物是西蒙,他于1960年发表的《管理决策的新科学》是决策理论学派的"圣经"。在该书中,西蒙从逻辑实证主义出发,对传统的管理理论中的命令统一原则、特殊化原则、管理幅度原则和集团化原则等展开了严厉的批判,提出了一系列新的、与众不同的观点。

西蒙的观点主要包括:①管理就是决策,决策贯穿于整个管理过程。组织是由作为决策者的个人所构成的系统,组织活动的本质是决策,对组织活动的管理包含着各种类型的决策。②决策是由一系列相互联系的工作构成的一个过程。这个过程包括4种活动:情报活动、设计活动、抉择活动、实施活动。③提出了决策的准则。用"令人满意的原则"代替了传统决策的"最优化原则"。④一个组织的决策按其后果是否反复出现,可以分为程序化决策和非程序化决策。⑤企业的组织结构与决策过程联系起来。⑥不同的决策类型可以采用不同的决策方法。

(七)管理者角色学派

管理者角色学派是20世纪70年代在西方出现的一个管理学派。它以经理所担任的角色的分析为中心,来考虑经理的职务和工作,以提高管理效率。该学派的主要代表人物是德鲁克和加拿大麦吉尔大学管理学院教授亨利·明茨伯格。

(八)管理科学学派

管理科学学派的主要内容和观点见管理科学理论。

此外,还有一些具有自身特点的其他管理学派,如管理过程学派、系统管理学派、权变管理学派等,它们在现代管理学发展中具有突出的代表性,在此不再一一赘述。

二、现代管理理论的主流学派

随着人类社会科技的不断进步,社会政治经济环境的复杂多变,管理面临的问题也日益复杂。尽管管理理论丛林枝繁叶茂,但却难以适应现代化管理实践的需要。因此,管理学界也渴望建立一套全面、系统、统一的理论。在走向统一理论的过程中,有三种学派的主要观点引起了广泛的认同。

(一)管理过程学派

管理过程学派又称管理职能学派或经营管理学派。这个学派在西方是继古典管理理论学派和行为科学学派之后影响最大、历史最久的一个学派。该学派认为管理是一个过程,一个由不同管理职能组成的循环过程。法约尔、孔茨和西里尔·奥唐奈(Cyril O. Donnell)都是管理过程学派的主要代表人物,其主要观点如下。

1. 以职能为中心

从法约尔到孔茨等管理过程学派的许多管理学者,尽管在管理职能的划分上有所差别,但基本的理论框架是一样的。

2. 强调管理职能的普遍性

管理职能适用于所有的组织和管理层次,只是组织类型不同、管理层次不同、执行管理职能的侧重点不同而已。

3. 重视提炼具有普遍指导意义的管理原则

相对于其他学派而言,它是最为系统的学派。他们首先从确定管理人员的管理职能入手,并将此作为他们理论的核心结构。孔茨认为管理学这样分类具有内容广泛、能划分足够多的篇章、有利于进行逻辑性分析等优点。该学派对后世影响很大,许多管理学原理教科书都是按照管理的职能编写的。

(二) 系统管理学派

系统管理学派的代表人物有美国的理查德·约翰逊(Richard A. Johnson)、弗理蒙特·卡斯特(Fremont E. Kast)、罗森茨威克(James E. Rosenzweig)。该理论是运用系统理论的范畴、原理,全面分析和研究企业和其他组织的管理活动和管理过程。该理论的主要内容有:

1. 企业是由相互依存的因素组成的系统

企业的成长和发展同时受到这些组成要素的影响,在这些要素的相互关系中,人是主体,其他要素则是被动的。

2. 企业是一个由许多分系统组成的开放的社会技术系统

企业同时也是社会这个大系统中的一个子系统,它受到周围环境的影响,也同时影响环境,它只有在与环境的相互影响中才能达到动态平衡。

3. 运用系统观点考察管理职能,可以提高组织的整体效率

使管理人员不至于只重视某些与自己有关的特殊职能而忽视了大目标,也不至于忽视自己在组织中的地位与作用,可以提高组织的整体效率。

系统管理理论的特点在于强调从全局观念、整体观念出发,研究企业管理的全面活动和相互联系,这在管理理论的发展中是一大进步。

(三) 权变管理学派

管理理论走向统一的最新发展方向是权变管理理论,代表人物是卢桑斯。权变理论认为,在企业管理中要根据企业所处的内外条件随机应变,没有什么一成不变、普遍适用的"最好的"管理理论和方法。该学派是从系统观点来考察问题的,它的理论核心就是通过组织的各子系统内部和各子系统之间的相互联系,以及组织和它所处的环境之间的联系,来确定各种变数的关系类型和结构类型。它强调在管理中要根据组织所处的内外部条件随机应变,针对不同的具体条件寻求不同的最合适的管理模式、方案或方法。其主要观点有:①权变理论就是要把环境对管理的作用具体化,并使管理理论与管理实践紧密联系起来。②环境是自变量,而管理的观念和技术是因变量。在某种环境条件下,要想更快地达到目标,就要采

用某种管理原理、方法和技术。③权变管理理论的核心内容是环境变量与管理变量之间的函数关系即权变关系。

权变理论认为，在领导方式方面并不存在一种普遍适用的“最好的”或普遍不适用的“不好的”领导方式。一切以企业的任务、个人和小组的行为特点以及领导者和职工的关系而定。

总之，权变管理的最大特点是：①强调根据不同的具体条件，采取相应的组织结构、领导方式和管理机制。②把一个组织看作社会系统中的分系统，要求组织各方面的活动都要适应外部和内部环境的变化。

三、现代管理理论的特点与观点

现代管理理论是近代所有管理理论的综合，是一个知识体系，是一个学科群。它的基本目标就是要在不断急剧变化的现代社会面前，建立起一个充满创造活力的自适应系统，要使这一系统能够持续高效率、低消耗地输出，不仅要有现代化的管理思想和管理组织，还要有现代化的管理方法和手段来构成现代管理科学。

（一）现代管理理论的特点

综观各管理理论，虽各有所长、各有不同，但不难寻求其共性。可概括为：①强调系统化；②加强信息工作，以便在正确的时间、正确的地点，用正确的方法，把正确的信息传递给正确的人，做出正确的决策；③重视人的因素；④广泛运用各种方法；⑤强调预见能力，做正确的事比正确地做事更重要；⑥理论联系实际；⑦重视非正式组织的作用，把正式组织的经济需求与非正式组织的情感需求有机地结合起来；⑧注重过程与实效；⑨随着信息技术的应用、扁平网络化组织的出现，决策权向上层集中，执行权向基层分散；⑩根据环境变化，持续创新；⑪注重企业文化建设，通过建立企业文化，统一人们的价值观念。

（二）现代管理理论的主要观点

主要观点有：①战略观点，强调战略分析和战略设计；②系统观点，用系统观点处理管理问题；③顾客观点，满足顾客需求、达到顾客满意；④服务观点，用服务取胜；⑤竞争与合作观点，既要竞争又要合作；⑥素质观点，市场竞争本质是人才素质的竞争；⑦发展观点，发展才是硬道理；⑧价值观点，追求效率、效果和效益的统一；⑨风险观点，趋利避害；⑩变革观点，持续改进、与时俱进；⑪学习观点，建立学习型组织；⑫经营观点，包括产品经营和资本经营；⑬诚信观点。

本章小结

管理活动随人类共同劳动产生，而管理理论发展成为一门学科则经历了早期管理思想、古典管理理论、行为科学理论、管理科学理论、现代管理理论几大时期。西方早期的管理思想虽然具有经验性、零散性和依附性，但仍对各国经济发展和社会文明作出了不可磨灭的贡献。古典管理理论的主要代表人物有泰勒、法约尔、韦伯等人，该理论至今仍被大量使用着；行为科学理论的主要代表人物梅奥创立了人际关系学说，著名的霍桑试验对管理学研究具有重要的方法论意义；进入管理理论的丛林发展时期以后，管理科学学派、经验管理学派、决策理论学派等产生了巨大的社会影响，而管理过程理论、系统管理理论、权变管理理论则对现代管理理论发展趋于综合起着至关重要的作用。

复习思考题

1. 简述科学管理理论的要点。如何评价科学管理理论？
2. 简述法约尔的管理过程理论的要点。
3. 霍桑试验及其结论的基本内容是什么？
4. 简述韦伯的行政组织理论的主要内容。
5. 简述人际关系学说的主要内容。
6. 走向统一的管理理论包括哪些理论？各自有什么特点？
7. 现代管理理论的主要特点和观点是什么？

第三章

中国管理思想的产生与发展

学习目的和要求：

中国管理思想的发展建立于中国古今管理思想和管理实践的基础之上。总体上了解和掌握中国管理思想的产生和发展过程，在学习和工作中做到古为今用、去其糟粕、取其精华，提升我国整体管理水平，逐步建立和完善具有中国特色的管理理论。通过本章的学习，应了解我国古代的管理思想与实践、新中国成立前后的管理思想与实践，掌握其特点，并深刻理解和掌握现代企业制度的特征和内容。

中国的传统文化，具有5 000年的悠久历史和丰富多彩的珍贵内涵。作为东方文明的重要发端，对整个人类文明产生了深远的影响，成为人类文明宝库中的重要内容。在这些悠久的思想文化中蕴含了博大精深的管理思想。从管理的角度看，可将中国管理思想划分为3个阶段，即古代管理思想(1840年以前)、近代管理思想(1840—1949年新中国成立以前)、当代管理思想(1949年新中国成立以后)。

第一节　中国古代管理思想与实践

中国在两千多年的封建社会中，中央集权的国家管理制度、财政赋税的管理、官吏的选拔与管理、人口田亩管理、市场与工商业管理、漕运驿递管理、文书与档案管理等方面，历朝历代都有新的发展，出现了许多杰出的管理人才，在军事、政治、财政、文化教育与外交等领域，显示了卓越的管理才能，积累了宝贵的管理经验。其管理思想可以归纳为以下几个方面。

一、系统管理思想

系统管理思想集中表现在整体观上，在系统管理方面最具有代表性的管理思想和管理实践有孙武的《孙子兵法》、万里长城和都江堰工程等。

由春秋末期吴国著名军事学家孙武所著的《孙子兵法》是一部反映军事系统思想的理论著作。他把环境、系统整体与个体要素统一起来分析研究战争的规模，以便把握战争全局，体现了许多朴素的系统管理思想。在《孙子兵法》的《计篇》中，孙武认为要想取得战争胜利，就要把“道、天、地、将、法”这五个因素综合起来考虑。《孙子兵法》被国内外企业家称为“企业经营指南针”。

万里长城是体现我国古代系统管理思想的一大杰作。万里长城始建于公元前 200 多年，动用人力几十万，历时 100 年。在建造工程上，明代一般分为镇城、路城、卫城、关城、堡城、城墙、放台、烟墩等不同等级、不同形式和不同用途的建筑，形成了一个完整的防御工程体系。在管理上，沿线设九个镇，各镇设总兵，上受兵部指挥，各镇之下又分级设“路”、“关”及城堡、墩台，形成多级管理系统，信息自下而上、自上而下传递迅速、反馈自如。这样浩大的工程必须靠严密的组织、完善的管理才能得以完成，体现了系统工程和系统管理思想。

闻名中外的大型水利枢纽工程——都江堰工程也是系统工程的古代杰作。该工程由岷江鱼嘴分水工程、飞沙堰溢洪排沙工程、宝瓶口引水工程及水利信息系统构成，融灌溉、蓄水、防洪、排沙于一体，合理地解决了分水导江、防洪防旱、引水灌溉、排除泥沙等一系列重大问题。这是中国古代劳动人民运用系统思想的典范。

二、以人为本的管理思想

我国传统文化就是以儒学为中心的“人学”。

（一）民本管理思想

“以人为本”的思想在中国古代管理思想中始终占主导地位，认为人是构成国家整体的第一要素，要求把人作为管理的重心，提倡“爱人贵民”。早在春秋战国时期中国文化已经“表现出较为鲜明的人文意识”。管子说：“君若将欲霸王举大事乎？则必从其本事矣”；“夫霸王之所始也，以人为本，本治则国固，本乱则国危”；“齐国百姓，公之本也。”管子认为，务本之道在于经营民心，争取百姓。达人民之所愿，予百姓之所需。尽量做到“民恶忧劳，我佚乐之；民恶贫贱，我富贵之；民恶危坠，我存安之；民恶灭绝，我生育之”。要求齐桓公竭诚听取民众的意见，把人作为管理的重心。而管理国家说到底就是对人的管理，“治国就是治人”。孟子从“民为立国之本”的思想出发，提出了“天时不如地利，地利不如人和”。

中国古代“以人为本”的管理思想不仅体现在对民力的利用上，更难能可贵的是，战国时期的孟子和孙子还提出了“唯民是保”的“保民”观点：“诸侯之宝三：土地、人民、政事”，“保民而王，莫之能御也”。“故进不求名，退不避罪，唯民是保，而利合于主，国之宝也。”

（二）人才管理思想

我国古代关于人才管理的思想极其丰富，已充分认识到人才管理的重要性。在中国古代的管理思想中特别重视德能兼备的标准，我国远古时代的“禅让制度”就是在考察德行修养的基础上实行的推举贤能的管理制度。管子认为，国家选贤任能，要举拔有德者给予爵位，举拔有才者就任为官。把德行置于功劳之上，主张国家用人要德才兼备，德能并举，“德”与“能”不可偏废。选贤还应做到“不以年伤”，即选用人才不应受年龄的限制，从而否定了资历主义。管子强调考核官员的内容主要有三：一是德望与其地位是否相称；二是功绩与其俸禄是否相称；三是能力与其官职是否相称。

中国古代很早就提出了选才用人的管理思想。认识到“知人善任，礼贤下士”的重要性。墨子提出要“察其所能而慎予官”。荀子告诫执政者“无私人以官职事业”，切不可任人唯亲，而主张任人唯贤，唯才是举。晏子则进一步指出：人的才能也是不同的，应当让人专司一事，不能要求他无所不能。用人的优点，不用他的短处；用人所擅长的，不用他所不擅长的，这就是任用人才的要略。秦始皇能完成统一大业，是因为重用了蹇叔、商鞅、张仪、范雎等人。楚汉之争，项羽因“嫉贤忌能，有功者害之，贤者疑之”，以致败退垓下，陷入“四面楚歌”的绝境。而刘邦则重用在某些方面比自己高明的张良、萧何和韩信，从而大获全胜，建立了汉王朝。他的用人思想在于量能授贤，不拘一格。北宋王安石的人才管理思想更加系统化、理论化。他的用人思想可概括为“教之、养之、取之、任之”。其中，教之之道，即坚持学用一致，造就人才；养之之道，即维持政府官员生活的俸禄报酬应采取的方针——“饶之以财”、“约之以礼”、“裁之以法”；取之之道，即选拔官吏的途径；任之之道，即任用人才首先要根据其专长，知农的为农官，知工的为工官。王安石把通过教育培养人才作为人才管理的起点，从根本上入手，这比他的前人进了一大步。

在人际关系方面，“中庸”思想，是儒家须臾不可分离的管理之道。中庸之道有两重性：一方面，以“中和”为最高原则，忽视对立面的斗争，主张维持现状，否定变革，这在本质上是反辩证法的；而另一方面，它反对过犹不及，不走极端，重视和谐，又有辩证法的因素。因此，在历史观上，中庸之道是消极有害的，但在群体观、社会观上却有积极的一面，这主要反映在“和”的观念上。孟子认为，天时不如地利，地利不如人和。人和有利于处理各种人际关系，君臣和、将相和、和亲都是人和原则的具体应用。中庸之道教育和引导人们在处理和解决问题的时候不应该走极端，要避免过与不及的出现。应从两端入手，抓住问题的“终始本末、上下精细、无所不尽”，再“量度以取中，然后用之”。中庸之道本质上是对度的把握，就是在一种事物的运动发展上找到一个平衡点，使之恰到好处，即反对过与不及，在过与不及两端之间把握一个中点或度，以实现管理的和谐发展。

三、经营管理思想

我国古代的经营管理思想的内容也十分广泛，主要集中在以下几个方面。

（一）范蠡的经营思想

春秋末期的政治家兼巨商范蠡提出了著名的“贸易待乏论”，即“水则资车，旱则资舟”。（《史记·货殖列传》）就是说，商业经营，不能只关注当下的需求，真正的高明，是以未来的需求为出发点而预先储备物资，水灾时预先储备水灾之后的急需品——车，旱灾时预先储备旱灾之后的急需品——舟，夏天要预先储备冬天的物资皮毛，冬天要预先储备夏天的物资葛麻。“待乏”的思想是一种商业经营的理念，也是总的指导思想，它建立在各种宏观预测的基础上，或者说，以宏观预测为前提。在具体的商业运作中，范蠡还提出了三个原则：第一，善于“时断”和“智断”。时断既是对天时的把握，也是对具体的商业时机的判断；而智断则是对商品价值以及市场行情的准确判断。“时断则循，智断则备，知此二者形于体，万物之情，短长逆顺，可观而已。”（《越绝书·计倪内经》）。第二，务完物。完物，是指商品完整质量好。对于商业经营者而言，应当尽可能去掌握高质量的好商品，才能够立于不败之地。第三，无敢居贵。范蠡主张“货无留”、“无息币”，就是说，无论商品还是货币，都不要停留在手中，不要老等更高的价格，而应当使它们“其行如流水”，周而复始，这样才能获取更多的利润。以上三原则，范蠡称之为“积著之理”。

（二）白圭的经营思想

白圭的经营思想的中心内容是“乐观时变”，即预测市场行情变化并据以进行理财决策。他把自己的经营原则总结为八个字“人弃我取，人取我予”。即商品在暂时供过于求、价格低廉时，应予以购存；当商品供不应求、价格昂贵时，应予以抛售，这样一反一正可获得较大利润。他还说道：“岁熟取谷，予之丝漆，茧出取帛絮，予之食。”即稻熟时买进谷，卖出丝漆等，待蚕茧收成时，即购进帛棉，出售粮谷。这种审时度势，调剂市场有无的经营流通思想，无疑对己于人皆有利。

白圭还把经商总结为四字诀：智、勇、仁、强。他认为：“智以灵变，勇以决断，仁以取予，强以攻守。”这四字论点是符合当今竞争规律与商德规范的，也是经营者须具有的素质和品格。特别是“仁以取予”主张买卖讲仁义，讲道德，不搞尔虞我诈、巧取豪夺那套，该观点不仅可取，而且可贵。

（三）荀子的经营思想

战国后期，儒家学派的重要代表人物荀子提出了一系列经济与管理思想，主要包括：①富国强民的目标是“足国之道，节用裕民，而善藏其余”。他强调“裕民”是富国强国的首要条件。②“隆礼重法，则国常有”，强调礼法并重的管理，试图在二者之间找到平衡。③经营和治国应具备超越、不懈、求精、节用、务实的精神。④“强本而节用则天不能贫”，主张增加生产、节约消费。

（四）决策与战略思想

决策与战略思想早在战国时期就大放异彩，其丰富的经验对今天的决策科学化很有参考价值。墨子的“三表”决策思想，提出了正确的决策必须以实事求是为前提的思想。墨子提出：“有本之者，有原之者，有用之者。于何本之？上本之于古者圣王之事；于何原之？下原察百姓耳目之实；于何用之？废以为刑政，观其中国家、百姓、人民之利，此所谓言有三表也。”即在判断一件事是否可行时，先考察历史，看是否符合古代圣王的遗训；然后要听取百姓的意见，看是否符合民心；最后看是否真正有利于国家民众。宋代文学家苏轼在《策别十八》中说道：“为国有万世之计，有一时之计，有不终月之计。”“不谋万世，不足谋一时；不谋全局，不足以谋一域”是说做事应该有战略决策和战术决策、长远规划与短期计划之别，根据形势情况的变化按照既定目标或相时而动，有助于管理成功。可见，预测和决策关系全局成败，中国人向来强调谋划和规划，强调战略和战术的综合运用，主张谋而后动。所以孙子说：“知彼知己者，百战不殆”、“知天知地，胜乃不穷”。

四、组织管理思想

据《周礼》的记载，周朝官员的设置按天、地、春、夏、秋、冬分为六官，分管治、教、礼、政、刑、事六方面的政务。以天官为最高，六官分 360 职，各有职掌，职责分明。春秋时期政治家管仲建立了五家一轨，十轨一里，四里一连，十连一乡，十乡一军的国家组织。另外，执要群效的统一思想也是组织管理思想的雏形。《韩非子・扬权》中说：“事在四方，要在中央。圣人执要，四方来效。”在这里，韩非子第一次将决策层和执行层、中央和地方的管理职能进行了明确的划分。管子在《管子·明法》中说：“威不两错，政不二门。”李世民说：“理国守法，事须划一。”罗贯中的《三国演义》中也有一句名言：“为治有体，上下不可相侵。”这些论述都从不同角度强调了上下级之间权利与责任的不同，并且都明确指出统一决策指挥的不可或缺的重要作用。

五、财务管理思想

早在公元9—23年的王莽时代，就有了核算酒类成本的记载，这是在中国史书上见到的最早的成本核算思想。荀子也曾提出财政管理的许多原则，如分等征税原则、“聚敛者亡”和“王者窜民”的财政管理原则、“上下俱富”以政裕民的原则。到秦始皇时期，专门设立治粟内史统管全国财政，为两千多年封建集权统一的财政管理制度奠定了基础。

在西汉中期形成的轻重论和善因论是典型的财务管理理论。轻重论是一种相当系统的国民财务管理理论，强调国家对社会经济生活具有举足轻重的作用。其特点在于政府以各种手段控制整个国民经济，控制得越严越好。包括两个方面：一是关于市场与价格理论；二是有关财政方面的理论。善因论作为一种国民财务管理思想，不论在管理目标、管理模式，还是在指导思想或理论基础方面，都与轻重论针锋相对。善因论认为国民财务管理的目标是使整个社会经济得到发展，以增强富国、富家的物质基础，在国民经济的各部门主张农、工、商共同发展。轻重论和善因论出现后，即成为中国传统的财务经济管理思想的基本模式。这两种模式的出现，正是中国古代传统财务管理思想成熟的标志。此后，中国古代出现的各种国民财务的管理思想都离不开这两种模式。

综观中国古代管理思想和管理实践可以看出，管理与行政基本融为一体。由于古代中国是典型的农业经济，行政管理是社会管理最主要的模式，因此，任何一项工程，任何一项管理活动，无不以国家或官府的名义展开，管理实践也只有在和行政融合过程中才有表现的机会。实际上，我们所了解的中国古代管理实践，无一不是行政中的管理实践。中国古代的管理实践是一种经验管理。古代管理实践的成功与否主要取决于管理者或决策者的素质高低。管理者的个人知识、能力和经验越丰富，越有可能进行卓有成效的管理活动；否则，管理就可能缺乏成效，甚至失败。因此，管理实践是和个人经验分不开的，是一种典型的经验管理。

第二节　中国近代管理思想与实践

我国近代管理思想与实践是从1840年到1949年新中国成立以前，这一时期的中国处于半封建、半殖民地社会。鸦片战争的炮火轰开了中国封闭的大门，加速了孕育着资本主义萌芽的中国社会向资本主义社会的发展。这一时期的管理思想主要表现为企业管理思想，其特点是既保留了封建时期的管理思想，又努力引进西方科学的管理思想。大体上可分为官僚资本主义企业的管理、民族资本主义企业的管理和根据地公营企业的管理。

一、官僚资本主义企业的管理

近现代历史文献中使用的“官僚资本”一词，主要是指中国国民党统治集团中的蒋、宋、孔、陈四大家族，凭借国家政权的垄断力量，通过发行公债、苛捐杂税、商业投机、通货膨胀等手段巧取豪夺而建立起来的国家垄断资本主义工商企业。到1949年，官僚资本大约占全国工矿和交通运输业固定资产的80%，垄断全国钢铁产量的90%，煤产量的33%，发电量的67%，并拥有全国最大的银行和十几个垄断性贸易公司。官僚资本本身又是一种高度集中的社会化大生产，它集中了一定的现代化设备和科技力量，更多地采用资本主义的雇佣劳动管理方式。当然，中国的官僚资产阶级是要适应封建地主阶级和帝国主义需要的，因此，其管理除了具有垄断资本主义的一般特征外，又具有买办的封建的特征。

二、民族资本主义企业的管理

新中国成立以前管理思想的主要代表是民族资本主义在经营中体现出的经营管理思想。①重视人才，重视对职工的培训。民族资本家深知人是企业的关键，是企业生产发展的决定性条件。主要措施有：自办职业学校和专科学校，培养技术工人；举办各种专修班、技训班、补习班、识字班，采取业余学习、现场学习、脱产学习等方式，对职工进行全面教育；选派有发展前途的技术人员、管理人员到英、美、法等国家学习、进修和考察等。②讲究产品质量，塑造名牌产品。民族资本企业为了反抗帝国主义和垄断资本的双重压迫，加强质量管理，努力提高产品质量，创造名牌，以提高产品在市场上的竞争能力。在注重质量的同时，还很重视研究新品种，不断开发适销优质产品，争创名牌，维护信誉，提高市场竞争能力。③不断更新设备，引进先进技术。从国外引进吸纳先进设备，合理安排生产工艺，改善生产组织形式，开展内部专业分工，力求提高效率。④重视信誉，服务至上。民族资本主义企业把“服务热情周到”作为企业经营活动的重要准则，如民运航运公司的卢作孚提出“服务高于一切”的口号，深受客户和货主的欢迎，影响很大。民族资本主义企业主要是用实际措施来树立信誉，但也绝不忽视宣传的作用。他们经常在报纸、产品说明书乃至包装上对产品进行宣传，还专门雇用一批人员写文章，自编刊物，送人阅读，扩大影响。⑤广开资金来源，加速资金周转。根据市场变化和发展趋势，以销定产、以销定进，加速资金周转。在筹措资金方面大多采取少发股息，少发红利，增加企业资金；利用职工储蓄；自设金融机构，自调流动资金。⑥注意培养企业精神，以凝聚人心。民族资本主义企业应用企业精神，以进行有效的企业管理和对员工的激励。如卢作孚提出了“服务社会，便利人群，富强国家”的企业宗旨。⑦尽力降低成本，增加企业利润。在刘鸿生经营的企业中，首先推行了一套完整的会计制度，他说：“只有降低成本，才能提高竞争能力，增加企业利润。每一个企业负责人必须重视成本核算，分析企业盈亏的原因。”

三、根据地公营企业的管理

中央革命根据地建立之后，1931—1935年公营企业发展很快，1935年已有兵工、被服、钢铁、纺织等10个行业，职工达5 000多人。为了加强公营企业的管理，1934年中华苏维埃共和国人民委员会颁布了《苏维埃国家工厂管理条例》，中共中央组织局发布了《苏维埃国家工厂支部工作条例》，这两个条例的实施进一步加强了公营企业的经营管理工作，明确了国有工厂实行由厂长、支部书记和工会委员长组成的"三人团"企业领导机构及各自的职责范围；规定了实行经济核算，把完成生产和减少成本作为国有工厂管理的最大任务，还规定了职工工资福利、奖罚办法等；明确了公营企业中党支部的基本任务和工作方法，对思想政治工作和民主管理做了具体规定。在抗日战争初期，抗日根据地的工厂大多数实行全部费用向上级主管部门报销、全部产品上交主管部门统一分配制度。1942 年 12 月，毛主席在陕甘宁边区高级干部会议上作了《经济问题和财政问题》的重要报告，提出了"发展经济，保障供给"的方针。推行了以下措施：①实行工厂管理一元化；②改报销制为经济核算制；③精简机构，减少非生产人员；④改革工资制度，逐步实行全面工资制度，有的企业试行了分红制，军工制的工厂还实行了计件奖励制度；⑤发挥学有专长的技术人员的作用，鼓励创造发明，开展劳动竞赛。在解放战争时期，公营企业发展较快。1949 年公营企业的职工已达 24 万人。这个时期的企业管理实行了严格的经济核算，实行营业制，即使某些纯粹的供给制企业，不便实现营业制的也实现定货制；吸收工人参加管理，民主管理制度日益完善，各厂普遍建立了工厂管理委员会，500 人以上的大厂建立了职工代表大会制度，使工厂管理委员会和职工代表大会成为公营企业的一项根本制度；在工资制度上，实行多劳多得，普遍采用计件工资奖励制度。

总的来看，当时形成的一些管理思想是党的优良传统在管理中的体现和应用，在领导体制、民主管理、经济核算、改善经营等方面，形成了一套制度，为社会主义性质的企业管理积累了一定的经验。具体表现在：①具有优良的革命传统。坚持党的领导，加强政治思想工作；以生产为中心，用生产来保证革命胜利的指导思想十分明确；自力更生、艰苦奋斗、勤俭办企业的精神非常突出；学习革命军队中官兵一致的作风，形成了政治民主、经济技术民主和管理民主的"三大民主"制度。②实行供给制。企业作为主管机关的附属单位，收入全部上交，费用开支全部由主管机关拨付，产品全部由主管机关分配，职工的生活待遇也实行供给制。③"小而全"的经营方式是主要的生产经营方式。

第三节　中国当代管理思想与实践

我国当代管理思想与实践是从 1949 年新中国成立以后到现在，分为从新中国成立到党的十一届三中全会以前和十一届三中全会以后到现在两个时期。

一、十一届三中全会以前的管理(1949.10—1978.12)

在十一届三中全会以前，我国企业管理从管理思想到管理方法既受到苏联管理制度和管理思想的影响，又受到革命根据地公营企业管理传统的影响，既取得了不少成绩，也存在不少问题。

(一) 国民经济恢复时期(1949—1952 年)

在当时的社会中，主要有三种经济成分，即社会主义国营经济、资本主义经济和个体经济。这一时期的主要任务是没收官僚资本，加强对国有企业的组织管理，健全企业制度。普遍实行民主改革和生产改革，建立了工厂管理委员会制度和职工代表会议制度，建立了广泛吸收工人参加的企业管理制度，职工合理化建议和劳动竞赛活动广泛开展起来，新的生产记录不断被刷新，极大地促进了生产的迅速恢复和发展，为进行大规模、有计划的社会主义经济建设奠定了基础。

（二）第一个五年计划时期（1953—1957 年）

这个时期我国企业管理工作的重点，主要是建立健全适应现代化大生产的科学管理制度。1953 年开始了第一个五年计划，国家集中全国的人力、物力和财力，进行了 156 项重点工程建设。全面学习和引进苏联工业企业管理的制度和方法，逐步建立了以统一计划、集中管理为特征的经济管理体制，即企业执行中央政府的指令性计划指标；财政统收统支，企业利润全部上缴；所需资金和生产资料由国家统一调拨。在企业内部主要采取了以下措施：①实行计划管理。建立了生产技术、财务计划，推行生产作业计划，建立各种原始记录，加强统计工作，制定劳动定额，实行生产岗位责任制。②加强技术管理。主要是建立技术责任制，在全厂设立总工程师制。建立独立的技术检查机构，建立设备维修责任制、安全技术责任制，建立材料供应和工具管理等制度。③实行经济管理。建立厂内经济核算、经济技术活动分析制度等。④实行按劳分配原则，建立计时、计件及奖励工资制度。⑤建立和健全生产指挥系统和管理组织机构。厂长负责全厂的生产领导，建立直线职能制组织结构，加强生产指挥系统；党组织负责保证和监督实现国家计划。⑥对人员进行培训。

通过以上措施，使我国企业管理走上了科学管理的轨道，保证了我国经济建设的顺利进行。但这个时期，也存在一些问题，主要是对苏联的管理模式是否适应我国经济发展的客观现实研究不够，存在照抄照搬现象，形成了统得过多、管得过死的弊端。具体表现在：①管理权过于集中在上级主管机关，企业缺乏应有的自主权；②主要靠行政方法管理企业；③片面强调现代化大生产，要求集中统一指挥，忽视和削弱了企业的民主管理；④重产量、产值，忽视经济核算和经济效益。

（三）社会主义经济管理的探索时期（1958—1965 年）

这个时期，我国企业管理的重点是探索我国企业管理的道路，创建具有中国特色的企业管理模式。

在 1958—1960 年间，中央和国务院制定了《关于改进工业管理体制的决定》、《关于改进财政体制和划分中央和地方财政管理权限的规定》等文件，目的是对国家与企业的关系进行调整，改变集中过多、统得过死的做法，下放给企业较多的权力。但这一时期也一度出现指导思想上“左”的错误，不尊重事物发展的客观规律，片面夸大人的主观意志和精神作用，忽视社会化大生产所必需的规章制度和严格的责任制，并把第一个五年计划期间建立起来的规章制度，不加分析地一概废除，造成了管理的混乱和经济损失。

党中央为了纠正错误，1960 年，毛主席作了关于“鞍钢宪法”的批示。主要内容是：开展技术革新；大搞群众运动；“两参一改三结合”；坚持政治挂帅，实行党委领导下的厂长负责制。1961 年中共中央提出以调整为中心的“调整、充实、巩固、提高”八字方针，同年 9 月颁发了《国营工业企业工作条例》，即“工业七十条”。1962—1964 年，先后又颁发了《企业计时奖励暂行条例》、《企业计件工资暂行条例》等文件，恢复了生产秩序，建立健全了管理制度，推广了大庆经验,使企业管理又走上科学管理的轨道。1965年许多企业的技术经济指标达到了我国历史上的最高水平,也探索和形成了一些管理理论和思想。比如"两参一改三结合",开展合理化建议活动;精神鼓励和物质利益相结合;建立岗位责任制;发扬实事求是的优良传统,把解放思想和按客观规律办事结合起来;把大搞群众运动同严格的责任制度结合起来;把政治挂帅同物质鼓励结合起来等。

(四)"文化大革命"时期(1966—1976年)

从1966年开始的十年"文化大革命",是我国经济大倒退的十年,片面强调歪曲管理的二重性,造成了管理的大混乱。

十一届三中全会以前,我国企业的管理思想主要具有以下几方面的特征:①传统经验管理的思想和体制始终左右着企业管理,国家对企业管得太多太死,企业没有生产经营自主权,失去了应有的活力;②在企业内部管理上,小生产的管理方式,不讲经济效益的经营思想等仍有相当影响;③平均主义严重,国家对企业统收统支,企业职工按国家统一标准确定工资等级,企业吃国家的"大锅饭",职工吃企业的"大锅饭",削弱了企业管理的动力;④否定市场的作用,人为地配置资源和生产要素,实行"条条"和"块块"为主的管理体制,使企业无法根据分工协作原理进行资源优化配置。

二、十一届三中全会以来的管理(1978.12至今)

1978年12月召开了党的十一届三中全会,确定了全党工作重点的转移,确立了以经济建设为中心的基本路线,强调对经济管理和经营管理方法进行改革。这一时期大体分为以下几个阶段。

(一)1979—1984年为起步阶段

这个时期主要进行了两方面的工作。第一,简政放权,整顿企业,提高企业生产、技术和盈利水平。提出以生产建设为中心,以提高经济效益为重点,以提高生产技术水平为目的,重点加强了企业领导班子的建设,实现领导干部的革命化、年轻化、知识化和专业化。第二,以经济效益为中心,进行扩大企业经营自主权的试点,在扩权试点的基础上,实行"利改税",一改以往统收统支、上缴利润的制度为以税代利。

这一时期,国家所采取的一系列政策与措施,最深刻的含义在于向所有权与经营权的分离迈出了重要的一步,这是社会主义生产关系中管理方式和思想方式的一个重要突破,使企业内部的管理体制改革前进了重要一步。

(二)1984—1986年年底为发展阶段

1984年10月党的十二届三中全会,做出了以城市为重点的《中共中央关于经济体制改革的决定》,推动我国企业管理体制改革进入了全面综合改革阶段。决定指出了经济体制上僵化模式的主要弊端,把增强企业活力作为经济体制改革的中心环节,着重解决两方面的关系:国家与全民所有制企业之间的关系,扩大企业自主权;确定职工和企业之间的工资,保证劳动者在企业中的主人翁地位。特别是提出了社会主义经济是有计划的商品经济,这是我国社会主义经济思想上和理论上的一次重大转折,对计划体制、价格体制、工资体制、企业领导制度等多方面都作了具体规定。在这一阶段,企业管理体制的改革进一步向扩大企业经营自主权方向转变，改革内容由单项扩大企业财权发展到改革措施配套的综合改革。

（三）1987—1992 年为改革的深化阶段

从 1987 年开始，改革转入以企业内部经营机制为重点的新阶段，把大力推行承包经营责任制作为深化改革、增强企业活力的重要措施来抓。1988 年 2 月国务院颁发了《全民所有制工业企业承包经营责任制暂行条例》，规定了承包经营责任制的内容和形式。由于承包经营责任制的普遍推行，进一步理顺了国家与企业的关系，使企业活力进一步增强，但也表现出短期行为等弊端。

（四）1992—2007 年 10 月为改革突破阶段

这一阶段的显著特征是在邓小平南方讲话精神的推动下，进一步解放思想，深化改革，提出了建设有中国特色的社会主义市场经济理论。指出计划经济不等于社会主义，社会主义也可以搞市场经济，市场和计划是资源配置的两种手段，大大地解放了人们的思想。1992 年 10 月，党的十四大以邓小平同志的理论为基础，正式确立了要建设社会主义市场经济的思想。社会主义市场经济理论的确定，为我国经济体制改革和企业管理体制改革指明了方向。随着《公司法》等适应市场经济要求的法律制度的相继出台，公司制企业相继问世，标志着我国企业改革真正进入正常发展轨道。

（五）2007 年 10 月至今为改革的全面发展阶段

2007 年 10 月中共十七大召开，提出了科学发展观。科学发展观的第一要义是发展，核心是以人为本，基本要求是全面协调可持续的发展，根本方法是统筹兼顾。

科学发展观所倡导的发展，之所以是科学的，就在于它是全面协调可持续的发展，又好又快的发展，而不是片面的发展、不计代价的发展、竭泽而渔式的发展。科学发展观所追求的全面发展，就是要按照中国特色社会主义事业总体布局，以经济建设为中心，全面推进中国特色社会主义建设。协调发展是指各个方面的发展要相互适应，就是要统筹城乡发展、统筹区域发展、统筹经济社会发展、统筹人与自然和谐发展、统筹国内发展和对外开放，促进现代化建设各个环节、各个方面相协调，促进生产关系与生产力、上层建筑与经济基础相协调。可持续发展是指发展进程要有持久性、连续性。科学发展观所要求的可持续发展，就是要坚持生产发展、生活富裕、生态良好的文明发展道路，建设资源节约型、环境友好型社会，实现速度和结构质量效益相统一、经济发展与人口资源环境相协调，使人民在良好生态环境中生产生活，实现经济社会永续发展。总之，全面协调可持续作为一个互相联系、互相制约、互相促进的有机整体，抓住了发展的内在规律，体现了社会主义物质文明、政治文明、精神文明、社会文明、生态文明的统一，体现了经济社会发展与人口、资源、环境的统一，体现了过去发展、现在发展和未来发展的统一，是科学发展观的基本要求。

总体来看，十一届三中全会以后，我国企业管理的指导思想集中表现为由生产型管理向生产经营型管理的转变，从生产经营型向创新型、可持续发展型的转变。具体表现为：

1. 理顺了企业与国家的关系

企业由单纯的产品生产者向自主经营、自负盈亏、自我约束、自我积累的商品生产者和经营者转变，企业经营机制由缺乏生机向增强活力转变。

2. 明确了企业经营指导思想

企业经营指导思想向以提高经济效益为中心的轨道上转变，管理方式由粗放型向集约型转变。

3. 扩展了管理范围

从只着眼于企业内部管理转变为主动适应市场需求，注重企业内外部环境研究，加强了企业战略管理。

4. 领导体制发生了重大改变

企业领导人由行政官员型向专家型、企业家转变，企业领导体制和组织机构由党委一元化领导向厂长负责制和现代企业制度转变，党的十四大以后，企业按公司制进行改组，建立了现代企业制度，这一制度对我国企业领导制度的发展产生了深远的影响。现代企业制度的主要特征是：①产权清晰，权责明确；②政企分开，自主经营；③机制健全，行为合理；④管理科学，注重实效。现代企业制度的内容包括现代企业产权制度、现代企业组织制度和现代企业管理制度。

5. 管理内容发生了重大变化

企业管理重点由“以物为中心”管理向“以人为中心”管理转变；重视和发挥人才的作用，从重视“硬”资源管理向重视实践、信息等“软”资源转变；从只重视产品生产向重视企业文化建设转变。

6. 采用了先进的管理方法与管理手段

综合应用了许多行之有效的管理方法。如全面质量管理、成本控制、价值工程、网络技术等，并逐步采用了计算机集成制造系统、并行工程、敏捷制造、精益生产等先进生产组织管理模式。

7. 从要素驱动到创新驱动转变

从高耗能为代价的粗放型经营转变为依靠创新发展，不断提高自主创新能力。

8. 节能减排、绿色生产、可持续发展

根据我国资源紧缺的基本国情，建设资源节约型社会，关键在于促进资源的节约，杜绝资源的浪费，降低资源的消耗，提高资源的利用率、生产率和单位资源的人口承载力，以缓解资源的供需矛盾。

综上所述，根据我国国情，我国的企业管理积累了不少经验，使管理水平有了很大的提高。但从总体上看，还需要结合我国经济建设的实践，在发掘我国古代的管理思想、学习借鉴世界各国先进管理理论的基础上，进一步完善和建立具有中国特色的管理理论体系。

本章小结

中国管理思想发展分为三个时期，即古代、近代和当代。在古代管理思想发展中介绍了系统管理思想、以人为本的管理思想、经营管理思想、组织管理思想和财务管理思想；近代主要介绍了三种企业的管理思想，即官僚资本主义企业、民族资本主义企业和根据地公营企业的管理思想。最后，以十一届三中全会为分水岭，介绍了中国当代管理思想的发展历程。总的来看，中国管理理论和管理实践经历了曲折的发展过程，既有许多宝贵的早期管理思想和辉煌的管理实践需要挖掘和整理，又面临社会主义市场经济建设的新环境下建立和完善具有中国特色的管理理论的任务。

复习思考题

1. 试述我国新中国成立前管理思想的主要特点。
2. 试述十一届三中全会以前的管理发展过程和主要特点。
3. 试述十一届三中全会以后的管理发展过程和主要特点。

第二篇

管理原理

本篇主要介绍管理应遵循的基本规律，以系统思想为指导，按照管理导论篇构建的组织系统模型，介绍组织管理应遵循的以人为本、组织文化、诚实守信、社会责任等基本理念；介绍由系统原理、结构功能原理构成的结构原理，由动态原理、闭环管理原理、和谐管理原理等组成的运行原理，由利益相关者满意原理、效益原理和可持续发展原理组成的绩效原理等基本内容。

通过本章的学习，应牢固树立管理的系统思想。对组织的管理要以符合社会发展要求的理念为指导：人的问题从来就是管理的根本问题，文化已成为一种先进的管理模式，诚实守信是市场经济的基石，社会责任是组织发展的必然要求。对组织的管理要有科学合理的结构，严格管理的运行过程，才能取得预期绩效，而绩效不仅是组织效益问题，还要实现利益相关者满意和组织的可持续发展。因此，通过本篇的学习，养成在管理中遵循：树立先进的管理理念—构建科学合理的结构—实施严格的运行管理—谋求组织预期绩效的基本规律，为学好管理学、用好管理学奠定思想基础。

第四章

基本理念

学习目的和要求：

通过本章的学习，应树立科学的管理理念，深刻认识管理理念在管理过程中的指导作用。要正确理解以人为本、组织文化、诚实守信、社会责任理念的含义；了解人本理念的形成过程，掌握人本理念的运用原则；掌握组织文化的结构及内容，了解组织文化的正负功能，掌握组织文化的建设原则、步骤及方法；理解诚实守信的价值，准确把握诚实守信的准则；了解管理与道德的关系及几种相关的道德观念，掌握影响管理道德的因素和改善管理道德行为的途径，掌握企业承担社会责任的内容。

第一节　以人为本

在管理活动中，人是管理诸要素中的第一要素，管理对象的全部要素以及整个管理过程都需要人去掌握和推动，组织的一切活动都与人的劳动和工作紧密相连，没有人在整体上对其他管理对象施加影响就不可能实现管理目标。因此，人的问题从来就是管理的根本问题，在现代管理中，以人为本是管理者首先要树立的基本理念。

一、以人为本理念的含义

所谓以人为本，就是在管理中坚持以人为中心、以人为目的并使人性得到充分发展。在以人为本理念指导下，一切管理活动都应以人为核心，以调动人的积极性、创造性，做好人的工作为根本，以设法满足人的物质、精神需要，提高文化素质以及全面发展为目的。

1. 人是组织管理的主体

管理作为一项社会活动，需要人对管理对象中的财、物、信息、时间等各个要素和管理过程中的各个环节去掌握和推动。所以，人在组织活动中处于绝对的主导地位。

2. 组织成员的共同参与是关键

要实现有效的管理，主要存在两种思想：一是仅依靠少数上层管理人员来管理；二是在发挥上层管理人员重要作用的同时，组织发动民主管理，发动全体成员参与管理。实践证明，凡是能发动全员参与管理的做法都能取得更为显著的成效。

3. 使人性得到完美发展是精髓

马克思说过：只能用爱来交换爱，只能用信任来交换信任。现代管理活动中，都应该本着尊重人、依靠人的原则去调动组织成员做好工作。各项管理工作，凡涉及人的问题，如安排岗位、职务，分配工作任务，工资奖金、福利津贴等各类问题，应体现高度的人性化，使组织成员心情愉悦地工作，从而增强组织的凝聚力和向心力。

4. 为人服务是本质

管理活动归根结底是为人服务的，树立为人服务的宗旨，是任何组织做好管理工作的出发点和归宿点。

二、以人为本理念的形成与发展

（一）早期及古典管理理论时期

这一时期对人的认识是"经济人"观点和"工具人"观点。"经济人"假设源于亚当・斯密的思想：人的行为动机根源于经济诱因，人都要争取最大的经济利益，工作就是为了取得经济报酬；在自由经济制度下，经济活动的主体是体现利己主义本性的个人。以"经济人"假设为基础的管理奉行"胡萝卜加大棒"的管理方式，用经济报酬、权力、控制体系，组织员工完成任务。"经济人"假设后来被美国行为科学家道格拉斯・麦格雷戈(Douglas McGregor)归纳为 X 理论。X 理论包括以下假设：①一般人的本性是懒惰的，工作越少越好，可能的话会逃避工作；②大部分人对集体的目标不关心，管理者需要以强迫、威胁、处罚、指导、金钱利益等诱因激发人们的工作原动力；③一般人缺少进取心，只有在指导下才愿意接受工作，管理者需要对他们施加压力。基于以上假设，持 X 理论的管理者会趋向于设定严格的规章制度，以降低员工对工作的消极性。"工具人"观点以泰勒为代表，"工具人"思想认为人和其他机器一样，都是生产工具，管理的任务是促使人像机器一样工作，管理者把人当作实现管理目的的手段，其本质也是"经济人"。

（二）行为科学时期

这一时期对人的认识是"社会人"观点和"自我实现的人"观点。"社会人"观点由梅奥等人基于霍桑试验提出，主要观点包括：人际关系是形成人们身份感的基本因素；由工业革命延续而来的机械化使工作丧失了许多内在意义，工作中的社交关系是一种很好的弥补方式；与管理部门采用的奖酬和控制引起员工的反应相比，员工们更易对同级同事们所组成的群体的社交因素做出反应；员工们对管理部门反应的程度，取决于主管对下级的归属需要、被人接受的需要、身份感的需要能满足到什么程度。"社会人"假设是管理中对人认识的突破性转变。

"自我实现的人"是美国社会心理学家亚伯拉罕・马斯洛(Abraham Harold Maslow)提出的假设，该假设认为：管理者的主要任务是寻找什么工作对什么人最具有挑战性，最能满足人自我实现的需求。"自我实现的人"认为：人有自动的、自治的工作特性，因而管理制度应保证员工能充分地施展自己的才能，充分发挥他们的积极性和创造性；主张下放权力，建立科学决策制度、劳资会议制度等，把个人需要和组织目标联系起来。"自我实现的人"假设后来被麦格雷戈归纳为Y理论。Y理论包括以下假设:①大部分人并不抗拒工作,工作是很自然的事;②人们具有自我调节和自我监督的能力,即使没有外界的压力和处罚的威胁,他们一样会努力工作以期达到目的;③人们愿意为集体的目标而努力,在工作上会尽最大的努力,希望在工作上获得认同感,会自觉遵守规定;④在适当的条件下,人们不仅愿意接受工作上的责任,而且会寻求更大的责任;⑤许多人具有相当高的创新能力去解决问题;⑥在大多数的机构里,人们的才智并没有充分发挥。基于以上假设,持Y理论的管理者会趋向于对员工授予更大的权力,让员工有更大的发挥机会,以激发员工对工作的积极性。

（三）现代管理理论时期

这一时期对人的认识是"复杂人"观点。20世纪70年代初,美国著名心理学家埃德加·薛恩(Edgar Schein)等人提出"复杂人"的假设,他们认为上述四种假设各有一定的合理性,但不能适用于一切人,因为人是复杂的,人的需求随着时空条件的变化而变化。1970年美国心理学家约翰·莫尔斯(John Morse)、杰伊·洛希(Jay W. Lorscn)根据"复杂人"假设提出超Y理论:人的需要多种多样,而且是变化的,每个人的需要各不相同,需要的层次也因人而异;人在同一时空内有各种需要和动机,这些需要和动机会发生相互作用并结合为统一的整体,形成错综复杂的动机模式;人在组织中的工作条件和生活条件是不断变化的,一个人在不同单位和同一单位的不同部门工作,会产生不同的需求;人的需要不同、能力各异,对不同的管理方式会有不同的反应。

关于人的假设的演进表现出对人的认识逐步深入,这种认识每向前推进一步,管理就向人性回归的过程迈进一步,人在管理中的地位就提高一步。同时,上述假设也启示我们:人是生产力中最重要的因素,充分认识人性是进行管理和激励的前提;人是千差万别的,并非几种类型所能概括,过分依赖于各种假设是危险的。

三、以人为本理念的原则

（一）能级相称原则

1. 能级相称原则的内涵

"能"是指组织成员个体的能力,就同种性质的工作所需能力而言,不同人的能力有高低之分;即使具备大体相同的能力,不同的人对不同性质的工作,适应性、胜任度也不同。"级"是指层次,表示组织系统内部的结构、秩序或层次。为使管理活动有序、稳定、可靠和高效,必须在组织系统中建立一定的管理层次及其相应的标准和规范,把所有组织成员按其自身的能力素质,科学地安排在相应级别的工作岗位上,做到人尽其才,各尽所能。

2. 能级相称原则的要求

现代管理首先要建立一个合理的能级,这样管理组织就按层次形成一个稳定的能级形态,保证了组织结构的稳定性、连续性和有效性,同时还能充分发挥不同能级的能量,获得最佳的管理效益和效率。其次是规定不同能级的不同目标。下一能级的目标是达到上一能级目标的手段,只有下一能级圆满地完成了自己的目标,才能保证上一能级顺利地达到目标,才能逐级保证达成整个系统的目标。因此,不同能级授予不同的职责、权限、物质利益和精神荣誉，做到在其位、谋其政、获其荣、惩其误。最后，管理系统中各类能级必须动态地相适应。随着客观情况的变化，通过不断调整，使变化着的人才合理地安排到相应的能级中去，动态地实行能级对应，才能实现管理的最佳效能。

（二）动力原则

1. 动力原则的内涵

动力是驱使人们不断前进的一种内在力量。组织目标的实现，依赖于组织成员个人动力汇聚成的组织整体动力能量定向、有序、高效地发挥，管理必须有强大动力，而且要正确应用动力，管理运动才能持续而有效地进行下去。

2. 动力类型

第一，物质动力。物质需要是人求得生存和发展的基本需要，这种需要的满足会对人的行为产生强烈的激励作用。

第二，精神动力。人的精神需要主要指人对科学文化知识、社会交往、社会地位、理想等方面的需要。精神动力不仅可以补偿物质动力的缺陷，而且其本身具有巨大的威力。当物质越来越丰富的时候，精神需要在人的需要结构中地位越来越重要，精神动力比物质动力更稳定、持久。

第三，信息动力。信息是竞争的基础，只有掌握了市场需求、竞争对手情况等信息，才能在市场竞争中处于主动地位。

3. 动力原则的应用

第一，三种动力要综合协调应用。尽管在任何系统中三种动力都同时存在，但对于不同性质的组织和个人，甚至同一组织和个人，在不同的时空条件下，三种动力的比重也会随之变化。管理就要及时洞察和掌握这种差异和变化，若得不到正确应用，就会降低效能，甚至起到反作用。

第二，管理者通过有效的管理活动，建立一套动力机制，正确认识和处理好个体动力和组织动力的关系，使个体目标与组织目标达到有机的统一，如图 4-1 所示。

第三，正确处理眼前动力和长远动力的关系。个体动力容易倾向于近期而忽视长远，而集体或社会动力，重视长远的影响和发展，因此近期动力和长远动力必须合理兼顾。

第四，应用的刺激量要适当。要对各组织、各成员施以相对比例适宜的刺激量，刺激必须与它承担的使命相适应。

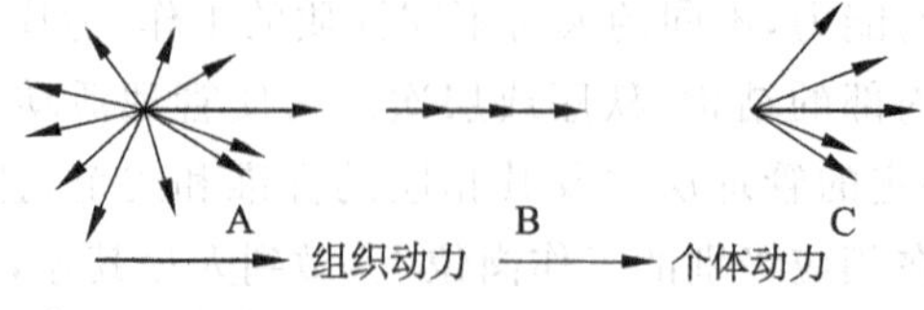

图 4-1 组织动力与个体动力

（三）行为原则

1. 行为原则的内涵

这是指对组织内各级各类人员行为进行科学的分析，采取有效的管理，以求最大限度地调动人们的积极性。

2. 行为原则的要求

一是对行为的科学分析。由于人的行为受到人的意识、理性、意志的自觉控制，人的外显行为与内隐成分存在非常复杂的关系，要揭示人的行为规律，必须进行科学的深层分析。

二是对人的行为及效果进行有效管理。由于同样的行为可以由完全不同的需要、动机引起，而同样的需要、动机，对不同的人又有不同的行为方式。因此，对人的行为管理不能千篇一律。

3. 贯彻行为准则在管理活动中的主要体现

一是要尽量满足组织成员正当、合理的对物质、精神、信息的需求。

二是对组织成员的行为管理要灵活多样，讲求实效。主要表现在两方面：①由于人的需求和行为有共同性和普遍性，要科学归纳出组织成员共同的行为规律，以便进行一般性行为管理；②由于每个人的个性特征不同所表现的行为上的差异性和特殊性，管理者在针对每个人的行为进行管理时，要因人而异。

三是务必使每个人都有确定的、可考核的具体责任，根据不同的情况，实行适当的责任制，并与个人的利益挂钩。

四是对下属责任的履行程度进行验收，这是一种重要的行为管理方法，有利于激发人们的责任心、主动性、积极性和创造性。

（四）发展原则

在管理实践过程中，在保证高效完成工作任务的同时，高度重视人的素质培养与人格完善，把促进人的全面发展作为管理的终极目标。

第二节　组织文化

一、组织文化的内涵

（一）组织文化的由来

最早提出组织文化概念的是美国管理学家威廉·大内（William G. Ouchi），1981 年他出版了《Z 理论——美国企业如何迎接日本的挑战》，提出了“Z 型组织”概念，为了建立“Z 型组织”，必须建立一种“Z 型文化”。美国南加利福尼亚大学特伦斯·迪尔（Terrence E. Deal）教授和管理咨询顾问艾伦·肯尼迪（Allan A. Kennedy）合著的《企业文化——企业生存的习俗和礼仪》，标志着企业文化理论的正式诞生。该书提出构成企业文化的理论系统有企业环境、价值观、英雄人物、文化礼仪和文化网络五大要素。此后美国又出版了三部企业文化专著：《日本企业管理艺术》、《美国企业精神》、《追求卓越》。以上四部书被称为组织文化的四重奏。组织文化在 20 世纪 80 年代初一经登上管理的舞台，便引领着很多企业从低谷走向光明，纵观世界基业长青的企业，其背后都有优秀的组织文化做支撑。

（二）组织文化的概念

组织文化是组织在长期的实践活动中形成的，并且为组织成员普遍认可和遵循的具有本组织特色的价值观念、团体意识、工作作风、行为规范和思维方式的总和。组织文化是组织与文化有机结合而形成的一门科学。组织文化的内容丰富,归纳起来包括:组织文化是一种客观存在,是一种历史现象;组织文化的核心是组织价值观;组织文化以人为本,是一种软性文化;组织文化是一种管理文化,也是一种全新的企业管理模式。

(三)组织文化的特征

1. 客观性

组织文化是客观存在的,即使组织没有明确地归纳出组织文化观念,并不意味着组织文化不存在。成功的组织有优秀的组织文化,失败的组织往往由不良的文化造成。当组织文化与外部环境和组织发展战略相吻合时,它对组织发展会产生强有力的推动作用。

2. 实践性

组织文化在组织的管理实践中由意识培养而成,并指导和影响组织的管理实践,同时又作为实践工具存在。

3. 独特性

由于每个组织都有自己特殊的环境条件和历史传统,从而形成自身特有的价值取向和行为方式,不同组织的文化有独特的个性特征。

4. 综合性

组织文化包含了价值观念、经营准则等多种精神因素,这些因素并非单独地在组织内发挥作用,而是融合为一个有机的整体,来影响组织成员的态度和行为。

5. 相对稳定性

组织文化是在长期的组织发展实践中经过耐心倡导和精心培育逐渐形成的,通过文化的继承性灌输给一代又一代人,具有相对稳定性。相对稳定性,一方面保证了组织文化的优秀成分在组织的长期发展中得到发扬,另一方面也可能成为组织变革的障碍。

6. 可塑性

组织文化的形成,虽受到组织传统因素的影响,但同时也受到现实管理环境的影响。组织文化应随着环境的变化和组织自身变革的演进,进行重新设计和塑造。

二、组织文化的结构及内容

(一)组织文化的结构

组织文化的结构指组织文化系统内各要素之间的关联和顺序、主次地位与结合方式,典型的组织文化结构有麦肯锡“7S”结构、组织文化三层次结构等。

1. 麦肯锡“7S”结构

美国管理学者托马斯·彼得斯(Thomas J. Peters)和罗伯特·沃特曼(Robert H. Waterman)在《追求卓越》一书中指出组织文化至少包括7个要素,被称为麦肯锡“7S”(7S是7种因素英文字头)结构,如图4-2所示。战略指一个企业如何获取和分配它的有限资源的行动计划;结构指一个企业的组织形式;制度指信息在企业内部是如何传递的;人员是指企业内部全体人员的组成状况;风格是指最高管理者和高级管理者队伍的行为模式或指整个企业的作风;价值观是指企业成员拥有的价值信念;技能是指企业成员的各种工作技术和能力。在“7S”结构中，价值观处于中心地位，把其他六个要素黏合成整体，是决定企业命运的关键要素。

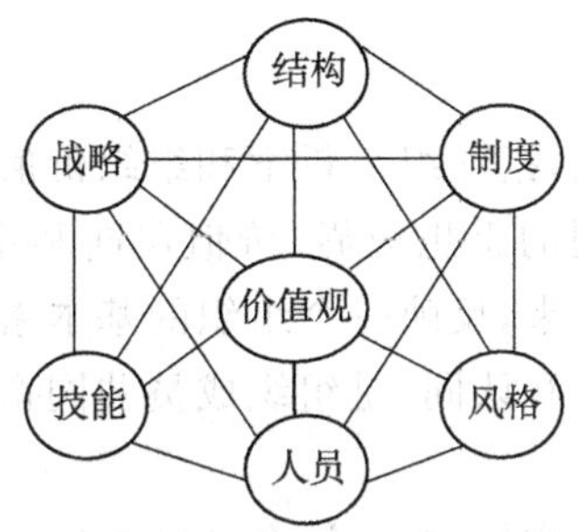

图 4-2　麦肯锡“7S”结构

2. 组织文化三层次结构

从系统论观点看，一般认为组织文化是三层次结构，如图 4-3 所示。精神层是广大员工共同而潜在的意识形态，即组织全体人员共同信守的基本信念、价值标准、道德规范等的总和。它是组织文化中的核心和灵魂。制度层是体现某个具体组织文化特色的各种规章制度、道德规范和员工行为准则的总和。物质层是组织文化的载体，指凝聚着组织文化抽象内容的物质体的外在显现，是组织文化最直观的部分，也是人们最易于感知的部分。这三层的关系是：精神文化决定制度文化，制度文化决定物质文化。

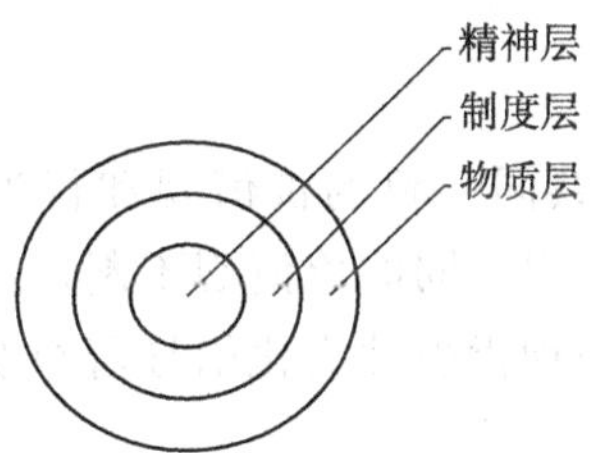

图 4-3　组织文化三层次结构

（二）组织文化的主要内容

组织文化的主要内容包括组织哲学、组织价值观、组织道德、组织精神和组织形象等。

1. 组织哲学

组织哲学处于中心地位，是组织经营管理的最高层次思考模式，是处理组织矛盾的价值观及方法论，是组织文化的统帅和动力源泉。组织哲学确立了全体员工对世界事物的一般看法，确立了处理生产、经营、管理等活动中的人际关系原则，用于指导企业的生产、经营和管理活动。

2. 组织价值观

组织价值观是组织文化的核心，是该组织生产、经营、服务等活动的基本信念、看法或基本观点，它包括各种规章制度的必要性与作用、组织中各层级各部门的不同岗位上的人们的行为与组织利益之间的关系等。

3. 组织道德

组织道德是组织文化的基石，是调整本组织与其他组织之间、组织与顾客之间、组织内部员工之间关系的行为规范的总和。它是从伦理关系的角度，以善恶、公私、荣辱、诚实与虚伪等道德范畴为标准来评价和规范企业，组织道德以社会舆论、传统习惯和内心信念来维持。

4．组织精神

组织精神是组织文化的灵魂，指在组织哲学和组织价值观的指导下，经过精心培养而逐步形成的并为全体组织成员认同的思想境界、价值取向和主导意识。组织精神通过组织全体员工有意识的实践活动体现出来，反映一个组织的基本素养和精神风貌，反映组织成员对组织的特征、形象、地位等的理解和认同，是组织成员共同奋斗的精神源泉。

5．组织形象

组织形象是指组织文化的外在标志，指社会公众和组织成员对组织、组织行为与组织各种活动成果的总体印象和总体评价。它反映社会公众对组织的承认程度，体现组织的声誉和知名度，是组织重要的无形资产，包括产品和服务形象、组织领导形象、员工形象、环境形象和社会形象等。

三、组织文化的功能

组织文化的功能是指组织文化在进行生产、经营、管理过程中所起的作用。组织文化在组织中的功能具有双重性：正功能和负功能。

（一）组织文化的正功能

1．导向功能

组织文化给全体员工规定了共同一致的价值观和行为规范，可以把员工引导到组织所要求的、正确的轨道上来。通过组织共同的价值观不断地向个人价值观渗透和内化，使组织自动生成一套自我调控机制，以一种指引性文化引导着组织的行为和活动。

2．凝聚功能

组织文化通过培育组织成员的认同感和归属感，建立成员与组织之间的相互信任和依存关系，使组织成员的思想、信念、行为、习惯、沟通方式等与整个组织匹配协调，形成相对稳固的文化氛围，凝聚成一种无形的合力，进而增强企业职工之间的凝聚力和相互吸引力，这种强大的力量能够激发组织成员的工作积极性和创造性，自觉地为实现组织目标做出自己最大的努力。

3．激励功能

组织的核心价值观会形成无形的精神驱动力，特别是企业文化建设取得成功，在社会上产生影响时，组织成员会产生强烈的荣誉感和自豪感，他们会加倍努力，用自己的实际行动去维护组织的荣誉和形象。组织文化的人本观念会构建和谐的人际关系环境，激励员工满怀激情地努力工作。

4．约束功能

由于各种原因，组织各部门间、员工间经常会产生一些矛盾，解决这些矛盾需要各自进行自我调节；组织与环境、顾客、国家、社会间也会存在不协调、不适应之处，也需要进行调整和适应。组织文化具有某种程度的强制性和改造性，能从根本上改变员工旧有的价值观念，建立新的价值观念，使之适应组织的要求。

(二) 组织文化的负功能

组织文化的负功能指组织文化的惯性可能成为组织变革和发展的潜在障碍。王重鸣、徐洁丽等人在其研究中指出了组织文化的惯性问题,即组织文化一旦形成,进行改变会比较困难。组织文化惯性主要反映在它具有一定的连续性和继承性,还会在组织发展过程中不断得到强化。这种惯性的大小与组织的规模和历史成正比,与组织文化的齐均性成正比(齐均性指组织成员持有这类价值观和信念的广泛程度和一致程度),与组织领导人奉行的经营哲学成正比,与组织所处的外部环境的易变度成反比。在组织变革和创新过程中、在新型组织战略实施过程中,惯性的存在都会起阻碍作用,产生时滞效应。

四、组织文化建设

(一) 组织文化建设的原则

1. 坚持以人为中心

在组织文化建设中,最大限度地尊重人、理解人、依靠人,只有这样组织才会形成共同的价值观念和一致的奋斗目标,形成向心力,才能成为一个具有战斗力的整体。

2. 加强领导

领导是组织文化建设的发动者、建设者和传播者,组织领导者的模范行为是一种无声的号召,对员工起到重要的示范性作用,特别是一个刚创办的组织,组织文化中领导者的痕迹更明显,个别新建组织的组织文化甚至是领导者的人格化。因此,领导者要善于通过自己的行动向全体成员灌输组织的价值观。

3. 要形成自己的特色

优秀组织都是具有鲜明文化特色的组织。由于组织形成和发展的历史、所属的产业性质、所处的地理位置、规模和技术特点、人员构成和素质等方面的不同,因而组织的特色也不应一样。组织的文化建设要充分利用这些特点,建设具有自己特色的文化,形成竞争优势。

(二) 组织文化建设的步骤

组织文化建设是一个长期过程,是组织发展过程中的一项艰巨、细致的系统工程。一般要经历以下几个阶段,如图 4-4 所示。

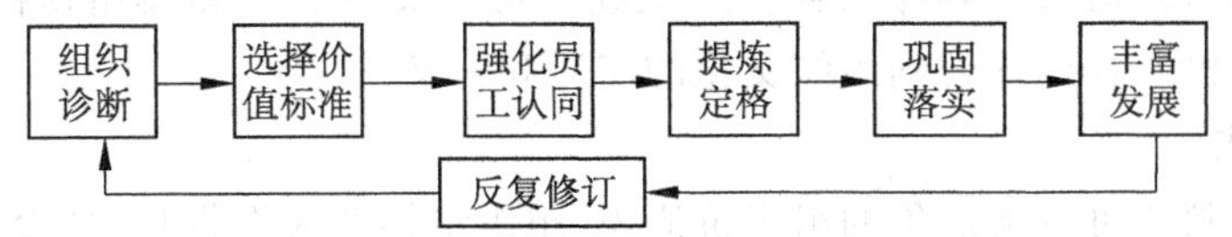

图 4-4 组织文化建设过程

1. 组织诊断

组织诊断是对组织文化的现状进行摸底调查。诊断内容一般包括:发展历史、价值取向、行业背景分析、组织经营环境分析、诚信系统审计等。它为组织文化建设提供一手资料,同时还要认清组织文化变革及趋势。常用的组织文化诊断方法如个别访谈、小型座谈会、问卷调查、领导座谈、撰写纲要等。

2. 选择价值标准

价值标准应与组织诊断的结果相一致。价值标准的选择要符合以下要求：正确、明晰、科学，具有鲜明特点；体现组织的宗旨、战略和发展方向；与组织员工的基本素质相和谐；从群众中来，到群众中去；组织价值标准要体现法律精神、民主精神、艰苦创业、追求卓越、对市场和社会负责及共识共和精神。

3. 强化员工认同

充分利用宣传工具和媒体，创造浓厚的文化氛围；树立榜样人物，充分利用榜样的号召力和示范效应；培训教育，使广大员工系统接受组织价值观，通过培训强化员工的认同感。

4. 提炼定格

对初步形成的组织文化方案进行详尽的分析评价，必要时可吸收专家和员工的合理意见；在系统论证的基础上，进行系统归纳，保留积极向上的形式和内容；把经过论证的价值观念、故事、口号和行为准则条理化、格式化，用精练生动的语言表述出来。

5. 巩固落实

建立必要的制度，从制度上保证组织文化的落实；同时通过领导的率先垂范巩固组织文化。

6. 丰富发展

当组织内外部环境发生变化时，适时地丰富、发展和进一步完善组织文化，保证组织文化始终是推动组织发展的原动力。

（三）组织文化建设的方法

1. 教育培训

对员工进行有目的的教育和培训，能够使组织成员系统接受和强化认同组织所倡导的组织精神和价值观。通过教育和培训从理论上强化组织成员对组织精神的理解和认同，使员工自觉确立与组织精神一致的奋斗目标。

2. 典型榜样和故事

许多组织中流传的小故事，不仅能够借古喻今，还可为组织政策提供解释和支持；典型榜样是组织精神和组织文化的人格化身与形象缩影，能以其特有的感染力、影响力和号召力为组织成员提供可以仿效的具体榜样。组织成员可从英雄故事和典型榜样的价值追求、工作态度、言行表现中，深刻理解到组织文化的实质和含义。

3. 典礼仪式

必要的典礼仪式可以把抽象的组织价值观、组织精神变成看得见、体会得到的严肃而庄重的行为仪式，加深员工对文化观念的理解。组织可以根据自己组织文化的特点安排一些典礼仪式，如升旗仪式、厂庆活动、颁奖仪式、新员工宣誓就职仪式等。

4. 主题活动

在组织文化建设过程中，可以经常开展一些主题活动，如演讲会、歌咏比赛、摄影展、知识竞赛、体育活动、文化沙龙等，在活动中潜移默化地培养员工的组织价值观。

5. 语言

许多组织都用语言作为识别组织文化的标志。通过学会这种语言，组织成员可确保他们已经接受了这种文化，这样又有助于员工坚持这种文化的价值观。

第三节 诚实守信

“诚实守信”在社会生活中一直被广泛关注。最早的诚信思想可以追溯到古代文明的源头。在《圣经》、《古兰经》、《论语》中，都有不同程度对诚信思想的论述。“诚信”一词作为社会科学的研究对象还是近些年的事情，德国著名的社会学家、哲学家齐美尔(Georg Simmel)是最早研究诚信的学者，他不仅论述了一般意义上的“信任”，而且在1900年出版的《货币哲学》一书中，首次从信任的角度对金钱这种制度化的象征物做出了较为深刻的透视。

一、诚实守信的含义

1.“诚信”的来源

“诚信”一词在词源学上最初是分开来使用的，各有其特定的意义。中国古代儒家认为，“诚”是儒家为人之道的中心思想，是道德的根本；宋代理学家朱熹认为：“诚者，真实无妄之谓。”即“诚”是一种真实不欺的美德，说真话、做实事，反对欺诈、虚伪。而“信”则是人们行动的准则，《说文解字》认为“人言为信”，基本内涵是信守诺言、言行一致、诚实不欺。“诚”和“信”之间是互为表里且相互依存的关系。

德国社会学家祖克尔(Zucker)阐述了诚信的产生机制。机制一：声誉产生诚信，即根据对他人过去行为和声誉的了解情况决定是否给予信任。机制二：由于社会的相似性而产生诚信，即根据他人与自己的家庭背景、种族和价值观念等方面的相似性来决定是否给予一定的信任。一般来说，相似性越高，诚信度也就越高。机制三：由于法制而产生诚信，即根据非个人的规章制度或保证等给予一定的信任。祖克尔分析了1840年至1920年期间美国经济活动中的一些诚信问题。他发现，一方面由于外来人员的迁徙、人口流动的加剧、企业组织的不稳定等因素导致以声誉而产生的诚信机制是相当混乱的，有效性在不断降低；另一方面由于理性化组织的发展和一些专业资格制度的推广、立法的加强，产生诚信机制的可能性大大增加。

我国著名学者张维迎按信任的来源将诚信分为三类：第一类是基于个性特征的信任，一个人的诚信度高低主要是由其先天的因素或后天的关系来决定的；第二类是基于对制度的信任，指在给定的社会制度下，不得不按照别人的预期去做，否则会受到很大的伤害；第三类是基于对信誉的信任，指自身知道如果为了长远的利益必须放弃当前骗人的机会。

2. 诚实守信的含义

诚实守信是一个道德范畴，是组织的第二个“营业执照”，是日常行为的诚实和正式交流的信用的合称。即待人处世真诚、老实、讲信誉，言必信、行必果，一言九鼎、一诺千金。从管理角度看，诚实守信主要行为表现为以诚待客、货真价实、公平买卖、信守合同、偿还借贷、不做假账等。

二、诚实守信的价值

1. 为人之道

子曰："人而无信，不知其可也。"认为人若不讲信用，在社会上就无立足之地。古语云："反身而诚，乐莫大焉。"只有做到真诚无伪，才可问心无愧，坦然宁静，给人带来最大的精神快乐。

近代西方的一些哲学家普遍把信任关系视为人类在社会中生活的一个最基本因素。英国政治思想家洛克(John Locke)、托马斯·霍布斯(Thomas Hobbes)等都认为，信任是政府与社会秩序正常化的主要原则基础，也是社会民主的重要前提条件；齐美尔、韦伯等一些社会学家认为，信任是社会组织的黏合剂，是一个社会之所以团结、凝聚的重要基础；英国经济学家罗伯特·普特南(Robert D. Putnam)在界定社会资本的时候，把诚信视为社会资本的一个重要组成部分；美国西北大学凯洛格商学院教授保罗·赫希(James Allen)认为，诚信是社会生活中人们交往所必需的公共品德。

2. 为政之法

《左传》云："信，国之宝也。"指出诚信是治国的根本法宝。孔子认为"民无信不立"，如果人民不信任统治者，国家朝政根本立不住脚。王安石说："自古驱民在信诚，一言为重百金轻。"因此，统治者必须"取信于民"。如果君臣不讲信用，则百姓诽谤朝廷，国家不得安宁；做官不讲信用，则少不怕长，贵贱相轻；赏罚无信，则人民轻易犯法，难以施令。

经济学家张维迎认为，在陌生人之间建立相互的信任关系是扩大交往范围和社会经济发展的关键所在，制度作为博弈的重要规则，是建立和维持人们之间信任关系的关键，如果制度的安排在当事人看来履行约定比不履行约定更有利可图，会使人们为了交易带来的长远利益而抵挡短期的机会主义行为诱惑，人们之间的信任关系就可以顺利地建立起来，所以从这个角度来说，张维迎认为诚信是一个制度问题。

3. 经商之魂

百工无信，则手工产品质量粗糙，以次充好。市场经济是诚信经济，诚信是各种商业活动的最佳竞争手段，是市场经济的灵魂，是企业家一张真正的"金质名片"，诚信可以降低交易成本。

德国著名哲学家弗里德里希·冯·恩格斯(Friedrich Von Engels)充分肯定了诚信在商业社会中的作用，他在为《英国工人阶级状况》的美国版、英国版和德国版写序言的时候，都始终如一地贯穿了一个思想：诚信是经济发展的重要规律之一。"现代政治经济学的规律之一就是：资本主义的生产愈发展，它就愈不能采用作为早期阶段特征的那些琐细的哄骗和欺诈手段……的确，这些狡猾的手腕在大市场上已经不合算了，那里时间就是金钱，那里的商业道德必然发展到了一定的水平，其所以如此并不是出于伦理的狂热，而纯粹是为了不白浪费时间和劳动。"他指出"大商店的老板是珍惜自己的声誉的。假如他们出售劣等的掺假货物，最吃亏的还是他们自己"。韦伯指出伦理道德对于社会经济的发展，是一种重要的"支持性资源"。

三、诚实守信的准则

1. 戒欺

戒欺即不自欺亦不欺人。蔡元培先生说过:“诚字之意,就是不欺人,亦不可为人所欺。”著名徽商胡雪岩在杭州胡庆余堂药店中,向内挂了一块“戒欺”的牌匾。他在跋文中写道:“凡贸易均著得欺字”,“余存心济世,誓不以劣品弋取厚利”,“采办务真,修制务精,不至欺余以欺世人。”胡庆余堂药店之所以能够蜚声于海内外,生意兴隆,其秘诀就在于“戒欺”二字。“戒欺”二字是企业成功的秘诀,也是企业家的无价之宝。

2. 过而能改

《左传·宣公二年》曰:“人谁无过?过而能改,善莫大焉。”韩愈曰:“告我以吾过者,吾之师也。”陆九渊曰:“闻过则喜,知过不讳,改过不惮。”由此可见,中国古代贤哲认为如何对待过错,是君子与小人的重要区别之一。中国古代哲人强调知过即改,这是诚实的一种表现。

3. 信守承诺

《左传·僖公十四年》曰:弃信背邻,患孰恤之。无信患作,失援必毙。意思是说,若自己丧失信用,背弃邻国,遇到祸患有谁会同情自己。失去了信用,一旦祸患发生,没有人来支援自己,就必定会灭亡。由此可见,重诺守信是十分重要的,如果我们对别人许下诺言,就必须认真对待,对自己的承诺负责。切勿掉以轻心,失信于人。

4. 诚信待人

中国古代哲学家认为诚信是人的修身之本,也是一切事业得以成功的保证。《河南程氏遗书》卷二十五云:学者不可以不诚,不诚无以为善,不诚无以为君子。修学不以诚,则学杂;为事不以诚,则事败;自谋不以诚,则是欺其心而自弃其忠;与人不以诚,则是丧其德而增人之怨。

5. 言行一致

《礼记·中庸》曰:言顾行,行顾言。切不可自食其言、面诺背违、阳是阴非。所以朱熹认为“信是言行相顾之谓”,要求“口能言之,身能行之”。这才是“国宝”;如果“口言美,身行恶”,那是“国妖”,是君子所不取的。孔子说过:始吾于人也,听其言而信其行;今吾于人也,听其言而观其行。意思是说,从前孔子对于人,只要听了他讲的话,就会相信他的行为;现在孔子对于人,当听了他讲的话后,还要观察他的实际行为。在这里,孔子肯定道德实践是评价诚信品格的标准。

诚信是基于人们之间对利益的追求而慢慢产生的,基于自身的生存和发展需要人们相互合作,而合作又需要彼此的信任,讲究信用是合作的前提,这也是诚信道德产生的基本链条。

第四节　社会责任

组织要想获得长期的生存发展,不仅要遵守法律,还必须遵守一定的道德规范,承担相应的社会责任,管理道德和社会责任问题已成为摆在管理者面前的重要课题。

一、道德与管理

市场经济不仅是法律经济，而且也应当是道德经济，道德约束是法律约束的重要补充。因此，在市场经济中必须考虑道德、伦理调节、教育、激励及约束的作用，将社会舆论等外在规范内化到人们的心灵深处，用以引导人们进行符合社会要求的行为。

（一）管理道德的概念

管理道德是指规定管理行为是非的惯例或原则的总和。即人们判断已结案事件对与错的原则和信条，这些原则和信条是企业处理与他人和社会关系的指导，也是判断自己行为是否正确或恰当的基础标准。

（二）几种相关的道德观念

1. 功利主义道德观

这种观点主张以行为结果来判断人类行为是否道德。即能给行为影响所及的大多数人带来最大利益的行为是善的，道德的；反之便是不道德的。功利主义道德观合理性的一面表现在：行为能为行为影响所及的大多数人带来最大利益，同时对效率和生产率有促进作用，当然就可以认为该行为是善的，必然得到大多数人支持。但是功利主义道德观也存在一些不可回避的问题：一是企业为了实现最大化利益，可能采取了不公平、不道德甚至损害了他人或社会利益的手段；二是功利观只规定了对大多数人有利，而没有考虑所得利益如何在相关人员中分配，很有可能产生利益分配不公平，小部分人利用手中权力和资本获取绝大部分利益，大部分人只获得了小部分利益，形成贫富两极分化现象；三是导致了一些利益相关者的权益被忽视，这也是不道德的。

2. 权利至上道德观

这种观点主张所有人都享有基本权利，如个人隐私权、受教育权及法律规定的其他各项基本权利，只有尊重和保护个人基本权利的行为才是善的，道德的。权利至上道德观合理性的一面是尊重人权，并把它作为评判道德与否的标准，对随意侵犯他人利益的行为有制约作用。但也有消极的一面：接受这种观点的管理者把对个人权利的保护看得比完成工作更重要，在个人权益与组织利益发生矛盾时，权利观会优先考虑个人利益，以致影响组织在生产过程中的生产率和效率的提高。

尊重个人权利固然重要，但保障程度必然受到社会经济发展程度的制约，过高的保障期望会给社会经济发展带来负面效应；组织整体利益的需要和个人的权利不可能完全一致。因此，如何正确处理个人与组织的关系，既尊重个人的基本权利，又确保组织整体效率的提高，是权利至上道德观必须妥善解决的问题。

3. 公平公正道德观

这种观点认为：管理者在决策时实施规则要公平公正，公平对待每一个人。管理者不能因种族、肤色、性别、国籍等因素对部分员工歧视，而是按照同工同酬的原则和公平公正的标准向员工支付薪酬。这种道德观在理论上是完全正确的，但在实践中问题十分复杂。我国目前还是发展中国家，城乡差距、贫富差距、受教育程度的差距都很大，工资待遇有极大的差别，如果片面强调简单的公正公平，会导致事实上的不公正。

4. 社会契约道德观

这种观点主张：只要按照企业所在地区政府和员工都能接受的社会契约进行管理，行为就是善的。社会契约道德观的合理性体现在能大幅度降低企业人力资源的成本，增加企业的利润。但它也有局限性的一面：契约具有很强的情境特征，在很多场合是相关各方利益博弈的结果，与合理性无关。因此，契约的对象必须严格限制。

5. 推己及人道德观

中国儒家道德观的高度概括："己所不欲，勿施于人"；"仁、义、礼、智、信"等。

随着经济社会的增长和人们社会意识的增强，企业经营者和管理者的管理行为，在多种道德标准面前将面临严峻的挑战，管理者会不断发现自己处于道德困境中。

（三）影响管理道德的因素

一个管理者的行为是否道德，会受到多种因素的影响，主要包括以下几方面。

1. 道德发展阶段

研究表明：人们的道德意识及其行为表现有一个发展过程，道德发展阶段见表 4-1。管理者达到的阶段越高，越倾向于采取符合道德的行为。

表 4-1 道德发展阶段

<table>
<tr><th colspan="2">层　次</th><th>阶　段</th></tr>
<tr><td rowspan="2">前惯例层次</td><td rowspan="2">只受个人利益的影响。决策的依据是本人利益，这种利益是由不同行为方式带来的奖赏和惩罚决定的</td><td>1. 遵守规则以避免受到物质惩罚</td></tr>
<tr><td>2. 只在符合个人直接利益时才遵守规则</td></tr>
<tr><td rowspan="2">惯例层次</td><td rowspan="2">受他人期望的影响。包括对法律的遵守，对重要人物期望的反应，以及对期望的一般感觉</td><td>3. 做你周围的人所期望的事</td></tr>
<tr><td>4. 通过履行你允诺的义务来维持平常秩序</td></tr>
<tr><td rowspan="2">原则层次</td><td rowspan="2">受个人用来辨别是非的道德准则的影响。这些准则可以与社会的规则或法律一致，也可以与社会的规则或法律不一致</td><td>5. 尊重他人的权利。在自身价值观和权利的选择上，置多数人的意见于不顾</td></tr>
<tr><td>6. 遵守自己选择的道德准则，即使这些准则是违背法律的</td></tr>
</table>

有关道德发展阶段研究表明：人们渐进地通过这六个阶段，而不能跨越；道德发展可能中断，可能停留于任何一个阶段；多数成年人的道德发展处于第 4 阶段。

2. 个人特性

由于管理者的特殊地位，管理者的个人特性对组织的管理道德有着直接的影响，很有可能转化为组织的道德理念与道德准则。个人特性主要受两个变量影响：①自我强度。用来衡量一个人的信念强度，管理者的自我强度对管理者的道德选择至关重要。自我强度高的人一般都深信自己的判断是正确的，能坚持去做自己认为正确的事。②控制中心。即管理者自我控制、自我决策的能力。具有内在控制中心的管理者比具有外在控制中心的管理者在道德判断和道德行为之间具有更大的一致性。

3. 组织结构

组织内部机构和职责分工有没有必要的权力制衡、监察、审计机制，有没有外部群众和舆论监督，组织内部有无明确的规章制度，都直接影响管理者行为与道德一致性程度；上级管理者行为的示范作用、绩效评估考核体系、报酬分配方式等会起到指挥棒的作用，直接影响管理者的道德标准。

4. 组织文化

组织文化的内容、性质、强弱程度对管理道德有明显的影响。一个组织若具有较高道德标准的组织文化，组织成员便会严于律己、宽以待人，防止不道德行为的发生。

5. 问题强度

所谓问题强度是指该问题如果采取不道德的处理行为可能产生后果的严重程度。道德问题强度会直接影响管理者的决策，如果管理者比较在意道德评价，认为道德问题很重要，他会自觉遵循道德规范和道德原则，不断提高自己的道德水平。

（四）改善管理道德的途径

改善管理道德是一项长期任务，改善组织道德管理行为可从以下几个方面入手。

1. 挑选高道德素质的员工

每个人由于所处的道德发展阶段、生存环境、接受的教育等不同，因而具有不同的个性特征，从而形成不同的价值观念和道德准则，这些价值观念和道德准则很可能会被带到工作中去。因此，组织在员工特别是管理人员的招聘过程中，必须进行道德考察，剔除道德上不符合要求的求职者和候选人。

2. 建立道德守则

道德守则表明一个组织的基本价值观念，是组织希望员工遵守的道德规则的正式文件。建立道德守则是减少道德问题、改善道德行为的一项有效措施。

3. 在道德方面领导员工

要使组织的道德守则得到员工的认同与有效执行，管理者尤其是高层管理者要以身作则。一是言传身教。管理者自己应克己奉公，以敬业奉献的行动和诚信友善的态度取得员工的敬佩和支持。二是必须在人员提升和奖惩方面把好道德关。

4. 设定合适的工作目标

工作目标设定既要明确又要现实，如果目标对员工要求不切实际往往会产生道德问题。如过高的目标会压得员工透不过气来，即使素质高的员工有时为达到目标不得不牺牲道德。

5. 对绩效进行全面评价

绩效评估既要看结果，又要看手段，看整个过程有无不道德问题发生；既要看近期经济绩效，又要看对组织长期发展的影响，防止行为短期化；既要看经济效益，又要看社会效益和生态效益，防止对社会和环境产生不利影响。绩效评价要达到手段和结果的统一，近期和长远的统一，经济效益、社会效益和生态效益的统一。

6. 进行独立的社会审计

进行独立的社会审计和社会监察，是改善管理道德的重要手段。道德教育不能保证每个人都按道德规则办事，独立的社会审计和社会监察是制止和预防这些不良行为产生的有效手段。

7. 提供正式的保护机制

当人们面临道德困境时，究竟是坚持还是放弃原则，这不仅取决于个人的道德水准，还和组织与社会是否提供正式的保护机制有关。正式的保护机制使那些面临道德困境的员工在不用担心受到斥责或报复的情况下自主行事。

二、社会责任的内容与原则

（一）社会责任的发展历史

18 世纪，企业为社会提供所需的产品和服务，在法律允许范围内追求利润最大化，被认为是履行社会责任。19 世纪中后期，遵守经营伦理，改善劳动条件，改善劳工地位，成了社会对企业的普遍要求。20 世纪初期，企业对外强调自己在国民经济中的责任，为公共福利、慈善以及科学与教育进行捐助；对内强调对全体股东负责。20 世纪 60 年代以来，社会责任问题受到人们的普遍关注。一方面，管理者经常遇到与社会责任有关的决策；另一方面，越来越多的学者关注社会责任问题，探讨市场失灵和市场缺陷。不同历史阶段，企业发展目标及社会责任见表 4-2。

表 4-2　不同历史阶段企业发展目标及社会责任

阶　段	工业化初期	工业化中期	工业化后期	后工业化时期
企业目标	股东利润最大化	企业利润最大化兼顾员工利益	追求企业相关利益者价值最大化	追求企业相关利益者价值最大化，同时要保护和增进社会福利
社会责任	更小		→	更大

总之，随着社会生产力的迅速发展和人们环保意识、维权意识的提高，企业社会责任问题越来越引起人们的关注，这是道德问题对企业和社会提出的新要求。

（二）企业社会责任的内涵

罗宾斯认为，社会责任是工商企业追求有利于社会长远目标的义务，而不是法律和经济所要求的义务。由此，可将企业社会责任定义为：企业在承担法律义务和经济义务之外，还应承担有利社会长远目标的义务。

社会责任与社会义务是两个概念。社会义务是对企业最基本的要求，是企业参与社会责任的基础。如一家依法纳税企业，履行了法律义务和经济义务，可以说它履行了社会义务，不能说它承担了社会责任。因此，社会责任是一种比社会义务更高的道德标准，它超出了基本的法律和经济标准。

（三）两种不同的企业社会责任观

1. 纯经济观

美国当代经济学家米尔顿·弗里德曼(Milton Friedman)是这种观点的典型代表。纯经济观认为实现组织利润最大化是企业的天职，否则就不能称其为企业；增进和保护社会福利是政府和非营利组织的责任。

2. 社会经济观

持这种观点的人认为：企业不只是对股东负责的独立实体，它们还要对社会负责，其责任不只是创造利润，还应包括保护和增进社会福利，为此企业必须承担一些必要的社会责任及相应的成本，如以不污染、不歧视、不发布虚假广告等方式来维护社会利益，它们还必须在增进社会利益方面发挥积极作用，如捐款给慈善组织等。

（四）企业承担社会责任的原则及体现

1. 企业承担社会责任坚持的原则

（1）经济目标与社会目标关系原则。企业是一个为利润而运营的组织，经济目标是企业的首要目标，也是社会目标的基础。如果企业没有经济条件，就不可能履行社会责任，就不可能达到企业的社会目标。虽然企业的社会目标有助于企业的经济目标，但企业的社会目标只能促进而不能替代经济目标。

（2）法律要求与社会要求关系原则。企业必须遵守法律的要求，法律责任是社会责任的基础，企业遵守法律要求是企业承担社会责任的最低要求。

（3）企业契约与社会契约要求关系原则。企业是一系列契约关系的总和，企业不仅与利益相关者之间存在一种复杂的契约关系，而且与社会之间也存在一种契约关系，社会契约要求企业的行为必须符合社会的期望，企业应积极预防社会责任问题的出现，一旦发生社会责任问题，要勇于承担责任并努力纠正由此产生的不良社会影响。

2. 企业承担社会责任的体现

（1）企业对员工的责任。企业对员工承担相应的责任主要包括：提供一个安全、舒适、关系融洽的工作环境；建立和健全人力资源的激励与奖励机制；主动支持工会工作；不断提高员工的工作技能，增强员工的参与感和责任感等。

（2）企业对投资者的责任。企业应从投资者的切身利益出发，积极参与市场开拓与竞争，以确保投资者获得投资收入和资产增值。同时，企业有责任将其财务状况及时、准确地报告给投资者。

（3）企业对服务对象的责任。企业作为一个经济组织，服务对象是其产品或服务的消费者。企业价值和利润能否实现，在很大程度上取决于服务对象的选择，在买方市场情况下尤其如此。企业对服务对象的责任主要包括：尊重消费者主权，维护消费者利益；履行对消费者的道义责任。

（4）企业对环境的责任。企业在生产活动中，要树立环境保护意识，积极研制、开发和生产绿色产品，提高全社会的生态意识；遵守环境保护法律法规，一旦企业生产对环境造成严重后果，应勇于承担责任并及时采取补救措施等。

（5）企业对竞争者的责任。竞争必须是公平的，参与市场活动的各个企业应当站在同一起跑线上，不能有人为障碍。一切不正当竞争手段，有违公平竞争原则，有损市场竞争。企业应当自觉遵守竞争规则，尊重竞争对手的正当权益，自觉维护良好的市场竞争秩序。

（6）企业对社区的责任。企业经营对企业所在社区的居民有重大影响。一方面，它为当地居民提供就业机会，增加居民收入；另一方面，企业的生产经营直接影响当地的环境，对居民的身心健康产生影响。因此，重视社区利益，也是企业应当承担的社会责任。

本章小结

理解和掌握基本理念的具体内容，有助于认识基本理念在整个管理过程的指导意义。本章介绍了以人为本、组织文化、诚实守信与社会责任四个基本理念的含义，在此基础上，阐述了运用以人为本理念的原则和实现该理念的基本途径；分析了组织文化的特征，重点阐述了组织文化的麦肯锡“7S”结构和三层次结构、组织文化的主要内容、组织文化的正负功能，以及组织文化建设的原则、步骤；介绍了诚实守信理念的价值和准则；最后介绍了功利主义、权利至上、公平公正、社会契约道德观等几种典型的道德观和影响管理道德的因素，以及企业承担社会责任的原则和体现等理论知识。

复习思考题

1. 以人为本理念的含义是什么？运用以人为本理念的原则有哪些？

2. 什么是组织文化？怎样描述一个组织的组织文化？

3. 组织文化是如何影响管理者的管理行为的？人们常用更换领导人的方法来改变不佳的组织业绩，这种方法总能奏效吗？

4. 诚实守信的含义及准则是什么？

5. 什么是管理道德？

6. 社会责任的含义是什么？它与社会义务是否相同？

7. 企业承担社会责任主要体现在哪些方面？

第五章

结构原理

学习目的和要求：

管理实践过程中要遵循最基本的原理，这些原理是解决实际问题的重要依据。通过学习系统原理、结构功能原理，理解系统原理、结构原理的构成，为管理实践提供指导思想和理论支持。在此基础上，对于系统原理和结构功能原理，要掌握系统的内涵，理解系统的特征，掌握系统的原则，能够在管理实践中灵活运用系统原理。掌握结构和功能的关系，掌握结构功能原理的原则，能够透彻领会结构功能原理的精髓，并能够灵活运用。

第一节　系统原理

系统原理被称为管理学的方法论基础。

一、系统及系统特征

（一）系统

系统是由相互作用、相互依赖的若干组成部分结合而成，具有特定功能的有机整体，而且这个有机整体又是它从属的更大系统的组成部分。可从以下三个方面理解系统的概念。

第一，系统是由若干要素（部分）组成的。这些要素可能是一些个体、元件、零件，也可能其本身就是一个系统（或称为子系统）。如运算器、控制器、存储器、输入/输出设备组成了计算机的硬件系统，而硬件系统又是计算机系统的一个子系统。

第二，系统有一定的结构。一个系统是其构成要素的集合，这些要素相互联系、相互制约。系统内部各要素之间相对稳定的联系方式、组织秩序及时空关系的内在表现形式，就是系统的结构。如钟表是由齿轮、发条、指针等零部件按一定的方式装配而成的，但一堆齿轮、发条、指针随意放在一起却不能构成钟表。

第三，系统有一定的功能。系统的功能是指系统与外部环境相互联系和相互作用中表现出来的性质、能力、功能。如信息系统的功能是进行信息的收集、传递、储存、加工、维护和使用,辅助决策者进行决策,帮助企业实现目标。

(二)系统的特征

系统是客观存在的,具有普遍性,且有以下特征。

1. 目的性

所谓目的性,是指系统在一定的环境下,必须具有达到最终状态的特性,它贯穿于系统发展的全过程,并集中体现了系统发展的总倾向和趋势。一般而言,系统的目的性与整体性是紧密联系在一起的,若干要素的集合,就是为了实现一定的目的,没有目的就没有要素的集合。因此,人们在实践活动中首先必须确定系统应达到的目的,以明确系统可能达到什么样的最终状态,以便依据这个最终状态来研究系统的现状与发展。其次,实行反馈调节,使系统的发展顺利导向目的。

2. 整体性

系统的整体性又称为系统性,它表明要素在有机地组织成为系统时,这个系统已具有其构成要素本身所没有的性质。从结构上看,系统不是各个要素的简单集合,这些要素既相互联系又相互区别,它们是系统的一个组成部分,同时又保持着相对的独立性;从功能上看,系统的整体功能依赖于要素的相互作用,但系统整体的功能不是各要素功能的简单相加,而是各要素的功能必须服从系统整体功能的要求,系统的整体功能大于各要素的功能之和,是 $1+1\geqslant 2$ 的效果;从目标上看,系统的整体目标要靠各要素的共同作用才能实现,单一要素无法完成整体的功能。

3. 层次性

任何较为复杂的系统都有一定的层次结构,其中低一级的要素是它所属的高一级系统的有机组成部分。系统与要素、系统与环境是相对的。因此,研究系统的层次性对于实现有效管理具有重要的意义。当面临一个复杂系统时,首先,应搞清它的系统等级,明确在哪个层次上研究该系统。其次,运用分析和综合的方法,根据系统的实际情况把系统分为若干个层次,然后把系统的各个部分、各个方面和各种因素联系起来,考察系统的整体结构和功能。在此基础上,进一步明确层次间的任务、职责和权利范围,使各层次能够有机地协调起来。

4. 适应性

任何系统都存在于一定的环境之中,都要和环境相联系。所谓适应性,就是指系统随环境的改变而改变其结构和功能的能力。系统在适应性方面涉及三种不同的情况:第一,系统原有稳定状态被破坏后,逐渐过渡到一个新的稳定状态,即依靠系统本身的稳定性来适应环境的改变。第二,当系统稳定状态被破坏后,靠系统内部或人为提供的一个特殊机制,抗拒环境的干扰,修补被破坏的因素,致使系统回到原来的稳定状态。第三,系统由于突然的、强大的干扰,稳定状态结构迅速被破坏,一个新的稳定状态迅速形成。

5. 相对性

相对性是指系统的划分可大可小。系统是相对的,划分标准不同则系统不同。比如,当把某个企业整体作为研究对象时,这个企业是一个系统;当研究的领域只限该企业的一个部门时,则该部门就是一个系统。因此在研究管理问题时,要区分系统与环境的边界,正确划分系统。

6. 相关性

相关性是指系统内要素之间相互作用、相互制约，一个要素发生变化，其他要素也必然变化。相关性揭示了系统各要素之间以及与系统整体的相互关系。因此，相关性是系统存在的必要条件，正是因为系统内各要素之间的相关性决定了系统具有了新的性质。

7. 创新性

创新性是指当环境发生变化时，系统必须经过创新以适应环境变化，或系统通过创新引导环境变化。

8. 开放性

系统开放性是指系统与环境发生交换关系的属性，亦即系统具有从环境输入物质、能量与信息的属性，也具有向环境输出物质、能量与信息的属性。开放性是系统生成与发展的必然特性。

二、系统原理的原则

1. 动态相关性原则

这是指任何企业管理系统的正常运转，不仅要受到系统本身条件的限制和制约，还要受到其他有关系统的影响和制约，并随着时间、地点以及人们的不同努力程度而发生变化。

2. 综合性原则

这是指任何系统都是由各个要素组成的综合体。首先，要从整体功能和整体目标出发，对管理对象有一个全面的了解和谋划；其次，要在整体规划下实行明确的、必要的分工或分解；最后，在分工或分解的基础上，建立内部横向联系或协作，使系统协调配合、综合平衡地运行。综合性原则表明，在管理过程中，要注意系统目标的多样性和综合性，处理问题要统筹兼顾，从全局出发，不能顾此失彼，因小失大，全面综合考虑每一措施所引起的多方面后果。

3. 有序性原则

这是指在各要素组成的系统整体中，要素之间的联系不能是杂乱无章的无序状态，而是秩序井然和有条不紊的，按照等级和层次进行的有序状态。从无序状态到有序状态是系统的发展，从有序状态到无序状态是系统的退化，系统从无序走向有序必须保持系统开放。

4. 模型化原则

这是指通过建立系统模型进行分析研究，不断检验和修正系统方案，实现系统最优化。系统模型有定量模型、定性模型、流程模型、概念模型等。

5. 反馈原则

这是指成功的高效的管理，离不开灵敏、准确、迅速的反馈。

6. 封闭原则

这是指在任何一个管理系统内部，管理手段、管理过程等必须构成一个连续封闭的回路，才能形成有效的管理活动。原则要求企业系统内各种管理机构之间，各种管理制度、方法之间，必须具有相互制约的管理，管理才能有效。

第二节　结构功能原理

一、结构功能原理的基本概念

（一）结构

结构是指系统内各组成要素之间的相互联系和相互作用的方式。结构由软件、硬件以及作用方式组成。软件是指为了实现组织目标所具备的相关政策、制度等；硬件是为了完成组织目标而具备的厂房、设备设施等；作用方式是指部门与部门之间、层次与层次之间的协作方式等。在一个系统内，要素之间的个别联系不能形成系统的结构，只有要素之间的相互联系和关系的总和，才构成系统。所以，结构不是各组成部分的简单相加，而是一种有机的组合。

（二）功能

功能是指系统所具有的作用和功效。包括外部功能和内部功能。外部功能就是系统整体与外部环境相互作用时，所具有的适应环境、改变环境或引导环境的作用和功效；内部功能是指系统整体对要素的作用和功效。

（三）结构与功能的关系

任何系统都是以一定的结构存在的，结构决定功能；功能可反作用于结构，在各种外在因素的作用下，功能可以反过来影响结构的构成。

1. 结构决定功能

系统首先要有一个科学合理的结构，这个结构决定了系统所具备的功能。系统的稳定结构规定和制约着系统功能的性质和水平，限制着系统的范围和大小。比如，大学的结构决定了它应具备为国家培养高级专门人才的功能，制造工厂的结构决定了它能为社会提供产品的功能等。石墨和金刚石的组成成分相同，但由于结构不同而具有不同的性质和功能。

2. 功能反作用于结构

功能是相对活跃的因素，它具有独立性，在一定外部环境的影响下，也能够反作用于结构。在结构运行过程中，功能不断地得到体现甚至优化，并会随着外部环境的作用产生新的功能需求，功能的这种变化会反作用于结构，从而对结构进行调整和优化，使之更加适应新环境下的功能要求。

3. 结构和功能是辩证统一的关系

有什么样的结构就会有什么样的功能；反之，要具备什么样的功能，必然要有相应的结构与之对应。因此，结构功能是辩证的统一。

（四）结构功能原理的含义

结构功能原理是对结构和功能的关系的科学抽象，系统首先要有一个科学合理的稳定结构，结构决定功能；功能是相对活跃的因素，在一定的外界环境影响下，功能反作用于结构；结构和功能相互作用、相互影响，在一定的情况下相互转化。

二、结构功能原理的原则

（一）整分合原则

系统是一个整体，尽管系统结构由各要素组成，但它表现的不是各要素功能的简单叠加，而是表现出系统整体所具备的功能。整是指系统整体，分是指系统的分解，合是指系统的合并。整分合原则主要解决分工与协作关系以及局部与全局的关系，在分工的基础上进行协作，局部服从全局。

（二）有效运行原则

有了科学合理的系统结构，并不一定能够发挥其应有的功能。这需要一个关键的环节——运行。运行是系统结构将一定任务，按照一定的运行方式和条件而进行的一系列决策、管理、执行等活动。结构要实现其应有的功能，必然要提高运行效果，在运行过程中强化管理，增强执行力，使之符合功能要求。

管理所追求的最终结果是绩效，绩效既是运行的直接结果，又是功能的外在表现。组织管理应通过对系统绩效的分析评价，及时发现运行中出现的问题，进而调整结构和运行过程，更好地实现组织目标。有效运行结构如图 5-1 所示。

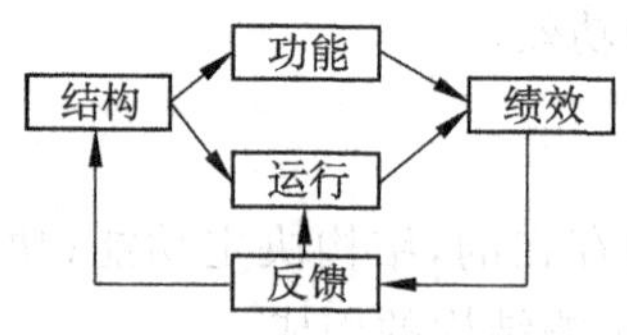

图 5-1　有效运行结构图

（三）整体优化原则

管理的目的是追求系统的整体最优，管理的本质是放大管理系统的功效。所谓整体最优原则，就是建立最佳的系统结构，严格管理实施，以实现管理系统整体功能最优。

整体优化原则要求：首先，要进行结构优化。按照任务要求建立科学的组织结构，明确分工，明确各层次、各部门的任务和职责，建立各项规章制度。其次，建立严格的执行控制机构。运行是保证整体优化的关键环节，按照系统目标，层层分解落实到各部门，形成定量化、完善化、科学化的运行系统，分步实施，不断完善，使具体任务落到实处，提高执行力，达到系统的整体优化。

本章小结

结构原理主要包括系统原理和结构功能原理；系统原理主要介绍了系统的概念、系统的特征以及系统原理的原则；结构功能原理主要介绍了结构、功能的概念，结构和功能之间的关系，结构功能原理以及结构功能原理的原则。

复习思考题

1. 简述系统及系统原理。
2. 简述系统原理的原则。
3. 简述结构与功能的概念。
4. 简述结构与功能的关系。
5. 简述结构功能原理的原则。

第六章

运行原理

学习目的和要求：

通过本章的学习，应深刻认识运行原理的重要性，掌握动态原理、闭环原理、和谐管理原理的基本知识。从组织系统具有动态性特征的角度，深入理解动态原理的内容，准确把握运用动态原理的基本原则；掌握闭环管理的内涵，理解闭环管理的基本原则、原理和应用需注意的问题，掌握 PDCA 循环的概念和特点，掌握 PDCA 循环的工作内容；理解和谐管理理论中的四个关键概念：和谐主题、和则、谐则、和谐耦合，准确理解和谐管理的基本原则。

第一节 动态原理

任何组织都是一个动态系统。作为组织的管理者，既要明了系统的现状，也要看到系统的发展变化，从而预测系统的未来，掌握系统的发展规律。

一、组织系统的动态性特征

组织系统发展的动态性是指组织系统内要素与要素之间、要素与系统之间以及组织系统与组织环境之间持续的相互联系与相互作用。组织系统内各要素之间都是相互关联的，而不是孤立起作用的；组织系统的运动过程总是与时间和空间的变化联系在一起，即任何系统都会随时空的变化而变化，尽管系统变化速度快慢不同，但都处在绝对的变化之中。系统的动态性特征具体表现在以下几个方面。

1. 系统的要素随时间变化而变化

以企业的经营过程为例，资金始终处于动态变化之中，被称为“资金流”，资金的结构在不同的时间点完全不同，资金的流程也会随时间的变化而变化。企业中的物资也有类似于资金的流动特点，被称为“物流系统”。“资金流”、“物流”与“信息流”并称为企业三大流动体系，它们是系统的动态性特征在企业运营中的集中体现。

2. 系统的结构随时间变化而变化

组织尤其是企业组织，产、供、销情况会随着市场信息的变化而变化，进而产、供、销结构也会发生变化。若要拥有协调的产、供、销结构，就要组织专门力量，随时收集市场信息，充分捕捉企业生产经营的有利时机，随时调整经营战略与战术，只有这样才能促进企业效率和效益的提高。

3. 系统的环境随时空变化而变化

任何系统都处在一定的环境之中，系统总是要与它们所处的环境相适应。每个特定的组织，必然处于一个特定的环境：当时、当地的宏观经济政策，当时、当地的习惯及惯例行事等，这些环境条件变化了，企业系统的生产经营方针、策略、产品、服务等都应随之改变。系统要发展就必须适应环境的变化。

4. 系统中某一要素的变化会引起其他要素的同时变化，即连锁反应

系统要素之间的关系是相互联系、相互制约的动态相关关系，其中一种要素的变化一定会影响其他要素和系统整体的变化，且这种连锁反应一般是复杂的、多向的、多变量的。任何系统变化的根本原因就在于系统内部诸要素的动态相关性，动态相关是系统变化的动因。

二、管理的动态原理

动态原理是指管理者一定要注意系统内部各要素之间以及系统与环境之间的相互作用、相互制约的因果连锁关系，管理者应注意把握管理对象运动、变化的情况，及时调节管理的各个环节和各种关系，在动态管理中确保管理目标的实现。

正确理解管理的动态原理，主要把握两个方面：一是组织系统是一个不断产生、发展、更新或消亡的过程；二是推动组织系统发展的根本原因在于系统的动态性。

三、动态原理的原则

动态原理要求管理者要树立动态观点，把组织系统看作一个运动过程，防止用凝固的、静止的观点去看待组织系统，并充分认识系统内外两个方面的联系。在运用这一原理时，要求把握以下三个原则。

1. 弹性原则

(1) 弹性原则的内涵

弹性原则是指组织系统必须保持充分的伸缩性，以便及时适应客观事物各种可能的变化。在快速变化的环境中，管理者不可能对其未来的各种细节都能做出超前的精确测定。因此，管理必须保留充分的余地和弹性，以适应随时可能出现的各种新情况、新变化，从而有效地达到管理的目的。

(2) 弹性分类

弹性按照范围分为局部弹性和整体弹性两类。局部弹性是指组织系统某一环节、某一部分的应变适应能力；整体弹性是指整个组织系统对环境变化的适应能力。弹性按照其适应性及对效益的影响分为积极弹性和消极弹性。积极弹性是遇事多做准备，消极弹性是留有退路；积极弹性是“多一手”，消极弹性是“留一手”。

2. 联系性原则

管理者要用联系的观点去看待组织系统的各个要素以及要素与系统之间的关系。管理是行动的科学，且永远处在错综复杂的普遍联系之中，在管理过程中不仅要抓住主要因素，而且不可忽视细节，对于一个细节的疏忽都可能产生巨大的影响，古语云“差之毫厘，谬以千里”；忽视了一个因素可能会造成全局的失败，所谓“棋输一着”。管理者要根据各个方面的联系，设计组织的总目标，厘清各个方面的联系，通过具体的管理措施使各方面实现有机统一，从而促进组织目标的实现。

3. 创新原则

系统发展的动态性和相关性，要求管理者必须不断地创新，以求系统和外部环境动态地相互适应。创新是事物内部新的进步因素通过矛盾斗争战胜旧的落后的因素，最终发展成为新事物的过程，是一切事物向前发展的根本动力。创新已经成为生产力中一种新的要素，并且逐渐成为管理活动的主旋律。在现代管理过程中，要求管理者必须不断创新，以使管理系统和变化了的外部环境相适应。

第二节　闭环管理原理

一、闭环管理原理概述

（一）基本概念

闭环管理是通过控制反馈实现的。

1. 控制

控制是指按照给定的条件和预定的目标，对其中的一个过程或一系列事件施加某种影响的行为。

2. 反馈

反馈是指系统把信息输送出去，又将作用的结果返送回来，并对信息的再输出发生影响，通过控制的作用达到预定的目的。反馈在因果管理中架起了一座桥梁，这种因果关系互为作用，为实现同一目的服务。反馈可分为正反馈和负反馈、局部反馈和全部反馈等。

3. 反馈控制

在组织管理中，必须配置精通专业的反馈人员，建立完备的反馈机构，保持畅通的反馈信息通道，具备健全、灵敏、准确、高效的信息反馈机制，将行动结果情况与原来的目标要求相比较，发现“偏差”，及时采取有效的纠正措施，以确保组织目标的实现，这就是管理的反馈控制。

（二）闭环管理原理的含义

闭环管理是指通过引入过程反馈机制，实现整个管理链条的闭环衔接，使组织管理过程形成一个闭环系统，见图 6-1。

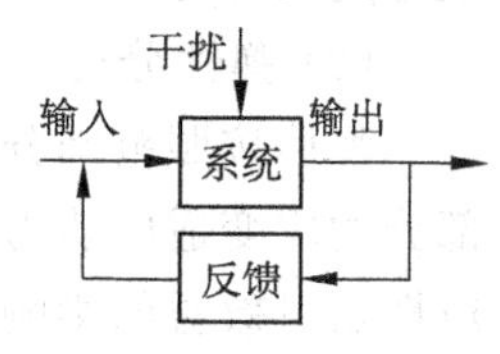

图 6-1　闭环管理原理

对闭环管理原理的理解，可从以下几方面把握：首先，控制的基础是信息，一切信息的传递都是为了控制；其次，任何控制都需要通过反馈来实现,没有反馈就无法实现控制,反馈是控制的必要条件;最后,反馈控制的关键是信息要准、时滞要短。

二、闭环管理的基本原则

1. 目标导向性原则

目标是系统运行的方向和目的。它具有定向、定时、定量的特点,是系统控制的起点和归宿。所谓目标导向原则就是正确地建立目标,科学地选择达到目标的途径和步骤,合理地控制实现目标的进程。

控制本身就是一种目标性行为,它使系统朝着一定的方向运动。反馈是一种反作用,它可以对系统进行调节,从而产生新的目标性行为。可见,控制和反馈两者都离不开目标。这就要求管理者在对系统实施控制之前,首先建立一个符合本系统实际、确实可行、与更大系统目标相一致的战略目标,使系统运行有一个明确的方向;其次,要选择和确定实现目标的途径和步骤,划分发展阶段,确定战略重点,以保证系统目标得以顺利实现;最后,要因势利导,控制目标的实施过程。

2. 相对封闭原则

这是指管理系统内的控制网络必须形成一个连续封闭的回路,首尾相接、环环相扣,使之成为一个连续回路的运转体系。即任何主体都必须成为被管理的对象,受到必要的牵制。①有反馈回路。任何任务执行以后,都要把执行结果的信息返送回来。②有反馈措施机制。用反馈回来的信息修订未来的行动。③有实施措施而产生的结果。通过对未来行动的修订,使之更趋合理。

三、应用闭环管理原理应注意的几个问题

1. 健全管理制度

健全管理制度是实施闭环管理的前提。只有建立健全目标管理制度、奖惩制度、技术措施审批制度、隐患排查制度、检查制度等各项管理制度,制定相应的工作标准和考核办法,明确责任人,才能确保管理工作事事有人管,杜绝工作疏漏,实现闭环管理。

2. 建立和健全机构

建立健全决策、执行、监督和反馈机构,使部门之间相互制约、相互牵制。一个健全的管理系统应当由决策机构、执行机构、监督机构和反馈机构四部分组成,见图 6-2。

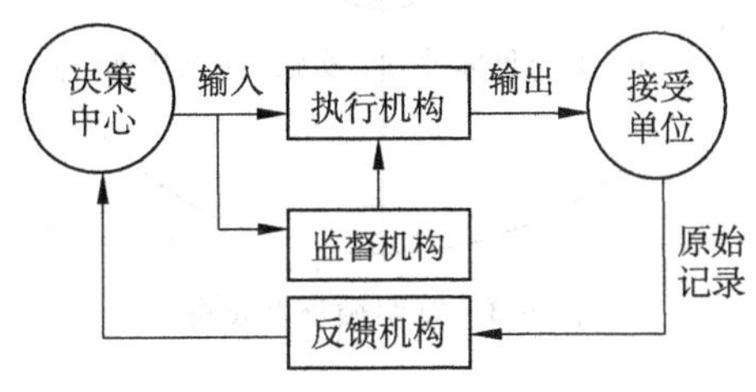

图 6-2 健全的管理系统

3. 规范工作程序

规范工作程序是实施闭环管理的基础。科学规范的工作程序是提高工作效率和质量的保证。在对管理工作进行梳理的基础上，以制度为依据，从工作安排布置、过程监督到最后结果考核，明确各个环节的工作要求，细化考核标准和责任查究内容，建立一套完整的链条式闭环管理制度，为管理工作的有序开展提供保证。

4. 强化过程控制

强化过程控制是实施闭环管理的关键。按照“标本兼治、预防为主”的要求，加大管理工作过程监督力度，变事后考核为事前、事中控制，对管理制度执行情况进行全过程监督检查，保证组织目标的实现。

5. 连续封闭

从结果评估出发，对于可能出现的问题制定相应对策，利用结果对目标起制约作用。封闭不是一劳永逸，一个问题解决了，又会出现新的问题，又要进行封闭。只有连续的封闭，才能使组织始终走在正确的轨道上，才能真正把问题解决掉。

四、PDCA 循环

（一）PDCA 循环的概念

美国质量统计控制之父沃特·阿曼德·休哈特（Walter A. Shewhart）首先提出 PDS 循环（Plan Do See），称为 Shewhart 循环，后由美国质量管理专家戴明（W. E. Deming）改进为 PDCA 模式。PDCA 是 Plan（计划）—Do（执行）—Check（检查）—Action（处理）的简称。1950 年，日本人将其改称为戴明循环，又称为戴明环。

（二）PDCA 循环的工作内容

戴明循环由四个阶段八个步骤组成，见图 6-3。

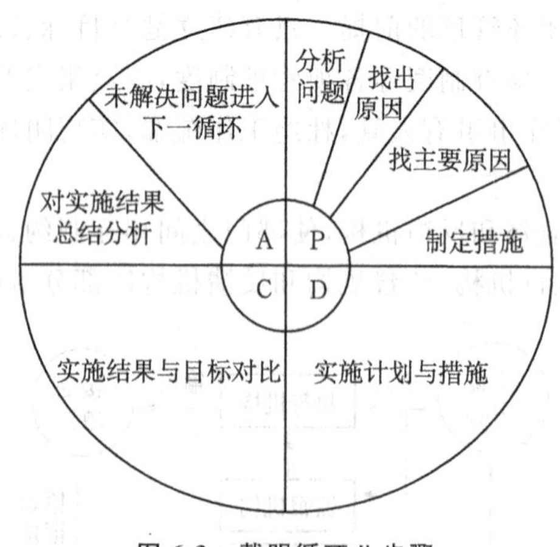

图 6-3　戴明循环八步骤

1. 计划阶段

计划阶段包括四个步骤：①分析现状，找出存在的问题；②寻找产生问题的原因；③寻找主要原因；④针对找出的主要原因，制订措施计划。

2. 实施阶段

按照制订的措施计划，严格地去执行。

3. 检查阶段

检查措施计划的实施进度和效果。

4. 处理阶段

处理阶段有两个步骤：①根据检查的结果进行总结，把成功的经验纳入有关的标准、规定和制度；②未解决的问题转入下一个循环，作为下一个循环计划制订的资料和依据。

（三）PDCA 循环的特点

1. 周而复始的动态环

戴明循环是一个持续改进的动态模型，一个循环结束了，解决了一部分问题，可能还有问题没有解决，或者又出现了新的问题，再进行下一个 PDCA 循环，依此类推，如图 6-4 所示。

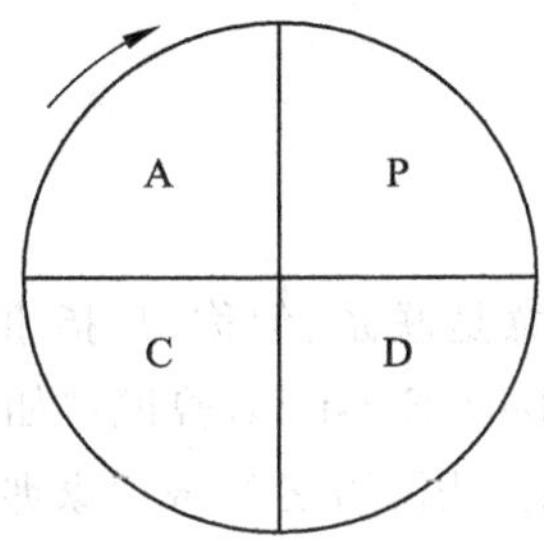

图 6-4　戴明循环动态

2. 大环套小环，相互促进

根据组织总的 PDCA 循环，各级各部门都要有自己的 PDCA 循环，形成一个大环套小环、一环扣一环、互相制约、互为补充的有机整体，彼此协同，互相促进，如图 6-5 所示。

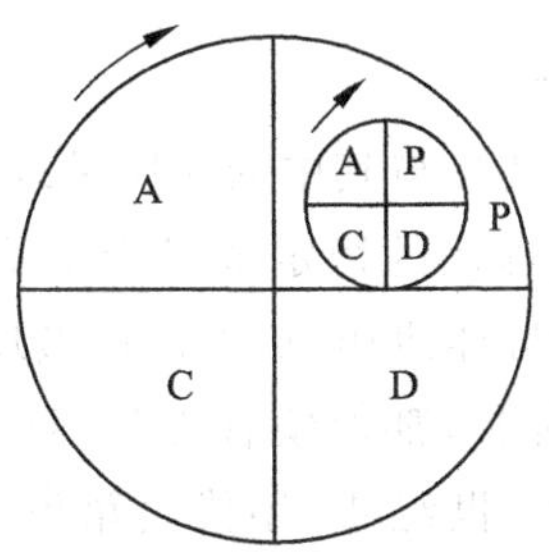

图 6-5　戴明循环套环

3. 爬楼梯

每个 PDCA 循环，都不是在原地周而复始运转，经过一次循环就解决了一批问题，每一循环都有新的目标和内容，管理水平有了新的提高，如图 6-6 所示。

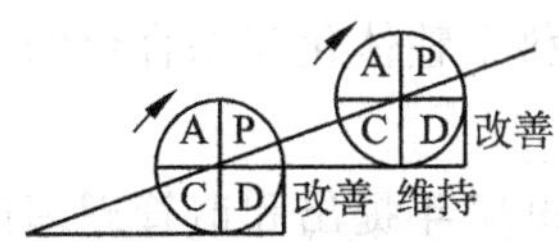

图 6-6　戴明循环上升环

4. 关键在于 A 阶段

处理阶段是 PDCA 循环的关键，是承上启下的阶段。

PDCA 虽然产生和应用于质量管理领域，但其本质是一种科学的工作程序与方法，可为管理活动提供指导。

第三节　和谐管理原理

管理系统是一个复杂的系统，系统内各要素之间不仅有量的不同，还有质的差异，为了实现管理目标，需要将这些要素协调地联系在一起，需要各个要素相互配合和协调，并和谐地向前发展。所以，管理的和谐原理是管理系统赖以存在和发展的基本规律之一。

一、和谐管理理论的产生

（一）和谐理念的由来

"和谐"一词来源于希腊文，本意是联系、匀称，是指事物各个方面的配合和协调。德国物理学家阿尔伯特·爱因斯坦(Albert Einstein)曾说："如果不相信我们世界的内在和谐性，那就不会有任何科学。"19 世纪中期，法国著名经济学家弗雷德里克·巴斯夏(Frederic Bastiat)提出"社会世界普遍法则是和谐协调的，这些法则从各个方向趋于完善人类"的观点。中国古代关于和谐的阐述也很多，强调"天人合一"，金、木、水、火、土五行相生相克。以儒家文化为主体的传统文化在突出人的中心地位的基础上，更强调人与人、人与社会、人与自然的和谐，孔子的"修己安人"、周易的"刚柔相济"、墨子的"兼爱非攻"、荀子的"和则多力"、董仲舒的"德莫大于和，和者，天之功也，举天地之道而美于和"等，都蕴含着和谐的思想。

（二）和谐管理理论的产生

伴随着管理环境、管理要素以及参与其中的人所呈现出的多变性、不确定性以及复杂性等科学认识论的确立，给传统管理理论的稳定范式带来了巨大的挑战。科学管理的机械主义如何应对日益人性化、知识化的群体协作，被韦伯称做理想甚至是完美的科层制度如何应对"动态虚拟组织"的挑战。凡此种种，都促使管理学界的专家和学者尝试用新的视角为管理研究和实践去开辟一条新路。20 世纪 40 年代美籍奥地利生物学家贝塔朗菲(Bertalanffy, Ludwig von)创立了系统论思想，美国贝尔研究所的数学家申农(Shannon)创立了信息论，美国数学家诺伯特·维纳(Norbert Wiener)创立了控制论，合称"老三论"；70 年代以来，比利时物理学家普利高津(Prigogine)提出耗散结构理论，联邦德国著名理论物理学家赫尔曼·哈肯(Herman Hawking)创立协同论，比利时科学家勒内·托姆(Rene Thom)创立突变论，合称"新三论"。新老三论的创建，促进了世界科学图景的改观、人类思维方式的变革和当代哲学观念的深化，体现了现代科学整体化和综合化的发展趋势，是和谐管理理论产生的理论依据和直接动力。

西安交通大学席酉民教授于 1987 年提出和谐管理理论，在该理论中包含四个关键的概念：和谐主题、谐则、和则、和谐耦合。和谐主题(发展主题)是指在特定时期和发展情境下，为实现组织的愿景和宗旨亟待解决的核心问题和亟需完成的核心任务；谐则指相对确定性状态下运用理性设计得到的经过优化的控制机制；和则指通过构筑必要的组织环境、创造必要的组织氛围来激发组织成员的主动性、积极性和创造性，从而推动组织发展的能动致变的演化机制；和谐耦合指围绕特定和谐主题的和则与谐则有机互动、转化及整合的协调机制。

和谐管理理论的基本思想是：基于对组织外部环境、内部状态及领导者特性的系统分析以及和谐主题的辨识与漂移，依赖谐则体系与和则体系以及二者围绕和谐主题耦合所形成的运行机制和管理系统，保证组织在其发展过程中，能够在每个特定阶段准确地定位其工作重心，并且能够通过比较完善的管理系统和比较到位的管理来保证该阶段工作重心的实现，最终使组织获得较高绩效并促成组织使命及愿景的实现。

和谐管理理论暗含这样的假定：当组织处于和谐状态时，管理绩效相对较高。当组织能够合理运用和谐法则来实现和谐目标时，组织就形成了和谐机制，可以维持比较和谐的运行状态。

二、和谐管理的基本原则

矛盾制衡原则是和谐管理的基本原则，包括三个层面的含义：组织是一个矛盾体系，组织内各子系统相互制衡，管理过程相互制衡。

1. 组织是一个矛盾体系

组织是一个矛盾综合体，矛盾的根源主要在于各要素目标的不一致性、资源的稀缺性以及价值观的差异性。矛盾存在于事物发展的一切过程，贯穿于系统运行的始终。从矛盾的最终处理结果看，概括起来无非有三种：①“零和”，矛盾的一方战胜另一方；②“妥协”，矛盾双方妥协退让；③“中和”，矛盾双方都赢，即“双赢”。“中和”的思想就是追求事物的和谐发展。和谐不是停滞，不是消灭矛盾，而是承认矛盾乃至冲突，在各方利益关系的调整和矛盾的化解中达到对立面的统一、差异中的一致、发展中的“和而不同”，其结果是系统整体效益的增加。

2. 组织内各子系统相互制衡

组织发展依赖于组织系统与不断变化的组织外部环境的和谐匹配关系。组织系统的理念、结构、运行、绩效子系统相互制约、平衡发展，见图 6-7。

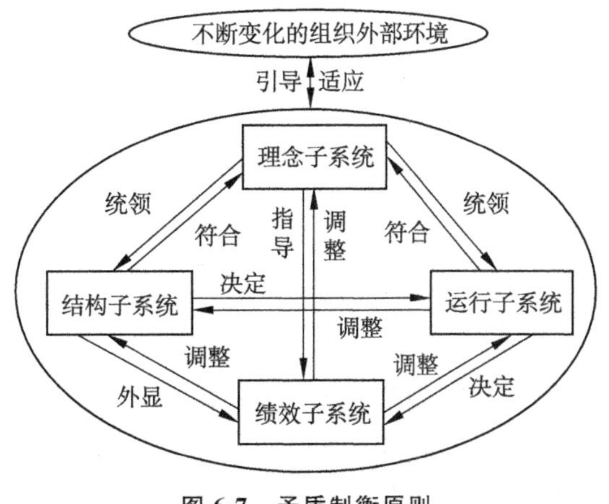

图 6-7　矛盾制衡原则

3. 管理过程相互制衡

管理过程包括计划、组织、领导和控制等基本职能，这些职能构成了一个完整的管理过程。每项职能之间是相互联系、相互影响的，以构成统一的有机整体：计划主要着眼于资源配置，是所有管理活动的开始；组织主要致力于贯彻落实，是计划的自然延续；领导着重激发积极性，是管理者指导和激励各类人员努力达到目标、实现计划的过程；控制是进行检查纠偏的活动，保证组织目标实现。从管理过程的具体执行看也需要相互制衡，如具体管理中既要有激励，又要有约束；既要有奖励又要有批评等。总之，只有管理各项职能间及管理过程间相互配合、相互制衡，管理效率和效益才能大大提高，最终实现管理的目的。

矛盾制衡原则可以保证系统动态和谐发展。

本章小结

本章从动态原理、闭环原理与和谐管理原理三个方面分析了管理的运行原理，通过本章的学习，可加深对运行原理重要性的认识。首先阐述了组织系统动态性特征、动态原理的内容及运用动态原理的基本原则；其次介绍了闭环管理的内涵、闭环管理的基本原则，详尽阐述了 PDCA 循环的概念和特点、PDCA 循环的工作内容；最后介绍了和谐管理理论中的四个关键概念，重点阐述了和谐管理的矛盾制衡原则，分析了组织系统相互制衡关系。

复习思考题

1. 组织系统动态性特征有哪些？
2. 动态原理的内容是什么？运用动态原理的基本原则有哪些？
3. 闭环管理的基本原则是什么？
4. 阐述 PDCA 循环的工作内容。
5. 和谐主题、和则、谐则、和谐耦合的基本含义是什么？
6. 阐述和谐管理的原则。

第七章

绩效原理

学习目的和要求：

任何组织的管理都是为了获得一定的绩效，绩效也是组织生存与发展的基础。通过本章的学习，应明确构成绩效原理的三大部分，即利益相关者满意原理、效益原理以及可持续发展原理，在此基础上掌握利益相关者的概念、了解利益相关者的类型，明确利益相关者的权利及要求；掌握利益相关者满意的概念、原则，了解利益相关者满意的基础工作；掌握效益原理的相关概念、原则，掌握可持续发展的原则及实现途径等，并能够运用绩效原理解决管理中的实际问题。

第一节　利益相关者满意原理

利益相关者是企业生存、发展、壮大的基础；市场竞争实质上就是对利益相关者的竞争，本质是满足利益相关者需要，达到利益相关者满意；利益相关者满意是企业生产经营的核心目标，是企业永无止境的追求。

一、利益相关者

（一）利益相关者的概念

利益相关者理论是 20 世纪 60 年代左右，在美国、英国等长期奉行外部控制型公司治理模式的国家中逐步发展起来的。与传统的股东至上的企业理论的主要区别在于，该理论认为任何一个公司的发展都离不开各种利益相关者的投入和参与。因此，利益相关者满意与否，直接影响组织的经营效果，对公司利益相关者的关注更符合可持续性发展的经营理念。

美国学者 R.爱德华·弗里曼(R. Edward Freeman)在 1984 年提出利益相关者的概念，他认为一个组织的利益相关者是能影响或被组织达成目标所影响的任何群体或个人，包括供应商、股东、员工、消费者、社区以及政府。从最广义的角度来说，利益相关者是指影响企业活动或被企业活动所影响的个人或群体。这些利益相关者既包括企业的股东、债权人、雇员、消费者、供应商等交易伙伴，也包括政府部门、本地居民、当地社区、媒体、环境保护主义者等，甚至还包括自然环境、人类后代、非人物种等受到企业经营活动直接或间接影响的客体。

（二）利益相关者的类型

美国学者米切尔(Mitchell)认为，作为利益相关者必须具备三个条件：①影响力，即某一群体是否拥有影响企业决策的地位、能力和相应的手段；②合法性，即某一群体是否在法律和道义上被赋予对企业的索取权；③紧迫性，即某一群体的要求能否立即引起企业管理层的关注。美国学者克拉松(Clakson)认为利益相关者是在组织中投入了人力资本、实物资本、财务资本或其他一些有价值的东西，并因此承担了某些形式的风险，从而对一个组织及其活动拥有索取权、所有权和利益需求。据此将组织的利益相关者划分为内部利益相关者、外部经济利益相关者和共同利益相关者，如图 7-1 所示。

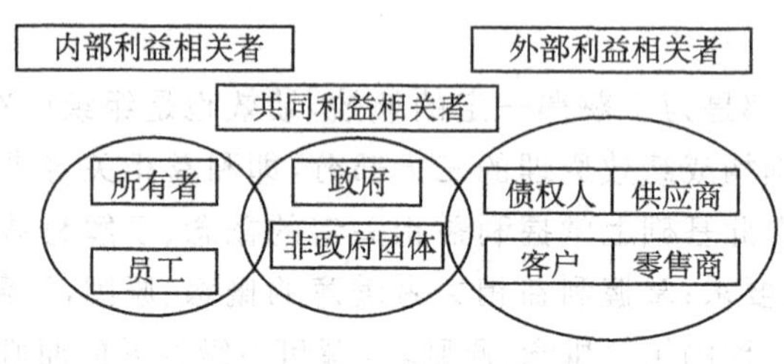

图 7-1　利益相关者类型

1. 内部利益相关者

内部利益相关者主要是指对组织进行资本投资、经营以及工作的利益相关者，包括组织所有者、管理人员和员工。组织所有者是组织存在的前提条件，其向组织提供永久资本或权益资本，为组织提供发展方向，对重大问题进行决策。管理者在组织中从事管理活动，他是所有者的代言人，在组织的实际运营过程中起到决定性作用，对组织的运行负责。员工是组织生存和发展的基础，直接参与产品的生产和向客户提供服务，他们的行为对于组织的信誉以及经营结果起到直接的影响作用。

2. 外部利益相关者

外部利益相关者包括客户、债权人、供应商、零售商等。组织应以客户为中心，客户的满意度和忠诚度关乎组织的存亡，客户是组织的重要利益相关者。债权人是向组织提供资金支持的组织或者个人，有利于组织充分发挥财务杠杆作用。供应商是为组织的经营活动提供所必需资源的组织或个人。零售商是将组织产品销售给目标客户的组织或个人。

3. 共同利益相关者

共同利益相关者主要包括政府、社区和公共群体。政府是政策的制定者，对行业进行宏观规划，它制定的各项法规、政策会对组织的发展起到直接的影响，政府的税收也主要来自组织的经营利润。组织所在的社区为组织的发展提供必要的环境，组织发展也带动了当地社区的发展，实现共赢局面。公众则是对组织的行为起到监督的作用，当组织的行为严重影响到公众利益时，他们会通过合法的途径来驱使政府对企业进行惩罚。

（三）利益相关者的性质

1. 可识别性

组织可根据自己的任务目标对利益相关者进行识别，明确其利益相关者。

2. 可分类性

利益相关者具有可分类性，组织可以按照一定的标准把组织的利益相关者划分为不同的类型。

3. 异质性

利益相关者有其异质性，不同的利益相关者对企业的贡献不同，目标不同，影响也不同。

4. 动态性

利益相关者的动态性是指利益相关者不是一成不变的，它会随着组织的发展、环境的改变而改变。

（四）利益相关者与组织的相互关系

不同的利益相关者对组织的贡献不一样，要求不同，对企业的影响也不相同。利益相关者与组织的相互关系如表 7-1 所示。

表 7-1　利益相关者的关系

利益相关者	利益相关者对组织的需求	组织对利益相关者的需求	利益相关者对组织的影响
所有者	获取红利	提供资本	增加或撤出投资，审查公司内部文件和报告，重大决策
员工	获得薪酬	提供劳务	工作或者罢工
客户	获得产品和服务	获取利润	从竞争对手购买产品或接受服务
债权人	获得信贷利息	提供资金	增加或拒绝信贷，起诉无力偿还信贷的组织
供应商	收回货款	获取产品	向竞争对手供应
零售商	获取利润	销售产品	从竞争对手获得产品
政府	获取税收	提供服务	制定政策法规鼓励或者抵制发展
社区	承担社区成本	提供社区服务	制定地方性政策鼓励或抵制发展
非政府团体	支持与对话	支持与对话	为政府提供建议，间接影响组织

由表 7-1 可以看出，利益相关者会对组织造成不可估量的影响。因此，研究利益相关者，应该明确各方的利益与相应的权利，从而避免不利于组织发展的行为发生，为组织获取较高的经济效益和社会效益以及可持续发展打下坚实的基础。

二、满意原理

（一）相关概念

1. 满意

满意是一种心理状态，是利益相关者的要求被满足后的愉悦感，是利益相关者对组织需求的事前期望与事后所得到实际感知的相对关系。利益相关者满意模型如图 7-2 所示。

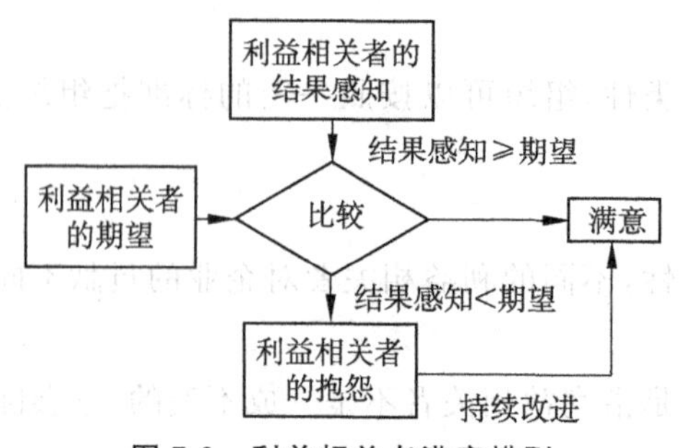

图 7-2 利益相关者满意模型

2. 满意度

满意度就是用数字来衡量心里满意状态，通常用满意度指数衡量。通过满意度衡量，明确满足需求中的不足之处，推动组织持续改进。

3. 利益相关者满意管理

利益相关者满意管理是一种以利益相关者为中心的全方位企业经营管理活动，是 20 世纪 80 年代中期至 90 年代兴起的新型的管理方式。利益相关者满意管理是现代市场竞争和信息时代的管理理念、管理战略和管理方式的综合，是现代市场经济体制下组织管理的基本模式。它以利益相关者满意为关注焦点，统筹组织资源和运作，依靠信息技术，借助利益相关者满意度测量分析与评价工具，不断改进和创新，提高利益相关者满意度，增强竞争能力，是一种寻求组织长期成功的、集成化的管理模式。

（二）基本原则

1. 全程性原则

利益相关者满意应贯穿于企业经营活动的整个过程。比如政府对企业的要求是既要获得税收，同时还要求促进技术进步、保护环境等。因此，这就要求企业在设计过程中选择可代替的环保材料，将新技术运用到产品设计中；在生产阶段要求绿色生产、清洁生产；销售阶段不采取欺诈行为、不销售假冒伪劣产品等。

2. 面向利益相关者原则

利益相关者满意应以利益相关者需求为主导，充分考虑各个利益相关者的需求特点，管理决策应主要考虑各利益相关者的需求是否能够得到满足。

3. 持续改进原则

利益相关者的需求不是一成不变的，企业应针对不同时期、不同环境对利益相关者的需求进行分析研究，持续满足利益相关者需求。

4. 统筹兼顾原则

在满足利益相关者的过程中，要突出重点、兼顾一般，统筹兼顾。

5. 系统性原则

利益相关者满意管理要从系统的角度出发，包括组织理念被利益相关者所接受、组织行为被利益相关者所接受、组织要具有良好的社会声誉等。

（三）基础工作

1. 建设新的组织文化

把利益相关者满意为目标的价值取向形成核心价值观，形成以利益相关者满意为核心的组织文化。

2. 建立企业组织结构

建立以利益相关者满意为目标的组织结构，在组织结构上予以保证。

3. 培养员工优良的综合素质

高素质的员工能够在自己的岗位上为利益相关者带来最大限度的满意，从而提高整体利益相关者满意度。所以，组织应对员工进行培训和培养，不仅让员工有良好的技术技能，更应该有良好的综合素质。树立"内部顾客"的观念，从而使内部员工满意，由满意的员工创造满意的利益相关者。

第二节　效益原理

一、效益原理的相关概念

（一）效率

效率是指在给定投入和技术的条件下，生产实践活动的产出与投入之比，效率＝产出/投入。效率反映了资源利用情况。

（二）效果

效果是指生产实践活动的客观结果。只要有活动，就必然有结果，这种客观结果往往是不以人的意志为转移的，它可能有利于组织的发展，也可能不利于组织的发展。效果取决于效率与日标的一致性。效率与目标方向一致，效率越高则效果越好；反之，效率越高则效果越差。效果实质上是效率的有效性。

（三）效益

效益是指有益效果及其达到的程度。从一般意义上讲，效益是指劳动（包括物化劳动与活劳动）占用、劳动消耗与获得的劳动成果之间的比较。劳动成果的价值超过了劳动占用和劳动消耗的代价，其差额为正效益，即产出多于投入；反之，则为负效益。用同样多劳动消耗获得的劳动成果多，效益就高；反之，效益就低。效益的高低，可以反映一个国家、地区、部门或者企业的经济管理水平。讲求效益是管理工作的根本目标之一，考察组织的效益首先要考虑劳动成果的社会适应性，组织要提供符合社会需要、符合市场需要的产品和服务。其次，要考虑自然资源和组织生产能力的利用，从环境保护和可持续发展的角度做到资源的充分利用，减少对资源的危害和浪费，组织在追求效益的同时不能以损害社会利益为代价。因此，效益应包括经济效益、社会效益和生态效益。

二、效率、效果和效益的关系

效率是手段，效益是最终目标。因此，管理追求的效益是效率与效果的统一。效率和效益的关系如图 7-3 所示。效率是实现效益的手段，通过合理配置资源，充分运用组织的生产能力来实现组织的投入和生产，提高效率的结果是降低了浪费。在高效率的前提下，追求正确的效果，就是效益，高效率导致了高成就，最终实现组织目标，实现效益最大化。因此，在管理活动中，管理者必须树立起以效益为主导的观念，把追求效率、效果和效益的统一作为组织活动的准则。

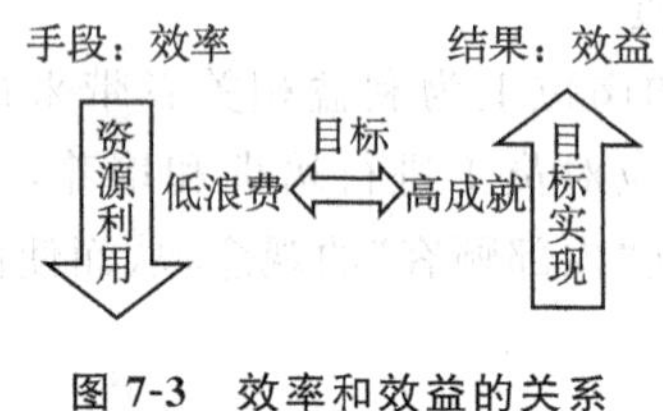

图 7-3　效率和效益的关系

三、效益的影响因素

从效益的定义以及实现手段和结果看，影响效益的主要因素有决策者、经营者、员工、管理对象、管理环境等。

1. 决策者

组织的决策者制定组织发展战略，决定组织的发展方向。决策者决策能力的高低，直接影响到问题的结果；决策者的价值观决定了组织的经营理念以及经营方式，决策者决定经营者的人选，决策者对效益的重视程度和支持力度是实现效益的前提。因此，决策者往往决定了效益的高低。

决策者应从两个方面提高效益。①提高决策能力。不断充实自己的业务知识，了解国家大政方针，注重征求他人意见，积极采纳有建设性的建议等。②提供政策支持。为了获取效益，向管理者和员工提供政策支持，提供必要的资源，为大家创造一个和谐的工作环境，促进组织效益的实现。

2. 经营者

经营者是决策结果的执行者，他们负责实现决策层所做出的决策，管理者既是效益的倡导者也是执行者，他们构成了效益的推动力量。在这个前提下，组织管理班子制定制度、分配资源，促进效益的实现成为经营者的首要目标。有了好的决策方案，假如不能很好地执行，也达不到理想的绩效结果。因此，经营者也决定了效益的高低。

经营者应从以下方面提高效益：①建立提高效益的组织结构。针对效益目标，进行分工，建立与之相适应的组织结构，明确各部门以及各部门的职责，授予各部门相应的权利，为各岗位配备相应的人员。②建立相应的组织制度，为效益目标的实现提供政策支持。③激发员工的积极性。管理者应针对员工的需求设置激励措施，从而达到调动员工积极性的目的，使每个人发挥最大的效益。④建立和谐的工作环境。和谐的工作环境是员工努力工作的前提，作为管理者应该协调各方面的关系，及时解决工作中的问题，为广大员工创造美好的工作环境。⑤提高自身的管理能力和领导艺术。经营者自身的素质决定了管理能力的高低，经营者应该不断地努力进取，在工作过程中不断提高领导艺术，学会管理实践、学会用人，创造出更好的效益。

3. 员工

人员是效益能否实现的直接决定者。无论是决策者的决策还是经营者的经营方案的执行，都离不开员工，员工水平的高低，决定了效益实现的程度。因此，首先，组织应对员工进行培训，让员工理解本组织的经营理念，接受组织的价值观念和组织文化，使员工同组织同化；其次，进行技能培训，掌握本岗位所应具备的技术素质以及良好的综合素质；最后，激发员工的积极性，提高员工的创新意识。

4. 管理对象

组织的管理对象主要是组织的资源和活动，组织资源的多少直接影响着效益的高低。当然，要想获得好的收益还要管理好组织要进行的各项活动，协调好资源和活动之间的关系。

5. 管理环境

管理环境一方面为组织提供机会，另一方面也会为组织带来威胁。假如组织面临的是机会，组织用自身的优势来抓住机会，则会为组织带来效益；相反，管理环境提供给组织的是威胁，那么组织只能运用自身的优势和资源去消除或减弱威胁，而效益则大打折扣。

四、实现效益的原则

价值原则是实现效益的基本原则。

（一）价值

价值是效用和耗费的比值，效用是生产经营活动的总体效能，耗费是生产经营的投入，只有优先安排效用高、耗费小的经营活动才能获得高效益。

（二）提高价值的途径

1. 效用提高，耗费降低

这是提高价值的最理想途径。通过提高竞争力、获得良好的信誉，采用新工艺、新材料、新设备，应用新工艺、新材料、新设备，引进高素质人才，不断改进产品设计，研制新产品等途径，使组织获得更高效用的同时，降低耗费，使组织的价值大大提高。

2. 效用不变，耗费降低

这是提高价值最常用的途径。根据效用目标，采取一系列的措施来降低耗费。比如，通过精简机构、采用新的管理措施、产品结构简化、优化工艺、采用新材料等来降低耗费，从而使价值提高。

3. 效用提高，耗费不变

在耗费不变的情况下，提高效用，这也是组织经常用到的一条途径。在成本不变的情况下，积极发掘各类人员的潜力，努力提高效用，而提高组织的价值。

4. 效用大幅提高，耗费小幅上升

一般情况下，提高效用，耗费也会相应增加。但是，只要效用提高的幅度远远大于耗费提高的幅度，这一途径也是提高价值的好办法。

5. 效用小幅度降低，耗费大幅度降低

这种情况下效用虽然有所降低，但在能满足组织竞争需要的条件下，以微小的效用下降换得耗费较大的降低，最终也是提高了组织的价值。

第三节　可持续发展原理

企业是一个有生命力的有机体，成长和发展是企业所追求的永恒主题，任何一个企业从其诞生的那一刻起，就有追求成长和发展的内在冲动。管理不仅仅要使组织获得效益，更应该使组织实现可持续发展。

一、可持续发展的概念

（一）可持续发展概念的提出

可持续发展是20世纪80年代随着人们对全球环境与发展问题的广泛讨论而提出的一个全新概念，是人们对传统发展模式进行长期深刻反思的结晶。1992年在里约热内卢召开的联合国环境和发展大会，把可持续发展作为人类迈向21世纪的共同发展战略，在人类历史上第一次将可持续发展战略由概念落实为全球的行动。1987年美国经济学教授爱德华·巴比尔(Edward B. Barbier)等人发表了一系列有关经济、环境可持续发展的文章引起了国际社会的注意。同年，挪威首相布伦特兰夫人(Ms Gro Harlem Brundtland)在世界环境与发展委员会的《我们共同的未来》报告中正式提出了可持续发展的概念，标志着可持续发展理论的产生。此时的研究重点是人类社会在经济增长的同时如何适应并满足生态环境的承载能力，以及人口、环境、生态和资源与经济的协调发展方面。实际上，可持续发展不仅仅是社会问题，也是组织发展面临的一大主题。

（二）组织可持续发展的概念

组织可持续发展是指在一段较长的时期内，以满足利益相关者需求为根本，通过持续创新活动，组织在运行效率上不断提高，在效益方面稳定增长，获得组织长期成功。

二、可持续发展的原则

1. 发展原则

可持续发展的首要原则就是发展，发展是可持续的基础，没有发展也谈不上可持续。所以，要做到可持续发展，首先要保证组织的发展。发展和经济增长是不同的概念。发展不仅仅包括经济增长，因为物质水平的提高并不意味着全面发展，发展应是集社会、科技、经济、文化、环境等多项因素于一体的完整现象。因此，可持续发展在组织发展经济的同时，还要兼顾科技、文化、环境等因素的发展。

2. 可持续性原则

可持续发展是从组织长远利益出发，追求发展的可持续性，不仅要实现当前的发展，也要实现未来的发展。所以，可持续发展首先应从较长时间来考察，它不仅要保持当前的发展，更要考虑未来的发展。其次，可持续发展不能为了实现当前利益而损害长远利益。因此，为了获得长期发展，组织必然要高瞻远瞩，勇于创新，获得组织的长远成功。最后，可持续发展要正确处理局部利益和全局利益、短期利益和长期利益的关系。

3. 共同性原则

共同性原则是指组织在追求可持续发展的过程中一要统筹经济效益、社会效益和生态效益。经济效益是任何经济组织都追求的重要目标，良好的经济效益可以促使经济组织的长期发展。但是，随着社会的发展，社会对经济组织的要求也越来越多，经济组织不仅要追求经济效益，更要兼顾社会效益和生态效益。二要统筹利益相关者需求。只有满足了利益相关者需求，组织才能够得到发展，进而才能做到可持续发展。

4. 公平性原则

所谓公平性原则就是指人与人之间的互利共生，协同发展。组织发展是一个协同的结果，一个组织的行为结果往往作用在整体社会身上。比如，一个组织过度开采资源会影响到整个世界的资源供应状况；一个组织不注重环境保护，不是只有污染的企业受到影响，而是整个人类社会都会受到环境污染的影响。全球性的"生态危机"表现了人类所遇到的危机的共同性、安全的共同性和未来的共同性。这些共性的问题决定了可持续发展的共同性，也就是要共同可持续发展。因此，在发展过程中要兼顾各方面的公平。

三、实现可持续发展的途径

要想做到可持续发展，首先要发展。因此，组织应当采取扩大规模、降低成本、提高产品和服务质量、快速研发等措施来提高组织竞争力以求得发展。同时，随着地球环境的不断恶化、资源面临枯竭等问题，组织要做到可持续发展应该从以下几个方面进行。

1. 减量化

减量化是指在生产、流通和消费过程中减少资源消耗和废物产生。在工艺、设备、产品及包装物设计时，应当按照减少资源消耗和废物产生的要求，优先选择采用易回收、易拆解、易降解、无毒无害或者低毒低害的材料和设计方案；采用先进的节能、节水、节地、节材技术、工艺和设备，实施节能、节水、节地、节材计划，加强管理；使用高效节油产品，不使用淘汰的和国家列入禁止生产、进口、销售和使用的技术、工艺、设备、材料和产品等。

2. 再利用

再利用是指将废物直接作为产品或者经修复、翻新、再制造后继续作为产品使用，或者将废物的全部或者部分作为其他产品部件予以使用。对于生产过程中产生的废气、废料、废渣、废石等进行综合利用；发展串联用水系统和循环用水系统，提高水的重复利用率，采用先进的技术、工艺和设备，对生产过程产生的废水进行再生利用；开展机动车零部件、工程机械、机床等产品的再制造和轮胎翻新；废物的回收和集中处理等。

3. 资源化

资源化是指将废物直接作为原料进行利用或者对废物进行再生利用。组织产生的废物不具备综合利用条件的，应当提供给具备条件的生产经营者进行综合利用等。

本章小结

本章主要从利益相关者满意、效益和可持续发展三个方面阐述了管理的绩效原理。利益相关者满意原理主要介绍了利益相关者的来源、概念、类型以及对企业的影响；利益相关者满意的原则以及使利益相关者满意的基础工作。效益原理主要介绍了效率、效益、效果的概念以及它们之间的关系，阐述了效益的影响因素以及实现效益的原则；阐述了可持续发展的概念、可持续发展的原则以及实现可持续发展的途径。深刻理解利益相关者满意原理、效益原理和可持续发展原理有助于管理者树立正确的绩效观念。

复习思考题

1. 什么是利益相关者？利益相关者对组织有哪些影响？
2. 利益相关者满意的原则是什么？
3. 怎样理解效益、效率和效果的关系？如何提高组织效益？
4. 什么叫可持续发展？可持续发展应该遵循哪些原则？
5. 你认为如何实现可持续发展？

第三篇 管理职能

管理学

Management

本篇主要介绍管理应从事的具体工作，在借鉴经典管理职能理论的基础上，结合管理实践的发展与需要，按照管理职能之间相互作用的逻辑关系，分别介绍了决策职能、计划职能、组织职能、领导职能、激励职能、协调职能、控制职能和创新职能等管理职能的基本概念、基本理论以及基本方法等内容。

管理的具体工作，既是组织理念的落实过程，也是组织管理的运行过程和绩效实现过程。要准确把握和深刻理解管理职能的具体内容，理解管理职能间的内在联系，决策是计划的基础，计划是决策的逻辑延续，组织、领导、激励、协调、控制是为实现决策和计划服务，而这些职能主要以维持和持续改进为主，但从组织和环境的关系分析，仅有维持只能被动地适应环境，持续改进是为了主动地、更好地适应环境，而创新能够引导环境。因此，创新是管理的重要职能，有效的管理在于维持和持续改进的组合，卓越的管理是实现维持、持续改进和创新最优组合的管理。通过本篇的学习，可为学习专业课程与从事管理实践奠定基础。

第八章

决　策

学习目的和要求：

通过本章的学习，应认识决策的重要性，掌握管理决策的基本知识；理解决策理论的主要观点；准确把握决策的概念和特点，理解决策的标准，了解决策的分类，掌握决策的过程和主要内容；理解提高决策质量的途径；掌握决策的影响因素；理解决策的基本方法。

第一节　决策过程

一、决策的含义

关于决策的定义有代表性的观点主要有以下几种。

西蒙指出："决策是管理的心脏，管理是由一系列决策组成的，管理就是决策。"他对决策过程的定义是：决策就是找出要求制定决策的条件；寻找、拟定和分析可能的行动方案；选择特定的行动方案。美国学者亨利·艾伯斯（Henry Albers）认为："决策有狭义和广义之分：狭义地说，决策是在几种行为方案中做出选择；广义地说，决策还包括在做出最后选择之前必须进行的一切活动。"张石森、欧阳云在《哈佛 MBA 战略决策全书》中将决策定义为："人们为了达到一定目标，在掌握充分的信息和对有关情况进行深刻分析的基础上，用科学的方法拟定并评估各种方案，从中选出合理方案的过程。"我们认为决策是指为了达到一定的目标，决策者在掌握充分的信息和对有关情况进行深刻分析的基础上，用科学的方法拟定和评估各种方案，从中选出合理方案，并采取行动的分析判断过程。根据决策的定义，决策具有以下特点。

1. 决策的主体可以是一个集体或者个人

它是指实际从备选方案中做出选择的个人或者群体。企业应根据所要决策的问题，确定合理的决策主体。

2. 目标性

决策要有明确的目标，决策目标就是决策所要解决的问题。决策目标应明确具体、有确定的依据。有时候，决策是为了利用出现的机会，给企业自身制定了新的目标，企业为实现新目标要对所产生的问题进行决策。目标是决策工作后期备选方案的拟订、评价和实施等工作的标准和依据。

3. 可行性

方案的实施需要利用一定的资源。在制定实施方案时，决策者不仅要考虑采取某种行动的必要性，而且还要注意实施条件的限制。

4. 选择性

决策时，要列出两个或两个以上备选方案。

5. 风险性

决策是面向未来选定目标，选择解决方案，结果的不确定性很大，决策面对的问题常常是没有固定结构，无法事先确定如何解决它们，而且有的决策需要长时间才能见到效果，因此对决策者不应过早评价。对于决策者来说，也应认真决策，敢于冒险，正确对待外界的舆论压力，相信自身的决策能力。

6. 过程性

决策者要确定决策目标，确定实现目标的方案，保证实施决策方案所需要的支持条件，实施过程中如果出现新的问题，就需要进行新的决策，及时调整组织的活动。决策包括情报活动、设计活动、抉择活动和实施活动。

决策在管理活动中具有重要地位和作用，它贯穿管理活动的整个过程，是各级、各类管理人员的重要工作。在现代社会，决策的作用和地位日益重要，决策难度也越来越大，决策的科学性和正确性直接关系到企业的生存与发展。因此，决策者应充分了解决策的环境，建立一套合理的决策体制，选择适宜的决策方法，善于借用他人对决策问题掌握的情报和智慧，做到决策的科学化和民主化。

二、决策的标准

决策可以遵循最优标准、满意标准或者合理性标准。

最优标准是指决策所确定的目标和实施方案，是可以比较的，其中应该有一个方案是优于其他任何一个方案的，决策时，应该选择这个最优方案。但有人认为，要想使决策达到最优，必须具备三个条件，缺一不可：一是获得与决策有关的全部信息；二是真实了解全部信息的价值所在，并据此拟定出所有可能的方案；三是准确预测每个方案在未来的执行结果。应该肯定，追求最佳方案是决策者的一种优良的心理品质。但应该认识到，鉴于时间、成本等限制，人们只能获得有限的信息，找到有限的方案，认识到的是有限的结果。所谓“最优”，只能是有条件的，并且是在有限的、极为严格的条件下达到的。

基于理性的有限性，西蒙提出了决策的“满意”标准。理性决策的局限性具体表现在以下方面：①个人信息处理能力是有限的。②决策制定者趋向于将解决方法和问题混合在一起。③感性偏见往往歪曲问题本质。④许多决策者选择信息是出于其易获得性。⑤决策者倾向于过早地在决策过程中偏向某个具体的方案，从而左右着决策过程，使之趋向于这个方案。⑥在追踪决策中，即使初始决策是错误的，决策者为了证明自己初始决策的正确等原因，往往坚持初始决策，继续增加投入。⑦从前的决策先例制约着现在的选择。⑧组织是由不同的利益群体组成的。决策很少直接指向实现整个组织的目标，而是在对问题有不同看法和对方案有不同偏好的管理者之间，留有一个不断商讨的余地。决策很大程度上是权力和政治施加影响的结果。⑨组织对决策者施加着时间和成本的压力，反过来，这限制了一个管理者所能寻找到的可行方案数量。⑩尽管有着潜在的不同见解，但在大多数组织的文化中都存在强烈的保守偏见，决策者要花更多的精力避免错误，而不是发展创新的设想。这些都使决策难以得到以及选择出最优的方案，只能是寻找到令人满意或者足够好的解决方案即可。但是这种"满意"标准容易导致决策受决策者的主观影响，导致决策失误和冲突。

"合理性"标准是由孔茨提出的。他对合理性决策标准的解释是："首先，他们必须力图达到如无积极的行动就不可能达到的某些目标。其次，他们必须对现有环境和限定条件下依循什么方针去达到目标有清楚的了解。再次，他们必须有情报资料的依据，并有能力根据所要达到的目标去分析和评价抉择方案。最后，他们必须有以最好的办法解决问题的强烈愿望，并选出能最满意地达到目标的方案。"由于决策的未来环境包含的不肯定因素，做到完全合理是很难的。孔茨认为，主管人员必须确定的是有一定限度的合理性，是"有界合理性"。尽管如此，主管人员还是应在合理性的限度内，根据各种变化的性质和风险大小而尽其所能地做出最好的决策。孔茨的合理性决策标准的实质，是强调决策过程各个阶段的工作质量最终决定了决策结果的正确性和有效性，而不仅仅在于进行方案抉择时采用"最优"还是"满意"的标准。

三、决策的步骤

决策过程的情报活动、设计活动、抉择活动、实施活动具体可细化为六个步骤。

1. 确认并诊断问题，确定决策目标

决策的第一步是确认存在并必须解决的问题，也就是识别决策是否必要。当然，决策者必须愿意解决并且相信具有解决问题的资源和能力，并且，需要进一步确定问题产生的深层原因。

问题意味着理想和现实之间存在着差距，这里的问题可以是将自己的现在与设置的目标和计划相比、与自己的过去相比、与他人相比、与正常情况相比、与存在的机会相比。

为了了解企业的现实情况，管理者必须掌握精确的、全面的、可信赖的信息并正确地解释它，才能正确地判断问题；也只有确定了合适的理想，并拥有足够的决策能力，才能正确地确定决策目标，解决应该解决的问题。

2. 拟定备选方案

备选方案可以根据过去的经验来制定，也可以采用他人所使用的方案或建议，更可能来自自己的创新。拟定可选方案应做到始终围绕决策目标这个中心，集思广益，可选方案的数量应合理适中。研究发现，备选方案的数量和达成决策的速度存在正相关关系。如果准备的备选方案数量少，参与决策者往往难以都趋向于其中的某个方案，难以及时达成最终决策，增加的是后续工作的时间和资源成本。因此，应投入足够的工作来搜索和拟定备选方案，应有投入时间总是有可能找到更好方案的理念。拓宽备选方案的方法之一是运用情境分析。在情境中，管理者要考虑什么样的情况可能发生，什么样的情况不会发生。管理者面向未来，探讨解决途径，而不是根据过去的经验进行推断。情境分析促使管理者进行抽象思考，超越已有的经验，能够发现更多的备选方案。

3. 评估可选方案

决策者应针对每个行动方案提出一个问题："这是在所有已知的约束下，最好的行动方案吗？"所选择的方案应该是有效的、经济的和可行的，有必需的资源来保障能够实施完成的，而且和别的方案比较是令人满意的，同时实施后果能实现决策目标，没有其他不能承受的后果。收集更多的关于备选方案的信息，以便更准确预测各种方案实施后的结果。对于各个可选方案，不但要看到实施出现的有利结果，也要注意带来的不利结果；不但要看到有形结果，也要看到无形结果。

4. 选择方案

决策往往是受到多方力量影响的一个动态过程。合理选择不是指对利益各方进行妥协，使各方都可以接受决策方案，它同样要保证决策的正确性，而不是为照顾各方满意而成为一个错误的决策。在选择之后，应再听听前期反对该方案者的意见。一旦选择方案，开始实施活动，组织投入的资源就要发生变化，事件难以逆转。因此，决策选择时间点应合理，不宜偏早，以不耽误实施行动为依据。

选择方案要考虑各个方案的预期收益、成本、不确定性和风险等，合理的选择程序和方法是选择结果正确的保证。选择方法有淘汰法、排队法、试验法和数学分析法等。在选择方案时，要预计方案执行过程中发生的问题，针对这些问题，准备好未来环境发生预料到的变化时可以启用的备用方案。确定备用方案的目的在于对可预测到的变化，准备充分的应对措施，避免临时采取措施造成的失误。

5. 实施决策

好的决策方案也需要好的实施。制定一个恰当的实施计划是成功的基础。实施过程中应加强过程管理，保证完成决策方案。对实施结果不间断跟踪，对意料之外的问题进行跟踪决策。管理人员应时刻关注所需要的资源、时间和负责人，保证资源的供应、工作进度和任务落实。在选定方案全面实施前，可先在局部地区试行，实施过程中加强过程管理，取得一定的经验后，再全面推广。决策实施造成的结果，对不同人造成的影响不同，很有可能有一些人的既得利益受到影响。因此，需要管理者善于做思想工作，或者采用一些补偿方案，消除既得利益者可能给实施造成的阻力。方案的实施需要广大员工的支持，管理者应注意广泛宣讲，积极沟通，进行指导，调动他们的工作积极性。

6. 控制与评价决策

控制与评价决策即将决策方案实施后的实际效果与决策者设立的决策目标进行比较，看结果是否出现偏差。如果存在偏差，则要找出偏差产生的原因，并采取相应的控制措施。控制措施可以是调整决策方案，也可能是调整决策目标。有效的决策应重视信息反馈，保证根据实际情况进行决策以及调整决策。因此，决策是个循环往复的走向目标的动态过程，也是个不断学习提高决策能力的过程。只有遵循科学的决策过程，才能减少决策失误，逐渐增强决策者的决策能力。

四、决策的有效性

决策的有效性是指决策实施后产生的客观效果，它取决于决策本身的客观质量和执行决策的人对决策的认可程度。美国心理学家迈尔(R. F. Maier)设计了一个决策问题的四分图,如图 8-1 所示。图中,纵向表示决策被认可的程度,横向表示决策的质量水平。

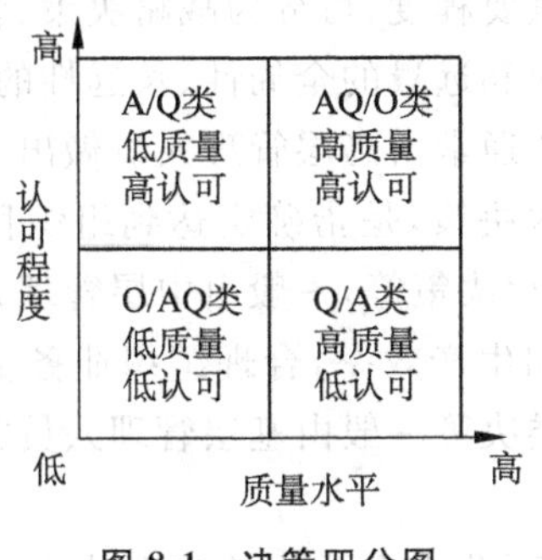

图 8-1 决策四分图

1. O/AQ 类问题

这类问题具有低质量、低认可的性质,它与员工的个人利益、组织的整体利益之间都没有密切的关系。因此,对这类问题的决策既不需要领导者和专家的参与,也没有必要让组织成员来群体决策,运用随机决策的方法即可。

2. Q/A 类问题

这类问题具有高质量、低认可的性质,它与组织的整体利益密切相关,但与员工的个人利益没有直接联系。比如,企业的原料来源等问题是由企业领导者和有关专家解决,以保证达到一定的客观标准。

3. AQ/O 类问题

这类问题具有高质量、高认可的性质,它与组织的整体利益、员工的个人利益都密切相关。比如,企业的工时定额标准的制定。具体的决策方法是:① 由领导者或专家通过调查研究、分析判断做出决策,然后运用各种信息沟通渠道把决策的意义、过程等问题向执行者进行深入的宣传,特别要注意执行者的态度、需要等特点,采取有效的沟通方式,使他们对领导者制定的决策持积极的态度。② 由领导者或者专家组织群体进行民主讨论,实行参与制定决策。但为了保证群体决策的质量,领导者要及时提供有关材料、事实,并善于在讨论中进行协调与引导。由于员工亲身参与了决策过程,会有较高的责任感,这有利于决策的顺利执行。

4. A/Q 类问题

这类问题具有低质量、高认可的性质,它与员工的个人利益密切相关但与组织的整体利益没有重大联系。这类问题的决策最好由员工进行民主讨论,协商解决,以保证决策的高认可。

总之,决策的有效性是指整个决策过程的有效性。首先决策结果必须有效,要求在整个决策过程中,目标要明确,问题要清楚,信息情报的收集全面充分,有正确的决策评价准则。其次,决策过程必须有效。

五、决策的类型

根据决策解决问题的性质和内容,可以分为许多种类。管理者可从不同层次和侧重点上把握各类决策的特点，采取相应的方法，做出正确的决策。

1. 依决策在管理系统中的重要程度划分

按照决策在管理系统中的重要程度，可分为战略决策、管理决策和业务决策。所谓战略决策是指事关企业未来发展方向和远景的全局性、长远性的大政方针方面的决策，如企业的投资、高层管理人员选用等，这些通常由高层管理人员做出。管理决策是指执行战略决策过程中的具体战术决策。所谓战术决策，是指确定达到组织目标所采取的程序、途径、手段和措施的决策。如供应商选择、库存决策等，一般由中层管理人员负责完成。业务决策是指日常业务活动中为提高工作效率和生产效率，合理组织业务活动进程而进行的决策。如安排加工顺序、制定采购订单等，这类决策一般由基层管理人员完成。

2. 依决策者人数多少划分

按照决策者人数多少划分，可分为个体决策与群体决策。个体决策是指只有一个决策者进行的决策。决策者多于一人且决策主体为一个集体的决策，称为群体决策。由于现代组织面对的决策问题往往是复杂和困难的，单个决策者不能胜任面临的决策任务，因此，群体决策成为现代决策的主要形式。

3. 依决策发生的重复性划分

按照决策发生的重复性划分，可分为程序化决策和非程序化决策。程序化决策是经常发生的或相对结构化的决策，在日常工作中，以相同的形式重复出现。这类决策通常有章可循，有程序可依，如工资发放，决策者可以凭过去的处理经验或惯例来完成决策。非程序化决策是全新的、异常的，没有特定的结果，是较少发生的决策。它们有各种各样的解决方案，每个方案各有优缺点。面对这类决策，决策者应意识到这些决策的独特性，应抽出大量的时间精力，从各方面对问题进行研究。

4. 依决策结果的可靠程度划分

按决策结果的可靠程度划分，可分为确定型决策、风险型决策和不确定型决策。确定型决策是指决策问题的条件已知，每个方案都只有一种确定的结果，从中选择一个最优方案，实施后就能取得预期效果的决策。风险型决策是指决策所面临的自然状态是一种随机事件，各种可选方案所需的条件存在不可控因素。一个方案可能出现几种不同的结果。各种后果的出现是随机的，但决策者可以根据相似事件的历史统计资料计算出各种自然状态的概率。不确定型决策指客观上存在两种以上的自然状态，它们出现的概率是未知的，各种方案出现的结果是不确定的，完全凭决策者的主观经验和态度来假设概率进行决策。因此，在不确定型决策中，决策者的风险偏好是一个重要影响因素。

5. 依决策需要解决问题的性质划分

按决策需要解决问题的性质划分，分为初始决策和追踪决策。初始决策是零起点的决策，是组织对从事某种活动的方案进行的初次选择。追踪决策是指在初始决策的基础上，对组织活动方向、内容的重新调整，是在决策实施一段时间后根据反馈信息，重新确定的决策。追踪决策具有如下特点：①回溯分析。追踪决策是一个扬弃的过程，对初始决策进行分析，合理保留，列出改变初始决策的原因。②非零起点。初始决策已经实施，追踪决策面临的条件和对象都不是初始状态，都已经受到某种程度的改造和影响。③双重优化。追踪决策应该优于初始决策。追踪决策也可以有多种备选方案以备优选。

六、决策的影响因素

决策是组织的一项管理活动，外部环境、内部条件、要解决的问题以及决策者等都是影响决策的因素。

（一）外部环境

一般来说，在环境比较稳定的情况下，组织过去针对同类问题所做的决策具有较高的参考价值，有时，今天的决策就是昨天决策的简单重复。所以，稳定环境下的决策，决策时间短，难度小，通常属于程序化决策，由中低层管理者完成。而在剧烈变化的环境下，组织所要做的决策通常是紧迫的，无法借鉴过去的同类决策，而且决策的内容往往是对企业经营活动方向等大的调整，这种决策属于非程序化决策，通常由高层管理者做出。

决策者在决策时必须考虑外部环境中诸如法律、市场、人力资源等因素的制约，如法律对进出口的规定；面对竞争程度低的市场，应该主要考虑如何扩大生产规模。

利益相关者也是影响决策的一个方面。决策不是一个决策者的单方行为，要受到来自多方面的利益相关者的影响。各个利益相关者将在决策过程中，从自身的利益出发，最大限度地做出有利于自己的行动选择，影响决策的过程和结果。

（二）内部条件

1. 组织文化

保守型的组织文化倾向于维持现状，他们害怕变化，更害怕失败，对任何将带来变化的行动方案都会产生抵触情绪，并以实际行动抵制。这种文化导致决策方案难以选择最优，最后的实施难以进行。在这种文化氛围中，决策者要实施方案，必须先破除旧文化，建立一种欢迎变化的文化。进取型的组织文化欢迎变化，崇尚创新，宽容地对待失败。决策者更注意机会带来的变化，甚至制造变化，倾向于选择变革幅度大的方案。组织中的伦理道德影响到决策者对决策目标和实施方案的选择。

2. 组织的信息化程度

信息是决策正确和高效的保证。信息化程度较高的组织拥有先进的信息技术和先进的决策手段，可以快速获得质量较高的信息和决策；信息化也使得决策依据更有说服力，更容易被员工接受，便于决策实施；信息化容易获得来自决策实施过程中的反馈，便于决策者及时调整决策。

3. 组织对环境的应变模式

通常对一个组织而言，对环境的应变是有一定规律的，都有一套逐渐形成的对环境特有的应变模式。这种模式指导着组织今后在面对环境变化时如何思考问题，如何选择行动方案等，制约着决策者的选择思维。

4. 组织自身资金、人力、决策支持系统等资源情况

决策的目标选择和实现方案应具有可行性，建立在人财物等资源承受能力之上。拥有的资金和人力等资源情况影响着决策者的决策。同样组织拥有了决策支持系统，将有助于决策工作的顺利健康进行。

（三）决策问题的性质

1. 问题的紧迫性

如果决策问题非常紧迫、急需处理，就需要决策者尽快采取行动，确定合理的决策目标，意识到对决策速度的要求高于对决策质量的要求。组织在发生重大安全事故、面对稍纵即逝的机会等决策都属于这种情况。如果决策问题不紧迫，那么决策者就有充足的时间来应对问题，必然提高对决策的质量要求，而高质量的决策需要决策者具有足够的知识。由于当代商业环境的变化迅速，需要组织能敏捷行动。因此，为了保证决策质量，需要决策者密切关注决策对象的实时信息，未雨绸缪，尽可能在问题出现之前就把其作为决策对象，思考可能出现的问题和对策，争取在问题出现以后，能从容应对，果断决策。必要时，可以依靠专家，获得良好的建议。

2. 问题的重要性

如果决策问题非常重要，决策目标和决策实施方案对决策者来说，都难以预料后果时，决策者会非常慎重，会用足够的时间和知识来决策，并多由高层管理人员来进行决策，并采取群体决策形式。

3. 决策的进展情况

如果是追踪决策，应考虑人财物等资源已经消耗的情况、组织内部成员的思想变化，以及对组织外部已经造成的影响。如果追踪决策仍是由初始的决策者进行的，决策者一般对决策方案不会进行大的调整。相反，如果现任决策者和初始的决策者不同，当决策实施碰到困难时，更愿意改变原来的实施方案。

（四）决策者的因素

1. 决策者对待风险的态度

喜欢风险的决策者在确定决策目标、评价方案和选择方案等方面会倾向于选择高风险高收益的方案。而在群体决策中，个人往往表现出比个人决策更勇敢、更有冒险精神。

2. 个人能力

一个人不可能精通决策制定过程的所有方面。有时，决策者在收集、评估和应用信息等方面会有主观偏见，缺乏正确的认知和判断能力。有的决策者过于自信，自信到忽视风险，相信自己不会做错事，对于未来抱过于乐观的态度。在评估备选方案时，对短期的成本和收益看得比长期的成本和收益重要。

3. 决策者的价值观

组织中的任何决策既有事实成分，也有价值成分。对客观事物的描述属于决策中的事实成分，如对组织外部环境的描述，对组织自身问题的描述等都属于事实成分。事实成分是决策的起点，能不能做出正确决策很大程度上取决于事实成分的准确性。对所描述的事物所做的价值判断属于决策中的价值成分。个人价值观通过影响决策中的价值成分来影响决策，包括对问题的判断、对情报信息的判断、对机会的选择和对方案的抉择。在群体决策中，如果决策参与者价值观比较一致，更容易产生一致的看法，容易协调。

4. 决策群体的特征

如果是群体决策，那么群体特征对决策有很大影响。一般来说，这些特征包括群体背景、群体内的关系、内部信息交流、群体规则和群体领导人等。如果决策群体的关系融洽程度低，难以选择出较好的行动方案，决策进度慢，决策质量低。如果群体成员搭配合理，有各个方面优秀的专业人士，群体的技术全面、协调迅速，那么就容易保证决策质量。群体决策相对于个人决策来说，能获得更全面的信息、更多的备选方案；决策容易被接受；实施将较顺利。但群体决策可能议而不决，一些决策参与者没有真正参与。

5. 决策者的认知失调程度

认知失调又称后悔理论，该理论认为在决策制定之后，决策者在各种认知方面和决策之前有不一致的表现，往往对自己的决策持怀疑态度，并可能会考虑重新决策。当下列条件出现时，认知失调导致的焦虑程度可能更大：一是决策在心理上或经济上很重要；二是存在大量备选方案；三是各种备选方案都有很多优点。当认知失调时，有的决策者通过承认犯了错误来减少焦虑；但更多的决策者不愿意承认犯了错误，为了减少焦虑往往采取以下方法。一是寻找支持他们决策明智的信息；二是只筛选对既定决策有利的信息；三是对其他备选方案持批评态度；四是夸大既定决策的有利方面，淡化既定决策的不利方面。

按照欧内斯特·戴尔的观点，糟糕的决策制定者通常有以下四种取向中的一种：接受型、利用型、囤积型和营销型。接受型决策者认为，一切有用的信息都来自他们自身以外，他们非常依赖其他组织成员的建议，他们基本希望其他人帮他们制定决策。利用型决策制定者认为一切有用的信息都来自他们自身以外，而且他们乐于必要时窃用他人的点子，以便制定好的决策，他们靠别人的点子发展组织，最后往往包揽全部功劳。囤积型决策者是渴望尽可能维持现状，很少接受外界的帮助，把自己与他人分割开来，痴迷于维持他们现在的地位和身份。营销型决策者把他们自己视为仅与他们所做的决策价值一样的商品，他们力图制定能提高他们价值的决策，并对其他人如何看待他们的决策非常敏感。

七、提高决策质量的途径和方法

（一）提高决策者素质，促进决策科学化

决策的最后效果取决于决策者。因此，决策者的素质是最关键的影响因素。作为决策者应提高自身的决策技能，善于区分决策问题的性质，能正确判断要决策的问题类型，例如是程序化问题，还是非程序化问题，在此基础上，正确对待这些问题。当然对于介于程序化决策和非程序化决策之间的决策，应灵活对待。

运用直觉，也是一种有效的决策方法。直觉是对事物的一种内在的信念，是一种快速理解问题的能力。这种内在感觉可以帮助决策者不需要经过有意识的思考和全套理性决策的步骤，就可以较快识别问题而迅速做出决策。这种能力是基于过去的经验而非对问题的深思熟虑。依靠知觉进行决策的人并非独裁者，也不是没有理智，因为其决策是基于过去的长期实践和亲身经验。

决策者除提高自身决策技能外，还应有善于借用他人决策技能的能力，例如聘请管理顾问或者建立决策参谋机构，发挥群体决策的优势。决策者应善于沟通，采用合理的决策方法，挖掘各个决策参与者的决策思想。

决策需要以全面和准确的信息为基础。在当今信息爆炸的时代，获得所需信息仍是一件不容易的事情。决策者应建立情报渠道，以便于获得必要的、全面的高质量信息，在此基础上，借用信息技术对信息进行综合分析，保证决策质量。

决策目标是在综合分析外部环境和内部条件之后确定的。决策者应尊重决策对象的客观规律，遵循决策的基本原则，从客观实际情况出发，充分考虑主客观条件的有利因素和不利因素以及未来条件变化的可能性，做好决策的可行性分析。只从主观愿望出发考虑决策需要，很容易导致决策失误。

决策是一个决策—实施—再决策—再实施的反复进行的过程。在决策实施过程中，盲目坚持既定的决策目标和决策方案，是违背决策目的的，难以解决起初决策面对的问题或者新出现的问题。因此，决策者应善于跟踪决策实施过程，获得与问题相关的反馈信息，掌握实际进展情况，及时调整决策方案甚至是决策目标。

（二）建立决策支持系统

决策支持系统是一种计算机应用系统，它以管理科学和行为科学为基础，以模拟技术和信息技术为手段，是一种人机系统。它能为决策者提供资料、信息，帮助决策者识别问题、搜索备选方案，并对备选方案进行比较，为正确的决策提供帮助。一般包括信息系统、咨询系统、决策系统、执行系统和反馈系统。

决策离不开信息的支持，有关信息的收集、加工、传递以及决策方案的拟订与评价，提供决策方法等都属于信息支持决策的内容。因此，这类工作都属于决策的支持系统。

信息的来源途径很多，来自各个方面的信息不完全一致，对信息的去伪存真是一项很重要的工作，也是一项困难的工作。因此，在决策时，可以通过一定的决策制度来保证企业重大的决策是基于群体信息进行的。

整个决策过程从信息获得、信息判断到确定问题与原因、确定决策目标和解决方案对决策者都是一个重大的考验。决策者要有自知之明，善于借用他人智慧，可以临时或者长期建立专家顾问团，得到信息和建议，帮助自己决策。

决策系统是指组织决策应有一套合理的决策机构和制度，主要靠群体智慧来形成决策。

执行系统是指决策需要最终的执行。组织应建立有力的执行机构，落实决策的执行责任，确保决策得到执行。

反馈系统是指及时收集决策执行后的真实信息，反馈到决策层，及时跟踪和纠正决策。

（三）建立民主决策制度

群众参与决策是决策者常用的决策制度。这样可以充分发挥集体的智慧，找到更科学、更合理的决策方案，便于决策的实施。决策的整个过程中，群众都可以不同程度地参与。为了保证群众参与决策不流于形式，在选择决策参与者时，应挑选对决策问题感兴趣的员工，保证他们用心投入整个决策过程。决策参与的方法有职工代表大会、合理化建议等。

在现代复杂的市场竞争环境中，应更多地进行群体决策。群体决策的质量效果如何取决于如何有效发挥它的优势，避免它的劣势。

1. 群体决策与个体决策比较分析

群体决策与个体决策的优缺点：①时效性。在果断性上，群体决策不如个体决策，因为群体决策需要用足够的时间进行沟通、协调和讨论。②责任明确性。群体决策中，由于决策的结果是群体中每个成员共同讨论的结果，对决策结果无具体的人负全责，造成决策责任分散，不够明确。而个体决策中，决策者的责任非常明确，无从推脱责任。③决策成本。群体决策耗费的时间与经费比个体决策要多很多。④决策质量。群体决策可以汇集更多的情报和知识、经验和创造性，可以得到更丰富的备选方案，选择方案时考虑的更全面，群体讨论也为激发智力提供了机会，因此，决策质量较高。⑤一贯性。个人的目标取向是动态的，处在不断的改变中，个体决策常是一种下意识的自然的思维活动，不一定依照科学的决策程序。因此，个体决策常可能是前后矛盾，反复无常。而群体决策中，尽管个人的目标仍是动态的，但多元目标综合起来比较稳定、比较理性，所以群体决策的一贯性比较高。⑥可实施性。群体决策过程中，参与者较好地了解所制定的决策，获得了较多的信息和信任，增加了对决策实施的认同感和责任感。因此，执行决策的积极性高。而在个体决策中，决策者需要向组织成员解释决策，组织成员还可能产生误解，实施过程可能因为利益关系等种种原因而阻力重重。

2. 群体决策可能出现的不利情况

群体决策可能出现的不利情况主要有以下几种：①有时群体成员中的某个人在讨论中处于主导地位，一旦发生这种情况就演变成个体决策。②群体决策的结果往往得到的是满意方案。由于某些参与者希望决策尽快结束，或者一些新的方案和他们倾向的方案比较起来没有明显的优势时，他们会影响其他决策参与者尽早选择他们倾向的方案，甚至批评那些要提出新方案或者主张选择其他方案的成员，往往得不到最合理方案。③不同意见的压力导致群体思维的现象。决策群体成员容易把保持群体和谐一致作为目的，往往不能理智分析各种备选方案，而表现出群体思维，降低决策质量。群体思维中最明显的是从众现象。由于决策中群体压力的存在，群体中的成员很难表达个人的真实想法，往往修正自己的想法，即使有怀疑也不公开发表意见。因此，做出的决策可能既不符合组织的最大利益，也不符合群体的最大利益，它的目的只是为了避免群体内部成员的冲突。这就要求群体决策时应注意这种现象，并采取适当的措施来减少这种现象的出现，从而保证群体决策更加有效、更加完善。④常常变换决策目标。当成员之间有不同的观点，所选择的方案不同时，理性选择的过程就变成激烈的长时间的争论，在争论中获胜成为新的目标，浪费了宝贵的决策时间，忘记了决策要解决的问题。⑤责任模糊。传统观念认为，群体决策会倾向于谨慎和保守，但心理学家通过研究发现在很多情况下，群体决策较个人决策具有更大的冒险性，存在“风险转移”现象。但当出现问题落实责任时，又相互推诿，无人负责。

3. 提高群体决策质量的途径

通过对群体决策和个体决策的比较，以及群体决策不利情况分析，可以看出群体决策中存在一些缺点。因此，可采取以下措施，以克服群体决策中的缺陷。

(1) 知识结构互补

在一个决策群体中，应尽可能包括具有不同知识背景的人员。知识背景不同的人对客观世界的理解不同，看问题的角度不同，能力结构不同，思维方式不同，他们的互补不仅能够使得对客体的认识盲区大大减少，而且使决策群体中的成员能够相互启发，激发出具有创造性的新思想。

(2) 性格、气质和决策风格上的互补

由于不同性格、不同气质的人各有优缺点，在情绪、意志等方面表现不一，有的决策者注重经济效益，有的注重人际关系，有的注重决策影响，有的注重决策逻辑。因此，在组成决策群体时，应注意成员在性格和气质方面的互补，形成一个整体优化的群体。

(3) 年龄、性别、阶层的合理分布

组成决策群体时，应注意成员年龄、性别、阶层的合理分布。这样有利于决策群体和不同年龄、不同性别和不同社会阶层的广泛联系，更容易采取各方面的建议和意见，发挥各类成员的优势，不断提高决策质量。

(4) 合理确定决策群体的人员数量

通常情况下，决策人数越多，协调工作越多，决策效率越低。研究表明：5～11 人组成的中等规模的群体决策最有效，能得出更为正确的决策意见。4～5 人的群体较容易使成员感到满足；2～5 人的较小的决策群体较易得到一致的意见。比较大的群体可能得到较多的意见，但意见的增多与群体人数的增加并不存在正比关系。

(5) 坚持民主集中制

在决策中必须坚持民主，注意促进创造性思考过程的产生，给每一个参与者平等的发言机会，其他人都要坚持客观冷静和公平的心态，不要有偏见，不能进行人身攻击。管理者应采用合理的领导方式，避免决策过程受某一个人支配，积极鼓励少数派发表他们的观点和建议，明确要求想听到不同的观点。努力做到决策过程中各成员之间能相互积极沟通，而不是各成员只忙于和领导交流。注意延缓做出方案判断和选择，使有更充分的时间来分析和探索方案。另外，让员工参与企业决策的制定过程，确实有利于调动员工的积极性和决策的顺利实施，但决策者不能完全听信员工的决策，因为他们往往只是从自己的角度出发来思考问题，虽然可以利用群体决策发挥员工的聪明才智多出主意，但决策是否有效的标准是能否提高工作绩效或解决某个问题，而不是所有群体成员达成一致，大家都满意。所以，有效的决策应该是在提高工作绩效的基础上的群体成员的认可。也就是说，群体决策有利于形成更多的决策方案，但未必大家最终共同认可的方案就是正确的。必须在民主的基础上进行集中决策，决策责任明确到个人，才能避免决策失误时相互推诿、法不责众的现象。

(四) 加强软科学研究

软科学是跨学科、跨领域的交叉学科，包括现代管理学、系统分析、科学学、预测研究和科学技术论等分支学科，软科学研究已渗透到社会、科技、教育等各个领域。它的研究对象是复杂的经济社会系统，研究现代科学、技术发展而带来的各种复杂的社会现象和问题，研究经济、科学、技术、管理、教育等社会现象和问题，研究经济、科学、技术、管理、教育等社会环节之间的内在联系及其发展规律等。应加强软科学研究，为决策者决策提供参考和依据。

第二节 决策理论

一、规范决策理论

规范决策理论又称古典决策理论，是基于“经济人”假设提出来的，盛行于 20 世纪 50 年代以前。代表人物有英国的哲学家、经济学家杰里米·边沁(Jeremy Bentham)，美国的泰勒等。该理论认为，人是坚持寻求最大价值的经济人，而经济人具有最大限度的理性，能为实现组织和个人目标做出最优的选择。决策的实质是一个经济问题，即决策的目的在于为组织获得最大的经济利益。所以，决策者在决策前能全盘考虑一切行动以及这些行动所产生的影响；决策者根据自身的价值标准，选择具有最大价值的行动与对策。该理论的假设前提如下。

1. 决策者完全理性

决策者具有合乎逻辑的评估标准和偏好(权重),评估每一方案,并做出使组织利益最大化的决策。

2. 决策状态为确定性状态

决策者可以收集完全的信息,所有可行性方案和可能的结果都是可以量化和评估的,从而使决策状态成为确定性的。

3. 方案评估标准明确或可以确定

规范决策理论描述了一种理想的决策状态,而不是在实际决策中的状态。它告诉决策者应该怎样做出决策,但没告诉决策者实际上是如何制定决策的。管理既是科学,又是艺术,决策包含相当大的艺术成分,现实生活中的决策不可能像规范决策那样,对全部已知的效用函数求解,用解析的办法找出最大值,这样的做法只是对纷繁复杂的现实的一种简化。因而,简单地用它来进行实际决策往往是行不通的。但是由于该理论对"最优"的追求和采用定量的方法,其价值在于它促使管理者在制定决策时具有理性。

规范决策理论代表一种理想的决策理论,在程序化决策、确定性决策与风险性决策中具有较强的应用价值。近年来,由于定量决策技术的发展,规范决策理论得到了广泛应用。

二、行为决策理论

行为决策理论始于20世纪50年代。由于理性的和经济的标准皆无法真实地反映管理的决策过程,理性的决策理论不能很好地指导具体的决策问题,人们便把研究的目光投向人的实际决策行为这一研究领域,即"人们实际中是怎样决策"以及"为什么会这样决策"的描述性和解释性研究之中。其研究范式是先提出有关人们决策行为特征的假设,然后用从实验、统计调查、访谈等方法中得到的现实资料来证实或证伪所提出的假设,从而得出研究理论。在对决策者行为做大量研究时,人们发现了许多偏离传统最优行为的决策偏差,人类决策行为具有复杂性和不确定性;影响决策者进行决策的不仅有经济因素,还有其个人的行为表现,如态度、情感、经验和动机等。这是人们对实际的决策行为规律更全面、客观的认识,在此基础上,研究者进一步概括行为特征,提炼行为变量,并将其运用到理性决策的分析框架之中。

1. 有限理性模型

有限理性模型又称西蒙最满意模型。它是一个比较现实的模型,它认为人的理性是完全理性和完全非理性之间的一种有限理性。西蒙在《管理行为》一书中指出,理性的和经济的标准都无法确切说明管理的决策过程,进而提出"有限理性"标准和"满意度"原则。

西蒙详尽而深刻地指出了新古典经济学理论的不现实之处,分析了以下两个致命弱点:①假定目前状况与未来变化具有必然的一致性。②在决策时,必须假定全部可供选择的措施都是"已知的",每一个措施的结果都是知道的,要么是确定的,要么是不确定的或有风险的,以及经济人对所有结果都能排列成完整的效用数列。

事实上这些都是不可能的。人们在决定过程中寻找的并非是"最大"或"最优"的标准,而只是"满意"的标准。他提出了以下的有限理性假设:①人的理性是一种有限理性(受知识、时间、能力等限制)。②决策者在识别和发现问题中容易受到知觉偏倚的影响。③决策方案的合理性是相对的(因为不可能了解全部备选方案)。④决策者往往优先考虑风险而非方案的经济利益。⑤只求满意结果,不费力寻求最佳方案。⑥决策是一种文化现象。文化不同,决策者对决策不确定性的认识和判断也不同。

根据以上几点,决策者承认自己感觉到的世界只是纷繁复杂的真实世界的极端简化;他们“满意”的标准不是最大值,所以不必去确定所有可能的备选方案;由于感到真实世界是无法把握的,他们往往满足于用简单的方法,凭经验、习惯和惯例办事。因此,决策结果也各有不同。西蒙的有限理性和满意准则这两个命题,纠正了传统的理性选择理论的偏激,拉近了理性选择的预设条件与现实生活的距离。

2. 成功管理模型

成功管理模型又称彼得斯-沃特曼模型。彼得斯和沃特曼在调查了许多成功的工商企业后发现,理性模型给工商企业带来了不良后果,因而这些工商企业并不遵守理性模型。它们有自己的成功管理模型,这一模型具有如下特点:①决策者流动于各个部门之间,以掌握真实的正在发生的情况。②决策者尽可能在一段时间里只做一件事,完成有限的目标。③决策者重视行动,经常试验,不惧怕失败。而理性模型是不承认试验价值的。④决策者注重速度和数量,提倡立刻就干,事做得越多,策略就越完善,他们不怕实践,也不知道什么时候该放弃。⑤拥有一个无形的有漏洞的体系,企业的重大突破来自对漏洞的改革。

这种决策模型没有一套理性的决策程序,属于非理性的模型。尽管它受到一些怀疑,但解决了来自组织的实际问题。

3. 社会模型

社会模型又称为社会心理学模型。奥地利心理学家弗洛伊德和意大利社会学家帕累托(Sigmund Freud and V. Pareto)认为,人的行为在很大程度上受潜意识的支配,许多决策行为往往表现出不自觉、不理性的情绪,表现为决策者在处理问题时常常感情用事,从而做出不明智的安排。按照弗洛伊德和帕累托的观点,人们是没有能力做出理性决策的。不管对弗洛伊德和帕累托的理论抱什么态度,人们几乎都同意社会因素对决策行为有深远影响,社会的压力和影响甚至会导致决策者做出完全非理性的决策。

每个人都生活在文化环境之中,文化对人的影响极深,不跳起来不知道地球重力的存在,不换一个文化环境往往意识不到文化对人的根深蒂固的影响。文化的影响其实就是一种社会的压力,会有意无意地迫使决策者按照自己的文化传统去认知、决策和行动。社会模型在某些条件下是适用的,但是人们不是完全非理性的。因此,不能简单地认为社会模型在大多数决策中起主要作用,但也要承认,社会因素和社会压力对决策行为有着重要的影响。

4. 渐进决策模式

这是美国著名政治经济学家林德布洛姆(C. E. Lindblom)提出来的,它是从“决策实际上要如何做”,而不是“应如何做”的角度出发建立的一套决策制定模型。

林德布洛姆认为理性决策模型存在如下缺陷:①理性决策模型要求先有一个既定的问题。而实际生活中,决策者面对的往往不是明确的问题,而首先需要决策者对问题加以明确和说明。但在明确和说明问题到底是什么时,决策参与者往往有不同的看法,难以达成一致意见。②理性分析由于受时间、费用等因素影响,是难以有效进行的。③决策必然受决策者价值观的影响,而理性分析解决不了决策者价值观不一致的问题,也解决不了因此导致的意见不一致的问题。

林德布洛姆认为：决策过程应是一个渐进过程，是根据过去的经验逐步得到共同一致的结果，而不应大起大落，否则会危及社会稳定，给组织带来组织结构、心理倾向和习惯等震荡和资金困难，也使决策者不可能了解和思考全部方案并明确每种方案的结果。实际上决策者一直是在进行小的决策，按部就班、稳中求变地向前推进，最终是形成一个大的决策结果。

渐进决策的适用范围：与渐进领导的风格相适应；不需要很高的决策技术；决策成本较低；适用于较稳定的环境。

5. 决策的联合模型

该模型认为：当人们对目标有分歧或者和别人竞争资源时，决策过程就会变成政治过程；个人会结成帮派对决策施加影响；两个或更多的帮派会有不同的偏好，都试图使用权力和谈判来左右决策。

6. 决策的垃圾桶模型

该模型认为：当人们不能确定目标或对目标有分歧以及不能确定做什么或对做什么有分歧时，就会因为问题过于复杂而不能很好地理解它们或因为决策者有许多事情要处理，会对决策过程很随意。这个模型解释了为什么有的决策是混乱和难以理解的。

7. 综合扫描决策模型

为了克服传统理性决策模型和渐进决策模型存在的缺陷，美国社会学家埃米特依埃特奥尼(A. E. Etioni)提出了综合扫描决策模型。该模型首先运用渐进决策模型来分析一般性的决策要素，然后在此基础上运用传统理性决策模型进行分析决策。这样既可以避免忽略基本的决策目标，也可以保证对最重要的问题作深入的科学分析。该模型既考虑了决策者的能力问题，难以找到最理想的决策；又考虑了决策对环境的长远适应和相对稳定。

第三节　决策方法

决策方法种类较多，主要有定性分析决策法、定量分析决策法、博弈论与竞争性决策方法。决策技术的发展趋势是：定性分析决策法与定量分析决策法两者的有机结合。

一、定性决策方法

定性分析决策法基本上是在经验判断的基础上发展起来的一种决策技术。其特点是，简便、灵活、省时，但它欠严密、主观成分多、片面性大，适用范围是简单问题、单因素单目标问题以及难以模型化、数量化的问题。

1. 头脑风暴法

头脑风暴法亦称奥斯本震脑法，是由美国创造学家奥斯本(Alex F. Osbom)为了帮助一家广告公司创造广告的新花样而发明的。这种方法问世后，被广泛应用到许多需要大量的新方案来回答某一具体问题的场合。该方法用小型会议的形式，启发大家畅所欲言，充分发挥创造性，经过相互启发，产生连锁反应，然后集思广益，提出多种可供选择的方案。

头脑风暴法成功的关键是要掌握以下要点：①选择好会议参加者，与问题有关的人员、专家尽量邀请参与；领导者以一种明确的方式向所有参与者阐明问题。②要有高明、机敏的主持人,激发自由奔放的思考,思路越广越新越好。③创造一个良好的环境,任何人提出的任何意见都要受到尊重,不得指责或批评反驳,更不能阻挠发言,也不许做结论。④谋求改进和联合别人的设想。

从上述要点中可以看出,畅谈会强调自由思考,不受约束,可以激励动因,同时通过互相启发,又可增加联想机会,使创造性思维产生共振和连锁反应,由此诱发出更多新的或异想天开的解决问题的方法。只要在众多的设想中,有几个既新颖又有价值的设想可供进一步仔细研究,也就达到了会议的目的。所有的方案都当场记录下来,留待以后再讨论和分析。

此法经过各国创造学研究者的实践和发展,至今已经形成了一个发明技法群,如奥斯本智力激励法、默写式智力激励法、卡片式智力激励法等。

为使大家都能充分发表意见,每次会议人数不宜太多,一般五六人,多则十余人,如要吸收更多人的意见,可多组织几次会议。会议时间一般为半小时至一小时。

该方法适用于所探讨的问题是影响因素比较简单的,目标也比较明确的决策问题。

2. 哥顿法

哥顿法是美国麻省理工学院的威廉·哥顿(Willam J. Gordan)教授为了解决技术问题而拟定的一种方法。哥顿认为,既然发明创造不是阐明已知的事物联系,而是要发现事物间未知的联系,就需要依靠非推理的因素把似乎无关的东西联系起来。对于创新来说,非推理因素很重要。有不少发明就是把在逻辑上看来完全无关的东西联系在一起时产生的。哥顿教授因此创造出的"综摄法",就是一个利用非推理因素,通过召开一个特别的会议来激发集体创造力的方法。为了摆脱旧框框的束缚,打开新的思路,在探索新的设想时,应有一段时间暂时抛开想解决的问题,通过类比探索得到启发。他把"综摄法"分为两个步骤:

第一步是"变陌生为熟悉"。即把问题分解为一些小问题,以便深入理解问题的实质,并由此得知需要解决哪些具体的小问题才是发明创造或突破问题的关键所在。

第二步是"变熟悉为陌生"。即暂时抛开问题本身,通过类比的方法,从陌生的角度进行探讨,得到一些启发后再回到原问题上,并通过强制联想,把类比结果应用于解决原问题。

哥顿采用的类比方法主要有直接类比、象征类比、人性化类比和幻想类比四种方法。

由于哥顿法也是用会议形式请专家提出完成工作任务和实践目标的方案,至于完成什么工作,目标是什么,只有会议主持人知道,不直接告诉与会者,以免他们受到完成特定工作和思维方式的束缚,可以说,哥顿法是一种特殊形式的头脑风暴法。

3. 名义群体法

因为在决策制定过程中对群体讨论加以限制,故称为名义群体法。如参加传统委员会会议一样,群体成员必须出席,但他们是独立思考的。具体来说,它遵循以下步骤:①在进行任何讨论之前,每个成员独立地写下他对问题的看法。②经过一段沉默后,每个成员将自己的想法提交给群体,然后一个接一个地向大家说明自己的想法,在所有的想法都记录下来之前不进行讨论。③群体开始讨论,把每个想法搞清楚,并做出评价。④每一个群体成员独立地把各种想法排出次序,最后的决策是综合排序最高的想法。

该方法主要是在对问题的性质不完全了解且意见分歧严重时采用的方法。其主要优点在于使群体成员正式开会但不限制每个人的独立思考。

4. 德尔菲法

德尔菲法是由美国兰德公司提出的,采用定量和定性相结合的方法进行决策,它已成为一种非常普及的技术预测方法。它既可以由群体成员来完成,也可以由分散的成员来完成。这种方法是就某一个问题或事项运用函询的方法,征求大家的意见,其过程如下:①确定问题,成立决策活动小组;②针对问题,仔细设计一系列问卷,选择若干相关专家与决策人员;③通过问卷要求成员提供可能的解决方案。每一个成员匿名地、独立地完成第一组问卷;④第一轮问卷的结果集中在一起进行整理、编辑和复制;⑤将整理的结果反馈给各成员,再次征求他们的意见;⑥如此反复几个回合,用逐次逼近法来集中对问题的解决方法和取得一致的意见,然后决策者利用这些预测资料来进行决策。

这种方法的优点是:杜绝了群体成员间过度的相互影响,能充分发挥专家的作用,不论其地位如何,避免了从众行为,甚至无须参与者到场。缺点是太耗费时间。当进行一个快速决策时,这种方法通常行不通。这种方法也不如相互作用的群体或名义群体那样,能提出丰富的设想和方案。

5. 电子会议法

电子会议法将名义群体法和先进的计算机技术相结合,在会议上,将问题在会议室的大屏幕上显示给决策参与者,各参与者将自己的答案从身边的终端输入计算机。个人评论和票数统计都在大屏幕上投影显示。这种方法的特点是快速、有效、真实,避免会议跑题。

二、定量决策方法

定量分析决策技术是将能定量化、模型化的问题运用数学模型进行建模化计算,通过定量分析技术与计算来选择最优方案的方法。定量决策方法常用在选择活动方案方面。由于活动方案有多种,在选择比较不同的方案时,需要考虑的更详细、更具体,对方案进行详细的计算,这就需要进行定量的分析与决策。其优点是:精确、可靠;不足之处是:难以普遍化,有时工作量较大,较机械。

1. 确定性决策方法

它是指在事物的客观自然状态完全肯定的情况下做出的决策。决策的结果也是事先可以确定的。通常用于战术性的程序化决策。确定型决策法有线性规划、盈亏平衡分析法、非线性规划、整数规划、动态规划、投入产出数学模型、确定型储存技术、网络分析技术等。

2. 风险性决策方法

它是指在比较和选择活动方案时,如果未来情况不止一种,管理者不知道哪种情况会发生,但知道每种情况发生的概率,则需要采用风险性决策方法。常用的方法主要有决策树、最大可能性准则、期望值等。

3. 不确定性决策方法

它是指对未来的情况虽有一定的了解,但无法确定各种情况可能发生的概率,对这种问题的决策,称为不确定性决策。其特点如下:①必须有明确的目标;②必须有两个以上的可行方案;③必须有两种以上的自然状态;④必须有两种以上不同方案的损益值。

不确定性决策存在着不可控因素,没有客观的概率作为依据。一个方案所出现的结果是不确定的。这样,决策者的主观意志和经验判断居主导地位,同一数据可以有完全不同的方案选择。所以这类决策往往取决于决策者的经验和胆识,风险较大。不确定性决策的方法有乐观准则、悲观准则、等可能性准则、乐观系数准则、“后悔值”决策准则等。

三、博弈论与竞争性决策方法

（一）博弈的概念

博弈论是一门研究在一定决策主体相互作用的环境中，特定主体做出最优选择的科学。当一个企业在竞争的市场环境中决策时，其他企业也在进行同样的思考和决策。因此，一个企业的决策就是博弈。它根据市场的竞争情况做出决策，反过来，其他企业将根据它的决策做出竞争对策。这样原来的企业的决策环境就发生了变化。在这样的状态下，企业应当怎样决策才是最合理的？这就是博弈论要研究的问题。

（二）博弈的类别

按照博弈各方之间是否达成对各方都有约束力的协议，可以分为合作博弈与非合作博弈。在人们相互影响的活动中，如果参与方之间签订了一个对各方都有约束力的协议，这时的博弈就是合作博弈；如果没有，就是非合作博弈。

按照博弈的结果可分为零和博弈与非零和博弈。零和博弈指的是参与方参与博弈之后其总和不会发生变化的博弈。零和博弈的最基本特征是竞争双方的利益得失相等。非零和博弈是竞争之后的总结果和竞争之前的总结果不相等的博弈。

按照参与者行动的顺序可以分为静态博弈与动态博弈。静态博弈指的是在博弈中，参与者同时选择行动，或者是不同时行动，但是后行动者并不知道先行动者采取了什么样的行动，仍然按照自己的决策行动；动态博弈指的是参与者的行动不仅有先后顺序，而且后行动者能够观察到先行动者所做出的决策，然后采取行动决策。在静态博弈中，决策过程是一次性的；在动态博弈中，参与方的决策是循环往复的。

按照参与博弈的人数的多少，可以分为二人博弈和多人博弈。

（三）竞争性博弈决策模型的基本要素

1. 参与者

它指参与博弈的主体。在博弈论中，参与者是广义的。在企业的市场竞争中，利益和目的一致的参与者只能算作一个参与者。一般假定，博弈的参与者是追求自己的效用最大化的。在一定的环境约束下，按照效用最大化的原则决策。

2. 策略集

它是指参与者的决策变量，或者是要做出的决策。全体参与者的行动构成的结构就称为策略集。

3. 支付函数

这是指参与者从博弈中获得的收益水平。

参与者、策略集和支付函数是竞争性决策模型的三个基本要素，这三个要素确定了，竞争性决策问题也就确定了。

（四）博弈论的应用范围

博弈论在今天的决策中应用相当广泛，特别是对于市场经济条件下企业的经营决策有着直接的指导作用，因为企业的经营决策本质上就是一个与竞争对手的博弈过程。随着科学的决策手段的使用，博弈论在未来企业的经营中将会被广泛地运用。

本章小结

本章介绍了决策理论，有助于理解决策职能基本知识的发展历程和内容。在介绍决策的概念、特点和决策标准的基础上，详细介绍了决策的过程和具体内容，有助于提高决策能力，减少决策失误。然后介绍了决策类型、决策的有效性和决策的影响因素，便于管理者区别对待各类决策，降低决策成本，提高决策质量和速度。接着介绍了提高决策质量的途径，有助于管理者正确利用群体决策和各种途径，提高决策质量。在决策方法中，介绍了定性决策方法、定量决策方法和博弈方法，有助于使决策更科学、更有效率。

复习思考题

1. 试述决策的特点。
2. 简述决策的过程和具体内容。
3. 试比较个体决策和群体决策；简述它们的区别和联系。
4. 简述提高决策质量的途径。
5. 如何对待决策中的失误？

案例分析

打破常规

南茜在爱克梅斯公司的顾客服务部工作。爱克梅斯公司主要生产工业用空调系统和零部件。该公司的营销模式是将它的产品销售给大的地区分销商，再由分销商向美国和加拿大的零售商提供货源和支持。一天晚上，南茜接到公司一个零售商的电话，说他的一个顾客希望马上得到一个空调系统的零件，但他手中却没有该零件的库存。他说他和分销商已联系了两个小时，但一直打不通他的电话。他问南茜是否可以现在就给他发货，并将发票发给分销商，这些费用将会打在分销商在月底给该零售商的发票上。

由于这时已经不是分销商的正常工作时间，南茜也联系不到分销商。南茜知道：由于分销商们希望控制所在地区的所有销售渠道，减少对信用差的客户的销售风险，所以，爱克梅斯公司已经不再越过分销商，去直接向零售商发货。

尽管如此，面对该电话，南茜决定打破规则，因为零售商说顾客希望尽快得到该零件。南茜认为，顾客的需要是最重要的。因此，她立即将该零件发出。

第二天，南茜立即给当地的分销商打电话，但该分销商说该零售商不是他的定点客户，因此拒绝为该零件付款。最后，爱克梅斯公司通知这个零售商直接向公司付款。为了平衡账目，南茜先向公司支付了款项(150 美元)。

几天后，南茜接到公司执行副总拉曼的电话，他让她解释一下事情的缘由。因为财务部主管给他打电话，说南茜破坏了规则，对于南茜的做法他很生气，打算惩罚南茜。在听完南茜的叙述后，拉曼觉得财务部主管说得对，南茜做得不合适。他告诉南茜，明天会通知她这件事的进展情况。

第二天晚上,南茜收到拉曼的一封信。南茜很沉重地打开信,却发现里面有张 150 美元的支票,同时还有一份通知,通知她得到提升,并奖励一个在公司的停车位。

(案例来源:本案例转自 Gibson J L,Ivancevich J M,Donnelly J H. 组织学. 王常生,译. 北京:电子工业出版社,2002)

问题:

1. 为什么南茜会因为打破常规而受到奖励?
2. 南茜还可以有什么样的备选方案?
3. 如果是你,你将做出什么样的决策?

第九章

计 划

学习目的和要求：

通过本章的学习，应深刻认识和理解计划的重要性；掌握计划的概念和内容，了解计划的性质和作用，掌握计划制订的原则和原理，了解计划的类型，掌握计划的编制程序和方法；了解战略计划的类型，掌握战略计划的制订程序，能够运用战略分析方法分析企业问题；掌握目标的概念、目标管理及其制订程序，了解目标管理的优缺点。在掌握计划相关理论的基础上，能够针对具体问题制订计划方案，明确计划的依据以及计划的保证措施，采取合理的方法来实施计划以保证计划的实现。

第一节 计划工作概述

一、计划工作

（一）计划

计划具有两重含义：一是动词意义上的计划，是指计划工作，即根据对组织内外部环境的分析，通过科学地预测，在综合平衡的基础上，提出在未来一定时期内要达到的组织目标以及实现目标的具体途径和方法。二是名词意义上的计划，是指计划的结果，是用文字和指标等形式所表述的组织以及组织内不同部门和不同成员，在未来一定时期内关于行动方向、内容和方式安排的管理事件，包括做什么（what），为什么做（why），何时做（when），何地做（where），谁去做（who），怎么做（how），简称为5W1H。

（二）计划工作的性质

有了计划，工作就有了明确的目标和具体的步骤，就可以协调大家的行动，增强工作的主动性，减少盲目性，使工作有条不紊地进行。同时，计划本身又是对工作进度和质量的考核标准，对大家有较强的约束和督促作用。所以计划对工作既有指导作用，又有推动作用。计划具有如下性质。

1. 预见性

计划是对未来的事情所做的行动安排，是在行动之前对行动的任务、目标、方法、措施所作出的预见性确认。它是通过对环境的分析，结合自身的特点和任务的性质，对今后的发展趋势作出科学预测之后所做的预见性判断。

2. 目的性

计划工作的目的就是要促使组织去实现它的目的和目标。计划帮助组织在它的行为过程中始终对准目标，统一协调地运转。因此，每种计划都具有明确的目的。

3. 普遍性

计划工作贯穿管理过程的始终，在管理的其他职能活动过程中也需要计划。任何组织和任何层次的管理人员都必须在自己的范围内制定计划。因此，计划的普遍性既是指计划工作贯穿于管理活动过程，也是指各组织、各层次管理人员都要制定计划。虽然计划工作的特点和范围随各级主管人员职权的不同而不同，但它却是各级主管人员的一个共同职能。

4. 效率性

计划工作的任务，不仅是要确保实现目标，而且是选择最优的资源配置方案，以求得合理利用资源和提高效率。

5. 平衡性

计划是为了实现既定目标而进行的行动计划的安排，既要考虑主观条件与客观环境的平衡，又要考虑市场需求和企业生产可能性的平衡；既要考虑局部利益，更要兼顾整体条件，注重短期目标和长期目标的平衡，只有兼顾各方面的平衡，在平衡的基础上制定的计划才具备可行性。

6. 可行性

可行性是和预见性、针对性紧密联系在一起的，预见准确、针对性强的计划，在现实中才真正可行。如果目标定得过高、措施无力实施，这个计划就是空中楼阁；反过来说，目标定得过低，措施方法都没有创见性，实现虽然很容易，并不能因而取得有价值的成就，那也算不上有可行性。

7. 约束性

计划一经通过、批准或认定，在其所指向的范围内就具有了约束作用，在这一范围内无论是集体还是个人都必须按计划的内容开展工作和活动，不得违背和拖延。

8. 创新性

计划工作总是针对需要解决的新问题和可能发生的新变化、新机会而做出决定的，是对管理活动的设计。因而，计划是一个创造性的管理过程。

计划工作是一项复杂而困难的工作，加强计划工作是全面提高管理水平的前提和关键。

（三）计划工作的作用

1. 计划有利于减少工作中的失误

计划过程是一个调查、预测和平衡的过程，通过调查能够明确工作现状，通过预测可以明确事物发展的趋势以及可能存在的风险，可以用自身的优势去消除风险和把握机会，同时可以避免威胁。通过计划过程，可以促使管理者展望未来，预见变化，考虑变化的冲击，以及制定适当的对策，减少工作中的失误，弥补不肯定和变化带来的问题。

2. 计划有利于明确工作目标

计划制定的目标为管理指明了组织发展方向，可以使人们的行动对准既定目标，也使管理人员的注意力集中于目标，保证计划的实现。

3. 计划有利于提高工作效率

计划为下属提供了明确的工作目标及实现目标的最佳途径，指导了行动方向，减少了盲目性，有利于节约时间和精力；计划还可以在实施之前的协调过程中发现浪费和冗余，减少重叠性和浪费性的活动，从而提高工作效率和效益。

4. 计划有利于有效控制

计划工作为组织活动制定了目标、指标、步骤、进度和预期成果，是控制活动的标准和依据，为控制和衡量工作绩效提供标准，可以说没有计划，就没有必要控制。

二、制定计划的原则与原理

(一) 计划工作的原则

1. 科学性原则

这是指制订计划必须符合客观规律、符合实际情况。因此，这就要求计划编制人员必须从实际出发，深入调查研究，掌握客观规律，使每一项计划都建立在科学的基础上。

2. 统筹兼顾原则

这是指在制订计划时，不仅要考虑到计划对象系统中各个构成部分及其相互关系，而且还要考虑到计划对象和相关系统的关系，按照它们的必然联系，进行统一筹划。

3. 重点原则

这是指在制订计划时，不仅要考虑到有关的各方，认清它们的地位和作用，而且还要分清主次轻重、抓住关键，要着力解决好影响全局的问题。

4. 弹性原则

这是指计划在实际管理活动中的适应性、应变能力和与动态的管理对象相一致的性质。任何计划都是对未来事件的预先安排，而未来是不确定的，在计划的执行过程中，往往会出现某些人们事先无法控制的事情，如气候的突变、自然灾害、政策的变化等，这都会影响到计划的实现。因此，必须使计划及时适应各种变化的可能。为此，在制订计划时：一是要编制备用计划，一旦环境改变可随时启用备用计划；二是制定计划时要留有余地，量力而行，切忌满打满算。

(二) 计划工作的原理

1. 限定因素原理

限定因素原理是指主管人员越是能够了解对达到目标起主要限制作用的因素，就越能够有针对性地、有效地拟定各种行动方案。限定因素原理又被称为“木桶原理”。其含义是木桶能盛多少水，取决于桶壁上最短的那块木板条。限定因素原理表明，主管人员在制订计划时，必须全力找出影响计划目标实现的主要限定因素或战略因素，有针对性地采取得力措施。

2. 许诺原理

许诺原理是指任何一项计划都是对完成各项工作所做出的许诺，因而，许诺越大，实现许诺的时间就越长，实现许诺的可能性就越小。这一原理要求在制订计划时要确定一个合理的、符合事物发展规律的任务完成期限。对于工作要确定一个未来的时期，这个时期的长短取决于实现计划中所许诺的任务所必需的时间，它取决于任务本身的性质以及经济、技术、环境以及企业的经营方式等众多因素。

3. 改变航道原理

改变航道原理就是计划的总目标不变，但实现目标的进程（即航道）可以因情况的变化随时改变。如果情况已经发生变化，就要调整计划或重新制定计划，就像航海家一样，必须经常核对航线，一旦遇到障碍就绕道而行，以达到目标。

三、计划的种类

计划的种类很多，可以按不同的标志进行分类。

（一）按计划的形式划分

按照不同的表现形式，可将计划分为宗旨、使命、目标、战略、政策、规则、程序、规划和预算等几种类型，如图 9-1 所示。

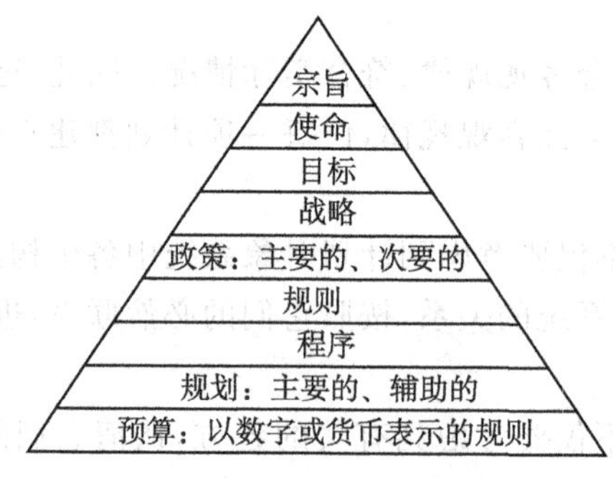

图 9-1 计划形式的类型

1. 宗旨

一个组织的宗旨可以看作组织的最基本目标，即组织存在的基本理由。一个组织的宗旨有两类：寻求贡献于组织外的自然、社会，寻求贡献于组织内的成员的生存与发展。这两类宗旨是相辅相成的。宗旨即是指组织干什么，应该干什么。

2. 使命

确定组织宗旨后，为了实现它，组织要选择一项使命，即选择服务领域或事业。

3. 目标

一定时期的目标或各项具体目标是在宗旨和使命指导下提出的，它具体规定了组织及其各个部门的经营管理活动在一定时期要达到的具体成果。

4. 战略

战略是为实现组织目标所选择的发展方向、所确定的行动方针以及资源分配方针和资源分配方案的一个总纲。战略是指导全局和长远发展的方针，是要指明方向、重点和资源分配的优先次序。

5. 政策

政策是组织在决策时或处理问题时用来指导和沟通思想与行动方针的明文规定。政策有助于将一些问题事先确定下来，避免重复分析，并给其他派生的计划以一个全局性的概貌，从而使主管人员能够控制住全局。政策要规定范围和界限，但其目的不是要约束下级使之不敢擅自决策，而是鼓励下级在规定的范围内自由处置问题，主动承担责任，这是政策与规则的主要区别。

6. 规则

规则是一种最简单的计划。它是对具体场合和具体情况下，允许或不允许采取某种特定行动的规定。规则与政策的区别在于规则在应用中不具有自由处置权，规则与程序的区别在于规则不规定时间顺序，可以把程序看做一系列规则的总和。规则和程序，就其实质而言，旨在直接指导行动，限制自由处置的权力。

7. 程序

程序也是一种计划，它规定了如何处理那些重复发生的例行问题的标准方法。程序是指导如何采取行动，而不是指导如何去思考问题。程序通常是对大量日常工作过程及工作方法的提炼和规范化，通过对所要进行的活动规定时间顺序，明确各个工作岗位的职责，提高管理活动的效率和质量。

8. 规划

规划是为了实施既定方针所必需的目标、政策、程序、规则、任务分配、执行步骤、使用的资源等而制定的综合性计划。规划有大有小。规划一般是粗线条的、纲要性的。

9. 预算

预算作为一种计划，是以数字表示预期结果的一种报告书。它也可称为“数字化”的计划。

（二）按计划的期限划分

按计划的期限，可分为短期计划、中期计划和长期计划。

1. 长期计划

长期计划是指五年以上的长远规划。长期计划从战略总体上确定企业的发展方向和目标，是企业长期奋斗的纲领。因此，长期计划具有战略性和纲领性的特点。

2. 中期计划

中期计划指三年左右的计划。其任务是根据长期计划的主要目标和要求，结合计划期内的实际情况，确定此期间的发展方向、任务。中期计划的主要目的是建立企业的经营结构，为实现长远规划服务，它是长期计划的具体化，又是制定短期计划的依据。

3. 短期计划

短期计划一般指年度内计划，是长期计划和中期计划的具体化，更具可操作性。短期计划对一般环境因素都作了各种假定，对一年内各项活动有着较为详细的说明和规定。

（三）按计划的内容划分

根据计划的内容，可分为综合计划、局部计划和项目计划。

1. 综合计划

综合计划是指具有多个目标和多方面内容的计划，它关联整个组织和组织中的许多方面。

2. 局部计划

局部计划是在综合计划的基础上制订的，比较专一，仅局限于某一特定部门或某一特定的职能，如生产计划、财务计划、营销计划、人事计划等。

3. 项目计划

项目计划是针对组织的特定活动所作的计划。

（四）按计划的重复性划分

根据计划的重复性，可分为程序性计划与非程序性计划。

1. 程序性计划

对于例行的重复出现的活动，具有一定的规律。与此相应的计划是程序性计划，包括政策、标准方法和常规作业程序等，所有这些都是用来解决常发性问题的。

2. 非程序性计划

另一类活动是非例行活动，不重复出现，与此相应的计划工作是非程序性计划。包括为特定情况专门设计的方案、进度表等，它用来处理一次性的而非重复性的问题。

（五）按计划的影响程度和范围划分

根据计划的影响程度和范围，可分为战略计划、战术计划和作业计划。

1. 战略性计划

战略性计划是指应用于整体组织的、为组织未来较长时期设立总体目标和寻求组织在环境中的地位的计划。战略性计划具有全局性、指导性和长远性的特点，侧重于制定组织宗旨、目标和发展战略。

2. 战术性计划

战术性计划是指规定总体目标如何实现的细节的计划，其需要解决的是组织的具体部门或职能在未来各个较短时期内的行动方案，是战略性计划的具体化。战术性计划具有局部性、指令性和一次性的特点，侧重于明确落实战略的各种措施和方法。

3. 作业计划

作业计划是规定总体目标如何实现的细节计划，主要研究如何在已知条件下实现组织的总体目标。作业计划的特点是涉及的时间较短，落实到具体的部门、岗位、人员。

（六）按计划对执行的约束力划分

根据计划对执行者的约束力，可分为指令性计划与指导性计划。

1. 指令性计划

指令性计划是指由上级计划单位按隶属关系下达，要求执行计划的单位和个人必须完成的计划。指令性计划有强制性质，执行单位必须保证完成。

2. 指导性计划

指导性计划是指由上级给出一般的指导性原则，不具有强制性和约束力的计划。一般上级下达后，各部门可以参照执行，具有较大的灵活性。

（七）按计划的详尽程度划分

按计划内容的详尽程度，可分为指向性计划和具体性计划。

1. 指向性计划

指向性计划是指高层管理者制定的组织整体目标和方向性的规划。它只规定某些一般性的方针和行动原则，给予行动者较大自由处置权；它指出行动的重点但并不限定在具体的目标上，也不规定特定的行动方案；它是指明组织发展方向的计划。

2. 具体性计划

具体性计划是指具有明确的目标，不存在模棱两可，没有容易引起误解的问题的计划。具体性计划具有非常明确的目标和措施，有详细的执行方案，具有很强的可操作性。

四、计划与决策

计划与决策是何关系？目前存在两种观点：一种观点认为，计划是管理的首要职能；另一种观点则认为，决策是计划的基础。

法约尔和美国管理学者亨利・西斯克（Hery L. Sisk）是第一种观点的代表者。法约尔认为，计划是管理的一个基本部分，包括预测未来并在此基础上对未来的行动予以安排；西斯克认为，“计划工作在管理职能中处于首位”，是“评价有关信息资料、预估未来的可能发展、拟定行动方案的建议说明”的过程。决策是这个过程中的一项活动，是在“两个或两个以上的可择方案中做一个选择”。

以西蒙为代表的决策理论学派则强调，管理就是决策，决策是管理的核心，贯穿于整个管理过程。因此，决策不仅包括了计划，而且包括了整个管理，甚至就是管理本身。

首先，决策与计划是两个既相互区别，又相互联系的概念。区别在于，二者需要解决的问题不同。决策是对组织活动方向、内容以及方式的选择。计划则是对组织内部不同部门、不同成员在一定时期内所从事活动的具体安排，它详细规定了不同部门和成员在活动中的具体内容和要求。二者又是相互联系的。决策为计划任务的安排提供了依据，计划是在决策所确定的活动方向、目标和方式的基础上所做的安排。计划是决策的逻辑延伸，它为决策所选择的目标活动的实施提供了组织保障。

其次，决策与计划相互渗透。决策和计划往往是不可分割的，在决策过程中，不论是对内部优势和劣势的分析，还是在方案选择时对各方案执行效果或要求的评价，实际上都已经开始孕育着决策的实施计划。反过来，计划的编制过程，既是决策组织落实过程，也是对决策更为详细的检查和修订的过程。决策无法落实，或者决策选择的活动中某些任务无法安排，必然导致对决策一定程度的调整。

第二节　计划的程序与方法

为了确保能实现决策目标的落实，计划编制需要有科学的编制方法和程序。

一、计划的程序

计划工作的程序依次包括以下内容：估量机会、确定目标、确定前提条件、拟订可供选择的方案、评价各种备选方案、选择方案、拟订派生计划、编制预算，如图 9-2 所示。

1. 估量机会

对机会的估量，要在实际的计划工作开始之前就着手进行，它虽然不是计划的一个组成部分，但却是计划工作的一个真正起点。其内容包括：对组织期望的结果，对未来可能出现变化和预示的机会进行初步分析，形成判断；根据自己的长处和短处明确自己所处的地位；了解自己利用机会的能力；列举主要的不肯定因素，分析其发生的可能性和影响程度；在反复斟酌的基础上，扬长避短。

2. 确定目标

在估量机会的基础上，根据组织条件，为组织及其所属的下级单位确定计划工作的目标。在这一步上，要说明基本的方针和要达到的目标，说明制定战略、政策、规则、程序、规划和预算的任务，指出工作的重点。工作重点内容的确定受组织所处的层次、组织的生命周期、组织文化、外部环境变动情况等因素的影响。

3. 确定前提条件

确定一些关键性的计划前提条件，并使计划人员对此取得共识。所谓计划工作的前提条件就是计划实施时的预期环境。计划前提的预测越贴近实际，负责计划工作的人员对它了解得愈细愈透彻，并能始终如一地运用它，计划工作也将做得越协调。

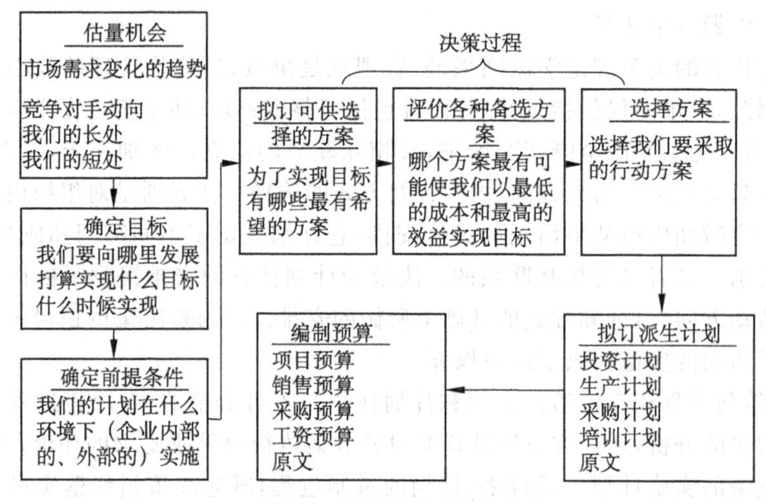

图 9-2　计划工作的程序

组织的未来环境，不管是外部、内部，还是不可控的、部分可控的和可控的，对环境中各因素的预测，应抓住与计划关系密切的那些因素。

4. 拟订可供选择的方案

调查和设想可供选择的行动方案。通常，最明显的方案不一定就是最好的方案。在过去的计划方案上稍加修改和略加推演也不会得到最好的方案。这一步工作需要发挥创造性和集思广益，并对候选方案进行初步筛选。

5. 评价各种备选方案

按照前提和目标来权衡各种因素，比较各个方案的利弊，对各个方案进行评价。在评价方法方面，可以采用运筹学中较为成熟的矩阵评价法、层次分析法以及在条件许可的情况下采用多目标评价方法。在评价过程中，可以发现各方案的某些问题，进一步修订方案。

6. 选择方案

这是在前几步工作的基础上的关键一步，有时会发现同时有两个可取的方案。在这种情况下，必须确定出首先采取哪个方案，而将另一个方案也进行细化和完善，并作为后备方案。在抉择过程中，也可以对方案进行进一步修订。

7. 拟订派生计划

派生计划就是总计划下的分计划。总计划要靠派生计划来保证，派生计划是总计划的基础。

8. 编制预算

计划工作的最后一步是把计划转化为预算，使之数字化。预算实质上是资源的分配计划。预算工作做好了，可以成为汇总和综合平衡各类计划的一种工具，也可以成为衡量计划完成进度的重要标准。

二、计划工作的方法

选择科学合理的计划方法，可以制定更加合理的计划。

（一）运筹学方法

运筹学是用于研究在物质条件（人、财、物）已定的情况下，为了达到一定的目的，统筹兼顾整个活动各个环节之间的关系，为选择一个最好的方案提供数量上的依据，以便能为最经济、最有效地使用人、财、物做出综合性的合理安排，取得最好的效果。包括以下主要步骤。

1. 建立问题的数学模型

首先根据研究目的对问题的范围进行界定，确定描述问题的主要变量和问题的约束条件，将问题描述为一定的数学模型。为了使问题简化和突出主要的影响因素，需要作各种必要的假定。

2. 规定一个目标函数

将目标函数作为与各种可能的行动方案进行比较的尺度。

3. 确定模型中各参量的具体数值

主要指各种资源条件参数。

4. 求解模型

找出使目标函数达到最大值（或最小值）的最优解。

运筹学方法在编制计划时，一般用于定量问题的计划编制，比如产品优选等。

（二）滚动计划法

滚动计划法是一种编制具有灵活性的、能够适应环境变化的方法。其编制方法是：在已编制出的计划的基础上，每经过一段固定的时期（如一年或一个季度等，这段固定的时期被称为滚动期）便根据变化了的环境条件和计划的实际执行情况，从确保实现计划目标出发对原计划进行调整。每次调整时，保持原计划期不变，而将计划期顺序向前推进一个滚动期。滚动计划编制过程如图 9-3 所示。采用滚动式计划方法，就可以根据环境条件变化和实际完成情况，定期地对计划进行修订，使组织始终有一个较为切合实际的计划作指导。

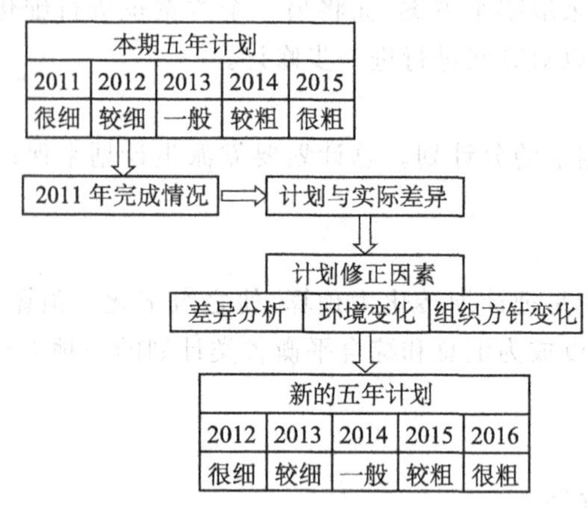

图 9-3 滚动计划法

(三) 零基预算法

1. 预算

预算是指用数字编制未来一个时期的计划。它可以分为财务预算和非财务预算两大类。预算既是一种计划方法又是一种控制方法,编制预算是行使计划职能;而执行顶算、使用预算标准控制生产经营活动,则属于管理的控制职能。

2. 零基预算法的原理及优点

最早提出零基预算思想的是美国德州仪器公司的彼得·A. 菲尔。

(1) 零基预算的原理

零基预算法的基本原理是在每个预算年度开始时,将所有过去进行的管理活动都看做重新开始,即以零为基础,重新审查每项活动对实现组织目标的意义和效果,并在成本—效益分析的基础上,重新排出各项管理活动的先后次序,再依据重新排出的先后次序,分配资金和其他各种资源。

(2) 零基预算的优点

零基预算法的优点可以概括为:准确全面地计算出各种数据,为计划和决策提供精确的资料,减少了盲目性;它使计划和控制富有弹性,增强了组织的应变能力;当管理决策出现失误时便于及时纠正。

零基预算法的精髓在于把管理控制的重点从传统的现场控制和反馈控制转向预先控制。它强调"做正确的事"而不是"正确地做事"。它突出了组织目标对全部管理活动的指导作用以及计划职能与控制职能间的联系,以求更集中和更有效地使用资源,使组织目标的实现收到事半功倍的效果。

(四) 甘特图法

1. 甘特图

甘特图是在 1917 年由甘特首次提出的,是以甘特先生的名字命名,以图示的方式通过活动列表和时间刻度形象地表示出任何特定项目的活动顺序与持续时间的一种计划表示形式,如图 9-4 所示。横轴表示时间,纵轴表示活动(项目),线条表示在整个期间内计划和实际的活动完成情况。甘特图直观地表明任务计划在什么时候进行,及实际进展与计划要求的对比。管理者由此可便利地弄清一项任务(项目)还剩下哪些工作要做,并可评估工作进度。

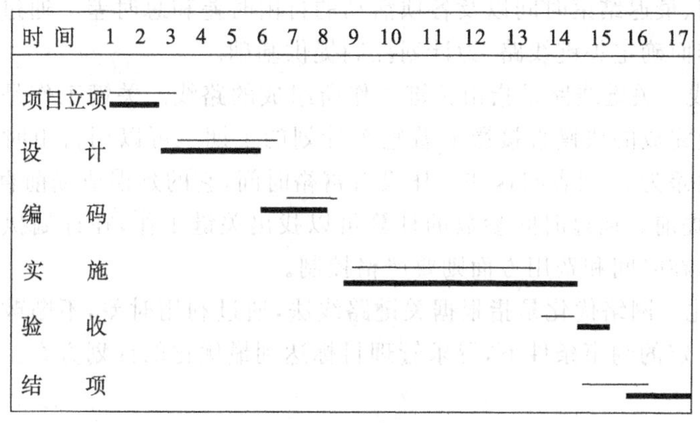

图 9-4 甘特图

2. 甘特图的优缺点

甘特图的优点在于图形简单,能够把任务以及时间集中在一个图表中表示出来;技术简单通用,易于理解。但也有一定的局限,用它来描述较复杂的计划安排时,就无法描述项目中各种活动间错综复杂的相互制约的逻辑关系,而且只能描述项目计划内各种活动安排的时序关系,无法同时反映更多的由项目策划者或实施者关注的其他计划内容。因此,通常仅适用于某些小型的、简单的,由少数活动组成的项目计划;适用于大中型项目或复杂项目计划的初期编制阶段,这时,项目内复杂的内容尚未揭示出来;适用于只需要了解粗线条的项目计划的高层领导;也适用于宣传报道项目进度形象的场合。

(五) 网络计划技术

网络计划技术是于 1950 年后期在美国产生和发展起来的。这种方法包括各种以网络为基础制订计划的方法,如关键路径法、计划评审技术、组合网络法等。1956 年,美国的一些工程师和数学家组成了一个专门小组首先开始这方面的研究。1958 年,美国海军武器计划处采用了计划评审技术,使北极星导弹工程的工期由计划的 10 年缩短为 8 年。1961 年,美国国防部和国家航空署规定,凡承制军用品的公司必须用计划评审技术制订计划上报。从那时起,网络计划技术就开始在组织管理活动中被广泛地应用。

1. 网络计划技术的含义

网络计划技术就是把一项工作或项目分成各种作业,然后根据作业顺序进行排列,通过网络图对整个工作或项目进行统筹规划和控制,以便用最少的人力、物力、财力资源和最快的速度完成工作的一种计划方法。

2. 网络计划技术的构成

网络计划技术主要包括网路图、时间参数、关键路线以及网络优化。

(1) 网络图。网络图是网络计划技术的基础。把一项任务分解成许多步骤的工作,根据这些工作在时间上的衔接关系,用箭线表示它们的先后顺序,画出一个由各项工作相互联系、并注明所需时间的箭线图,这个箭线图就称做网络图,如图 9-5 所示。网络图表明了各项工作之间的逻辑关系,以及每项工作所耗费的时间。

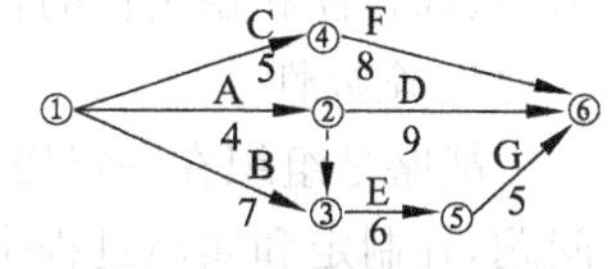

图 9-5 网络图

(2)时间参数。时间参数是网络图中各项活动的持续时间、最早开始时间、最早结束时间、最迟开始时间、最迟结束时间以及各项活动的自由时差和总时差。通过时间参数的计算确定关键工作,继而确定关键线路,为计划控制提供基础。

(3) 关键路线。关键线路是指由关键工作所组成的路线。关键工作是指制约工程工期的工作,这些作业完成的快慢直接影响着整个计划的工期。可以用自由时差来表示是不是关键工作,自由时差为0,则表明这些工作没有富裕时间,它的延误或提前直接影响到整个工程工期的延误或提前。通过时间参数的计算可以找出关键工作,在计划执行过程中关键工作是管理的重点,在时间和费用方面则要严格控制。

(4) 网络优化。网络优化是指根据关键路线法,通过利用时差,不断改善网络计划的初始方案,在满足一定的约束条件下,寻求管理目标达到最优化的计划方案。

第三节 战略计划

一、战略计划的含义

战略原是一个军事术语,“战”指战争,“略”指国土疆界,与战争有关。古希腊语中,战略意为将军指挥战争的艺术。我国对战略的理解则为对战争全局的谋划,运筹帷幄之中,决胜千里之外是对战略的真实写照。第二次世界大战以后,战略被广泛用于政治、经济等领域。

出生于苏联的美国战略管理的鼻祖伊戈尔·安索夫(Higor Ansoff)把经营战略定义为:企业为了适应外部环境,对目前从事的和将来要从事的经营活动而进行的战略决策。安索夫认为企业战略的核心应该是:弄清你所处的位置,界定你的目标,明确为实现这些目标而必须采取的行动。他把企业战略限定在产品和市场的范畴内,他认为经营战略的内容由四个要素构成:产品市场范围、成长方向、竞争优势和协同作用。他把企业的决策划分为战略的(关于产品和市场)、行政的(关于结构和资源调配)和日常运作的(关于预算、监督和控制)三类。安索夫认为企业生存是由环境、战略和组织三者构成,只有当这三者协调一致、相互适应时,才能有效地提高企业的效益。

在管理学中,战略是计划的一种,被定义为:“战略是在分析外部环境和内部条件的基础上,为了谋求长远发展而进行的影响全局的谋略和规划。”从战略的起源来看,战略具有对抗性,战略计划作为控制企业全局的计划,其目的就是获得竞争优势。

二、战略计划的特征

战略计划作为决定全局的谋划,它是在高瞻远瞩、深思熟虑之下制定的,具备全局性、长远性、综合性和稳定性的特点。

1. 全局性

战略是组织在一定历史时期内发展的全局指导思想。涉及的是组织整体性和全局性的问题,在制定和实施过程中要统览全局,掌握总体平衡发展,综合考虑各方面的因素,最终实现超越竞争对手的目标。

2. 长远性

战略是一个长期的过程，不是一蹴而就的，它着眼于外界环境，着眼于长远发展而制定的。因此，是一个长期的相对稳定的行动指南，是要经过一段很长的时间的努力才能达到的，甚至要经过几代人的努力才能实现。

3. 稳定性

战略是长期发展的行动指南，它规定了组织的整体行动目标，是各项业务决策的依据。组织战略的内容应该是在充分考虑内部条件和外部环境基础上，通过预测未来的发展趋势，充分考虑各种变化的可能性的基础上制定的，在相当长的一段时期内它不会发生改变。这既有利于统一组织成员在思想上的认识，也利于制定长期的发展对策。

4. 对抗性

战略是相对于竞争对手而言的，它的目的是改变与竞争对手的地位，出发点就带有明确的竞争性，因此，战略的制定必然要充分分析竞争对手，做到知己知彼，在此基础上扬长避短，制定有效的战略。

5. 系统性

组织战略是一个系统，它不仅仅是一个指导方针，更包含了指导思想、目标、方针、政策以及实现战略的计划体系以及保证战略实现所需要的资源和保障措施。

三、战略管理的过程

战略计划的程序主要包括战略环境分析、确定战略目标和宗旨、战略选择、战略实施以及实施效果评价五个步骤，如图 9-6 所示。

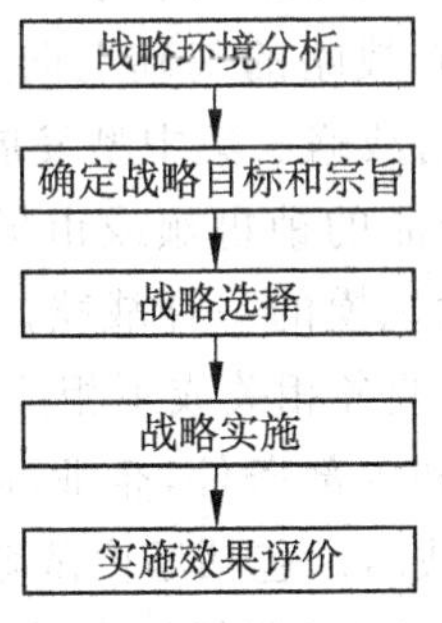

图 9-6 战略计划的程序

（一）战略环境分析

通过战略环境分析要明确组织所面临的机会和威胁，以及自身的优势和劣势，达到扬长避短、趋利避害。

1. 战略环境分析的内容

战略环境分析的内容主要有外部宏观环境、外部微观环境和组织内部环境等。外部宏观环境主要包括政治法律环境、经济环境、社会文化环境、科学技术环境、自然环境等；外部微观环境主要有行业环境、政府机构、社会公众、金融机构等；组织内部环境主要是指组织自身所具有的资源和活动。

2. 战略环境分析的结果

(1) 通过外部环境分析,明确外界环境中蕴含的机会和存在的威胁。

(2) 通过竞争对手和组织环境的分析,明确相对于对手而言所具备的优势和劣势,以便把握机会、避开威胁,规避劣势。

(3) 通过顾客分析,确定目标市场以及产品定位,明确顾客的需求,为满足顾客需求,实现组织战略打下基础。

(二) 确定目标和宗旨

组织宗旨从根本上说是要回答"我们的组织是什么","我们的组织将成为什么样的"问题。组织宗旨不但涉及企业的长远目标、具体业务,同时更重要的是涉及企业文化、企业精神、经营理念。组织在任何一个发展阶段,都不能偏离其宗旨。因此,目标和宗旨的确定必然是在充分的战略环境分析的基础上,通过 SWOT 分析,明确机会和威胁、优势和劣势之后确定。只有这样才能够保证组织的目标和宗旨与事实相符,更有利于战略的选择。

(三) 战略选择

在目标和宗旨的指导下,组织应寻求恰当的定位,以便获取领先于竞争对手的优势。战略选择就是要确定企业应采取的战略类型。组织的战略类型很多,按照组织战略层次可将战略划分为总体战略、竞争战略和职能战略。

1. 总体战略

在组织战略体系中,总体战略规定了企业的发展思路与方向,明确了企业当前及未来业务的增长方式,是企业战略成功的关键,是企业制定竞争战略和职能战略的依据和基础。总体战略包括发展型战略、稳定型战略、紧缩型战略等。

发展型战略是一种使企业在现有战略的基础上向更高一级目标前进的战略,包括集中型发展战略、一体化战略、多元化经营战略。集中型发展战略是指企业集中人力、物力、财力等,以快于过去的速度来增加某种产品的销售额或市场占有率的战略。一体化战略是指企业根据自身实力,向深度和广度扩大规模的一种战略。多元化经营战略是指企业扩大业务内容和经营形式,进入与本企业现有业务相关或不相关行业或市场所采取的一种整合战略。

稳定型战略是指限于经营环境和内部条件,企业在战略期所期望达到的经营状况基本保持在战略起点的范围和水平上的战略。包括不变战略、近利战略、暂停战略和慎进战略。

紧缩型战略是指企业从目前的战略经营领域和基础水平上收缩和撤退,且偏离战略起点较大的一种战略。紧缩型战略包括转变战略、撤退战略、清理战略。

2. 竞争战略

竞争战略是企业战略的一部分,它是在企业总体战略的制约下,指导和管理具体战略经营单位的计划和行动。企业竞争战略要解决的核心问题是,如何通过确定顾客需求、竞争者产品及本企业产品这三者之间的关系,来奠定本企业产品在市场上的特定地位并维持这一地位。波特在分析竞争压力的基础上,提出了以下竞争战略类型:①成本领先战略。也称为低成本战略,即依靠在行业里低成本的领先地位能使自身在价格相仿的条件下享有高于本行业平均利润水平以上的利润,从而在同行业竞争中处于有利地位。②差异化战略。实施差异化战略就是组织提供与众不同的产品或服务,努力使组织以特取胜或以奇取胜。主要是突出产品与服务的特色,增加对顾客的吸引力。③目标集中战略。也称为专一化战略,即将组织经营目标集中到组织总体市场中的某一部分细分市场上，以寻求在这部分细分市场上的相对优势的战略。

3. 职能战略

职能战略是指企业中的各职能部门制定的指导职能活动的战略。职能战略是为贯彻、实施和支持总体战略与竞争战略而在企业特定的职能管理领域制定的战略，其重点是提高企业资源的利用率，使企业资源的利用最大化。职能战略与组织总体战略、竞争战略必须相辅相成。职能战略一般可分为研究与开发战略、营销战略、生产战略、人事战略、财务战略等。

从前述战略类型可以看出，不同的战略有不同的作用，组织在战略选择时，要根据自身情况、市场特点以及竞争者情况恰当定位，然后，结合战略特点和适用条件来选择适合自己的战略。

（四）战略实施

战略选择是实施战略管理的基础，战略实施则是战略执行的手段。企业战略选择的正确与否及实施效果的好坏，都直接关系到企业战略管理的成败。组织在战略选择的基础上，通过合理地组织资源，协调各方面的关系，提供与之相应的保障措施等方法确保战略实施。

（五）效果评价

战略效果评价是对战略结果的评判。战略结果一方面反映了战略选择是否正确，另一方面反映了战略实施的效果如何，并根据战略结果来衡量是否需要进行战略调整。

四、战略制定的方法

战略制定的方法很多，这里主要介绍 SWOT 分析法和波士顿矩阵。

（一）SWOT 分析法

1. SWOT 分析法简介

SWOT 分析法即态势分析法，S 代表 Strength（优势）、W 代表 Weakness（劣势）、O 代表 Opportunity（机会）、T 代表 Threat（挑战）。它是 20 世纪 80 年代初由美国旧金山大学的管理学教授海因茨·韦里克（Heinz Weihrich）提出。SWOT 分析法将战略要素分为内部战略因素和外部战略因素，内部因素往往是能够控制的，包括 S（优势）和 W（劣势）；外部因素不可能被企业控制，但是有可能被组织把握，包括 O（机会）和 T（挑战）。SWOT 分析法常常用于组织的环境分析和资源分析，以此来制定和选择战略。

2. SWOT 分析法的步骤

（1）环境因素分析。运用各种调查研究方法，分析出企业所处的内、外部各种环境因素。外部环境蕴含着机会和挑战，它们是外部环境中直接影响企业发展的有利和不利因素，属于客观因素。内部环境因素则决定了组织的优势和劣势，它们是企业在其发展中自身存在的积极和消极因素，属主动因素。在考虑企业的历史和现状以及未来发展的基础上，调查分析这些因素，以求能够做出正确的分析和判断。环境因素分析结果如表 9-1 所示。

表 9-1 环境因素分析

组织潜在的优势	组织潜在的劣势	组织潜在的机会	外部潜在的挑战
有力的战略 有力的品牌形象 专利技术 新产品研发能力 优质的客户服务 良好的销售渠道 …	战略方向不明确 陈旧落后的设备 高成本 缺少关键技能 狭窄的产品组合 内在的运作困境 …	政府的支持 新的经济增长点 新的市场资源 需求的增加 物流的发展 对外开放带来的商机 …	政府的抑制 经济疲软 市场需求出现萎缩 外资带来的冲击 …

(2)建立 SWOT 矩阵。将调查得出的各种因素根据轻重缓急或影响程度等排序,构造 SWOT 矩阵,如表 9-2 所示。

表 9-2 SWOT 矩阵

内部 / 外部	S(优势)	W(弱势)
O(机会)	SO	WO
T(挑战)	ST	WT

在这个矩阵中形成四种战略模式。①优势-机会(SO)战略是一种发展企业内部优势与利用外部机会的战略,是一种理想的战略模式。当企业具有特定方面的优势,而外部环境又为发挥这种优势提供有利机会时,可以采取该战略。②弱点-机会(WO)战略是利用外部机会来弥补内部弱点,使企业改变劣势而获取优势的战略。存在外部机会,但由于企业存在一些内部弱点而妨碍其利用机会,可采取措施先克服这些弱点。③优势-挑战(ST)战略是指组织利用自身优势,回避或减轻外部威胁所造成的影响。④弱点-挑战(WT)战略是一种旨在减少内部弱点,回避外部环境威胁的防御性技术。当企业存在内忧外患时,往往面临生存危机,降低成本也许成为改变劣势的主要措施。

(3) 制定战略计划。在完成环境因素分析和 SWOT 矩阵的构造之后,便可以制定相应的行动计划了。制定战略计划要充分发挥优势,克服弱点,利用机会,化解威胁;考虑过去,立足当前,着眼未来。运用系统分析的方法,将各种因素相互联系并加以组合,得出一系列企业未来发展的可选择对策。

(二) 波士顿矩阵

1. 波士顿矩阵简介

波士顿矩阵又称市场增长率-相对市场份额矩阵、波士顿咨询集团法、四象限分析法、产品系列结构管理法等,是由美国著名的管理学家、波士顿咨询公司创始人布鲁斯·亨德森(Bruce Henderson)于 1970 年首创的一种用来分析和规划企业产品组合的方法。这种方法的核心在于,要解决如何使企业的产品品种及其结构适合市场需求的变化,只有这样,企业的生产才有意义。同时,如何将企业有限的资源有效地分配到合理的产品结构中去,以保证企业收益,是企业在激烈竞争中能否取胜的关键。波士顿矩阵如图 9-7 所示。

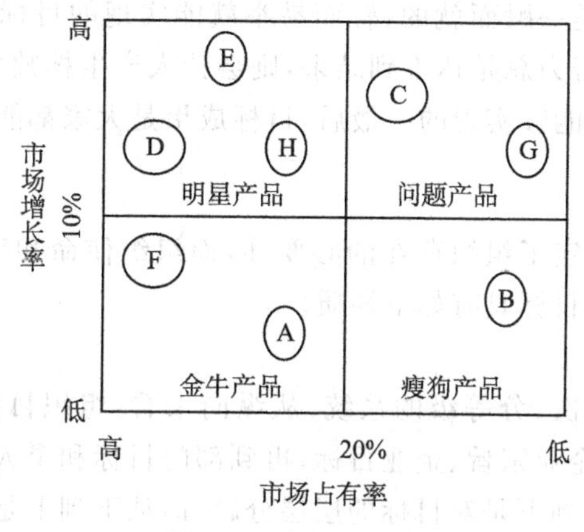

图 9-7 波士顿矩阵

2. 采取的对策

(1) 明星产品是可能成为企业的金牛产品的一类产品,需要加大投资以支持其迅速发展。采用的发展战略是:积极扩大经济规模和市场机会,以长远利益为目标,提高市场占有率,加强竞争地位。

(2) 金牛产品的财务特点是销售量大,产品利润率高、负债比率低,可以为企业提供大量资金,而且由于增长率低,也无须增大投资。因而成为企业回收资金,支持其他产品,尤其是明星产品投资的后盾。可采用收获战略:所投入资源以达到短期收益最大化为限,争取在短时间内获取更多利润,为其他产品提供资金。对于这一象限内的销售增长率仍有所增长的产品,应进一步进行市场细分,维持现存市场增长率或延缓其下降速度。

(3) 问题产品的高增长率说明市场机会大,前景好;低市场占有率则说明在市场营销上存在问题。其财务特点是利润率较低,所需资金不足,负债比率高。对问题产品应采取选择性投资战略。即首先确定对该象限中那些经过改进可能会成为明星的产品进行重点投资,提高市场占有率,使之转变成“明星产品”;对其他将来有希望成为明星的产品则在一段时期内采取扶持的对策。因此,对问题产品的改进与扶持方案一般均列入企业长期计划中。

(4) 瘦狗产品的财务特点是利润率低,处于保本或亏损状态,负债比率高,无法为企业带来收益。对这类产品应采用撤退战略:首先应减少批量,逐渐撤退,对那些销售增长率和市场占有率均极低的产品应立即淘汰。其次是将剩余资源向其他产品转移。

第四节 目 标 管 理

一、组织目标

(一) 目标的概念

目标是根据组织宗旨提出的在未来一定时期内要达到的预期成果。目标作为个人、部门或整个组织的努力方向,它首先应该是组织在对外部环境和内部条件分析的基础上确定的。其次,目标是面向未来的,是未来一定时期要实现的结果,强调制定目标时要明确时间期限。再次，组织目标不是一蹴而就的，轻而易举就能实现的目标缺乏激励作用，同时目标也不是高不可攀的，经过努力总是达不到结果，则会让人产生挫败感、丧失自信心。因此，目标应该是经过全员的努力能够实现的。最后，目标成果是大家都能接受的。

（二）目标的性质

组织的使命和宗旨决定了组织存在的必要性，而组织使命和宗旨的实现往往是通过完成一定的目标来实现的。目标具有如下性质。

1. 目标的层次性

组织目标是一个分层次、分等级的系统，从纵向来看，组织目标层次如图 9-8 所示。组织目标从社会目标，再到企业宗旨、企业目标，再到部门目标和个人目标，形成了一个目标层次链，在这个链条上，从上到下是对目标的层层分解，而从下到上是对目标实现的保证。

图 9-8 目标层次

2. 目标的多样性

组织的目标是多种多样的，作为组织整体而言，既有涉及全局的总体发展战略目标，也有为全局服务的局部目标，如生产目标、销售目标、财务目标等，同时要兼顾员工目标、社会责任目标等。

3. 目标的网络化

组织目标的网络化是指组织各目标之间不是孤立存在的，而是相互联系的，目标与目标之间构成了一个体系，一个目标的实现往往是多重目标配合的结果。目标是一个网络化的系统。

4. 目标的时间性

组织目标也是一个时间目标体系，组织中既要有短期目标，也要有长期目标；长期目标指明了组织要努力的方向，短期目标则明确了当前要实现的结果，它是长期目标的分解，可保证长期目标的实现。

5. 目标的可考核性

组织目标应该是可以计量或衡量的，不能被计量和衡量的目标起不到激励作用。要实现目标的可考核性则首先应该确定可以量化的指标，并确定评价的方法；其次，对于目标又有一个时间期限要求，在规定的时间内完成目标；最后，要明确目标的责任制，使得目标的完成有一定的可控性。

（三）目标的作用

1. 目标是决策的依据

目标为决策提供了依据，决策要围绕目标而进行。

2. 为管理工作指明方向

目标为管理指明了方向，管理的所有环节——计划、组织、指挥、协调、控制等都是为实现目标进行的。

3. 目标具有激励作用

目标为管理指明了方向，同时，它也对组织员工具有很强的激励作用。通过目标，员工找到了自己努力的方向，认识到自己在目标实现过程中的重要性，同时通过实现目标还能够得到组织的认可和奖励，因此，目标可以调动员工的积极性，为实现目标而努力进取，并取得好成绩。同时，目标的实现除了可得到组织的认可和奖励外，员工自己也会因此而产生成就感，甚至满足自我实现的需要。

4. 目标的凝聚作用

组织目标是组织存在的前提，人们就是为了这个共同的目标而组织在一起，因此，目标具有凝聚作用。没有凝聚力的组织将会是一盘散沙，不能够长期存在。组织凝聚力的大小受到多种因素影响，其中的一个因素就是组织目标。

5. 目标是考核员工绩效的客观标准

目标管理将目标层层分解，落实到部门、个人，而目标本身具有可考核性，目标的实现是进行奖惩的依据。

（四）制定目标的原则

1. 目标的整体性

组织目标是一个多层次的网络体系，总体目标的实现需要靠各分目标支撑。因此，在制定目标时，要从组织全局出发制定总目标，然后层层分解形成各部门分目标，以保证目标的一致性，从而有利于目标的实现。

2. 目标的激励性与可行性

首先目标要符合组织成员的需求，要结合组织成员的需求来设定组织目标。其次，目标要具有挑战性。目标的挑战性是指目标的实现既不能轻而易举，也不能不可实现，挑战性要有一个度，这个度应该是加倍努力后目标可以实现，但不努力绝对不能实现的水平。超过这个度，目标则起不到激励作用。最后，组织在设定目标时要考虑组织的资源、技术约束条件等内部条件，在充分明确自身优势和劣势以及外部机会和威胁的基础上，制定组织目标，确保目标的可实现性。

3. 应变性

无论是内部条件还是外部环境都会随着时间而不断变化。因此，制定目标是要根据环境条件来确定，一旦环境发生改变，目标则也应做相应的调整，使其适应环境的变化。

4. 便于考核和衡量

作为考核的客观依据，目标要具备可考核性。目标是能够具体衡量的，不能仅用定性的指标来描述目标，定性的目标往往缺乏可考核性，很难做到评价的公平、公正。因此，制定目标时，要做到定量和定性相结合。

5. 明确约束条件

在目标的实现过程中会受到方方面面的影响，在制定目标时，要明确实现目标所应具备的条件，明确哪些是制约目标实现的因素，采取必要的措施，以利于目标的实现。

6. 目标不宜过多，且分清主次

目标是一个层次体系，但是在每个阶段，目标都不宜过多，过多的目标会分散企业的资源和精力，不利于目标的实现。因此，应分清主次，这样更利于组织的发展。

7. 协调原则

组织是一个多目标体系，既有社会目标、组织目标，也有员工目标。要想更好地实现组织目标，就必须统筹兼顾、协调发展。

8. 必须有强有力的措施保证

在制定目标的同时要明确目标的保证措施，从政策、制度、资源、技术、人力等方面给予保证，为目标的实现打下基础。

（五）目标决策

目标的决策过程如图 9-9 所示，可分为三个阶段：第一个阶段是拟定总目标。这一阶段主要是高层领导者根据从外部环境和内部环境反馈的信息，在充分分析优势、劣势、机会和威胁的基础上，加上需求预测而提出的在未来一定时期要完成的总目标。第二个阶段是拟定分系统目标。总目标拟定之后，根据总目标的要求来划分各部门的职责，假如组织机构不能适应总目标的发展则进行机构改革，以适应新目标。在此基础上将总目标自上而下层层分解，分解后的目标下达到各相应部门，各部门自下而上对目标进行建议，各层次之间进行充分协商后再确定分系统目标。第三阶段为确定目标阶段，分系统目标拟定后要征询高层和各部门乃至每个人的意见，假如大家一致满意，则将此目标确定下来作为组织未来要实现的目标；假如不能令大家满意，则重新拟定总目标，然后层层分解，直至得到大家的认可。

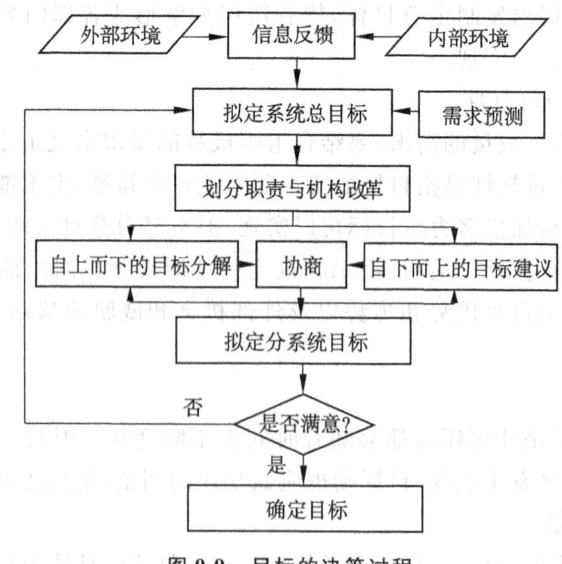

图 9-9 目标的决策过程

（六）目标责任

目标责任是指为了保证目标的实现，主要负责人、部门、基层以及员工所应担负的责任。目标责任是在目标分解、协商的基础上，根据每个部门和每个人的工作目标，明确其在实现总体目标中承担的任务、应协调的关系以及要达到的要求等，把目标责任落实下来。

目标责任体系是以组织结构为前提的。有什么样的组织结构就会有什么样的目标责任体系。组织的目标责任体系如图 9-10 所示。目标决定了目标责任,因此,组织总目标首先要进行层层分解,从而形成总负责人目标责任、分系统目标责任、基层目标责任以及个人目标责任;各层目标责任之间并不是孤立的,自上而下,上层责任者对下层责任者具有指导、协调、创造环境的责任;自下而上,下层责任者应保证上层目标的实现。

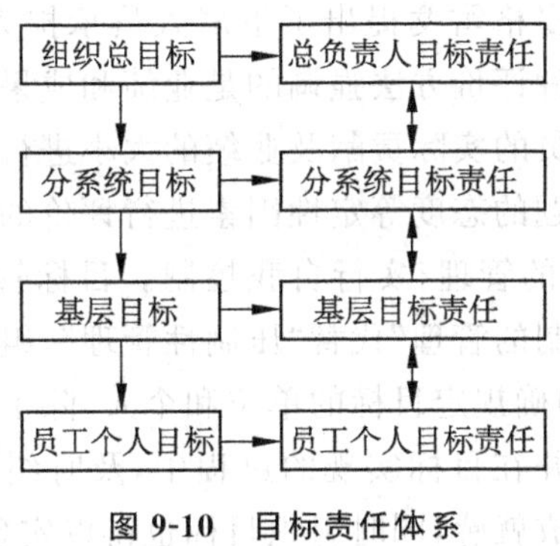

图 9-10 目标责任体系

二、目标管理概述

(一) 目标管理产生的背景

目标管理(MBO)是由德鲁克在其 1954 年发表的《管理的实践》一书中提出的一种管理方法。他认为:企业的目的和任务必须转化为目标,企业的各级主管必须通过这些目标对下级进行领导,以此来达到企业的总目标;如果一个领域没有特定的目标,这个领域必然会被忽视;如果没有方向一致的分目标来指导各级主管人员的工作,则企业规模越大、人员越多时,发生冲突和浪费的可能性就越大。组织中每个成员的分目标就是组织的总目标对他的要求,同时也是他对组织总目标的贡献,也是管理者对下级进行考核和奖励的依据。

(二) 目标管理的概念及特点

1. 目标管理的概念

目标管理是一种综合的以工作为中心和以人为中心的系统管理方式,它是一个组织中最高领导层同下级管理人员以及员工一起共同来制订组织目标,将其具体化,层层落实,要求下属各部门主管人员以至每一个员工根据上级制订的目标和保证措施形成一个目标体系,并把目标完成情况作为各部门或个人考核依据等一整套系统化的管理方式。

2. 目标管理的特点

由目标管理的概念可知,目标管理具有以下几个方面的特点。

(1) 目标管理是一种总体的管理,具有目标体系。实行目标管理就是在企业内部建立起一个纵横交错、相互联系的目标体系,并用目标层层展开的形式将目标明确固定下来。这和以往的管理方法比较,有着鲜明的科学性、系统性和完整性。所以,目标管理能够发挥企业员工的积极性,是一种全方位的管理。

(2) 目标管理是一种民主的管理,实行参与管理。目标管理是一种全员参与的管理,实行管理民主化。在制订目标时,尽量尊重目标制订者的愿望,上下协商,使员工增强责任感并提高工作兴趣，而非自上而下地摊派工作任务。这种管理方法能在一定程度上缓和上下级之间的某些矛盾，有利于调动员工的积极性和创造性。

(3) 目标管理是一种成果管理，注重管理实效。德鲁克强调：凡是其业绩影响企业组织的健康成长的所有方面，都必须建立目标。麦格雷戈在1957年发表于《哈佛商业评论》上的经典论文中，批判了传统的评价方法——把评价下属人员的焦点放在个性特征值的鉴定上。根据德鲁克的目标管理思想，麦格雷戈提出了下属人员承担为自己设置短期目标并同上级一起检查这些目标的责任，这种评价方法强调的是业绩和成果而不是个性，即按照一套完整的目标考核体系，对组织中成员的实际贡献及业绩的大小进行评价，这样就摆脱了传统的根据印象、主观思想和对某些问题的态度等定性因素进行评价的方式。

(4) 目标管理是一种自觉的管理，实行自我控制。目标管理在指导思想上是以Y理论为基础，注重人性，用"自我控制的管理"代替"压制性管理"，组织成员不只是做工作、执行指示、等待指导与决策，而是有明确规定目标的单位和个人，除了参与目标的制订外，如何实现目标也是由他们自己决定的，并在目标实现的过程中，及时纠正偏差，尽自己最大的力量做好工作，享受工作的满足感和成就感，同时组织目标也得以实现。

(三) 目标管理的程序

目标管理可分为三个阶段：第一阶段为目标的设置；第二阶段为目标管理的实施；第三阶段为目标管理的评价。

1. 目标的设置

这是目标管理最重要的阶段，可以细分为以下四个步骤。

(1) 高层管理预定目标，这是一个暂时的、可以改变的目标预案。既可以由上级提出，再同下级讨论；也可以由下级提出，上级批准。无论哪种方式，必须共同商量决定。另外，领导必须根据企业的使命和长远战略，估计客观环境带来的机会和挑战，对该企业的优劣有清醒的认识，对组织应该和能够完成的目标心中有数。

(2) 重新审议组织结构和职责分工。目标管理要求每一个分目标都有确定的责任主体。因此，预定目标之后，需要重新审查现有组织结构，根据新的目标分解要求进行调整，明确目标责任者和协调关系。

(3) 确立下级的目标。首先下级应明确组织的规划和目标，然后商定下级的分目标。分目标要具体量化，便于考核；分清轻重缓急，以免顾此失彼；既要有挑战性，又要有实现可能。每个员工和部门的分目标要和其他的分目标协调一致，支持本单位和组织目标的实现。

(4) 上级和下级就实现各项目标所需的条件以及实现目标后的奖惩事宜达成协议。分目标制定后，要授予下级相应的资源配置的权力，实现权责利的统一。

2. 目标管理的实施

为保证目标的顺利实现，在实施阶段要着重做好以下工作。

(1) 权力下放和自我控制。目标管理强调目标实施过程中权力下放和自我控制，这样，作为上级的管理者可以有充分的时间和精力去抓重点的综合性管理，同时，下属人员还会产生强烈的责任感，发现工作的兴趣和价值，力争达到自己的目标。因此，在目标实施的过程中，上级要尽可能把权力下放，给下级以自由处理的余地。同时，权力下放为下级在自我控制下独立进行工作创造了条件。

（2）实施过程的检查和控制。强调权力下放和自我控制，不等于领导就可以放手不管、放任自流。因此，上级管理者在目标实施过程中应对工作情况进行定期检查，这种检查应表现在指导、协助、提出问题、提供情报以及创造良好的工作环境方面。在对实施过程检查的基础上，将目标实施的各项进展状况、存在的问题等用一定的图表和文字反映出来，对目标值和实际值进行比较分析，实行目标实施的动态控制。通过检查，对于需要调整的目标，要经过规定的程序进行调整。

3. 目标成果的评价

目标成果的评价是目标管理过程中的最后一环，用以确认成果和考核业绩，并与个人的利益和待遇结合起来。目标管理重视自我评价，并将它作为自我控制的一种手段。每个人通过自我评价，如果对某项任务的完成情况感到满意，就会激起力争达到下一个目标的热情；反之，如果感到不满意，就更能激起自我提高的愿望，力求提高自己的能力。对目标成果的评价，也是上级发挥领导能力的最好时机。上级可利用进行成果评价的有效机会，与下级进行意见交流，针对每个部门及每个人的情况进行具体细致的指导和帮助。

（四）目标管理的优缺点

1. 目标管理的优点

目标管理的优点主要有以下几个方面。

（1）更有效的激励。当组织目标成为组织的每个层次、每个部门和每个成员在未来某一段时期内欲达到的一种结果，而且实现的可能性相当大时，它就成为组织成员们的内在激励。特别是当这种结果实现后组织还有相应的奖励时，目标的激励效用就更大。

（2）更有效的管理。目标管理的实施，已为无数组织的经验所证明，可以切实提高组织管理的效率。因为目标管理迫使管理人员去考虑关于计划的效果，而不仅仅是计划的活动或工作。为了保证目标的实现，也需要管理人员去考虑他们实施目标的方法，考虑他们需要这样做的组织和人员，以及他们需要的资源和帮助。同样，设立一套明确的目标，才能更好地控制和激励。

（3）更科学的组织结构设计。目标管理的另一个好处就是可以使组织各级主管以及成员都明确组织的总目标、组织的结构体系、组织的分工与合作以及各自的任务。明确的职责与目标，使得主管人员必须给予下级相应的权力，适当分权。另外，组织通常在目标管理实施过程中会发现组织体系存在的缺陷，从而有助于组织对自身的体系进行改进。

（4）更有效的员工自我管理。目标管理实际上是一种自我管理方式，或者说是一种引导组织成员自我管理的方式。在实施目标管理的过程中，组织成员不但参与目标的制订，而且可自我决定如何去达到目标。因此，有助于调动员工个人努力工作和参与管理的积极性。

（5）更有效的控制。目标管理是一种有效的控制方式，一个组织如果具有一套清晰的目标体系，那么就能成为进行监督控制的依据，通过赋予组织的各个层次甚至员工个人以明确的目标，在目标管理的实施过程中就能够围绕目标展开检查、对比、评价及其偏差分析，如果有偏差就及时纠正。

2. 目标管理的缺点

目标管理也存在着一些局限性，主要表现在以下几个方面。

（1）自我管理、自我控制的管理哲学难以确定。目标管理看起来简单，但要把它有效地付诸实施尚需各级主管人员对它有详尽的了解和认识。高层管理者需要就目标管理的整个体系做耐心的解释工作，说明目标管理是什么，为什么要这样做，它怎样发挥作用，以及参与目标管理的人能得到什么好处等。

(2) 目标难以确定。一方面可考核的目标是难以确定的；另一方面使同一级主管人员的目标都具有正常的“紧张”和“费力”程度更是困难的，而这两个问题恰恰是使目标管理取得成功的关键。

(3) 许多目标制定者会把注意力集中在短期目标上。几乎在所有实行目标管理的组织中，所确定的目标一般都是短期的，强调短期目标的弊病是显而易见的。

(4) 目标的不灵活性。目标管理要取得成效，就必须保证目标的明确性和肯定性。但是，目标是面向未来的，而未来存在许多不确定因素，这又使得目标的制定必须根据已经变化的情况随时进行修正，然而修订一个目标体系和制定一个目标体系所花费的精力相差无几，结果可能迫使主管人员不得不中途停止目标管理的过程。

(5) 目标管理容易产生本位主义思想。由于目标的完成结果成为衡量绩效的关键环节。因此，在任何活动之前，人们往往从本部门角度出发，采取有利于本部门目标实现的行为，而不是从组织全局出发考虑问题，更容易滋生本位主义。

(五) 实施目标管理应注意的问题

1. 强化基础

基础工作是实施目标管理的支撑，要强化基础工作，做到原始数据的完整、准确；标准的先进、适用；程序规范；加强思想教育等。

2. 加强考核

考核是对实施效果的一种主要检验方式，要想更好地实施目标管理必然要加强考核。首先要做到考核的科学性，也就是要做到考核指标的合理性、考核过程的公正性。同时，要注重考核结果的反馈，让被考核对象有申述的机会；考核频率与周期要适当，不同组织甚至同一组织的不同部门考核的频率和周期也会有所差别。

3. 长期坚持

目标管理的实施需要一个过程，这个过程不仅表现在一次实施过程中，还表现在员工的认知过程和适应过程中，只有长期坚持，周而复始地推行，才能不断发现问题，积累经验，最终达到螺旋上升，持续改进。

4. 不断创新

目标管理过程不是一个因循守旧的过程，相同指标的多次使用会使效率递减。因此，组织应根据当前面临的任务和未来的发展趋势，不断创新，使目标管理工作发挥更大的效益。

本章小结

本章通过对计划工作的概述，介绍了计划的相关概念、计划工作的内容、计划工作的性质以及计划工作的类型；通过计划工作的程序和计划工作的原理说明如何进行计划的制定；战略计划是领导全局的计划，它的制定包括战略环境分析、确定目标和宗旨、战略选择、战略实施以及效果评价，介绍了 SWOT 分析法和波士顿矩阵法；计划的实施是一个群策群力的过程，计划都是围绕目标而进行的，明确了目标的作用及其性质；目标管理是计划执行的有效方法，它既有优点也有缺点，同时指明了目标管理要注意的问题。

复习思考题

1. 什么是计划工作？计划工作包括哪些内容？
2. 计划工作有哪些性质？计划工作的原理与原则有哪些？
3. 政策、程序、规则之间的关系如何？
4. 简述战略计划的制定过程。
5. 简述战略计划的制定方法。
6. 计划制定过程包括哪几个步骤？
7. 什么是目标？目标的作用是什么？制定目标的原则有哪些？
8. 简述目标管理及其制定过程。
9. 如何进行环境分析？

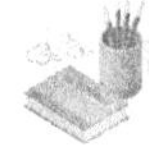

案例分析

某机床厂的目标管理实践

某机床厂从 1981 年开始推行目标管理。为了充分发挥各职能部门的作用，充分调动一千多名职能部门员工的积极性，该厂首先对厂部和科室实施了目标管理。经过一段时间的试点后，挖掘了企业的内部潜力，增强了企业的应变能力，提高了企业的素质，取得了较好的经济效益。

按照目标管理的原则，该厂把目标管理分为三个阶段进行。

第一阶段：目标制定

(1) 总目标的制定。该厂通过对国内外市场机床需求的调查，结合长远规划的要求，并根据企业的具体生产能力，提出了 20××年“三提高”、“三突破”的总方针。

(2) 部门目标的制定。企业总目标确定后，全厂对总目标进行层层分解，层层落实。各部门的分目标由各部门和厂企业管理委员会共同商定。先确定项目，再制定各项目的指标标准。其制定依据是厂总目标和有关部门负责拟订、经厂部批准下达的各项计划任务。各部门的工作目标值只能高于总目标中的定量目标值。同时，目标的数量不可太多。各部门的目标分为必考目标和参考目标两种。必考目标包括厂部明确下达的目标和部门主要的经济技术指标；参考目标包括部门的日常工作目标和主要协作项目。其中必考目标一般控制在 2～4 项，参考目标项目可以多一些。目标完成标准由各部门以目标卡片的形式填报厂部，通过协调和讨论最后由厂部批准。

(3) 目标的进一步分解和落实。部门的目标确定了以后，接下来的工作就是目标的进一步分解和层层落实到每个人。部门内部小组(个人)的目标管理，其形式和要求与部门目标的制定相类似，拟定目标也采用目标卡片的形式，由部门自行负责实施和考核。要求各个小组(个人)努力完成各自的目标值，从而保证部门目标的如期完成。

该厂部门目标分解是采用流程图方式进行的。具体方法是:先把部门目标分解落实到职能组,然后分解落实到工段,最后下达给个人。

第二阶段:目标实施

该厂在目标实施过程中,主要抓了以下三项工作。

(1) 自我检查、自我控制和自我处理。目标卡片经主管副厂长批准后,一份存企业管理委员会,一份由制定单位自存。由于每个部门、每个人都有了具体的、定量的明确目标,所以在目标实施过程中,人们会自觉地努力实现这些目标,并对照目标进行自我检查、自我控制和自我管理。这种“自我管理”能充分调动各部门及每个人的主观能动性和工作热情,充分挖掘各自的潜力。

(2) 加强经济考核。虽然该厂目标管理的循环周期为一年,但为了进一步落实经济责任制,该厂打破了目标管理的一个循环周期只能考核一次、评定一次的束缚,坚持每一季度考核一次和年终总评定。这种加强经济考核的做法,进一步调动了广大员工的积极性,有力地促进了经济责任制的落实。

(3) 重视信息反馈工作。为了随时了解目标实施过程中的动态情况,以便采取措施、及时协调,使目标能够顺利实现,该厂十分重视目标实施过程中的信息反馈工作,并采用了两种信息反馈方法:建立“工作质量联系单”,及时反映工作质量和服务协作方面的情况。通过“修正目标方案”来调整目标。内容包括目标项目、原定目标、修正目标以及修正原因等。在工作条件发生重大变化需要修改目标时,责任部门必须填写此表。

第三阶段:目标成果评定

目标管理实际上就是根据成果来进行管理,因此成果评定阶段十分重要。该厂采用了自我评价和上级主管部门评价相结合的做法,即在下一个季度的第一个月的10日之前,每个部门必须把一份季度工作目标完成情况表报送企业管理委员会。企业管理委员会核实后,给予恰当的评分。如必考目标为30分,参考目标为15分。每一项目标超过指标3%加1分,以后每增加3%再加1分。参考目标有一项未完成而不影响其他部门目标完成的,扣3分;影响其他部门目标完成的则将扣分增加到5分。加一分增加该部门基本奖金的1%,减1分则扣该部门奖金的1%。如果有一项必考目标未完成则扣至少10%的奖金。

(案例来源:选自中华企管网)

问题:

1. 在目标管理过程中应注意哪些问题?

2. 目标管理有什么优缺点?

3. 在实行目标管理时,你认为培养科学严格的管理环境和制定自我管理的组织机制哪个更重要?

第十章
组 织

学习目的和要求：

通过本章的学习，应深刻认识组织职能的重要性，掌握组织工作的概念，熟悉组织设计的概念与任务，掌握组织设计的基本原则，理解职务设计的内容，理解各种部门化形式的特点，掌握组织结构的类型，熟悉组织设计的影响因素，掌握授权的过程，理解消除授权障碍的措施，理解组织变革的原因和阻力，掌握人员配备的过程，理解人员培训的途径，了解人员考评的内容。

组织的理论由两个相互联系的学科分支共同构筑。一是组织结构学，它侧重于组织的静态研究，以精干合理为目标，主要研究内容有组织的结构与功能、组织设计的原则、职能设计、集权与分权设计、部门设置、管理制度制定、业务流程设计和组织结构的变革等。二是组织行为学，它侧重于组织的动态研究，以建立良好的人际关系为目标，主要研究内容有组织中的个体行为、个体心理、群体行为、团队建设、群体冲突和组织发展等。

第一节 组织设计

一、组织工作概述

（一）组织工作的概念

决策与计划所确定的目标和实施方案都需要一系列的组织活动才能得到落实，落实到具体的部门和人员的日常工作中。组织工作是指设计和保持一种良好的组织，使人们能够互相配合、协调有序地共同活动。

（二）组织工作的任务

1. 设计组织机构和职位系统

明确组织应设置的部门和职位。主要内容包括职能分析和职位设计、部门设计、管理幅度和管理层次设计、组织决策系统设计、组织执行系统设计、横向联系和控制系统的设计、组织的制度规范的设计、组织变革和发展规划的设计。

2. 确定责、权、利关系与协调关系

明确各个部门和岗位的职责、职权、利益以及相互关系,明确它们之间的协调机制。

3. 建立信息系统

确定信息沟通的渠道和方式,为各部门和职位的工作提供基础。

4. 保证组织有序运行

组织运行是通过开展各种管理活动使组织发挥功效,贯彻执行组织所规定的各种功能,最终实现组织的目的。组织运行是一个从静态结构到动态活动的过程,主要内容包括制定各部门的工作目标和工作标准、制定办事程序和办事规则、建立检查和报告制度、做好各种原始记录和信息资料的整理、管理者开展各种管理活动,以及对下属的行为、决策、认识等施加影响来间接支配下属的行为。

5. 人员配备

在各部门和工作岗位设计完成后,根据职务的需要,在每一个工作岗位和部门选拔与配备适当的人选。由于现有成员的能力和岗位的要求有一定的差距,以及组织长远发展需要、对成员的潜在能力挖掘的需要等原因,组织需要对所选人员进行一定的培训与开发。

6. 注意非正式群体的作用

非正式组织与正式组织相互依存,客观存在。非正式组织具有能满足成员的需要、加强成员沟通、增加组织的凝聚力等有利作用,也具有导致小团体主义、限制创新倾向等不利作用,管理者应因势利导、趋利避害。

7. 适时调整组织结构(组织变革)

当组织的内部条件和外部环境发生变化后,必须进行组织变革,以达到组织的自我完善和自我发展。

二、组织设计的概念与任务

(一)组织设计的概念

组织设计是对组织的结构和活动进行创构、变革和再设计。

组织设计的任务是设计清晰的组织结构,确定组织中职能职权、参谋职权、直线职权的活动范围并编制职务说明书。组织结构是组织的基本架构,是对完成组织目标的人员、工作、技术和信息所作的制度性安排。组织结构可以用复杂性、规范性和集权性三种特性来描述。

1. 复杂性

复杂性是指每一个组织内部在专业化分工程度、组织层级、管理幅度以及人员之间、部门之间关系上存在的差别。分工越细、组织层级越多、管理幅度越大,组织的复杂性就越高。

2. 规范性

规范性是指组织需要靠规章制度以及程序化、标准化工作,规范地引导员工的行为。规范的内容既包括以文字形式表述的规章制度、工作程序、各项指令,也包括以非文字形式表达的组织文化、管理伦理以及行为准则。组织中的规章条例越多,组织结构也就越正式化。

3. 集权性

集权性是指组织在决策时正式权力在管理层级中分布和集中的程度。当组织的权力高度集中在上层，问题由下向上反映，并最终要由最高层决策时，组织的集权化程度就高。

(二) 组织设计的任务

1. 职能和职务的分析与设计

设计组织时，首先要将企业任务进行层层分解，确定完成任务需要的职能，经过职能分析，确定组织的职能结构。对职能的任务进一步分解到人，明确出各职务的职责任务。

2. 部门设计

根据每位职务人员所从事的工作性质以及职务间的区别和联系，按照职能相似、活动相似或者关系紧密等原则，将各个职务人员组合到部门这一基本管理单元内。如果不同时期有不同的战略目标，应根据需要依据新的部门划分标准，重新组合各个部门的职务人员。

3. 层级设计

在前述工作的基础上，组织要根据可获得的人力资源情况，对初步设计的职能和职务进行调整和平衡，同时要根据每项工作的具体内容确定管理幅度和管理层级，并明确各层级、各职位的职责权限，并通过制度规范使各部门、各职务形成一个有机的整体，保证各项活动的高效完成。

4. 整合设计

组织的最终目的是完成组织的目标，这需要一个良好的业务过程。将由于分工出现的各个岗位上局部最优效率，用一定的方法进行协调，使组织效率表现出整体最优。

三、组织设计的影响因素

组织设计必须考虑环境、战略、技术、规模、生命周期等一系列因素，针对不同的内外部条件，设计不同的组织结构。

(一) 环境的影响

组织是一个开放的系统，受着环境的各种影响。环境都是复杂和变动的，都具有不确定性。组织设计应提高组织对环境的应变能力，包括适应环境、影响环境和选择新环境。

1. 整合职位或者部门

当外部环境复杂性提高时，常用的应变方法是增设必要的职位或者建立新的部门，来应对新出现的各种任务，包括信息处理、业务处理等工作。

2. 改变组织结构

美国学者伯恩斯(Tom Burns)和斯托克(G. M. Stalker)的研究发现，外部环境与组织内部结构具有关联性。当外部环境较为稳定时，内部组织为了提高组织运行的效率，往往制定明确的规章制度、工作程序和权力层级，组织的规范化、集权化程度比较高，其内部组织结构设计多采用机械式的层级结构形式。而在环境较为不确定时，内部组织比较松散，决策权力分散并下移，权力层级不明确，组织结构设计多采用有机结构形式。

美国学者劳伦斯和洛施(Kogut & Zander)认为环境因素对组织内的不同部门的影响是不同的。每个组织都有自己独特的环境并且在对环境做出反应的过程中形成独特的属性。一个企业中不同的部门，面对不同的外部环境，应该采用不同的组织结构与之相匹配。

3. 加强对环境的预测和计划工作

一个组织的目标和活动,应和组织的外部环境以及内部能力相适应。对环境的有效预测,能确定出更适合的计划,使得组织的各项活动有一定的稳定性和长期性,减少外部环境变化对组织所造成的负面影响。

为了更好地增强信息处理的能力,企业增加计算机的使用数量和人员,使用管理软件。为了更好地获得信息,企业增加销售人员,增设市场研究岗位、公共关系人员等。

4. 加强组织之间的合作

一个组织适应环境的资源也可以是利用外部的其他组织的资源。组织可以和其他组织建立形式多样的合作关系。例如,通过并购来获取对关联组织的控制;通过建立战略联盟实现资源的共享和互补。

(二) 战略的影响

战略是决定和影响组织的根本目标和实现目标途径的重要因素。美国管理史学家艾尔弗雷德·钱德勒(Alfred D. Chandler)的研究认为,组织战略在不断变化,其发展有四个不同阶段,每个阶段应有与之相适应的组织结构,即战略决定结构,结构服从战略。

第一个阶段是数量扩大阶段,即许多组织开始建立时,往往主要有一个单独的职能,例如生产或销售。这个阶段的重要战略是如何扩大规模。第二个阶段是地区开拓阶段,即组织向各地区开拓业务,为了把各地区的业务有机结合起来,就建立一个新的部门来处理新出现的协调、标准化和专业化等问题。第三个阶段是纵向联合发展阶段,即组织在同一个行业发展的基础上,进一步向其他领域延伸发展。需要进一步扩大组织职能,提高组织效率。第四个阶段是产品多样化阶段,往往从集权制结构转向分权制结构。

除以上公司层战略影响组织设计外,业务层战略也会影响组织设计。实施防御者战略的组织很可能是直式和集权的,管理幅度比较窄;实施探索者战略的组织多采用扁平式和分权式,管理幅度较宽;实施低成本战略的组织,往往采用集权式,以便控制成本。

(三) 技术的影响

技术是指将投入转化为产出的过程。任何组织都需要通过技术,得到产出,而技术在不断的进步变化。因此,组织设计应随着技术的变化而变化。计算机集成制造系统的引入,正是这个因素的影响。英国管理学家琼·伍德沃德(Joan Woodward)最早对技术和组织结构的关系进行了研究。她根据100家小型制造企业的数据,将这些企业分为三类:①小批量和单件生产。这类企业根据客户的规格要求生产成品,如提供定制服装的厂商。②大量生产。技术特点是标准化的生产流程,如冰箱生产商。③连续生产。主要特点是整个工艺流程的机械化,技术复杂程度最高。如炼油厂。伍德沃德发现:不同的技术类型和相应公司结构之间存在明显的相关性,而且,组织的绩效与技术和结构之间的匹配程度密切相关。伍德沃德发现:制造业企业并没有一种通用的最优组织结构,对于每一种技术类型的企业都有与其相匹配的特定结构形式。例如,单件和小批量生产企业以及连续生产企业运用有机式结构最有效,而大量生产企业采用机械式结构最有效。

对现代大型企业来说,生产经营技术特点不仅是决定组织成员素质和工作内容的重要因素,而且直接决定着组织结构的许多方面。

技术特点主要包括技术复杂程度和稳定性两个方面。技术复杂程度决定着组织的分工和作业的专业化程度，进而决定着部门大小和构成、管理幅度大小、技术人员比例等一系列因素，造成组织结构的明显差异。从技术稳定性来看，较少变化、比较稳定的技术，适宜采用机械式组织结构形态，即任务、职位、职权等都有明确的规定，组织内部以垂直的上下级等级关系为主。而对于多变的、不稳定技术，最有效的组织结构应是有机式的，具有开放灵活性，任务和职位的确定不十分严格。

（四）组织规模的影响

组织规模直接影响到组织结构的复杂程度。组织规模越大，组织内的专业化程度增加，导致组织内的横向差异和纵向差异扩大，从而使监督、协调和控制的难度加大，减弱了对外界环境的反应能力。组织规模也影响着组织内的集权与分权程度。组织规模越大，除基本职能部门外，企业也可能建立辅助职能部门，部门数量多，部门之间关系也复杂。

大型组织和小型组织在组织结构上的区别主要体现在以下几个方面。

1. 规范化程度

研究表明，大型组织可以通过制定和实施严格的规章制度，并按照一定的工作程序来控制和实现标准化作业，员工和部门的业绩也容易考核，因而组织的规范化程度较高。而小型组织可以凭借管理者的能力对组织进行控制，组织显得比较松散而富有活力，因而规范化程度比较低。

2. 集权化程度

大型组织为了快速响应日益复杂的环境变化，需要中下层管理人员有更多的决策权及时处理各种业务，企业的分权程度就高。小型组织的管理工作量小，高层管理人员不需要分权就可以处理各个问题，企业的集权程度较高。

3. 复杂化程度

由于大型组织横向和纵向关系的复杂性，经常建立各种新的部门应对由于规模扩大所带来的新问题。组织中的部门管理者随着组织规模的扩大，控制力逐渐减弱，继而又往往进一步部门细分，导致管理层次增多，增加管理成本，降低管理效率。

4. 人员结构定律

“帕金森定律”认为：由于各种原因，受到激励的管理者往往倾向于在组织中增加更多的管理者，构建自己的帝国大厦以巩固自己的地位。一些研究表明，在迅速成长的组织中，管理人员比其他人员增幅大得多；在组织衰退过程中，管理人员比其他人员减幅小得多。理论上来说，管理人员与一般员工之间的结构比率应当是均衡的。

（五）组织生命周期的影响

一般来说，组织的生命周期可以分为四个阶段：创业阶段、集合阶段、规范化阶段和精细阶段。在各个阶段，组织会表现出不同的特点。

1. 创业阶段

组织是小规模的和非规范化的。高层管理者主要处理单一产品的生产和服务。随着企业的发展，产品品种增多，企业需要调整组织结构和中高层管理人员。

2. 集合阶段

一般来说，调整中高层管理人员后，企业将明确新的发展目标，进入迅速成长期。组织新建或者调整一些部门后，管理制度不够全面规范，高层主管往往不愿放权。此时组织的主要任务是如何使基层的管理者更好地开展工作，如何在放权后各部门能更好地协作。

3. 规范化阶段

组织进入成熟期后就会出现官僚制特征。组织通过增加人员、加强等级观念和专业分工进行规范化、程序化工作。组织的主要目标是提高内部的稳定性和扩大市场。这时，高层管理者需要把握好分权和控制的关系。

4. 精细阶段

组织规模巨大和官僚化，已经进入衰退期。这时，组织可能尝试建立跨部门的团队来解决组织的效率问题，以及阻止进一步的官僚化。如果效果还不理想，可能会考虑更换高层管理人员并重建组织。

四、组织设计的具体原则

组织设计应遵循一定的原则，做到设计的科学化，使得设计工作能高效顺利地进行。

1. 目标统一原则与层级原则

组织是围绕组织目标建立和运转的。组织设计中，应确保每个部门和人员的工作都有利于组织目标实现，而且各部分的工作是一个有机整体。不但每个部门和职位都有工作目标，而且它们的目标是统一的，是通过组织目标的从上到下的层层分解与从下到上的目标层层保证得到体现的。

层级原则是指组织中存在着一条从上到下的指挥链，链上的部门和人员有明确的权责关系，下级必须服从上级的指挥。组织设计中，应遵循层级原则，避免越级管理，使得目标能层层落实，减少不必要的内部冲突和失误。

2. 分工协作原则

分工就是按照提高管理专业化程度和工作效率的要求，把组织的目标分成各级、各部门以至各个人的目标和任务，使组织的各个层次、各个部门，每个人都了解自己在实现组织目标中应承担的工作职责和职权。有分工就必须有协调，协调包括部门之间的协调和部门内部的协调。企业的生产活动非常复杂，单靠个人的知识和技能是无法完成的。必须进行专业化分工，设计出兼顾生产活动特点和员工个人特点的工作岗位，发挥专业化的优势。在部门设计中，必须对每一个部门、每一个职位进行必要的工作分析和关系分析，做到分工合理，既发挥专业分工的优势，又能减少协作成本。

3. 合理的管理幅度原则

管理幅度是指管理者能够有效控制的直接下属人员的数量。每一个管理者的管理幅度都是有限的，但不存在一个最佳管理幅度。一个管理者应根据工作的具体情况，决定一个合适的管理幅度。

4. 责、权、利、能一致原则

即职权、职责、利益和能力必须相一致。在进行组织结构设计时，既要明确规定每一管理层次和各个部门的职责范围，又要赋予完成其职责所必需的管理权限。职权是围绕工作展开的，它预示着下属必须完成被指派的任务，而职责是指下属有完成活动的义务，而且所完成的任务必须符合上级所规定的标准。因此。要履行一定的职责，就应该有相应的职权，这就是权责一致原理的要求。另外，设置岗位时应考虑员工的个人能力和个人需要，使得有员工愿意也有能力去承担该岗位的职责。

5. 统一指挥原则

组织的各级机构以及个人必须服从一个上级的命令和指挥，只有这样，才能保证命令和指挥的统一，避免多头领导和多头指挥，使组织最高管理部门的决策得以贯彻执行，根据这一原理，上级指示从上到下逐级下达，不许发生越级指挥的现象，下级只接受一个上级的领导，只向一个上级汇报并向他负责，这样，上下级之间就形成了一个"指挥链"。在这个指挥链上，上级既能了解下属情况，下属也容易领会上级的意图。统一指挥的原理在实践中可能会出现缺乏横向联系和必要的灵活性等。为弥补这一缺陷，在应用中往往还规定主管人员有必要的临时处置、事后汇报之权。

6. 集权与分权相结合原则

这一原则要求根据组织的实际需要来决定集权和分权的程度。集权与分权是相对的，没有绝对的集权和分权。在一个组织内，选择集权还是分权受到各种因素的影响，而且组织内集权与分权程度也不是固定不变的，应根据情况的变化和需要及时加以调整。

7. 精干高效原则

组织结构和人员配备的目的是实现组织目标。部门设计应在保证实现组织目标的前提下，力求部门设置和人员配备精简合理，不仅做到"事事有人做"，而且要做到"人人有事做"。各个职务的工作内容饱满，各个部门的活动紧张有序、高效协作，表现出良好的工作效率。

8. 相对稳定原则

为保证各项工作的正常进行和工作秩序的连贯性，组织结构及其形式应有相对的稳定性。所以，组织结构不要总是轻易变动，但由于组织是要发展的，组织结构又必须随组织内外部条件的变化，根据组织战略作出相应的调整。

9. 均衡性原则

在划分部门时，保持部门之间的均衡性，尤其是同一管理层次上的部门，在职责和职权方面应大致均衡，避免部门之间忙闲不均等，影响效率和积极性的现象发生。

10. 执行与监督相分离原则

在划分部门时，执行和监督职能应分离开来，不应设在同一部门。避免由于利益关系，导致监督职能形同虚设。

11. 柔性原则

所谓组织的柔性是指组织的各个部门、各个人员都是可以根据组织内外环境的变化而进行调整的。组织的结构应保持一定的柔性以减少组织变革所造成的冲击。

12. 因事设岗与因人分事相结合原则

组织设计应贯彻因事设岗与因人分事相结合的原则，做到部门和人员与安排的工作任务相互适应，使组织结构合理和人力资源优化。

五、组织的各级设计

（一）职能和职位的分析和设计

1. 职能分析和设计

为实现企业目标和履行社会责任，组织必须完成一系列工作，这些工作是组织的管理职能。职能设计是以职能分析为核心，研究和确定组织的职能结构，从而为组织各部门、各职务和岗位的分工协作提供客观依据，并使组织的战略任务转化为组织的各项具体业务，从而使组织战略和组织结构联系起来。

职能设计的主要过程是：①职能分析。即根据特定的企业环境条件和自身战略目标，全面分析管理系统应具备的各种职能。②职能整理。它是在现有职能状况的基础上，发现问题并提出修改方案的一项工作。可以新增、强化或者取消某项职能。这个阶段应列出职能清单，明确各种职能的关系。③职能分解。即把各项职能分解为可以具体操作的管理业务，明确出各种职能应担负的职责。只有通过职能分解，才能为组织的人员配备提供依据，才能把职能落实到员工行动上。

2. 职位分析和设计

企业的管理职能可以进一步细分，分为由许多人要分担的工作，即职位。如何明确各个职位的工作内容，这是工作设计的内容。从技术性的角度来说，工作设计是指管理者决定各个员工的工作任务和权力的过程。工作设计的前提工作是工作分析，工作设计规定了工作的三个方面的特征：范围、深度和关系。工作范围是指工作者完成任务的数量；工作深度是指一个人在决定工作活动和工作结果时所需要的影响力或精力的多少；工作关系取决于组织选择的部门化形式和管理幅度。

基于亚当·斯密的劳动分工概念和“劳动分工可以提高生产效率”的理论，传统的工作设计非常强调效率，强调工作专业化，规定的各个工作任务往往是有限的、重复性的，工作范围窄小。虽然为组织带来许多利益，但也产生一些负面的作用，高度专业化的工作内容单调，缺乏挑战，令工人对工作产生厌倦和不满，旷工率提高，影响到工作质量。

为了避免专业化的弊端，确定合理的分工程度，管理者们努力寻找其他工作设计方法，以求在组织效率、生产力和个人对创造与自主的需求之间取得平衡。其他工作设计方法有工作轮换、工作扩大化、工作丰富化、工作特性模式和工作团队等。由于外界环境和组织目标等内外部因素的不断变化，工作设计不是一劳永逸的事情，需要不断进行工作再设计，例如适应信息技术发展的业务流程重组下的工作调整。

（二）部门设计

工作设计形成了各种各样的工作职务，而组织的业务活动的完成需要各项职务协调一致的工作。协调的有效方法就是组织的部门化，即按照职能相似性、任务活动相似性或者关系紧密性的原则把组织中的专业技术人员归类集合在各个部门内，然后配以专职的管理人员来协调领导，统一指挥。部门化可以从过程的某一角度，遵循一定的原则进行设计。

1. 职能部门化

按照职能来划分部门是一种常见的组织形式。例如，企业里的生产、营销、研发和财务等部门就是按职能分类设立的部门。其优点主要是：能够突出业务活动的重点，高层主管容易具有权威性，有利于管理部门的工作；符合专业化分工要求，能够充分有效发挥员工的专业才能，调动员工学习的积极性，密切跟踪职能领域里的业务变化，增强组织的适应能力；有利于实现规模经济，能够集中购买设备等。缺点主要是：容易滋生本位主义，部门之间难以协调，容易忽视用户的需求，忽视产品的整体质量，影响组织目标的实现；管理人员熟悉自己的职能工作，却对其他职能领域缺乏足够的了解，难以成长为一个具有全面管理能力的高级管理人员。

在一个相对简单、稳定的环境中，按职能划分部门也许是个最理想的选择。

2. 产品部门化

当企业生产多种产品，生产规模达到一定程度时，由于各个产品在生产、技术和销售等方面有很大不同，在完成各个产品的生产经营任务时，协调各个职能部门就显得非常困难。这时，就适宜采用产品部门化的形式。产品部门化就是把同一产品或者系列的有关活动归并到一个部门进行独立经营，在部门内部可设相应的职能机构。优点是：①具有较强的市场适应能力。各产品部门在市场需求变化时，在保证完成公司利润计划的前提下，随时调整产品的品种和生产规模。②有利于调动各部门的积极性。各个部门有自己的独立利益，有较强的工作积极性。③有助于比较各个部门对企业的贡献，有助于高层决策者对企业的产品和服务进行指导和调整，有助于部门之间的相互竞争。④部门专注于产品的经营，业务活动容易协调，便于提高专业化经营水平。缺点是：职能机构重叠，增加了管理费用；部门有本位主义倾向，部门之间协调困难；需要较多的全面管理人才来管理各个部门。

3. 地区部门化

对于地理位置比较分散的组织，按地区划分部门是个比较合适的方法。这种方法是把本组织在同一地区内发生的业务活动都并入同一部门，并根据实际需要，设置自己的职能结构。优点是：有利于一个区域内工作的协调，各地区部门负责人可以根据当地具体环境和条件，因地制宜，灵活地进行管理。缺点是：各个地区部门相对独立，地区之间协调比较困难。各地区设置的职能机构重叠，管理费用较高。

4. 顾客部门化

为了更好地满足顾客需求，可以按服务的顾客类型来划分部门，进行针对性的专门服务。优点在于：随时关注和响应顾客的需求，适应市场的及时变化，改进自己的工作，更好地满足顾客需求，适应市场竞争的需要；有助于培养长期的竞争优势。其缺点在于：需要更多的能妥善处理顾客关系的管理人员；企业可能不能及时提供满足顾客需求的产品，影响企业的正常运行。

5. 按工艺阶段划分部门

复杂产品的生产过程，工艺路线长，经过的工艺阶段较多。一些制造业企业和连续生产型企业常按工艺阶段来划分部门。其优点在于发挥专业技术优势，保证产品质量。其缺点在于由于生产过程密切相关，使得部门之间依赖性强，任何一个部门出了问题，将影响企业整体工作，同时也不利于培养高级管理人员。

6. 按组合标准划分部门

企业可以按产品和地区组合、产品和顾客组合、地区和顾客组合等标准来划分部门。一种常见的矩阵式部门是按职能标准和产品标准这个组合来划分形成的，例如产品开发小组，小组中的成员既属于职能部门，又属于某个产品或者项目。这样，可以利用成员的专业优势，将企业的资源特别是人力资源在产品间灵活分配，企业甚至可以利用外部的人力资源，这保证了产品开发的需要，综合发挥了功能部门化和产品部门化的优点。各部门之间的合作和信息交流，有助于部门之间相互理解，加强其他业务之间的合作。其缺点在于：当企业资源不能共享时，产品开发小组组长和职能经理之间会发生矛盾。

上述部门划分的方法，各有其优缺点。部门设计应具体情况具体分析，根据组织目标和任务，考虑组织规模、环境特点、人员素质等内外部条件，按照组织工作的基本原则，选择适宜的部门划分方式，使各部门形成一个有机的工作集体。

（三）层级设计

组织的层级设计是指组织在纵向结构设计中需要确定层级数目和有效的管理幅度，需要根据组织集权化的程度，规定纵向各层级的权责关系。

1. 管理层次

在组织规模一定的条件下，管理层次与管理幅度成反比。管理幅度越小，则管理层次越多，组织结构呈直式（锥形式）的结构形态；管理幅度越大，则管理层次越少，组织结构呈扁平式的结构形态。直式组织结构的优点是：由于管理幅度小，管理的层级比较多，上级主管对下属能进行及时的指导和监督；层级之间关系紧密，有利于各项工作任务的衔接，同时下属有更多的晋升机会。其缺点是：过多的管理层级往往会影响信息的传递速度，信息容易失真，反而增加上下级之间的协调成本，增加了管理工作的复杂性。扁平式组织结构的优点是：由于管理的层级比较少，信息沟通和传递速度比较快，信息失真度比较低；同时，上级主管对下属的控制也比较灵活，这样有利于发挥下级人员的积极性和创造性。缺点是：过大的管理幅度增加了主管人员对下级的监督和协调难度，同时下级也缺少了更多的晋升机会。因此，在进行组织设计时，应坚持合理的管理幅度原则，既要合理确定管理幅度，又要尽量减少管理层次。在保证管理有效性的前提下，尽量扩大管理幅度。

2. 设计管理幅度的影响因素

研究发现，高层管理人员的管理幅度通常是4～8人，而基层管理人员的管理幅度可为8～15人。一个管理者应根据工作的具体情况，决定一个合适的管理幅度。影响管理幅度的因素主要有以下几个。

(1) 上下级的能力。上下级的素质状况，都影响着管理幅度。如果上级工作能力强、有凝聚力，善于指导下属，自然可以多领导些下属，管理幅度可适当增大。如果下级训练有素，能准确理解上级的意图，并有较强的独立工作能力，就不需要上级花较多的精力和时间进行指导和监督，管理幅度可以大一些。

(2) 计划的明确性。上级下达的计划越详细、具体明确，下级就越清楚自己的工作任务和应达到的目标，不用花时间去考虑该做什么，也不必去向上级请示，这样就可以减少上级的指导工作量，从而增大管理幅度。

(3) 面对问题的种类。面对的问题越相似，管理幅度就可以宽一些。一般在组织高层，面对的问题比较复杂，新问题比较多，大多涉及组织发展方向、战略性的全局问题，直接控制的人数不宜过多。而在组织的中下层，管理者所遇到的问题多是重复性的、例行的专业化问题，所费时间和精力较少，直接控制的人数可以多一些。

(4) 控制方式。如果下级在地域上比较分散，难以采用有效的控制方式，上级要指导和监督下级的工作就需要花更多的时间，管理幅度应小些。

(5) 授权。适当和充分的授权可以减少主管人员与下属之间接触的次数和密度、节约主管人员的时间和精力，以及锻炼下属的工作能力和提高其积极性。所以，在这种情况下，管辖的人数可适当增加。

(6) 工作条件。这里指工作的物质条件。如果有现场监控、网络、先进的通信手段，将便于上级收集信息，便于上下级沟通，则上级用同样的时间可以管理更多的下级，即管理幅度可以大一些。

（7）工作环境。工作环境稳定的组织，工作所处的外部环境变化小，组织内的政策变动小，组织成员可按既定的程序、规章处理问题，可以减少上级的指导和监督工作量，这时，管理幅度可以大一点。

上面列出的因素远不是影响管理幅度的全部因素，组织设计者应考虑全部影响因素，确定主要的影响因素，进而根据组织自身的情况，来确定适当的管理幅度。

（四）职权的分配与协调

职权是指组织内部授予的指导下属活动及其行为的决定权，是基于职位而存在的合法权力，它与职务相伴随，和个人特质无关。

1. 职权的分类

职权分为三种形式：直线职权、参谋职权和职能职权。直线职权是指直线主管人员所拥有的包括制定决策、发布命令及执行决策的权力，也就是通常说的指挥权。这种职权从组织的顶端开始，向下延伸至最底层形成一条指挥链。直线职权的特点是：上级有指挥命令权，下级必须贯彻执行；下级对自己的直接上级负责，并报告工作。参谋职权是指管理者向直线主管提出建议或者提供服务的权力。参谋职权的特点是它不能向其他部门或人员发号施令，而只能影响他人的行为。职能职权是指参谋人员或者部门所拥有的原属于直线主管的那部分权力，它是由直线主管的授权而产生的。职能职权的设立主要是为了发挥专家的优势，减轻直线管理者的任务，提高管理工作的效率。

2. 组织中的集权和分权

（1）集权和分权的标志

通常情况下，集权和分权的程度是根据各管理层次所拥有的决策权情况来衡量，衡量标志有：①不同类型决策的集中情况。如果组织把管理决策甚至是业务决策也集中在组织的高层，那么该组织的集权程度就高。如果组织的基层有管理决策权，则组织的分权程度高。②决策审批手续的繁简。如果下级做出的决策在职权范围内，都不需要上级审批即可生效，则表明分权程度高。③规章制度对于决策的控制。如果组织内的规章制度非常健全，对各项工作都有详细具体的规定，并要求严格执行，那么员工灵活处理问题的自由度就小，集权程度就较高；如果各项规章制度多是原则性、政策性的规定，则员工处理问题的灵活性较大，组织的分权程度就高。

（2）影响集权和分权的因素

一个组织的集权和分权程度，只能根据组织的实际情况来决定。影响因素主要有：①决策的代价。一般来说，决定采取一项行动所付出的代价大小，可能是影响权力分散程度的主要因素。决策的代价越大，该项决策权越是放在高层。当然如果下级管理人员决策能力较高，企业将倾向于一定程度的分权。②政策一致性的愿望。有的组织认为政策的一致性十分重要而且高于一切，因为这样可以保证其顾客受到质量、价格、信用、交货期、服务等方面的平等待遇，这种情况下，组织倾向于集权，便于达到一致性。③组织的规模。组织规模越大，管理层次增加，信息传递渠道变长，信息传递速度和准确性就会降低，从而影响决策的及时性和正确性。为了保证有效决策，组织通常分散权力，使中低层管理人员也能有更多的决策权力，加快决策速度，减少协调工作量。④组织的历史。有时，一个企业是否分权和组织的发展历史有明显关系。如果企业是由小到大靠自身发展壮大，往往显示出集权化倾向，而合并的企业，因曾经独立的企业仍主张独立性，所以分权的倾向很高。⑤组织的控制能力。如果组织的控制技术和手段比较完善，管理人员知道如何控制下级人员，保证权力能合理使用，那么组织分权的倾向就大。如果组织在地域上比较分散，那么权力上也应分散，才能使各地区的活动保持一定的灵活性。为了提高控制能力，许多企业改善通信技术和计算机应用能力，以提高组织的控制能力。

六、组织设计的结果

（一）组织结构

组织结构有多种形式，企业应根据自身的情况，选择合适的组织结构。

1. 直线制组织结构

直线制组织结构如图 10-1 所示。直线制组织结构的特点是各个管理人员执行全部管理职能，不另设职能机构。优点是组织结构明确，指挥命令统一，信息沟通快，权责分明；缺点是不管什么样的问题，都需要直线主管处理，需要主管有较高的管理能力和较多的管理时间，主管人员缺少时间考虑更重要的组织问题。因此，直线制结构只适合于生产规模小、生产技术比较简单的企业。

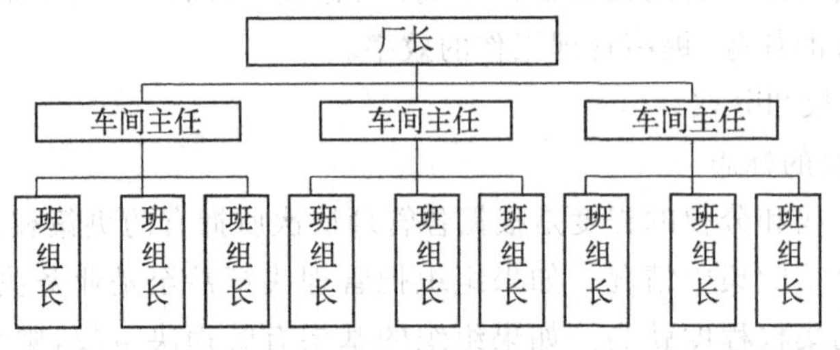

图 10-1　直线制组织结构

2. 职能制组织结构

职能制组织结构如图 10-2 所示。职能制组织结构特点是在各直线主管人员下面，按专业分工设置管理职能部门，各职能部门在其业务范围内，有权向下级发布命令和指示。对上级主管和上级职能部门的命令，下级同时都要服从。职能制的优点是能适应当代组织活动比较复杂、管理工作分工细的要求，充分发挥专业职能的优势，减轻直线主管的工作负担。其缺点是违背了统一指挥原则，造成多头领导，各职能部门之间联系不密切，不利于企业综合管理。职能制适用于拥有较高综合平衡能力的企业，需要企业做好专业分工和协调工作。

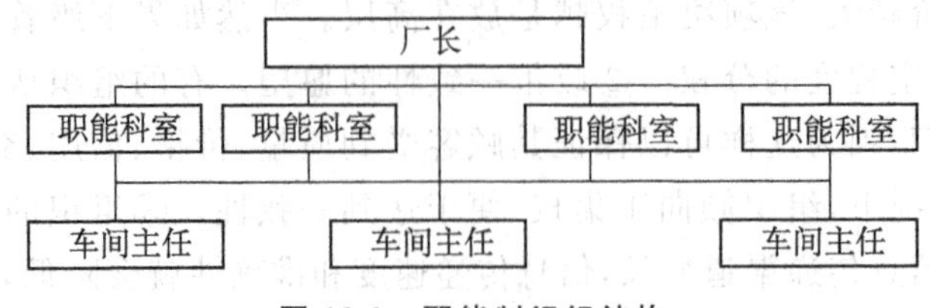

图 10-2　职能制组织结构

3. 直线职能制组织结构

直线职能制组织结构如图10-3所示。为了既保证发挥专业管理的作用，又保证做到统一指挥，可采用直线职能制组织结构。这种形式中设置的职能部门没有或者只有一部分职能职权，对直线主管起助手和参谋作用，克服主管时间和知识的局限，以应对日益复杂化的管理活动。这个形式分工明确、职责清晰，具有较强的整体适应环境能力。其缺点在于各职能部门容易产生本位主义，协调工作比较大；各部门主管往往只注意本专业职能的知识和技术，忽视对其他专业以及全局能力的培养，对企业从内部培养高层次管理人员十分不利。

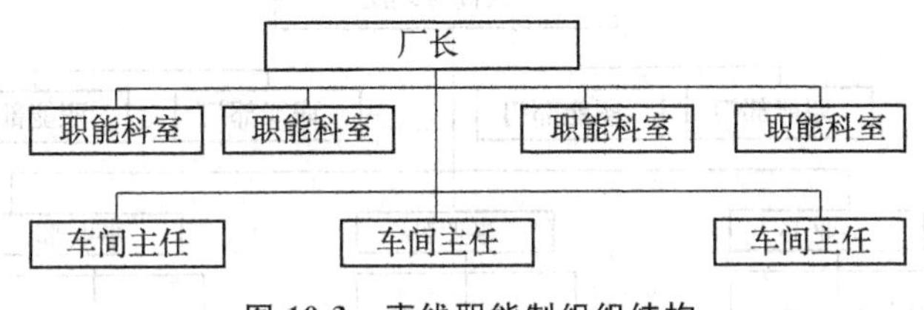

图10-3　直线职能制组织结构

4. 矩阵制组织结构

矩阵制组织结构形式见图10-4。矩阵制组织结构是由纵横两套管理系统组成的矩形组织结构。通常，一套是按职能划分的纵向管理系统，另一套是按项目(产品或者工程)划分的横向管理系统。矩阵制组织一般是为完成某项特别任务或为开发新产品或工程而成立的。小组成员由各职能部门派人参加，小组任务完成后，便回原单位工作。这种组织结构形式的特点是打破了传统的命令统一原则，使一个员工属于两个甚至两个以上的部门。它的优点是加强了各职能部门的横向联系，协调各项活动，具有较大的机动性和适应性，有效利用和共享组织资源；实行了集权与分权较优的结合；有利于发挥专业人员的技能和潜力；成员相互交流，有利于各种人才的培养。其缺点是，由于这种组织形式是实行纵向、横向的双重领导，容易造成工作中的扯皮现象和矛盾；组织关系较复杂，对项目负责人的要求较高；由于这种形式一般还具有临时性的特点，因而也易导致人心不稳，工作责任心差。

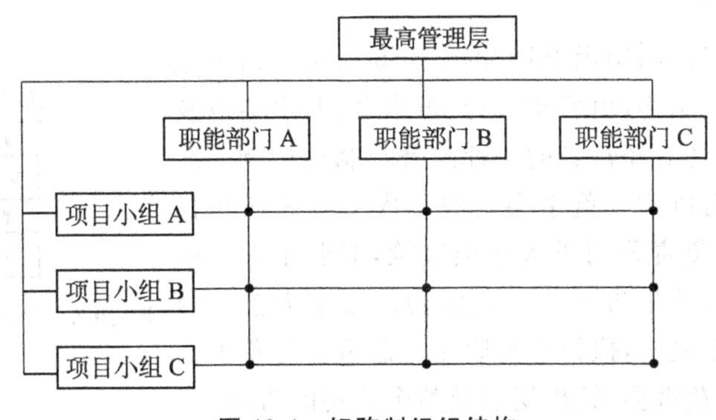

图10-4　矩阵制组织结构

5. 事业部制组织结构

事业部制组织结构如图10-5所示。事业部制是在公司统一领导下，按产品、地区或者市场不同建立事业部，各事业部分别有自己的职能部门。各事业部既是在总公司控制下的利润中心，也是生产、销售中心，具有自己的产品和独立的市场。各事业部按照“集中决策，分散经营”的原则进行管理，公司最高管理机构保留投资、人事和财务等大权，利用利润指标对各事业部进行控制。其优点是：由于制定决策和日常运行管理分开，有利于公司高层摆脱日常事务，多注意公司的战略决策和长远规划；事业部拥有大量决策权，有利于事业部主管的责任感，也使公司各产品领域有人专心关注，可增强公司的适应能力；有利于实施专业化生产和实现事业部内部的合作，促进公司内部有一定的竞争；有利于培养更高层次的管理人员。其缺点是：一是容易产生本位主义，各自为政；二是由于各部门都设置有职能部门，造成管理机构重叠，管理成本上升。

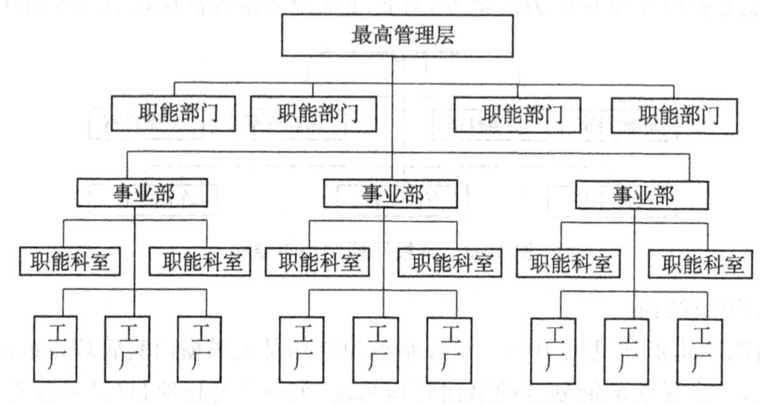

图 10-5　事业部制组织结构

6. 模拟分散制组织结构

这是介于直线职能制和事业部之间的一种组织形式。它将一个企业分成若干个模拟存在的责任单位，并视其为相对独立的生产经营者，赋予一定的经营自主权。这种形式的优点是既保留了直线职能制的统一指挥的好处，又吸收了事业部制有利于调动各单位的积极性、主动性和创造性的特点，有助于提高组织效率。其缺点在于各模拟单位的工作不便计量，责任不易明确，增加许多管理工作量。这种形式适合于一些生产规模大而且生产过程的连续性和整体性强的企业，如钢铁企业。

7. 公司治理结构

公司内部治理组织结构示意图如图 10-6 所示。这里主要涉及公司内部治理结构，由股东大会、董事会、监事会以及管理层构成，是所有者对经营者的一种监督与制衡机制。股东大会是公司的权力机构。董事会是股东大会或者股东代表大会的执行机关，负责公司重大事项决策，对股东大会或者股东代表大会负责并报告工作。监事会是股东大会领导下的公司的常设监察机构，执行监督职能。监事会与董事会并立，独立地行使对董事会、管理层以及整个公司的监督。

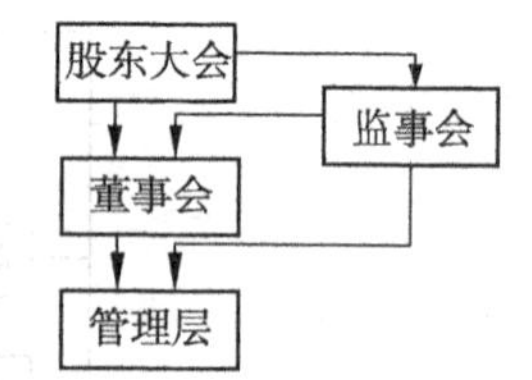

图 10-6　公司内部治理结构示意图

8. 多维立体制

多维立体制组织结构如图 10-7 所示。多维立体制是直线职能制、矩阵式组织、事业部制与地区、时间等结合一体的复合组织形式。多维立体组织结构通常由三类管理系统组成：按产品划分的事业部，是产品利润中心；按职能划分的专业参谋机构，是专业成本中心；按地区划分的管理机构，是地区利润中心。在这种形式中，是产品事业部经理、专业参谋部门和地区部门的代表三方共同组成产品事业委员会，对各类产品的经营活动集体决策。它适合于跨国公司或者规模巨大的跨地区公司。

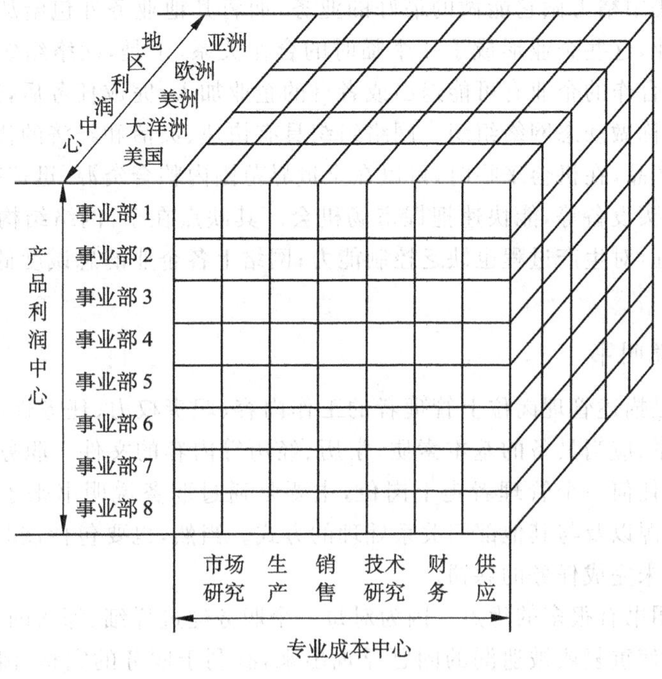

图 10-7 多维立体制组织结构

9. 企业集团

企业集团是现代企业的高级组织形式，是以一个或多个实力强大、具有投资中心功能的大型企业为核心，以若干个在资产、资本、技术上有密切联系的企业、单位为外围层，通过产权安排、人事控制、商务协作等纽带所形成的一个稳定的多层次经济组织。企业集团基本上由控股和被控股关系的母公司和子公司组成，其联系的纽带是投资。子公司是指受集团公司或母公司控制但在法律上独立的法人企业。子公司不是母公司的一个组成部分或者分支机构，因为它有自己的公司名称和董事会，有独立的法人财产并以此承担有限责任，可以自己的名义从事各种业务活动和民事诉讼活动。在母公司和子公司的关系上，母公司通过股权对子公司的经营方向和主要负责人的任免等进行控制。子公司负债或破产，都由其所拥有的法人财产承担民事责任，母公司除了股份受损外，不承担连带责任。

10. 委员会制

委员会制是指组织中的最高决策权，由一个两名以上的人所组成的集体来行使，这个集体通常是一个委员会。存在于各种组织中的委员会，可以是直线式的，也可以是参谋式的；可以是组织结构的正式组成部分，有特定的职权和职责，也可以是非正式的，虽未授予职权，但常常能发挥与正式委员会职能相同的作用；委员会既可以是永久性的，也可以是临时性的，达到特定目的后就予以解散。优点有：①集思广益；②协调作用；③避免权力过于集中；④激发主管人员的积极性；⑤加强沟通联络；⑥代表各方面利益；⑦有利于主管人员的成长。缺点主要有：成本较高；妥协折中；优柔寡断；职责分离；一个人或少数人占支配地位。

11. 动态网络组织

前面所述的组织结构都是一个企业内部的组织结构形式。企业也可以与其他企业一起组成一个新的更大的组织，进行更大型的经营活动，动态网络组织就是这种形式。一个企业希望集中也应该集中精力做它能做的最好的业务，而将其他业务外包给那些在各专业领域有明显优势的企业，这些企业形成了一个临时的合作关系，于是，网络组织就产生了。在完成任务的过程中，合作的企业有可能退出或者有的企业加入；完成任务后，这种合作结束，网络组织解散，所以称做动态网络组织。网络组织具有快速、灵活和经济的优点。组织可以面向整个世界销售产品，在机会来临时，可以在全世界范围内整合资源，迅速获得生产要素，而不必建立工厂、购买设备等，能快速把握市场机会。其缺点在于：网络结构的管理者对资源供应质量难以保证，对生产过程也缺乏控制能力；网络上各企业的忠诚度低，合作稳定性低，随时可能终止。

（二）职位说明书

职位说明书是描述管理岗位上管理者的工作内容、职责权力、任务性质、与其他部门以及管理者之间关系、应当具备的基本素质、学历、经历等内容的文件。职务说明书要求简单明了，清楚规范。任何一个管理者走上岗位，主要是通过职务说明书来了解自己工作的性质、任务、权力、资源以及与其他部门关系处理的方式。当然，也要包括该职位完成任务的考核指标、激励以及未完成任务的惩罚。

编制职位说明书有很多的优点。因为对每一个职务经过详细、深入的分析后，可使其变得十分清楚，同时使重复或被遗漏的问题浮现出来，有利于职务的完整、清晰。而且职位说明书对在该职务的管理者来说可形成自我激励与约束。

第二节　组织运行

组织结构是一个静态的组织框架。要实现组织的目标，需要组织的日常运行，需要不断整合组织结构里的各个要素，使得组织各层级不同人员之间的关系经常处于最佳状态。

一、授权

（一）授权的定义

授权是指将职权分配给下级的行为。当授权发生时，管理者给下级分配了一项任务，也给予下级一定的职权来完成这项任务。下级有责任完成所分配的任务，并及时向上级汇报工作情况，但最终的责任，即对管理者的上级的职责，还是由管理者本人来承担。所以，管理者保留着对下级的指挥和监督权，在授权过程中，注意及时指导下级，并在下属没有完成任务时采取补救措施。授权能带来许多好处。对管理者来说，可以节省时间，去从事设定目标、战略等更重要的工作，减轻其负担。对下级来说，有机会通过完成一个更重要的任务，促进下属的参与和兴趣，发展新的技能，为以后承担更大的责任和可能的晋升积累资本。这相当于接受了一次将来能够受益的在职培训，有助于下级的成长。这些对组织来说，也是同样有好处的。

（二）授权的过程

1. 确定目标

管理者对他想要的结果有一个清楚的认识，对整个授权工作有一个事先的规划。授权的事项应是一些对下级来说重要的工作，对组织有较大的意义。

2. 选择人选

管理者授权时，应视人授权，根据工作目标所需要的个人兴趣、能力大小、知识水平和品德等来选择一个能够完成这项工作的人选。管理者和下级应相互信任、深入交流，共同决定任务的实施方案，在决定过程中更多地由下级选择完成任务的方式。管理者在一开始必须了解下级的想法，并在以后的定期会议或者检查指导过程中，询问工作进展情况或遇到的困难。必要时，管理者应安排机会及时培训下级，提高下级的知识和技能，增强下属行使所授权力的信心，帮下级处理好现有工作和授权工作的关系。

3. 授予权力

管理者授予下级完成任务所必要的职权、时间和资源。但不可授权过度。授权形式可以是口头的，也可以是书面的。必要时，可以采取隆重的仪式。管理者应使下级获取充分和必要的信息资料，从而提高下级的工作积极性和主动性。授予权力的同时，下级也就接受了完成任务的义务。

4. 确定好控制措施

管理者应设计好控制措施，对授权过程进行必要的控制，明确各个检查点，保证工作按预想的发展。控制措施中也包括在出现意外情况时采取的补救方案。

5. 收回授权

当发现下级缺乏履行职责的能力，或者目标已经达到，或者目标有了变化等情况出现时，都可以收回授权。对于下级的工作结果，应进行合理的绩效评估和奖励。

（三）消除授权障碍

在授权方面经常存在授权障碍，管理者常犯的错误是授权太少，不愿与下属分享自己的职权：担心下属表现出色而威胁到自己；担心下属完不成工作；担心外界的闲言碎语。有的下级不愿意接受授权，缺乏自信，担心工作失败或者不愿承担风险，或者觉得不值得接受，或者认为上级不相信他。

克服授权障碍要求管理者具备一些重要素质，包括乐于认真考虑他人的想法；放手让下级自由履行他们的职责；相信下级的能力；允许员工犯一定的错误，不会因错误受到不合理的惩罚。克服授权障碍应主要做到：树立下级对行使所授职权的信心，最大程度地减少授权工作对已有工作关系的影响，必要时帮助下级解决问题。还应注意防止反授权，即本来应属于下级的职能，却由管理者来完成。想要学会有效授权的管理者们应该记住：如果你不授权，你仅仅是在做事；如果你授权越多，你就越是在建立和管理组织。

二、正确发挥参谋职权的作用

在知识爆炸的今天，聘用各方面的专业技术人员为决策者出谋划策是很必要的。但要想发挥这些专业技术人员作为参谋的作用，应采取以下正确措施。

1. 明确参谋人员的参谋角色,不能削弱直线职权

参谋人员的职权是为直线人员提供建议,不能强求直线人员接受,但也不能因为只是提建议,就不认真工作。直线人员是参考这些建议,不是必须按建议去做。

2. 对参谋人员的工作考核

虽然参谋人员只是提建议,而决策权在直线主管,工作结果和参谋人员无直接的关系,但应根据工作过程对参谋人员的工作进行评价。

3. 为参谋人员提供必要的信息

良好的决策不但要应用决策理论,也要结合企业实际,所以应向参谋人员提供直线部门的实际工作情况等信息,以便于参谋人员能提出更好的建议。

4. 实行必要的强制参谋制度

强制参谋制度是指在高层主管审批签字前,直线主管必须征询有关参谋人员的意见,即使参谋人员持反对意见,也不能省略这一程序。只有这样,才能调动参谋人员投入工作的积极性。

5. 授予必要的职能职权

为了充分发挥参谋的作用,往往授予参谋人员一定的职能职权,但这样往往带来多头指挥的弊端。因此,高层直线主管应认真分析授予职能职权的必要性,明确其职权大小和使用范围。

6. 授予参谋人员越级报告权

由于直线人员和参谋人员在认识观点、情报信息和利益等方面不完全一致,发生意见分歧在所难免。如果参谋人员认为事关重大,应该有权向更高一级主管申诉,由上级来裁定。这种越级报告权的意义在于使参谋人员有一定的独立性,避免直线主管发生重大失误。

三、组织的变革与发展

组织应随着内外部环境的变化而变化,适时进行变革,才能不断优化和发展,才能应对未来的挑战。组织变革就是组织根据内外部环境的变化,及时对组织中的要素及其关系进行调整,以适应组织未来发展的需要。

(一)组织变革的动因

组织变革的动因分为以下两个方面。

1. 外部因素

外部因素主要有整个宏观社会经济环境的变化、科技进步、资源的变化、竞争观念的变化。

2. 内部因素

主要有组织目标与政策变化的要求;保障信息畅通的要求;管理技术条件的改变,管理水平的变化,管理人员的调整;组织业务发展的需要;组织竞争战略的变化;组织成员的需求。

(二)组织变革的目标

组织变革的基本目标一般包括以下几个方面。

1. 使组织更具环境适应性

除改变环境外，组织更多地是考虑如何适应环境，在多变的环境中不断调整自己的目标、组织结构、人员配备等，以便把握发展的机会，求得企业的生存和发展。

2. 使管理更有效率

管理效率是组织生存竞争的保证。通过组织变革，能使决策更科学、指挥更灵活有效、员工的个人积极性和工作能力得到提高、信息沟通快捷、控制更有效。

3. 为员工发展提供更好的工作环境

组织目标的实现最终体现在员工的工作成果上。通过组织变革，为员工决策提供足够的信息和决策权力、为员工设计更科学的工作岗位、为整合各个岗位的贡献设置合理的部门化形式等，这些都为员工施展个人才能提供一个很好的工作环境。

（三）组织变革的内容

组织变革具有互动性和系统性，由于环境情况各不相同，变革的内容和侧重点也有所不同。总体来说，组织变革的具体内容主要有以下几方面。

1. 对人员的变革

为了更好地完成工作任务，主要涉及对员工的构成和数量、员工的技能、员工的工作态度等调整，对组织成员之间在权力和利益等资源方面的重新分配。在变革中，组织应针对员工的职业生涯规划和社会需求，使得组织目标和个人目标尽可能一致，使员工的个人价值充分发挥，组织目标得到更大的实现。

2. 对业务流程的变革

顾客的需求和员工的工作需要以及信息技术的发展，都是业务流程变革的理由。组织紧密围绕其关键目标和核心能力，对业务流程进行重新构造。

3. 组织结构的变革

主要包括选择组织结构形式、集权分权决策、部门化形式选择等。组织结构改革往往是多个方面的同时变革甚至是整个组织结构的全新改革，使得组织更加灵活、易于协调。

4. 组织文化的变革

组织文化的变革是对保守、僵化、阻碍企业发展和影响管理效率的组织文化进行变革。随着组织发展战略变化和发展阶段的不同，与之相伴随的企业文化同时要不断创新、丰富和发展。

（四）组织变革的方式

组织变革有多种多样的方式。对于不同的变革要求和不同的组织状况，应采取不同的组织变革方式。

1. 激进式变革与渐进式变革

按照变革的速度和程度不同，组织变革可分为激进式变革与渐进式变革两种。激进式变革指管理者力求在短时间内，对企业组织进行大幅度的全面调整，以求彻底打破组织现状模式并迅速建立目的态组织模式。如苏联在经济体制改革中推行的"休克疗法"就是一种突破式的变革。渐进式变革则是通过对组织进行小幅度的局部调整，力求通过一个渐进的过程，实现组织模式从现状向目的态组织模式的转变。如我国在从计划经济走向市场经济过程中所实施的改革。

2. 自上而下的变革、自下而上的变革和上下结合式变革

按照首先进行变革的组织层次和发展趋势，组织变革还可以划分为三种：其一是自上而下，由上级推动的变革。这种变革是从组织的管理层开始的，由管理层发起的。因此，一般来说，变革的进程要迅速一些。因为这种变革首先解决了领导层的问题。其二是自下而上的变革，即由下级或者是基层率先开展的改革。如我国1978年在农村开展的家庭联产承包责任制的改革，就是从安徽凤阳县小岗村的农民开始的，后来成为在全国范围开展的农村改革。其三是上下结合式变革，这是指组织各层次相互配合，变革工作统筹安排，以取得理想的效果。

3. 主动的变革和被动的变革

按照领导者控制的程度，组织变革可分为主动的变革和被动的变革

主动的变革是有计划的变革，是管理者洞察环境中可能给组织带来的机遇与挑战，考虑到未来发展趋势和变化，以长远发展的眼光，主动地制定对组织进行变革的计划并分段逐步实施。被动的变革是指管理者没有长远考虑组织发展，而是当环境发生变化后，匆忙做出的组织变动。

4. 以人为中心、以组织为中心和以技术为中心的变革

按照工作的重点，组织变革可分为以人为中心、以组织为中心和以技术为中心三种方式。以人为中心的变革中，管理人员首先致力于改变人员的数量、素质、态度、价值观念和需求种类，进而改变人员的行为，以达到提高绩效的目的。以人为中心的变革方式比较费时，改革成本较高。以组织为中心的变革中，管理人员通过改变组织结构、管理制度和工作环境等来影响人员的行为，以达到提高绩效的目的。以技术为中心的变革中，管理人员通过改变设备和工具、工艺方法、操作方法等来改变人员的行为，以达到提高绩效的目的。这种方式对人员影响复杂，需要全面考虑所采用的新技术对组织和人员的影响。

（五）组织变革过程的管理

1. 组织变革的过程

组织变革的过程可以分为三个阶段。①解冻。变革要打破原有的均衡，改变人们的习惯和传统，就要克服来自个人和群体的抵制，这是“解冻”过程存在的必要性。解冻是鼓励人们正视现实，更新观念，认识到变革的必要性，接受变革，积极投身变革。②变革。这是从旧阶段到新阶段的过渡。在变革过程中，首先要明确问题，指明变革方向，建立试验变革的安全环境，提供培训和实践的机会，使员工容易形成新的态度和接受新的行为方式，树立变革的榜样，对向榜样学习的员工进行奖励，认同和内化将加速变革的进程。③再冻结。这个阶段是固定新行为和态度，防止回到解冻前的状态。

2. 组织变革的步骤

美国学者约翰·科特(John P. Kotter)将组织变革划分为8个阶段。①形成紧迫感。研究有关市场和竞争激烈程度的真实状况。发现现实和潜在的危机与机遇并商讨对策。②建立联合指导委员会。建立一个强大的致力于变革的委员会，使委员会各成员齐心协力。③努力构思设想，制定相应的战略。提出设想，帮助指明变革的方向，确立实现这一目标的战略。④传播变革设想。利用所有的传播媒介，不断传播新的设想和战略，使联合委员会以自己的言行告诉员工该怎么做。⑤授权各级员工采取行动。消除障碍，改变破坏改革设想的

体制和结构,鼓励冒险和反传统的观念和行动。⑥创造短期利益。制定旨在使经营状况明显改善或取得收益的计划。创造短期的收益,大张旗鼓地鼓励为组织带来收益的人。⑦改变互不相容的制度结构和政策;雇佣、提拔和培养能实施变革设想的人,以新观念、革新人物等给变革过程注入活力。⑧使新方法在组织文化中形成制度化。采取面向顾客的旨在提高生产力的行动,改善领导的工作作风,明确新行为和企业获得成功之间的关系。

3. 消除组织变革的阻力

任何组织变革都会遇到变革阻力。阻力可能是建设性阻力,也可能是对抗性阻力。产生这种阻力的原因可能是传统的价值观念和组织惯性,也可能由于对变革后果的担忧,这集中表现为个人阻力和来自团体的阻力。为了组织变革的顺利进行,需要对变革阻力进行分析,采取一些措施消除变革阻力。管理者应分析维持变革的推力和阻碍变革的阻力的强弱,采取措施,增强支持因素,削弱反对因素,进而推动变革的深入进行。消除阻力的措施有:公开信息,教育和沟通,员工参与与投入,加强培训,协助和支持,启用改革人才,注意变革策略。

(六) 组织发展

广义的组织发展泛指各类变革,涵盖组织的变革与适应,涉及结构、技术、组织文化等发展过程,是组织整体性、系统性和前瞻性的革新发展过程。它是以行为科学的理论和实践为基础,对全部组织进行有计划的、系统的、长远的变革和开发,并形成一整套开发和变革的战略、措施和方法,以增进组织的有效性和员工的幸福感。组织发展的作用在于:能改善组织的效能,促成良好的管理;能使组织成员更认同该组织,更积极地参与组织活动;能改善员工之间以及团队之间的工作关系,能创造出一种鼓励创新与开放的工作气氛,提供个人成长的机会;能让员工了解到只有组织发展了才能适应外部环境的变化。组织发展技术可以概括为结构技术和人文技术。

1. 结构技术

结构技术是指通过有计划地改革组织的结构,改变其复杂性、规范性和集权度的技术。它是影响工作内容和员工关系的技术。

2. 人文技术

通过沟通、决策制定和问题解决等方式改变组织成员的态度和行为的技术,主要包括敏感性训练、调查反馈、质量管理小组、组织发展等。敏感性训练是通过非结构化的群体互动来改变行为的一种方法。训练中,组织成员处于一个自由开放的环境中,由一个专家做顾问,讨论他们自己以及相互之间的相互作用。训练的目的在于使团体成员通过参与和观察而有所领悟,了解自己,了解自己如何看待别人以及别人如何看待自己,了解人们之间如何相互作用。调查反馈是对组织成员的态度进行评价,确定其态度和认识中存在的差距,并使用反馈小组中得到的调查信息,帮助消除其差异的方法。质量管理小组是建立小的工作团队,员工参与其中,提出问题、分析问题并解决提出的实际问题。

组织发展在于化解和改变工作团体之间的态度、成见和观念,以改善团体之间的相互关系。

四、学习型组织

美国管理学家彼得·圣吉(Peter M. Senge)研究发现,寿命长的企业都具有很强的学习能力，学习能力是这些企业的竞争优势。这些企业很有生命活力，他们对企业发展目标、现状和存在的问题进行“系统思考”，企业决策者不断改变“心智模式”，确定可持续发展的企业目标，使企业获得很强的凝聚力，不断超越自我，求得生存和发展。

在1990年出版的《第五项修炼——学习型组织的艺术与实务》一书中，圣吉提出，学习型组织是指通过培养弥漫于整个组织的学习气氛、充分发挥员工的创造性思维能力而建立起来的一种有机的、高度柔性的、扁平的、符合人性的、能持续发展的组织。企业可以通过五项学习修炼，构建学习型组织。

1. 自我超越

员工个人应了解自身的现状，加深自身的愿望，不断超越自我，迸发创造力，缩短两者的差距。组织可以为每一个成员制订一个清晰的职业发展规划，为员工提供其他支持，帮助员工进行自我超越。

2. 改善心智模式

心智模式是指根深蒂固地影响如何了解这个世界以及如何采取行动的许多假设、成见。改变员工对学习的不良心智模式，改变决策者的心智模式（思维定势），使员工认识到学习可以提高超越自我的能力，学习可以使自身的行为更科学合理。通过以下方法可以发现心智模式的缺陷：①反思。通过反思发现自己的心智模式是什么样的，如何形成的。②探询。用探询来发现与别人面谈复杂问题时的不足。

3. 建立共同愿景

共同愿景是企业组织成员共同持有的关于组织的愿景，主要包括共同目标、价值观和使命感。愿景产生的强大凝聚力和驱动力能够极大地鼓舞员工。

4. 团体学习

学习不仅是营造一种不断学习的文化氛围，使得学习成为“终身学习”、“全员学习”或“全过程学习”，更应是一个群体的学习，是组织学习，而非单个个体单独学习。组织学习是一种创造性学习，学习成果在全体成员中共同分享，最终整个企业尤其在创造力方面得到整体进步。组织学习比个人更有洞察力，更具有组合匹配效果，更能提高企业快速地获得新知识的能力。团体学习的主要方式是“深度会谈”。

5. 系统思考

系统思考的修炼是前四种修炼的基础，是“看见整体”的一种修炼。系统思考有助于帮助组织成员明确自己的心智模式，确定最有效的改变心智模式的方法；帮助成员理解个人目标和组织目标的关系。

学习型组织彻底打破了传统组织以权力等级管理和控制组织的模式，通过团体学习，以价值观、使命感和共同愿景凝聚人心，实现了一种基于自我超越、改善心智模式、增强组织竞争力和组织管理、运作和发展模式；学习型组织改变了传统组织中人与人之间的契约型关系，更关注人员的个人发展，在组织与个人之间建立起基于对愿景、使命、价值观和目标共同誓愿的盟约关系，使每个成员都真心所愿在一个和谐均衡的共同体中发挥创造性智慧，推动组织发展；学习型组织改变了传统组织中领导者设定方向、做重大决策和激励旗下人员的领导职责，学习型组织的领导者主要以学习的模式管理、运作和发展组织，他们变成了学习型组织的设计者、指导者和服务者；学习型组织改变了传统组织中工作与学习截然分开，员工缺乏学习机会和时间的问题，使工作成为学习，充分发挥了全体成员在热忱、能量和知识上的长处,使组织成员的生活富有生命的意义和价值,提高了组织不断适应环境改变的能力;学习型组织改善了人们的思想模式,人们通过对系统思考、自我超越、改善思想模式、共同愿景和团队学习的深入理解和运用,改善了与人互动中复杂微妙的关系,克服了个人和组织的智障。学习型组织就是这样促进员工终身学习,提高员工对需求的反应能力。正是通过不断提高员工的能力这种方式,才使企业具备不断改进的能力,从而提高企业的应变能力,尤其是主动应变能力,适应环境的要求。正是通过不断提高员工的能力这种方式,才使企业能经常不断地进行一些小改小革,从而积少成多,一段时间后企业能达到一个大的变革,以最合适的方式适应了环境的变化。

五、组织结构的发展趋势

在当今全球化、市场化和信息化的背景下,组织环境呈现出更加复杂多变的趋势,组织结构形式也呈现出多样化的趋势。

1. 扁平化

在古典组织理论的影响下,经过长期的演变过程,企业逐渐形成了一套等级森严的组织体系,致使组织对外反应迟钝,缺乏应变和适应能力。20 世纪 80 年代以来,美国不少企业开始对这种传统模式进行大胆的改革,增大管理幅度,减少管理层次,组织结构呈现出扁平化趋势。90 年代初期,在美国和西方发达国家兴起了一场声势浩大的"企业再造"运动,把原来的金字塔型组织结构扁平化,把刚性组织柔性化,变分工和等级制度为合作与协调,改变原有的职能部门各司其职、互不相干的状况,从而使企业形成能够对环境变化做出灵敏反应的组织结构,实现组织运作的高效率。

组织机构扁平化必须具备两个重要条件:一是现代信息处理和传输技术的巨大进步。先进的信息处理和传输技术能够对人量繁杂的信息进行快捷而准确的处理和传输,从而大大缩减原有的进行信息处理和传输的中间管理层次,大大减少了企业内部的数据和报表工作,并且可使基层人员直接与最高管理层沟通;二是组织成员具有较高的素质,有着很强的独立工作能力。在扁平化的组织中,员工承担着较大的责任。组织中成员的关系转变为一种新型团队成员之间的关系,员工都享有与责任同等的权利,有着较强的自主管理能力。

2. 网络化

随着市场竞争的日趋激烈,越来越多的企业认识到,臃肿的机构不利于企业竞争能力的提高。因此,许多企业缩减规模,精简机构,专注于核心能力的建设,构成以横向一体化为主要特征的网络化组织形式,以网络化的形式把若干命运休戚相关的企业联结在一起。可以说,传统的等级制组织结构的基本单元是在组织指挥链条上的层次,而网络化组织形式的基本单元是基本上独立的经营单元。网络组织作为一个整体,表现出技术专业化、市场反应能力高以及灵活性强等多方面的优点。

网络化的组织结构具有两个主要特征:一是用特殊的市场手段代替行政手段来联结各经营单元之间及其与公司总部之间的关系。这种特殊的市场关系是以资金投放为基础的,包括产权变更、人员流动和较为稳定的商品买卖关系在内的全方位的市场关系。二是在组织结构网络化的基础上形成了强大的虚拟功能。

3. 开放化

在竞争全球化和信息化的现代社会，一个企业只依靠自身的力量很难赢得市场竞争的胜利，只能跨越组织的外部边界，对外开放，寻找更好的合作伙伴，实施组织间合作战略，将不同企业所拥有的互补资源整合起来，增进和供应链其他环节的合作关系，增强企业的创新能力，在产品和服务的质量、成本、时间和柔性等方面获得更大的竞争优势。

在进行组织设计时，组织结构既注意组织内部经营效率的提高，也注意和外部组织的接口，注重组织之间的交流、沟通和合作的实现，促进组织的可持续发展。

4. 全球化

随着通信、交通、信息技术和网络技术等的发展，企业经营走向全球化。全球化组织的核心问题是处理好总部和海外分部的关系。主要应注意以下几个方面：海外分部的部门化形式，双方的权力分配，海外分部之间的任务分配和横向协作，海外分部的主管人员的选用，总部和分部的沟通机制。

5. 分立化

分立化是指一个公司中再分离出几个小公司，把公司总部与下属单位之间的内部性的上下级关系变为外部性的公司之间的关系。这种分立化与划小核算单位的方式有着本质的区别。划小核算单位后的公司仍然是一种内部层级关系，而分立化所形成的公司与原来的公司则是一种平等的市场关系；分立后形成的小公司是独立的法人实体，拥有完全独立的经营地位，而通过划小核算单位所形成的基层经营单位不是独立的法人，不具有完全独立的经营地位；分立化是在分权关系上进行的变革，公司总部对分立的子公司通过股权投资和股东管理的方式进行控制，而划小核算单位只是在管理权限上的调整，不涉及产权关系，仍以行政管理手段为主。

分立化的具体形式有两种：一是横向分立，即按照产品种类进行分立。通过横向分立，可以最大限度地提高单个产品经营单位的自主权，在单个产品市场上形成竞争优势。二是纵向分立，按照同一产品的不同生产阶段分别分立。纵向分立所形成的各个企业之间的关系是一种同一类别产品内部上下游产品之间的关系。通过纵向分立，可以进一步集中力量，提高企业的专业化经营水平。

6. 二元化

创新能力是企业参与市场竞争的重要能力。二元化组织模式就是在推动创新的过程中，一方面，继续在主流组织中运用运营管理的理念来稳定发展；另一方面，成立独立的创新部门，进行有关的创新活动，为未来的发展做准备。二元化组织模式强调在组织结构和组织文化上保持创新和运营的分离，也就是在组织内部设置一个"特区"，为企业探寻新的机会。

7. 柔性化

柔性化表现为集权与分权、稳定和变革的统一。

集权与分权的统一。集权与分权各有利弊，而组织发展的趋势是趋向于分权。柔性化的组织结构并不是一味强调分权，而是为了避免过度分权带来的消极影响，在分权的同时实行必要的集权。实现集权与分权统一的关键是在上下级之间建立一些直接或间接的沟通渠道，及时进行沟通，适当地调整权限结构，保证组织具体活动和目标的协调。

稳定和变革的统一。为适应组织结构变革的需要，组织结构可分为两个组成部分：一是为完成组织经常性任务而建立的组织结构，它具有一定的稳定性，是组织结构的基本组成部分；二是为完成一些临时性任务而成立的组织机构，是基本组织结构的补充，如项目小组、咨询专家等。

柔性组织更充分地体现在组织结构的权利下放和不断变革上，其典型组织形式是临时团队和重新设计等形式。临时团队是指一种任务单一、人员精干的临时性组织，如同战时的“突击队”。重新设计指的是把组织结构的变革看作组织结构存在的常态，而不是偶然的一次性组织行为。它要求根据环境的变化不失时机地对组织进行调整。因此，重新设计的常态化利于提高组织的应变能力。

第三节 人员配备

一、人员配备的含义

人员配备是指根据组织结构中所规定的职位的数量和要求，对所需人员进行有效的人力资源计划、招聘、选拔考评和培训，以充实组织结构中的各种职位，进而实现组织目标的过程。其目的是做到各尽所能、人尽其才、任务饱满、负荷均衡，以保证组织活动的正常进行，从而实现组织的目标。

二、人员配备的过程

人员配备是在组织设计的基础上进行的，包括人员需求量分析、组织人员储备现状分析、人员选拔、人员考评和人员培训五个环节。

（一）人员需求量分析

人员需求量分析总的原则是因事设岗、因岗选人。一个组织中未来人才的需要量基本上取决于组织的计划、组织结构的规模与复杂程度，以及组织的扩充发展计划和人员的流动率。在计划确定了组织的目标以及实现目标的大致安排之后，随之就要建立一个与之相适应的组织结构。组织结构建立之后，其中所设计的职位数量就是组织所需要的人员的数量，这只是从静态方面来考察未来人员的需要量。

在现实中，组织环境的变化要求组织随时修正其目标和计划，组织所需的人员数量也会随着组织结构的变化而增减。此外，人员是在不断流动的，退休、调出等原因会造成职位的空缺，从而需要有新人来填充这些空缺。这也是影响人员需要量的一个重要动态因素。当然，对人员的需求分析除了数量之外，在质量上，即每一职位所要求的资格上也应有所要求，二者结合起来才能选拔出最合适的人选。

（二）组织人员储备现状分析

明确当前的人员储备现状对于满足人员需求也是非常重要的，是获取所需人员的主要途径之一。通过分析组织的人员储备状况，可以发现可提拔的对象，避免人员的流失；识别出表现欠佳的人员，有助于对他们进行培训或调整；发现储备不足的情况可以提早安排补充；还可以避免有为的人员被埋没。

组织人员储备现状分析的主要方法是利用组织的人才储备图进行分析，主要包括：①分析组织目前的人员状况，如组织员工的部门分布、技术知识水平、工种、年龄构成等；了解组织员工的状况。②分析目前组织员工流动的情况及原因，预测将来员工流动的态势，以便采取相应的措施避免不必要的流动，或及时给予替补。③掌握组织员工提拔和内部调动的情况，保证工作和职务的连续性。

（三）人员选拔

1. 人员选拔的依据

在选拔人员时，应主要考虑两个方面：一是职位本身的要求；二是人员应当具备的素质、能力及意愿。

一个职位的要求主要包括如下一些问题，即该职位要做什么？如何做？要求哪些技能和知识背景？该职位的任务是否可以通过其他方式实现？为了获得这些问题的答案，就必须通过观察、调查、系统分析等手段对职位进行详细的分析。正如制造机器零件的原材料必须具备一定的性能一样，组织职位的人选也必须具备一定的资格、素质和特征。包括：从事管理工作的欲望、与人沟通的能力、正直和忠诚的品质以及过去从事管理工作的资历等。

2. 人员招聘途径

在明确职位要求和候选人条件的基础上，组织便可以展开具体的招募和选拔工作。招募是指吸引众多的符合条件的人前来申请组织的职位空缺的过程，而选拔则是从众多的候选人中遴选和决定最适当的人选。选拔的途径有两种：一是从组织内部选拔或调整；二是从组织外部招聘。

（1）内部招聘。内部招聘主要是内部晋升和招收职工子弟与亲属。内部晋升是指从组织内部提拔那些能胜任的人员来充实组织中的各种空缺。内部晋升的基础是组织建立起详细的人员工作表现的调查登记材料并绘制出人才储备图。内部招聘的优点在于：①有利于鼓舞员工的士气，调动他们的积极性；②有利于稳定队伍，防止人才外流；③提高了人员选聘的准确率；④有利于使被聘者迅速开展工作。内部招聘的缺点在于：①可能引发员工的内部矛盾；②导致组织“近亲繁殖”；③选择范围狭小。

（2）外部招聘。外部招聘就是根据组织制定的标准和程序从组织外部选拔符合空缺职位要求的员工。组织在招聘员工时，首先要考虑内部招聘的方式，但在内部招聘满足不了组织的人员需求时，需要进行面向巨大人才市场的外部招聘。主要方法有：①组织员工的推荐与申请人自荐；②职业介绍机构；③人才交流会。除此之外，还有很多方法，其中招聘广告是使用最普遍的一种方法，还可以应用上门招聘法。外部招聘的优点在于：①补充“新鲜血液”；②大大节省了培训费用；③有利于缓和内部竞争之间的紧张关系。外部招聘的缺点在于：①选错人的风险比较大；②需要更长的培训和适应阶段；③内部员工可能感到自己被忽视。

研究表明，组织在招聘人员时，最好采取内外部相结合的方法。具体是偏向于内部还是外部，取决于组织战略、职位要求和组织在劳动市场上的相对地位等因素。

（3）应遵循的基本原理。①公开竞争。是指组织越是想要提高管理水平，就越是要在主管职务的接班人之间鼓励公开竞争。②用人之长。所谓用人所长，是指在用人时不能够求全责备，管理者应注重发挥人的长处，选择最适合空缺职位要求的候选人。有效的管理就是要能够发挥人的长处，并使其弱点减少到最小。③先内后外、内外结合。把内部人才的培养放在人员招聘工作的重要位置，除了在组织内部发掘、提拔优秀人才，让员工充分发挥自身才能的内部提升之外，还要对组织外部符合自身需求的各类人才有长远考虑，为组织未来发展建设适合的人才梯队。

3. 选拔程序及方法

选拔过程大致由下列几个步骤组成。

(1) 拟定招聘岗位。这是选聘过程的前期工作，包括根据人员需求分析和职务分析制订招聘计划、成立选聘工作委员会或小组、确定选聘的途径、设计表格、确定招聘的时间、地点以及方式。

(2) 发布招聘信息。选聘机构通过发布招聘广告、召开工作信息发布会等方式详细描述空缺岗位所需的资历和经历、责任和职能、工资福利以及其他特殊要求，以吸引潜在的人选。

(3) 初步筛选。内部候选人可以根据以往的人事考评记录来进行，外部应聘者则需要通过简短的初步面谈来进行。根据所获资料剔除明显不合格的人选。

(4) 面谈。通过较为详细的面谈了解应聘者的情况以及介绍公司情况，剔除不符合要求的人选。

(5) 测试。对应聘者进行智力、业务、个性等方面的测试，来获得候选人进一步的信息。

(6) 体检与背景调查。检查候选人的健康情况以及对候选人的各种信息进行查对和核实。

(7) 主管面试。所需空缺职位的主管人员亲自面试。

(8) 试用。在正式使用之前，应先试用一段时期，以便决定是否正式录用。

(9) 录用决策、签订劳动合同。试用期满且试用合格的人员正式成为该组织的员工，并签订劳动合同。

在这一过程中，经常用到的方法或手段包括求职申请表、测试、面试、评价中心等。

(1) 求职申请表。申请表对于收集应聘者过去的工作经历、教育背景以及其他与工作有关的资料颇为有用。通过审查申请表可以判断应聘者是否值得进一步进行考察。

(2) 测试。对与职位有关的能力、技能、知识等的测试，通常是判断能否成功胜任未来职位的最好依据。一般的智力和个性测试偶尔也会有所帮助。测试除了要求必须妥当之外，其一致性也是至关重要的。候选人接受测试的环境和时间长短等因素都应当是一致的。

(3) 面试。在规范化的面试中，所提问题应是事先拟好的。主审人可以不同，但针对所有的候选人所提的问题都是一样的。在招聘管理者和专业人员时，面试规范化程度可以稍微降低一些，所提问题的范围和收集信息的目的仍是预先确定好的，但具体的提问则可以根据候选人背景的不同而有所区别。

(4) 评价中心。评价中心不是一个场所，而是选拔主管人员的方法。这种方法主要应用于基层主管的选拔，但近年来也常用于中层主管的选拔。这种方法是让候选人参加一系列的练习，以判断其在典型的管理情境中的表现。在此期间，由心理学家或有经验的经理对他们进行评估，在活动结束时，评价人员要概括地对候选人的成绩做出鉴定，然后通过比较各位评价员所做的评价，共同对一个候选人是否适于担任主管职位做出结论，写出有关他的书面总结报告。

（四）人员考评

人员考评是整个组织管理体系中一个重要组成部分。

1. 考评的必要性

人员考评的必要性包括：

(1) 是组织绩效控制与管理的工具。一般可以通过定期或不定期的总结、检查，把管理活动的结果与预期的成效相对应，以发现偏差，分析偏差的原因，及时采取措施，帮助和指导他们沿着既定的方向去实现组织的目标。

(2) 是人员配备和调整的依据。在选拔配备人员时，必须依靠正确的考评，即通过考评建立起有关人员的文字档案，并据此绘制出人才储备图，作为选拔人员的依据。同时，人员的配备并不一定完全准确，与工作要求完全相符。有些人员在选聘时所表现出来的令人满意的工作能力，在实践中并没有得到充分的证实；相反，另一些人的素质和能力不断得到提高，并试图努力证明自己有能力担负起更大的责任。由于这些原因，必须根据考评结果，以及工作中的实际表现，对主管人员的安排进行必要的调整。

(3) 是人员培训的依据。通过考评可以了解所配备的人员在某些方面的素质缺陷，根据缺什么补什么的原则来确定培训内容和培训方式，并制订培训计划，促进主管人员素质和能力的不断提高。考评是进行培训的基础，同时也是检验培训效果的有效手段。

(4) 是合理奖励的依据。工资报酬与劳动者的能力和贡献相联系，是按劳分配的一条基本原则。衡量人员工作能力和贡献是确定其工资报酬所不可缺少的一项内容。对做出了显著成绩的人进行奖励，是激励管理的重要手段，而奖励的基本依据是考评的结果。

2. 考评的性质

(1) 多因性。多因性是指员工的绩效高低受多方面因素影响，主要有四方面：技能（技能是指个人的天赋、智力、教育水平等个人特点）、激励（员工工作的积极性，员工的需要结构、感知、价值观等）、机会（承担某种工作任务的机会）、环境（工作环境，包括文化环境、客观环境等）。

(2) 多维性。多维性是指需要从多个不同的方面和维度对员工的绩效进行考评分析。不仅考虑工作行为还要考虑工作结果，如在实际中不仅要考虑员工产量指标的完成情况，还要考虑其出勤、服从合作态度、与其他岗位的沟通协调等方面，综合性地得到最终评价。

(3) 动态性。绩效是多因性的，并且这些因素处于不断变化中，因此绩效也会不断发生变化。这涉及绩效考评的时效性问题。

3. 考评原则

(1) 考评指标要客观。指标的含义要准确、具体，指标要尽可能定量化，即使是定性指标也要尽可能划分等级或转化为分值。对工作结果的考核要尽可能用数量、质量指标来反映，如产量、产值、合格率、销售额、利润等。

(2) 考评方法要可行。方法可行是指考评的方法要为人们所接受并能长期使用。方法的可行与否，同方法本身的难易繁简程度有很大关系。也就是要求考评项目要适中，不能过多，也不能过少。考评要坚持实事求是，不拔高，不贬低，使考评结果客观可靠。严肃认真做好考评工作，防止流于形式。

(3) 考评时机要恰当。考评时间要根据考评的目的和职位的工作性质来确定。为晋升的考评应根据职务晋升时间的需要来确定考评时间。为了解各级人员的政绩、作风的考评应当定期进行。同时要根据职位的工作性质确定考评时间，时间太短，工作绩效表现不出来；时间太长，则不利于及时发现和纠正偏差，也不利于鼓励工作出色的人员。一般来说，对主管人员的正式考评是一年一次至两次，而对于新担任主管职务的人员，考评次数则可多一些，目的是了解他们，促进和帮助他们尽快适应工作。

(4) 考评结果要反馈。考评人应及时将考评结果通知被考评者。上级主管可以与被考评者直接单独面谈，共同讨论绩效考评的结果。通过及时将考评结果反馈给被考评者，可以使本人知道组织对自己能力的评价以及对所做贡献的承认程度，认识到组织的期望目标和自己的不足之处，从而确定今后需要进一步努力的方向。

4. 考评的内容

考评的内容主要是德、勤、能、绩、廉。"德"的考核主要是考核个人素质。看其是否忠于职守，是否遵纪守法，办事公道、行为廉洁，品德是否高尚。"勤"的考核主要是考核敬业精神。关键是考核其工作态度，在本职工作岗位上的勤奋敬业精神和劳动工作纪律情况。"能"的考核主要是考核工作能力，关键是考核其本职岗位的业务专业技术能力和管理能力的运用和发挥。不仅看其业务专业技术提高情况和知识更新情况，还要看其能力运用的目的性是否明确、得当，手段方式是否合理、规范。工作能力由一般能力和特殊能力两方面的能力组成。一般能力包括分析判断能力、基本工作能力和身体能力等；特殊能力包括业务专业技术能力、领导能力、创造能力、执行能力、经验能力等。"绩"的考核主要是考核工作效果。这是综合反映个人工作能力、水平和努力程度的一个标志。一般由四方面构成，即工作指标、工作效率、工作效益和工作方法。"廉"主要考核的是廉洁自律。主要考核执行组织清正廉洁的有关规定和严格要求自己情况，有无违纪现象；自身修养，爱好是否健康向上，能否积极参加一些公益活动，自觉抵制不健康行为，遵纪守法、克己奉公、廉洁自律等状况。

5. 考评方式

这是指由谁来执行考评任务，一般有以下四种：①自我考评。由被考评人员根据组织的要求定期对自己工作的各个方面进行评价，有利于促进被考评人员总结经验教训，自我完善，自我控制，提高自身素质，增强责任感。其评价结果可以作为上级对下级评价的参考。②上级考评。这是最常见、最符合管理逻辑的一种考评方式。这种由上而下的考评，能较准确地反映被考评者的实际状况，也能消除被考评者心理上不必要的压力。但有时也会受主管领导的疏忽、偏见、感情等主观因素的影响而产生考评偏差。③同事考评。是指由同事互评绩效的方式，来达到绩效评估的目的。同级评价的方式还可以补足上级对下属评估的缺陷。被评估者还可以通过评价的结果，从同事眼中了解自己在团队合作、人际关系上的表现如何。如果将绩效评价的结果用于提拔人才，同级评价这种方式往往能达到使众人信服的效果。④下级考评。指下属员工对他们的直接主管领导的考评。一般选择一些有代表性的员工，用比较直接的方法，如直接打分法等进行考评。

6. 考评方法

组织在实施绩效考核时，方法的选择也是十分重要的。人员考评的方法总的来看，分为相对考评法和绝对考评法。

(1) 相对考评法。相对考评法主要有序列比较法、两两对比法和强制比例法三种。①序列比较法，是指对按员工工作成绩的好坏进行排序考核的一种方法。将相同职务的所有员工在同一考核模块中进行比较，根据他们的工作状况排列顺序，工作较好的排名在前，工作较差的排名在后。最后，将每位员工几个模块的排序数字相加，就是该员工的考核结果。总数越小，绩效考核成绩越好。②两两对比法，是指对员工进行两两比较，任何两位员工都要进行一次比较。两名员工比较之后，相对较好的员工记“1”，相对较差的员工记“0”。所有的员工相互比较完毕后，将每个人的得分相加，总分越高，绩效考核的成绩越好。③强制比例法，是指根据被考核者的业绩，将被考核者按一定的比例分为几类（最好、较好、中等、较差、最差）进行考核的方法。

（2）绝对考评法。绝对考评法主要包括目标管理法、关键绩效指标法、等级评估法。①目标管理法，是指通过将组织的整体目标逐级分解直至个人目标，最后根据被考核人完成工作目标的情况来进行考核的一种绩效考核方式。在开始工作之前，考核人和被考核人应该对需要完成的工作内容、时间期限、考核的标准达成一致。在时间期限结束时，考核人根据被考核人的工作状况及原先制定的考核标准来进行考核。②关键绩效指标法，是指以企业年度目标为依据，通过对员工工作绩效特征的分析，据此确定反映企业、部门和员工个人一定期限内综合业绩的关键性量化指标，并以此为基础进行绩效考核。③等级评估法，是指根据工作分析，将被考核岗位的工作内容划分为相互独立的几个模块，在每个模块中用明确的语言描述完成该模块工作需要达到的工作标准。同时，将标准分为几个等级选项，如“优、良、合格、不合格”等，考核人根据被考核人的实际工作表现，对每个模块的完成情况进行评估。总成绩便为该员工的考核成绩。

（五）人员培训（继续教育）

由于组织的发展或某种自然与非自然的原因，组织的管理队伍需要不断地更新和补充。人的成长总需要一个相对漫长的渐进过程，因此，组织要在通过人员考评了解人力资源状况和特点的基础上，重视开展人员培训特别是管理人员的培训工作。

1. 员工培训功能

（1）保持组织的竞争力。从一定意义上讲，组织竞争的实质就是人才的竞争。哪个组织拥有大批高素质的人才，哪个组织就能在竞争中获胜。通过培训，可以使员工的业务知识、工作技能得到提升，企业才能在激烈的竞争中立于不败之地。

（2）形成共同的价值观。使员工与组织形成共同的价值观，这是培训的最重要的目的之一。有了文化和观念上的认同，才能激发员工与企业同心同力，共同应对未来的挑战。

（3）适应科学技术的发展。当今世界是科技迅猛发展的时代，科学发展与大规模应用这种发现之间的时间间隔也在逐步缩短。知识、技能的变化速度越来越快，没有一种知识与技能可以终身受用。因此，只有通过持续的培训，才能使人们适应科学技术的发展与进步。

（4）促进个人的发展。社会发展的终极目标之一在于人的发展，反过来，人的发展对组织和社会的发展起着推动作用。通过培训可以发现和发掘每个人的潜能，促进个人的发展，增强员工的满足感和成就感。

2. 培训对象

根据培训的特点不同，可以把培训对象分为两类：一类是一般人员；另一类是主管人员。这一类又可以细分为两类，即任职的管理人员和新选聘的以及将要被提升的管理人员。

对于一般人员的培训，主要是加强其专业技能的培养，同时，技能培训不能只停留在操作层面，理论的学习和提高，是普通作业员工不断成长的关键因素之一。

对于主管人员中的第一类任职主管人员，无论是高层、中层还是基层的管理人员，其培训的重点都是提高现有的各方面的素质和能力，只不过因为所处的层次不同，素质和能力要求的侧重点不同,但都是为了更好地做好现任工作。对于主管人员中的第二类新聘主管人员,其培训重点是“入门培训”或“社会化”。旨在为新员工提供信息,以使他们顺利有效地在组织中工作。对于将要被提升的人员,培训重点是分别根据各自的弱点和不足,通过各种方式尽快地补课,以达到拟提升职务对主管人员的要求。

3. 培训内容

培训的具体内容一般包括三个方面,即政治思想教育、业务技术知识和管理知识。政治思想教育主要是思想问题、方向问题。业务技术知识是通过对员工进行不同程度的系统知识训练,提高他们对新知识、新理论、新方法的研究,帮助他们开阔眼界,并及时补充和更新他们的科学、文化和技术知识。管理知识培训是使员工将所学到的管理知识灵活应用于管理实践,即注重培养员工从管理的基本原理出发,掌握管理的各种技能,运用各种管理方法,从而提高员工在决策、沟通、创新等方面的综合能力。

4. 培训方法

培训方法多种多样,主要有以下几种。

(1) 理论学习。具体形式大多采用短训班、专题讨论会等,时间都不会很长,主要是学习一些管理的基本原理以及在某一方面的一些新的进展、新的研究成果,或就某些问题在理论上加以探讨等。

(2) 职务轮换。是使受训者在不同部门的不同主管位置或非主管位置上轮流工作,以使其全面了解整个组织的不同的工作内容,得到各种不同的经验,为今后在较高层次上任职打好基础。

(3) 提升。包括有计划地提升和临时提升。有计划地提升有助于培养那些有发展前途的,将来被提拔到更高一级职位上的主管人员。它是按照计划好的途径,使主管人员经过层层锻炼,从低层逐步提拔到高层。临时提升是指当某个主管人员因某些原因,例如度假、生病或因长期出差而出现职务空缺时,组织指定某个有培养前途的下级主管人员代理其职务。临时提升也是一种培养方法。

(4) 设立副职。副职的设立,是要让受训者同有经验的主管人员一道密切工作,后者对于受训人员的发展给予特别的注意。

另外,还有许多具体的方法,如参观考察、案例研究、辅导、深造培训等。总之,各类各级组织在具体的培训工作中,要因地制宜,根据自己组织的特点以及所培训人员的特点来选择合适的方法,使培训工作真正取得预期的成效。

在应用这些方法时,应注意以下问题。

(1) 培训与组织目标相结合。组织的生存发展是组织第一重要的事情,组织的任何活动都应围绕着如何更好地实现组织的目标。员工的培训对于组织战略目标的实现和保持核心竞争力起着至关重要的作用。因此,组织的培训工作要紧密联系组织的战略目标、经营策略、业务内容等才能充分发挥组织培训的作用。

(2) 培训内容与受训者需求相结合。组织在制定培训内容时要考虑受训人员对培训和发展的要求以及其职业生涯,这样才能激发受训者的学习热情。

(3) 培训方法灵活多样。要根据培训的目的去选择培训方法,不同层次的受训者,培训和发展的目的不同,应采用不同的方法,将通才培训和专才培训结合起来。

(4) 理论与实践相结合。就是培训的内容与受训者或企业的实际紧密结合起来,达到学以致用的目的。

(5) 领导重视并积极参加。组织高层管理人员的参与和支持对管理人员的培训和发展是很重要的,有时亲自参与某些培训,会取得最佳的效果。

本章小结

本章介绍了组织工作的任务以及内容,有助于管理者明确做好组织工作应具备的素质;介绍了组织设计过程的具体内容,深刻理解职能设计的内容和部门化形式的特点,有助于理解各个工作岗位和部门形成的原因,有助于在以后的工作中对其他工作岗位的理解,增强组织设计工作能力。介绍了组织设计的基本原则、组织结构的类型和组织设计的影响因素,有助于组织设计人员改进设计思路,提高设计技能。在组织运行中,介绍了授权的过程和消除授权障碍的措施,如何正确发挥参谋人员的作用等具体内容,理解这些内容有助于发挥各个人员的作用,促进组织的顺利运作。理解组织变革的原因和阻力,有助于理解组织的发展原因和方式,积极地参与组织变革。掌握人员配备的过程,理解人员培训的途径,了解人员考评的内容,有助于为组织的各个工作岗位配备合适的人选,使得各个人员在工作岗位积极地工作,达到组织和员工个人双赢的局面。

复习思考题

1. 试述组织设计的主要内容。
2. 在直线职能制中,如何正确处理直线人员和参谋人员的关系?
3. 比较各个类型的组织结构的特点和适用场合。
4. 简述组织战略是如何影响组织设计的?
5. 如何对待组织变革中的阻力?
6. 人员培训的方法有哪些?谈谈你对人员培训方法的看法。

案例分析

万维公司的组织结构变革

北京清华万维网络技术有限公司是一家民营高新技术企业,成立于1998年4月。公司的定位是网络技术专业服务领域,创建时初步确定了三个主要业务方向:①网络技术培训;②互联网教育网站;③网络技术咨询和工程监理。万维公司成立时仅有7名员工。总经理孟高原是一位个性很强、勇于进取的领导人。在其领导下,到1999年9月为止,万维公司已经实现主营业务收入563万元,员工总数发展到78人。

创建初期,公司采用简单的组织结构,所有人员由孟总统一指挥调度。各项业务规模逐渐扩大后,为了适应业务发展的需要,公司正式采取事业部结构,并增设了人力资源部、市场公关部和企划部等职能部门,组织结构逐渐清晰和正规起来。组织结构如图10-8所示。

实际上,各事业部仅仅是在业务和人员方面加以区分,还没有真正实现管理和经营方面的充分自治,各事业部管理基本上还是由高层领导直接负责,这就导致了部门间缺少沟通、

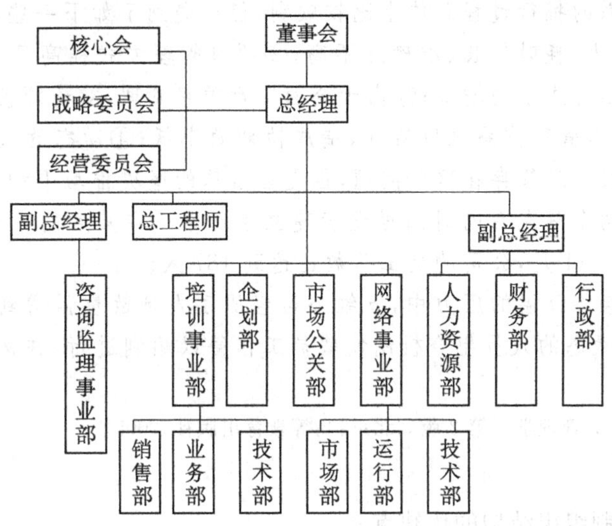

图 10-8 清华万维网络技术有限公司组织结构(1999.8.1)

管理队伍能力不足、员工士气越来越低落等问题。

通过员工调查,根据对万维公司的特点和组织结构关键特征的分析,咨询小组为万维公司设计了一种基于职能资源平台的、以项目管理为核心的、贯彻内部市场机制的矩阵制组织结构。基本思路为:以经营业绩为导向,企业所有职能部门都为经营工作服务;强调资源动态组合的组织模式;同时采取决策权力下移扁平化管理方式,充分发挥员工工作潜能。调整后的组织结构如图 10-9 所示。

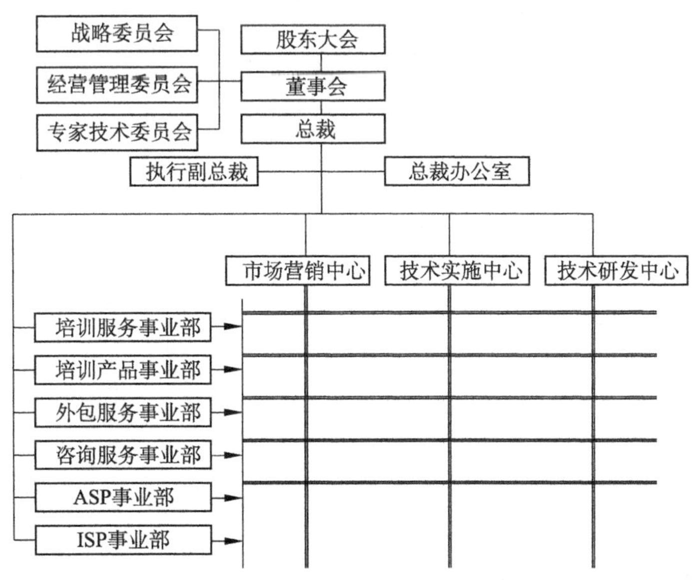

图 10-9 万维公司调整后的组织结构

自 2000 年 4 月 1 日开始,万维公司调整为矩阵制组织结构,全面实行项目管理和预算控制制度,并建立了培训服务事业部、培训产品事业部、互联网应用(ASP)事业部、互联网服务(ISP)事业部等,各事业部分别设总经理,总裁不再兼任事业部经理。

新组织结构体系的推行过程总体上比较顺利，但也遇到了如下一些具体问题：①事业部计划、预算工作量较大、耗时较长、准确度不高；②项目管理方式提高了组织的动态适应性，但同时引起企业的运营成本的增加；③由于全面实行项目管理，对资源使用计划和调度管理提出很高的要求，现有管理体系难以胜任，造成协调效率低；④动态的人员组合机制不利于团队合作精神的形成。尽管存在这些问题，但是在孟总的坚决推动下和各方努力下，新的组织运作体系还是在两个月左右的时间里逐步建立了起来。在其后的半年时间里，公司规模迅速扩大，至 2000 年 11 月，公司的员工总数已达到 187 人。

随后在互联网经济降温的压力中，万维公司经历了人员数量猛增到 187 人后又锐减到 83 人的剧烈震荡。动态的人员组合机制使裁员工作得以顺利进行，并保证留下来的员工具备较高的素质水平。

（案例来源：周三多．管理学．第 2 版．北京：高等教育出版社，2005）

问题：

1. 分析事业部制组织结构的优缺点。
2. 万维公司为什么要进行组织结构变革？
3. 分析矩阵式组织结构的优缺点。

第十一章

领 导

学习目的和要求：

通过本章的学习，应深刻认识领导职能的必要性，并在学习领导理论的基础上，掌握领导行为理论和领导权变理论的基本知识以及主要的领导艺术和方法；理解领导的含义及领导与管理的区别与联系；掌握领导影响力的来源及其构成；重点掌握管理方格理论、费德勒权变模型、生命周期理论，熟悉三种极端领导方式理论、领导行为四分图理论、领导方式连续统一体理论、领导垂直组合理论、交易型领导与变革型领导等领导理论。

第一节 领导工作概述

一、基本概念

（一）领导

“领导”作为名词是指实施领导的人，即领导者；作为动词是指领导工作。

美国学者斯托格狄尔(Ralph M. Stogdill)1950 年提出：“领导是对组织内群体或个体施加影响的活动过程。”美国管理学家比尔·泰瑞(Bill Terry)1960 年提出：“领导是影响人们自动地为达到群体目标而努力的一种行为。”美国管理学者戴维斯(Keith Davis)认为：“领导是一种说服他人热心于一定目标的能力。”孔茨等人提出：“领导是一种影响力，是引导人们行为，从而使人们情愿地、热心地实现组织或群体目标的艺术过程。”巴纳德认为：“领导是上级影响下级的行为，以及劝导他们遵循某个特定行动方针的能力。”罗宾斯认为：“我们把领导定义为一种影响一个群体实现目标的能力。这种影响的来源可能是正式的，如来源于组织中的管理职位。那些非正式任命的领导者，也就是影响力来自组织的正式结构之外的领导者，他们的影响力与正式影响力同等重要，甚至更为重要。”因此，我们认为：领导是对组织内群体或个体的行为进行引导和施加影响，进而实现组织目标的活动过程。

（二）领导与管理

1. 领导与管理的联系

领导与管理是一对相互依存而又相互独立的社会控制行为，且常为同一行为主体所并用。因此，它们既有各自的适用领域，同时互为补充、相互作用、互相渗透和相互转化。领导与管理的联系，最明显的表现是行为主体的共同性，对绝大多数组织来说，永远不可能将管理者和领导者分开；从行为方式看，领导和管理都是一种在组织内部通过影响他人的协调活动，实现组织目标的过程；从权力的构成看，两者都与组织层级的岗位设置有关，领导是整个管理中的一种职能。

2. 领导与管理的区别

第一，从工作目标看，管理追求的目标是提高组织运行的绩效，领导工作的重心是解决方向、目标问题，重视组织发展战略和长远发展方向。

第二，从权力来源看，管理是建立在合法的、有报酬的和强制性权力的基础上，而领导则可能是建立在上述权力的基础上，也可能更多是建立在个人影响权和专长权的基础上。

第三，从工作对象看，管理的对象通常包括人、财、物等多种生产要素，而领导工作的对象往往只是人。

第四，从工作手段看，管理主要是计划、组织、领导、控制等，而领导主要是大政方针的制定、人事安排和各种活动的协调等。

第五，从产生方式看，管理者是正式任命的，而领导者既可以是正式任命的，也可以是从某个群体中自发产生出来的。领导者必然是管理者，但管理者不一定是领导者。

简言之，领导是指出方向、创造态势、开拓局面的一种行为和活动，处理的是人与人的关系，是做正确的事；管理是为组织的活动选择方法、建立秩序、维持运转的行为，处理的是人与人、人与物、物与物的关系，是正确地做事。管理的范围要宽，但领导的层次要高。领导与管理的区别见表 11-1。

表 11-1　领导与管理的区别

领导	剖析	开发	价值观、期望	长期视角	询问“做什么、为什么”	挑战现状	做正确的事
管理	执行	维护	控制和结果	短期视角	询问“怎么做、何时做”	接受现状	正确地做事

（三）领导工作

领导工作是领导者、被领导者和所处环境三个要素的函数，即

领导工作 $=f$(领导者，被领导者，环境)

领导者包括领导个体和领导群体两个层面。大部分情况下，领导者是以个体形式出现的，但并不排斥群体成为领导的情况，如企业中的董事会便在组织中扮演领导者的角色，领导者在领导活动过程中处于一个极其重要的地位，不仅要树立正确的领导理念、激发下属潜能，还要将领导目标内化为下属为之奉献的引导力量，使组织在积极状态下运转。被领导者指在领导活动中执行具体决策方案和实现组织目标的行动者，被领导者是领导活动得以发生的基础，领导活动的顺利推行必然是在群体成员积极参与、领导者与被领导者相互沟通过程中实现的。环境是直接和间接地制约和推动领导活动展开的各种外部环境和内部环境的组合，离开领导环境，领导活动就失去了存在的可能性和现实性。

（四）领导的本质

在组织中领导者担任着极其重要的角色。如果其领导是有效的，组织中的成员就可能发挥更大的作用，从而产生更高的绩效；反之，组织目标的实现就可能十分困难。因此，领导的本质就是领导者通过影响被领导者，使其能自觉地、自愿地把自己的能力贡献给组织，促使组织目标更有效地实现。正确理解领导的本质，需要从三个层面把握：领导是组织成员的追随与服从；由于成员的追随与服从使领导过程成为可能；成员的追随与服从是由于领导者掌握一定的资源，能够满足组织成员的愿望和需求。

（五）领导者的基本工作

1. 拟订目标

各种管理活动都是围绕有效实现组织目标进行的，而领导者就是制定和落实组织目标的主体。

2. 组织实施

组织目标确定以后，领导者通过影响和号召下属，使组织中各部门、个人都行动起来，相互协调，共同实现组织目标，没有领导有目的地对员工进行工作活动组织，组织目标是难以实现的。

3. 沟通联络

为了有效履行管理的各项职能，领导者必须通过沟通机制及各种联络方法与组织内外部环境发生联系，有效化解管理工作中各项冲突等，进而在更大程度上提高管理工作的绩效和水平。

4. 文化建设

强有力的组织文化会提高成员行为的一致性，有利于组织目标的实现，组织文化建设是领导工作的重要内容。

5. 绩效考核

由于组织中每个成员的工作绩效，直接影响整个组织的经营业绩，因此，组织中的领导者必须定期对成员的工作行为与业绩表现进行考察评价，以便做出客观公正的人事决策，更好地实现组织的发展目标。

6. 培养人才

领导者通过直接相互作用而对其他人实施影响，一个有效的领导者能够影响和调动下级，激发下级成员的潜力，提高下属的工作技能、才智和技术水平。

二、领导权力

领导权力指影响他人的能力，在组织中就是指排除各种障碍完成任务达到目标的能力，即影响他人行为并要求他们以特定方式活动的力量。权力的实质是对资源拥有者的一种依赖性，根据美国学者法兰西(John French)和雷温(Bertram Raven)等人的研究，领导权力主要来源于职位权力和个人权力。

1. 职位权力

职位权力是领导者在组织中担任一定职务而获得的权力，由职位产生，即由上级或组织制度所赋予的权力，具有很强的职位特性。对于职位权力下属必须服从，其影响因素有传统观念、职位因素和资历因素。这种权力与领导者的职位相对应，职位权力是从上向下的权力，包括以下几种。①法定权：由组织中等级制度所规定的正式权力，被组织、法律、传统习惯甚至常识所认可，它通常与合法的职位紧密联系在一起。②奖赏权：一种建立在良好希冀心理之上的权力，在下属完成一定的任务时给予相应的奖励，以鼓励下属的积极性。奖赏属于正激励，源于被影响者期望奖励的心理，领导者为了肯定和鼓励某一行为，借助物质或精神的方式，达到被激励者得到满足的目的，被影响者是否期望这种奖赏是奖赏权的一个关键。③强制权：管理者惩罚他人的权力。惩罚包括口头批评、降薪、扣发员工工资、降职等。服从是强制权的前提；法律、纪律、规章是强制权的保障；处分、惩罚是强制权的手段。在使用惩罚权时一定要考虑它的负面效应，惩罚往往会引起愤恨、不满，甚至报复行为，因此，必须慎重使用。过度使用强制权力很少能够产生高绩效，同时也是有悖于伦理的。

2. 个人权力

个人权力是指与组织的职位无关的权力，主要有专长权、模范权和背景权。是由于领导者的个人经历、地位、人格特殊品质和才能而产生的影响力，它可以使下属心甘情愿地、自觉地跟随领导者。这种权力对下属的影响力比职位权力更具有持久性。①专长权：领导者因为具有各种专门的知识和特殊的技能或学识渊博而获得同事及下属的尊重和敬佩，从而在各项工作中显示出的在学术上或专长上一言九鼎的影响力。专长权的影响力往往仅限定在专长影响范围之内。②模范权：建立在领导者个人素质之上，是一种无形的、难以用语言准确描述的权力，诸如品格、知识、才能、毅力和气质等。它通常与具有超凡魅力或名声卓著的领导者相联系，又被称做领导者的感召权。③背景权：个体由于以往的经历而获得的权力，由于他的特殊背景和荣誉，在初次见到他的时候，人们愿意听从他的意见，接受他的影响。

3. 权力的正确使用

(1) 慎重用权。权利来源于组织资源的有限性，领导者通过组织赋予的途径获得权力。领导者可支配的资源越多，意味着权利越大，权力越大意味着责任越大，领导者应正确地认识自己的责任和任务，谨慎地使用手中的权力。资源的稀缺性和有限性要求每一位领导者都有责任和义务使资源的效能得到充分发挥，从某种程度上说，我们可以用这样一个公式诠释：权力＝资源＝责任，即：权力＝责任。因此，管理者要慎重使用手中的权力。

(2) 公正用权。领导者办事公正才能赢得别人的尊重，若办事不公正，则会破坏组织制度，损害组织其他员工的利益。

(3) 例外处理。企业的高级管理人员把例行的一般日常事务授权给下级管理人员去处理，自己保留对例外事项的决定权和监督权。

三、领导者威信

1. 领导者威信的含义

领导者威信是指领导者在下属心目中的地位和威望，是实施领导活动的基础。领导者能对他人产生影响，不仅来自组织赋予的职权，而且领导者的能力、学识对他人的影响更大。

2. 威信的来源

领导者威信从本质上讲来源于领导者素质。与强制性的权力影响力不同，威信不具有法定性质，而是由领导者个人的品质、道德、学识、才能等方面的修养在被领导者心目中形成的形象和地位决定的，它取决于领导者本人的素质和修养，无法由组织"赋予"。威信是由敬佩、信任而产生的使人甘愿接受其影响的心理因素，它存在于被领导者心中。

四、领导风格类型

（一）按权力运用方式划分

1. 集权式领导者

所谓集权式领导者，就是把管理的制度权力相对牢固地进行控制的领导者。由于管理的制度权力是由多种权力的细则构成的，如奖励权、强制权和收益再分配权等，这就意味着对被领导者而言，受控制的力度较大。它的优势在于通过完全的行政命令，使管理组织成本在其他条件不变的情况下，低于在组织边界以外的交易成本，可能获得较高的管理效率和良好绩效，这对于组织在发展初期和组织面临复杂突发的变量时，是有益处的。它的缺点是长期将下属视为某种可控制的工具，不利于他们职业生涯的良性发展。

2. 民主式领导者

这种领导者的特征是向被领导者授权，鼓励下属参与，并且主要依赖于个人专长权和模范权影响下属。这样的领导者通过对管理制度权力的分解，以进一步激励下属的积极性，去实现组织的目标。通过激励下属的需要，发展所需的知识，尤其是意会性知识或隐性知识能够充分地积累和进化，员工的能力结构也会得到长足提高。因此，相对于集权式领导，这种领导者更能为组织培育 21 世纪越来越需要的智力资本。

（二）按创新方式划分

1. 魅力型领导者

魅力型领导者善于描绘未来蓝图，有鼓励下属超越他们预期绩效水平的能力。魅力型领导者的影响力来自以下几个方面：有能力陈述一种下属可以识别的、富有想象力的未来远景，有能力提炼出一种每个人都坚定不移赞同的组织价值观系统，信任下属并获取他们的信任回报，提升下属对新结果的意识，激励他们为了部门或组织利益而超越自身的利益。这种领导者热衷于提出新奇的富有洞察力的想法，把未来描绘成诱人的蓝图，并且还能用这样的想法去刺激、激励和推动其他人勤奋工作。

2. 变革型领导者

变革型领导者善于创造变革氛围，鼓励下属为了组织的利益加倍努力、超越自身利益，并能对下属产生深远而不同寻常的影响。变革型领导者关心每个下属日常生活和发展需要，帮助下属用新观念分析老问题，进而改变他们对问题的看法，能够激励、唤醒和鼓舞下属为达到组织目标而付出加倍的努力。

（三）按思维方式划分

1. 事务型领导者

事务型领导者又称维持型领导者，是通过明确角色和任务要求而指导或激励下属向着既定的目标前进，尽量考虑和满足下属的社会需要，通过协作活动提高下属的生产率。他们勤奋、谦和、公正，对组织的管理职能推崇备至，对待工作有条不紊。这种领导者重视非人格的绩效内容，如计划、日程和预算，对组织有使命感，严格遵守组织的规范和价值观。

2. 战略型领导者

战略型领导者的特征是用战略性思维进行决策。战略型领导者将领导的权力与全面调动组织的内、外部资源相结合，为实现组织长远目标，把组织的价值活动进行动态调整，在市场竞争中站稳脚跟的同时，通过积极竞争抢占未来商机领域的制高点。战略型领导者行为的有效性，取决于他们愿意进行坦荡、鼓舞人心并且务实的决策。他们强调同行、上级和员工对于决策的反馈信息，讲究面对面的沟通方式。

五、领导工作的基本要求

领导工作的要求可概括为：不断鼓舞员工的士气；把握员工的工作目的，了解员工的需求；注意社会对员工的影响；进行合理的工作安排，高效率的工作；综合应用各种有效方法对员工进行管理。即领导者通过畅通组织内外的沟通联络渠道，应用适宜的激励措施与方法，通过不断改进与完善领导作风与领导方法等方式，创造一个有利于实现组织目标的氛围。

第二节　领导理论

领导理论分为领导特质理论、领导行为理论和领导权变理论。20 世纪 30 年代开始，研究者以领导者为中心集中研究有效领导者身上所具有的个人特征，目的是要找出领导者应具备的特质、领导者与非领导者的区别；20 世纪 40 年代开始，研究中心转为领导者的工作作风和领导行为对领导有效性的影响，强调通过领导活动对组织成员施加影响，激发员工的工作热情来完成组织的任务；20 世纪 60 年代后，研究者们开始强调组织的环境对领导有效性的影响，从组织所处的环境去研究如何使领导行为与环境相互适应，以达到最佳的领导效果。

一、领导特质理论

领导特质理论又称领导特性理论、领导素质理论。早期的管理学研究十分重视领导者应有的素质和个性，认为领导的素质是与生俱来的，他们具备一些不同于他人的特点，如充满智慧，目标明确，有远大的理想、坚韧的毅力等。领导特质理论的基本出发点是：能否成为成功的领导，主要决定于他们是否具有领导的特质。研究者们希望通过对领导特质的研究，找出一些领导具有的规律性的、具有普遍性的共同特质，进而找出成为领导的特质规律，解决什么样的人适合当领导的问题，由此产生了领导特质理论。

（一）西方主要的领导特质理论

1. 斯托格蒂尔的六类领导特质

美国俄亥俄州立大学斯托格蒂尔（Stroger Till）教授曾两次对特质理论进行详细研究。第一次做了 124 次有关这方面的试验，找到了一些领导的共同特质，但不能证明哪些素质与领导成就有关。第二次对 163 位领导者的素质进行了研究。这个研究包括更多的可能与非正式领导者有关的品质和技能。从两次研究中,斯托格蒂尔找到了六种类型的领导特质:①身体特性。如精力充沛、有干劲、仪表出众等。②社会背景特性。如受教育的程度和社会地位等。③智力特性。如超群的智慧、很好的口才、判断力、果断性等。④性格特性。如自信、有控制力、正直、见解独到、进取、有独特的创造力等。⑤工作方面的特性。如有责任感、事业心、追求成就、重视任务的完成等。⑥社交技能特性。成功的领导者具有广泛的社交能力、善交际、能与人合作展开工作等。斯托格蒂尔在第二次研究中发现了一些新增的品质与技能,如表 11-2 所示,他认为这些品质是成功领导者的特征。

表 11-2 领导者的品质与技能特征

品 质	技 能
适应环境 确定 统治 忍耐 自信 果断 成就向导 合作 坚持 精力 紧张 可依赖性 对社会环境的警觉 甘心愿意承担责任	聪明 概念技能 创造性 劝导 演说流利 组织 指导工作 社会技能 礼貌和老练

斯托格蒂尔把领导者的特征总结为:强烈地被责任和完成任务所驱动,在追求目标方面强烈而持久,在解决问题上大胆而创新,在社会情景中追求行动的主动、自信和见解独到,愿意接受决策和行为的结果,有能力影响他人的行为,能够为现实中的目的建立社会交互系统。此外,斯托格蒂尔还认为:拥有一些品质和技能能增强领导的有效性,但它们不能保证领导者真正有效;拥有一定品质的领导者可能在一种情景下是有效的,但在另一种情景下却是无效的;两个拥有不同品质的领导者可能在同一情景下都是成功的。

2. 吉赛利的八种个性特征和五种激励特征

美国管理学家埃德温·吉赛利(Edwin E. Ghiselli)曾调查了 90 个企业的 300 名经理人员,在其《管理才能探索》一书中研究了 13 种个人素质,并将这些素质对有效领导的重要性进行总结,如表 11-3 所示。

表 11-3 有效领导者的个人特征

重要性	个 性 特 征	激 励 特 征
非常重要	首创精神 自信心 才智 督查能力 决断能力	对事业成就的需要 对自我实现的需要
中等重要	适应性 成熟程度	对工作稳定的需要 对指挥别人的权力的需要 对金钱奖励的需要
最不重要	性别	

3. 鲍莫尔的领导特质论

美国普林斯顿大学威廉·杰克·鲍莫尔(William Jack Baumol)教授提出了作为一个领导者应具备的 10 大条件。①合作精神。愿意与人一起合作,与人一起不是压服而是有效地沟通和说服。②决策能力。具有依赖事实进行决策的能力,而不是依赖想象进行决策,具有高瞻远瞩的能力。③组织能力。善于发掘下属的能力,能有效地组织人力、财力和物力。④精于授权。既能大权独揽,又能小权下放。⑤应变能力。善于应变,不墨守成规。⑥敢于创新。对新事物、新环境、新理念有敏锐的感知能力。⑦勇于负责。对下级、上级、用户和社会有高度的责任心。⑧敢担风险。敢于承担企业发展不景气的风险,有创造新局面的决心和信心。⑨尊重他人。重视和采纳别人的意见,不盛气凌人。⑩品德高尚。品德为社会人士和企业员工所敬仰。

4. 日本企业要求领导者应具有的10项品德和10项能力

日本企业要求领导者应具有的10项品德和10项能力如表11-4所示。

表11-4 领导者的10项品德和10项能力

10项品德					10项能力				
责任感	使命感	依赖性	积极性	热情	思维决策	规划	判断	创造	解决问题
忠诚老实	进取心	忍耐性	公平	勇气	理解他人	洞察	劝说	培养下级	调动积极性

5. 德鲁克的"五项主要习惯"

20世纪70年代德鲁克在《有效的管理者》一书中指出，管理者都具有很好的智力、想象力、知识标准。但是一个管理者管理的有效性同他的才能、知识等没有太大的关联。有效的管理者和无效的管理者在性格、才智方面没有太大的区别。有效性是一种后天的习惯，可以通过后天的学习来培养。德鲁克认为优秀的管理者应该具备以下五种习惯：①合理安排有限的时间，统筹地安排一些工作，争取用最少的时间获得最大的收益。②注重贡献，确定自己努力的方向，为了一个目标而工作。③善于发现和用人所长。包括自己的长处、上级领导的长处和自己下属的长处。④分清事情的轻重缓急，致力于在主要领域获得卓越成果。⑤能做有效的决策。一项决策可能会引致议论纷纷，有效的领导能够在众口难调的情况下做出统一的决策判断。

6. 鲍尔的领导特质理论

美国麦肯锡公司的创始人之一马文·鲍尔(Marvin Bower)于1997年出版了《领导的意志》一书，指出领导应具备14种品质：①行动正直。一个领导应该说实话，这是赢得信赖的良好途径。②公正。办事公正才能赢得别人的尊重，办事不公正是个严重的问题，因为这意味着为某些人开了先例，会引起混乱。③谦逊的举止。随和、平易近人、不拘礼节对领导赢得尊重是有益的，有利于其更好地领导工作。④倾听意见。领导者应善于倾听别人的意见，只有善于倾听，领导者才能获悉别人察觉不到的机会或问题。⑤心胸宽阔。如果领导能够虚心地倾听下属的意见，对有用的意见或建议愿意予以采纳或付诸实施，必然会激发员工努力工作的斗志，这是市场竞争的一个巨大的优势。⑥对人要敏锐。领导者应养成能够推测人们内心想法的能力，如能了解其内心想法便能更好地说服他们。领导者对人要谦和、谨慎、体贴、理解，说话不要打击人的自信心、自尊心，不要打击人的斗志。⑦对形势要敏锐。形势是指工作中出现的各种各样的情境。领导者应善于观察事实并作出抉择，同时应敏锐观察有关人员的情感和态度。⑧进取。领导者应不满足现状，不断进取，不断创新，更好更快地发展。⑨卓越的判断力。行动中的判断力包括有效地解决问题的能力、制定战略的能力、确定重点以及直观和理性判断的能力，也包括对合作者和对对手的潜力加以评估的能力。⑩宽宏大量。领导者能容忍各种说法，以宽容来赢得各界尊重。⑪灵活性和适应性。领导者要清醒地看到各部门不断变化以及需要不断改进学习的东西，要不断地加以改革；领导者应该能很快适应各种不断变化的环境，并且能很好地处理不断出现的问题。⑫稳妥而及时的决策能力。领导者要把握好决策的时机、内容与质量。⑬激励人的能力。领导者能通过榜样、奖金、分红、表彰等形式肯定那些表现好、有进步、有突出贡献的人，使他们获得满足感，激发这些人的工作激情，同时也给其他人更加努力提供动力。⑭紧迫感。领导者有了紧迫感，对组织和领导工作会有很大的推动力，同时也为员工做了榜样，这在竞争激烈的环境中很重要。

7. 柯克帕切克和洛克的领导特质理论

美国管理学家柯克帕切克(Kirk Patrick)和洛克(Rock)经研究发现：领导者与非领导者之间主要有六种不同的特质，见表11-5，这六种特质对一个人能否成为有效的领导者起着至关重要的作用。

表11-5　领导者的六项特质

内　　容	主要表现
进取心	领导者表现出高努力水平，拥有较高的成就渴望
领导愿望	领导者有强烈的愿望去影响和领导别人，表现为乐于承担责任
诚实与正直	领导者通过真诚、无欺、言行一致在他们与下属之间建立相互信赖的关系
自信	领导者为了使下属相信他的目标决策的正确性，必须表现出高度的自信
智慧	领导者具备足够的智慧收集、整理和解释信息，确立目标、解决问题和作出决策
工作相关知识	有效的领导者在公司、行业和技术事项等方面拥有较高的知识水平

8. 皮奥特维斯基和罗克的领导特质研究

美国管理学家皮奥特维斯基(Piotwisky)和罗克(Roke)于1963年出版了《经理标尺：一种选择高层管理人员的工具》，列出了成功经理的个人特质：①能与各种人士就广泛的题目进行交谈；②在工作中既能"动若脱兔"地行动，又能"静若处子"地思考问题；③关心世界局势，对周围生活中发生的事也感兴趣；④在处于孤立环境和困难局势时充满自信；⑤待人处事机巧灵敏，而在必要时也能强迫人们拼命工作；⑥在不同的情况下根据需要，有时幽默灵活，有时庄重威严；⑦既能处理具体问题，也能处理抽象问题；⑧既有创造力，又愿意遵循惯例；⑨能顺应形势，知道什么时候该冒险，什么时候该谋求安全；⑩做决定时有信心，征求意见时谦虚。

9. 法约尔的研究成果

法约尔认为，大企业的高层领导应具备以下几项素质：①身体健康、体力好。②有智慧、精力充沛。③道德品质方面，有深思熟虑、坚定、顽强的决心；积极、有毅力，必要时很勇敢；有责任感并关心集体利益。④有丰富的文化知识。⑤有管理才能。⑥对所有基本职能都有一般性概念。⑦在企业特有专业方面有尽可能大的能力。

10. 彼特的不胜任领导职位人的12种品质

美国管理学家彼特(Peter)从反面把难以胜任领导职位的人的12种品质做了研究归纳：①对别人麻木不仁，吹毛求疵，举止凶狠狂妄；②冷漠，孤僻，骄傲自大；③背信弃义；④野心过大，玩弄权术；⑤独断专行；⑥无法建立同心协力的队伍；⑦心胸狭窄，挑选无能之辈当下属；⑧犟头犟脑，无法适应不同的上司；⑨目光短浅，缺乏战略头脑；⑩偏听偏信，过分依赖一个顾问；⑪懦弱无能，不敢行动；⑫犹豫不决，缺乏决断力。

(二) 我国的性格理论

1. 我国古代性格理论的相关研究

在管理者素质要求方面，中国古代管理思想家认为，管理的本质在于"修己"、"安人"。即管理者自己要重视自身修养，重视自己的行为规范，在下属面前以身作则，然后才能去管理他人,“其身正不令则行,其身不正虽令不从”,倡导“格物—致知—正心—诚意—修身—齐家—治国—平天下”,即从管理者自身修养出发,通过观察和认识事物,获取广泛的知识,注重精神的锻炼和自身素质的提高,使管理者本人在道德修养、行为规范等方面达到较高境界。通过管理者的自我修养、自我约束对下属产生一种人格影响力。

在领导者人才选拔机制和用人机制方面,中国古代管理思想家认为,对人才的选拔要注重以仁义道德为选拔标准,同时考察其能力,判断人才要“四察”:观察、考察、调查、检察。宋代史学家司马光认为:“才者德之资也,德者才之帅也,是故才德全尽谓之圣人;才德兼亡谓之愚人,德胜才谓之君子,才胜德谓之小人。”《孙子兵法》中指出“为将之道,智、信、仁、勇、严也”。对人能力的考察依据有二:一是看其研究问题的方法,以善于从事物整体、系统关系上去寻找解决问题的方法为最佳;二是看其提出的解决问题方案是有利于长期发展,还是只注重短期行为。

2. 我国当代性格理论的研究成果

我国当代性格理论研究从20世纪80年代开始,许多专家学者撰写文章指出领导者应具有的特质。认为领导者的特质应该和领导所处的环境相一致,要适应时代的要求。优秀的领导者应具备5方面的基本素质:①政治素质:拥护党的领导,且立场鲜明稳定,有抗击外界诱惑的能力。②思想素质:在领导工作中坚持群众观点和辩证唯物主义观点,树立商品经济、市场竞争、效率效益、开拓创新、风险、服务、诚信、法制八种意识。③知识素质:领导者不仅要具有管理行业的相关科学技术知识,还要具备人文社科知识和管理知识。④心理素质:领导者积极追求上进,具有顽强的意志;宽容大度的人性;高瞻远瞩的预见性;临危不乱的镇静性;光明磊落的透明性;机敏和亲切感。⑤能力素质:具有直觉判断、抽象思维、组织和协调、自我发展和创新能力。

纵观各种领导特质理论发现,有效的领导者都具备以下几方面的特质:领导者努力进取,渴望成功;有强烈的权利欲望;正直诚信,言行一致;充满信心;追求知识和信息。领导特质理论强调了良好的个人特性或品质对于领导工作与提高领导效能的重要意义,但也有其局限性:该理论只对领导的品质进行了静态分析,忽略了领导活动过程、被领导者与环境因素的作用,有较大的片面性。

二、领导行为理论

在领导行为的研究中,主要是通过领导者对生产工作或对人的关心程度、注重程度来划分不同的领导方式。领导行为理论研究的目的在于提高对各种具体领导行为的预见性和控制力,改进工作方法和领导效果,试图从研究领导者的行为特点与绩效的关系来寻找最有效的领导风格,研究的侧重点在于确定领导者应具有什么样的领导行为以及哪一种领导行为的效果最好。

(一)三种极端领导行为理论

20世纪30年代,美国的德裔社会心理学家库尔特·勒温(Kurt Lewin)、诺那德·利比特(Ronald Lippitt)、诺尔佛·怀特(Ralph White)等共同研究,提出了三种极端的领导风格。

1. 专制式领导方式

领导者将一切权力集中于个人,靠权力和强制命令让人服从。专制式领导方式的特征主要有：所有决策都由自己决定；不与下级沟通，下级只能察言观色、奉命行事；主要靠行政命令、纪律约束、训斥和惩罚；预先安排一切工作程序和方法，下级只能服从；很少参加集体活动，与下级保持一定的距离。

2. 民主式领导方式

领导者鼓励下属参与管理，共同讨论商议，集思广益后做出决策，是以理服人、以身作则的领导方式。民主式领导方式的特征主要有：决策是领导者和下级共同智慧的结晶；考虑每个人的能力、特长和爱好；给下级较大的自主权和灵活性；主要应用个人权力和威信；积极参加团体活动，与下级无任何心理距离。

3. 放任式领导方式

领导者对下属采取自由放任态度，领导不采取任何后续跟进工作。

勒温研究的结果表明，不同领导行为对群体行为产生不同的影响：放任式领导风格的工作效率最低；专制式领导风格虽然通过严格管理使员工达到了工作目标，但员工的消极态度和情绪显著增强；民主式领导风格的工作效率最高。

（二）领导行为连续统一体理论

该理论又称为领导连续流理论，美国学者罗伯特·坦南鲍姆（Robett Tannenbaum）和沃伦·施密特（W. H. Schmidt）于 1958 年发表《怎样选择领导方式》一节，认为：领导方式多种多样，按照领导者授予下属自主权程度划分，从专制型到民主型之间，存在多种过渡方式。

领导行为连续统一体从左到右，领导者权力的运用逐渐减少，下属的自由度逐渐增大，从以工作为重逐渐变为以关系为重，如图 11-1 所示。可以看出，依据领导者授予下属权利的程度不同，决策的方式不同，形成了一系列领导方式。因此，这种理论不是要在专制和民主中作出选择，而是提出了一系列领导方式。

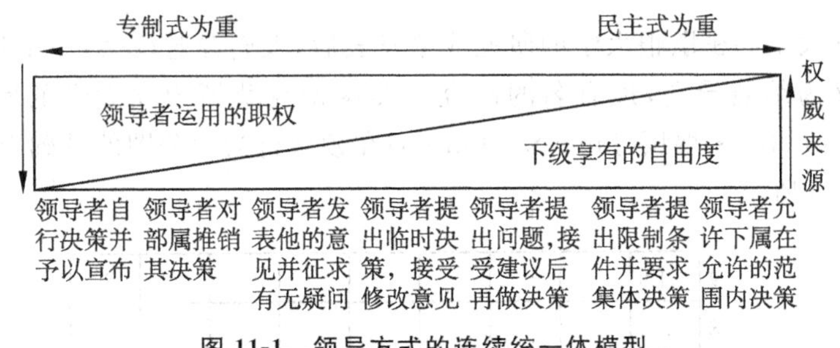

图 11-1 领导方式的连续统一体模型

（三）管理系统理论

1947 年以后，美国密歇根大学行为科学家伦西斯·李克特（Rensis Likert）及其同事将领导行为连续统一体理论作了进一步的推演，他们以数百个组织为对象，对领导方式进行了大量的研究，以确定领导者行为特征及其与工作绩效的关系。他们把领导行为划分为两个维度：员工导向和生产导向。员工导向是指领导者重视人际关系，与高群体生产率和高工作满意度成正相关；生产导向是指领导者倾向于强调工作的技术和任务事项，与低群体生产率和低工作满意度联系在一起。通过研究他们发现了以下 4 类基本的领导形态。①剥削式集权领导方式：决策在领导，执行在下属，严格监督，必要时以恐吓和强制的方式执行。②仁慈式集权领导方式：决策权仍控制在最高一级，下层能在一定限度内参与，对员工是奖罚加恐吓。③协商式民主领导方式：虽然主要的决策权掌握在高层手中，可是下级也能做具体问题的决策，采用协商方式双向沟通，且在相当信任的情况下进行。④参与式的民主领导方式：决策采取高度分权化，且授权分权相结合，上、下级之间的交往体现出充分信任和友谊。李克特认为，剥削式集权领导具有高度的以工作为中心意识；参与式民主领导具有高度的以人中心意识，最佳绩效的领导者多为以职工为中心的领导者。

（四）领导行为四分图理论

1945年，美国俄亥俄州立大学的斯托格蒂尔和沙特尔（C. L. Shartle）教授，对大型组织的领导行为作了一系列深入研究，他们通过团体成员评估自己的领导人，最后归纳出两种主要的领导行为，即"依赖组织"和"体贴精神"。这是首次尝试用二维空间来表示领导行为，为以后的研究开辟了一条新的途径。

1. 两个研究维度：定规（组织）和关怀（体贴）

定规维度是指领导者规定他与工作群体的关系，建立明确的组织模式、意见交流渠道和工作程序的行为。关怀维度是指建立领导者与被领导者之间的友谊、尊重、信任关系方面的行为。

2. 领导方式

研究者认为，上述两个维度可以而且应该结合起来。一个领导者必须在组织的要求和职工的个人需要、工作和体谅之间加以调节，找出最恰当的结合方式，如图11-2所示。哪种领导行为效果好结论是不肯定的。一般来说，低体贴与高组织带来更多的旷工、怨言和辞职，高体贴高组织更能使下属达到高绩效和高满意度，但也有很多特例表明该理论还需要加入情景因素。

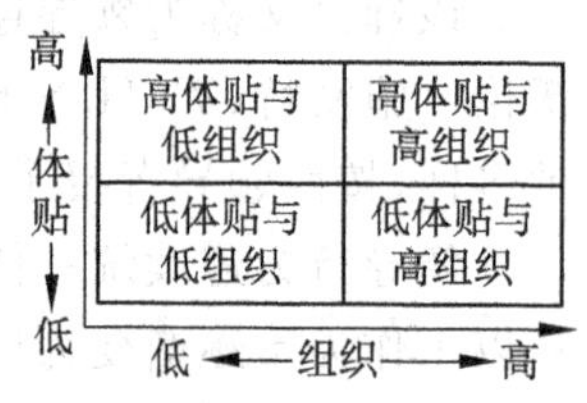

图11-2 领导行为四分图

（五）管理方格理论

俄亥俄州立大学和密歇根大学的研究成果发表后，人们普遍认为：一个理想的领导者应既为员工导向又为绩效导向，最有名的研究是美国德克萨斯州立大学的罗伯特·布莱克（Robert R. Blake）和简·穆顿（Jame S. Mouton）在领导行为四分图的基础上，提出了管理方格理论，如图11-3所示。

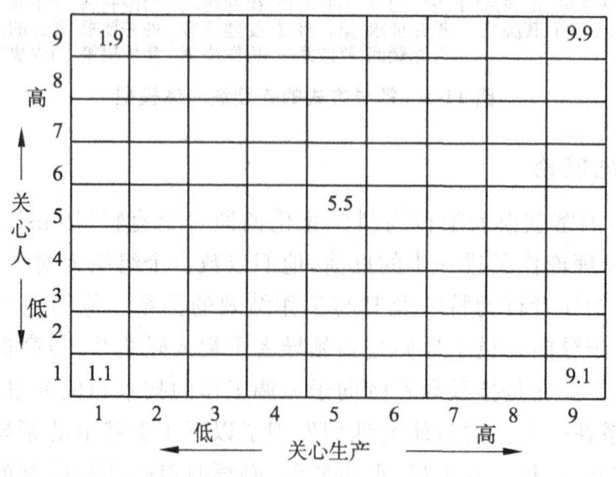

图11-3 管理方格图

布莱克和穆顿主要阐述了管理方格中列出的5种典型的领导风格：1.1型——贫乏式领导方式，领导者既不关心生产，也不关心人。表现为只作最低限度的努力来完成任务和维持士气。9.1型——权威式领导方式，领导者非常关心生产，但不关心人。其特征是尽力把工作安排得使员工的干扰因素最小，谋求尽可能高的工作效率。5.5型——中间式领导方式，领导者兼顾工作和员工士气两个方面，使适当的组织绩效成为可能，使职工感到基本满意。1.9型——俱乐部式领导方式，领导者工作重点在于建立人们的友好关系，重视对员工的支持和体谅，形成轻松的组织气氛和工作节拍；很少考虑如何协同努力去达到组织目标，管理松弛。9.9型——团队式领导方式，领导者既重视生产又关心人，把组织目标的实现与满足职工需要看得同等重要。强调工作成就来自奉献精神，在组织目标上领导和下属利益一致、相互依存，从而形成信任和尊敬的关系。布莱克和穆顿指出：哪一种领导形态最佳要看实际工作效果，最有效的领导形态不是一成不变的，要依情况而定。

（六）不成熟-成熟连续流领导理论

美国管理学家克瑞斯·阿吉里斯(Chris Argyris)研究了领导方式对下属成长的影响，提出"不成熟-成熟连续流领导理论"。阿吉里斯认为，随着年龄的增长，下属会逐步从不成熟走向成熟，但成熟的进程不尽相同。下属由不成熟转变为成熟，主要表现在七个方面，见表11-6。

表11-6　领导者成熟与否的特点

不成熟特点	被动性	依赖性	办事方法少	兴趣淡漠	目光短浅	从属的职位	缺乏自知之明
成熟特点	能动性	主动性	办事方法多	兴趣浓厚	目光长远	显要的职位	能自我控制

阿吉里斯认为，领导方式是否得当对人的成熟进程很有影响。如果把成熟的下属当不成熟的下属对待，总是指定下属从事具体的、过分简单的或重复性的劳动，使其不能发挥创造性、主动性，则会阻碍下属的成熟进程；反之，如果能对下属不同的成熟程度采取不同的领导方式，对不成熟的人适当加以指导，促其成熟；对较成熟的人创造条件，增加其责任，给予其更多的机会，便会加快其成熟进程。

（七）垂直组合理论

该理论也称为领导成员-交换理论。早期的多数领导理论都基于这样的假设：领导者以同样方式对待所有下属。事实往往并非如此。这成为美国教授乔治·格里安(George B. Graen)及助手发现垂直组合理论的基础。垂直组合是指上司与一个下属的关系，垂直组合理论指出一个领导者有多个垂直组合，并会以不同的方式领导不同的下属。

领导者对待下属的方式是有差异的。由于时间压力，在领导者与某一下属进行相互作用的初期，领导者便会暗自以下属的能力和相互协调来决定下属应属于圈内人士或圈外人士，并与下属中的少部分人建立相对稳固不变的特殊关系，这些个体成为圈内人士，他们受到信任，得到领导的更多关照，也更可能享有特权；而其他下属则成为圈外人士，他们占用领导的时间较少，获得满意的奖励机会较少，他们的领导-下属关系是在正式权力系统基础上形成的。实证研究表明，领导者倾向于将具有下面特点的人员选入圈内：个人特点(年龄、性别、态度等)与领导者相似、有能力、外向。圈内和圈外的不同地位与下属的绩效和满意度有关，至于领导者如何将某人划入圈内或圈外，目前的研究尚不清楚。

(八) 交易型领导与变革型领导理论

1978年美国学者詹姆斯·麦格雷戈·伯恩斯(James MacGregor Burns)在对政治型领导人进行定性分类研究的基础上,提出领导过程应包含交易型和变革型两种领导行为,这一分类为领导行为理论研究开辟了新的思路。人们对变革型领导感兴趣可能源于两方面的原因:一是进行组织"变革"成为潮流,很多大公司如IBM、GE都实施了广泛的变革计划,企业需要变革型的领导者;二是许多研究人员感到,领导理论把注意力过分集中在特质、行为和情境上,已经在组织变革上失去了对"领导者"的洞察力。1985年,美国管理学家伯纳德·巴斯(Bernard M. Bass)正式提出了交易型领导行为与变革型领导行为理论,它是以一个"走在大街上的"普通人的眼光看待领导行为,具有实际应用价值,在实践中得到了广泛应用。

交易型领导是指领导者以下属所需要的报酬来换取自己所期望的下属的努力与绩效,基本假设是领导和下属间的关系是以两者一系列交换和隐含契约为基础的。交易型领导者首先确定员工需要做什么,再通过运用组织正式权力,使下属明确某种职能,获得组织绩效,从而能够得到奖励,领导者则从下属的工作绩效中获益。交易型领导者的主要特征是依赖组织的奖惩来影响员工的绩效,其前提是领导者明确下属的需求,员工明确达到绩效的标准,整个过程就像一项交易。

变革型领导是依靠个人的领袖魅力和非制度权力,通过授权来提高下属对自身重要性和任务价值的认识,通过把愿景变成现实,使人们为了群体而超越个人利益,以此激励下属做出更大的贡献。伯恩斯认为:变革型领导者是与其追随者以相互提升动机和道德水平的方式相互结合的。变革型领导者的特征在于:它超越了交换的诱因,通过对员工的开发、智力激励来鼓励员工为群体目标、任务以及发展前景超越自我利益,实现预期的绩效目标;集中关注较为长期的目标,强调以发展的眼光鼓励员工发挥创新能力,并改变和调整整个组织系统,为实现预期目标创造良好的氛围;引导员工为他人、为自身发展承担更多的责任。变革型领导行为拓宽了领导行为研究范围。变革型领导能够在组织中制造兴奋点,产生更强的影响力和冲击力。他可以使下属为追求组织共同的愿景而兴奋和激动,他能够将"事情可能是什么样"变成"事情就是什么样"。变革型领导制造兴奋点有三个途径:一是依靠他们的领袖魅力;二是对追随者给予个性化的关注,三是通过智力激发,唤醒下属的想象力和创造力。

区分交易型和变革型领导行为,并不意味着两者是不相关的。通常情况下,一个领导者既有变革型的一面,又有交换型的一面,变革型领导行为可以看作交易型领导行为的特例。在竞争激烈的今天,研究变革型领导行为尤为重要。正如巴斯《领导行为手册》中所说:遗憾的是许多经验性的研究都关注于交易型领导行为的研究,其实这方面真正的原动力和撼动者是变革型领导行为。

总之,行为理论欠缺的是对影响领导效能情境因素的考虑。

三、领导权变理论

权变理论认为,并不存在具有普遍适用的领导特性和领导行为,有效的领导者能因自己当时所处情景的不同而变化自己的领导行为和领导方式。领导的作用在于领导人们的行为,而人们的行为是受人们的需要、动机和所处的环境影响的,因而没有一种普遍适应所有人群和所有环境的领导方式。

(一) 费德勒模型

第一个综合的权变领导模型是由美国当代著名心理学和管理专家弗雷德·费德勒(Fred E. Fiedler)提出的。它的基本假设是建立在以往成功经验基础上的管理者风格是非常难以改变的。费德勒深信,在管理实践中,绝大多数管理者都不是非常灵活的,试图改变管理者的领导风格来适应不可预见的或者不断变动的环境,不仅效率低下,甚至是枉费心机。因此,良好的群体绩效职能通过以下两种途径获得:要么使管理者与管理环境相匹配,要么使工作环境与管理者相匹配。费德勒模型是将确定领导者风格的评估与情境分类联系在一起,并将领导效果作为两者的函数进行预测。

1. 费德勒模型的内容

具体来看,费德勒权变理论主要包括以下三方面的内容。

(1) 确定领导风格。费德勒相信影响领导成功的关键因素之一是个体的基础领导风格。因此,他首先试图发现这种基础领导风格是什么,为此他开发了一种工具,称为最难共事者问卷(least preferred coworker questionnaire,LPC),问卷由16组对照形容词构成,见表11-7,用以测量个体是任务取向型还是关系取向型的领导者。

表11-7 费德勒的LPC问卷

愉快	8 7 6 5	4 3 2 1	不愉快
友好	8 7 6 5	4 3 2 1	不友好
拒绝	1 2 3 4	5 6 7 8	接受
有益	8 7 6 5	4 3 2 1	无益
不热情	1 2 3 4	5 6 7 8	热情
紧张	1 2 3 4	5 6 7 8	轻松
疏远	1 2 3 4	5 6 7 8	接近
冷淡	1 2 3 4	5 6 7 8	热烈
合作	8 7 6 5	4 3 2 1	不合作
支持	8 7 6 5	4 3 2 1	敌对
讨厌	1 2 3 4	5 6 7 8	有趣
争吵	1 2 3 4	5 6 7 8	和睦
自信	8 7 6 5	4 3 2 1	犹豫
有效率	8 7 6 5	4 3 2 1	无效率
低沉	1 2 3 4	5 6 7 8	振奋
坦率	8 7 6 5	4 3 2 1	谨慎

每个参加试验的人都被要求回答或指出在共同工作过的所有人中间,谁是最不喜欢的人,或者以他们自身的经验看,与哪种人合作较难完成任务。然后针对表11-7中的各项以1分到8分为等级进行评分,最后相加得出某位领导的LPC值。

费德勒相信,在LPC问卷回答的基础上,可以判断出人们最基本的领导风格。一般来说,如果领导者对这种同事的评价大多用敌意词语,LPC值较低(57分以下),则该领导趋向于工作任务型领导方式(低LPC型);如果评价大多用善意词语,LPC值较高(64分以上),

则该领导趋向于人际关系型领导方式(高 LPC 型)。简言之,以关系为主的领导者把与组织成员建立密切关系放在第一位,把完成工作任务放在次要位置;以工作为主的领导者则相反。需要说明的是,费德勒的问卷调查中有 16%的回答者分数处于中间水平,很难被划入任务导向型还是关系导向型中进行预测,因而讨论都是针对其余 84%的人进行的(源自 Fred Edward . Fiedler. A Theory of Leadership Effectiveness. New York:McGraw-Hill,1967)。费德勒认为领导风格是与生俱来的,个人不可能改变自己的风格去适应变化的环境。

(2) 确定情境。用 LPC 问卷对个体领导的基础领导风格进行评估之后,需要再对情境进行评估,费德勒给出了职位权力、任务结构和上下级关系三个维度,他认为这是确定领导有效性的关键要素。职位权力是指领导者拥有的权利变量(如聘用、解雇、训导、晋升、加薪等)的影响程度。即领导者所处职位能提供的权力和权威是否明确充分,在上级和整个组织中所得到的支持是否有力,对雇用、解雇、纪律、晋升、加薪等影响程度的大小。任务结构是指工作任务的程序化程度。指工作团体要完成的任务是否明确,有无含糊不清之处,其规范和程序化程度如何。上下级关系是指领导者与组织成员的关系,领导者对下属信任、信赖和尊重的程度。或者说领导者是否受到下级的喜爱、尊敬和信任,是否能吸引并使下级愿意追随他。

费德勒根据这三项权变变量来评估情境。领导者与成员关系或好或差,任务结构或明确或不明确,职位权利或强或弱三项权变变量综合起来,得到 8 种不同的情境或类型,见图 11-4。每个领导者都可以从中找到自己的位置。费德勒指出,上下级关系越好,任务的结构化程度越高,职位权利越强,则领导者拥有的控制力和影响力也越高;反之领导者拥有的控制力和影响力也越小。

(3) 领导者与情境的匹配。计算了个体的 LPC 分数并评估了三项权变因素之后,费德勒将领导者与情境进行匹配,他指出,两者相互匹配时会达到最佳的领导效果。费德勒研究了 1200 个工作群体,对 8 种情境类型的每一种均对比了关系取向和任务取向两种领导风格,他得出结论:任务取向的领导者在非常有利和非常不利的情境下工作更有利,关系取向的领导者在中等有利的情境下工作更好,如图 11-4 所示。

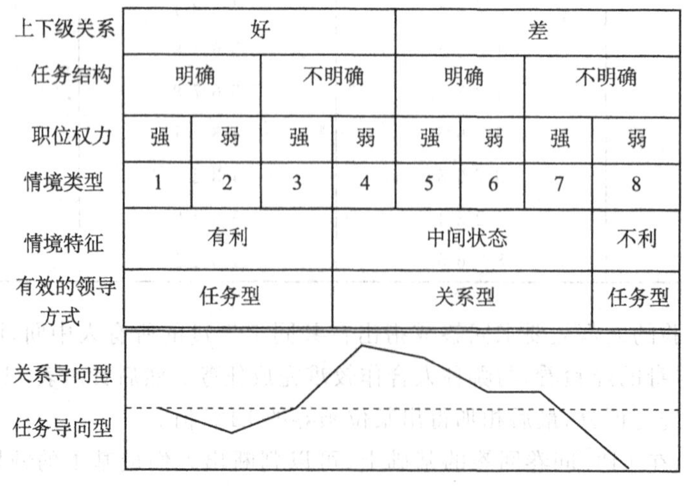

图 11-4 费德勒模型

2. 对费德勒模型的总体评价

费德勒模型强调为了领导的有效性,需要采取什么样的领导行为,而不是从领导者的素质出发强调应当具有什么样的行为,这为领导理论的研究开辟了新方向。大量对费德勒模型总体效度的考察研究,都得出十分积极的结论。但是,费德勒模型还存在一些缺陷,其样本量较小,可能会影响研究结论的信度;可能还需要增加一些变量进行改进和弥补;在 LPC 量表以及模型实际应用方面也存在一些问题,如 LPC 量表的逻辑实质尚未被很好认识,一些研究表明回答者的 LPC 分数并不稳定;三项权变变量对于实践者进行评估来说过于复杂、困难等。

3. 费德勒模型的新发展

1987 年,费德勒和他的助手约瑟芬・葛西亚(Joseph Garcia)重新定义了先前的理论以处理"一些重要的、需要引起注意的疏漏之处",他们想解释领导者通过什么而获得了有效的群体绩效这一过程。他们将这一重新界定的概念称为认知资源理论。这一理论基于两个假设:①睿智有才干的领导者相比才德平庸的领导者能制订更有效的计划、决策和活动策略;②领导者通过指导行为传达了他们的计划、决策和策略。在此基础上,费德勒和葛西亚阐述了压力和认知资源(如经验、奖励、智力活动)对领导有效性的重要影响。新理论可进行三项预测:①在支持性、无压力领导环境下,指导型行为只有与高智力结合起来,才会导致高绩效水平;②在高压力领导环境下,工作经验与工作绩效之间成正相关;③在领导者感到无压力的情境中,领导者的智力水平与群体绩效成正相关。费德勒和葛西亚承认由于数据有限,不足以从根本上支持认知资源理论,有待进一步研究。

(二) 领导生命周期理论

领导生命周期理论是美国俄亥俄州立大学卡曼(A. K. Korman)首先倡导,后由保罗・赫赛(Paul Hersey)和肯尼斯・布兰查德(Kenneth Blanchard)发展的一种流传较广的领导行为情境理论。这一理论把下属的成熟度作为关键的情景因素,认为依据下属的成熟度水平选择正确的领导方式,领导者才能成功。领导生命周期理论主要包括以下三方面的内容。

1. 提出成熟度的概念

成熟度是指个体对自己的直接行为负责任的能力和意愿,它包括工作成熟度和心理成熟度两个方面。工作成熟度与能力相对应,指能否胜任工作;心理成熟度与意愿相对应,指胜任工作的动机和意愿。

他们在分析领导行为模式的基础上,发现在工作行为、关系行为、成熟度之间存在非线性关系。组织员工的技术业务、对工作的理解、自我控制能力等与人的寿命周期相似,有一个由不成熟—初步成熟—比较成熟—成熟的发展过程。为此,领导方式也要随之加以调整,有效的领导方式应适应于下属的成熟程度。

2. 总结了四种领导方式

生命周期理论提出任务行为(以关心任务为主的领导行为)和关系行为(以关心人为主的领导行为)两种领导维度,并且将每种维度进行了细化,从而组合成四种具体的领导方式:命令式领导,特征是高任务—低关系;说服式领导,特征是高任务—高关系;参与式领导,特征是低任务—高关系;授权式领导,特征是低任务—低关系。这里的高关系是指需要给以下属承担工作的自信心;低关系是指需要给下属以生活上的关心与照顾;高任务是指事先安排好,下属按领导要求去做;低任务是指自主管理、自我控制,上级干预少。

3. 提出生命周期理论模型

生命周期理论认为,领导的有效性应按照下属成熟程度的具体情况具体分析,如图 11-5 所示。根据下属的成熟度从 M_1 到 M_4 有四种不同的情况。成熟度、任务行为及关系行为之间有一种曲线关系。即随着成熟程度的提高,领导方式从 S_1 到 S_4 按顺序逐步转移。

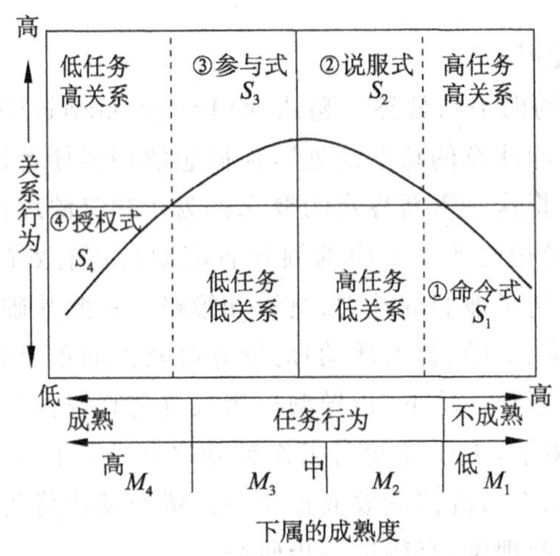

图 11-5 领导寿命周期曲线

具体而言:当员工处于低成熟阶段 M_1 时,下属需要比较明确的指示,此时以单向下达任务的沟通方式为主,命令式领导是有效的;当下属的成熟度逐渐提高到 M_2 时,需要采用高任务、高关系的说服型领导,一方面弥补下属能力上的不足,另一方面尽量说服下属按照领导者的意图办事;当下属的成熟度到 M_3 时,最好使用一种支持的、无指导的参与风格来解决领导问题,让下属参与讨论,加强交流,注重思想的沟通;当下属相当成熟到 M_4 时,领导者抓住主要的决策和监督工作就可以实施比较有效的领导。

(三) 目标-途径理论

美国组织行为学教授罗伯特 · 豪斯(Robert J. House)和特伦斯 · 米切尔(Teluns R. Mitchel)于 1971 年开发了一种领导权变模型,这一模型从俄亥俄州立大学的领导研究和弗鲁姆的期望理论中吸收了重要元素。

1. 目标-途径理论的基本观点和作用机理

"目标-途径"是指领导者既要帮助下属充分理解工作目标,又要指明实现目标所应遵循的路径。领导者的效率是以能激励下属达到组织目标,并使下属得到满足的能力来衡量。按照这一理论,领导者的行为被下属接受的程度取决于下属将这种行为视为获得满足的即时源泉还是作为未来获得满足的手段。领导者行为的激励作用在于:它使下属的需求满足与有效的工作绩效联系在一起;它提供了有效的工作绩效所必需的辅导、指导、支持和奖励。目标-途径理论的作用机理见图 11-6。

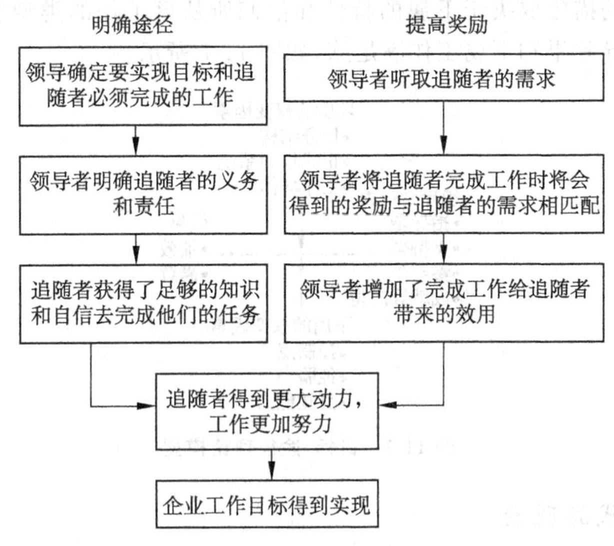

图 11-6 目标-途径理论的作用机理

2. 目标-途径理论的具体内容

目标-途径理论的具体内容包括三个方面。

(1) 有效的领导方式。目标-途径理论建议，一个成功的领导者应该调节自己的领导行为以适应各种环境的需要，豪斯假设存在以下四种有关的领导行为。①指示型：领导决策，下属具体执行。包括设定目标、分配任务、告诉下属如何完成任务以及采取具体的措施提高绩效等。②支持型：与下属友好相处。包括对下属表示关心和为他们谋求最大利益。③参与型：与下属商量，允许下属参与决策，给予下属对各种影响他们的事物和决策发言权。④成就导向型：通过设定具有挑战性的目标，期望能够实现目标以及相信下属的能力等措施，激励下属高水平地完成工作。

(2) 情景因素。目标-途径理论提出了两类情境作为领导行为与结果之间的中间变量：一是下属个性特点中的一部分；二是下属控制范围之外的环境。①下属个性特点：包括下属的控制点、拜权主义倾向、经验和感知的能力。控制点是个人认为环境对其行为反映的程度。“内在控制点”类型的人相信他们遇到的一切是他们自己造成的；“外在控制点”类型的人相信这一切只是运气或命运。拜权主义倾向是指个人对权威的敬重、钦佩、尊重的程度。经验和感知能力是指人们对自己从事工作的能力和信心。下属对自身能力的认识是自认为能力不强，喜欢指示型；反之喜欢非指示型。下属个性特点直接影响领导者对下属的控制轨迹：对工作结果的归因倾向，归为外因的人喜欢指示型，归为内因的人喜欢非指示型。②环境：包括任务结构、职权制度和工作群体。一般情况下，当任务不明或压力过大时，指令型领导会带来更高的满意度；反之，任务高度结构化或任务结构明确，指令型效果差。当下属执行结构化任务时，支持型领导可能被视为多余，职权制度明确指令型效果也差。如果工作群体为个体提供了支持，则支持型领导效果差。当任务结构不清时，成就导向型领导将会提高下属的期待水平，使他们坚信努力必会带来成功的工作绩效。当环境结构与领导者行为相比重复多余，或领导者行为与下属特点不一致时，效果均不佳。

(3) 目标-途径理论模型。目标-途径理论认为领导行为是随环境而变化的。即管理者为激励下属所采取的措施取决于下属的特性和他们所从事工作的类型和特点，也只有如此才能达到满意的领导效果和下属工作满足感，如图 11-7 所示。

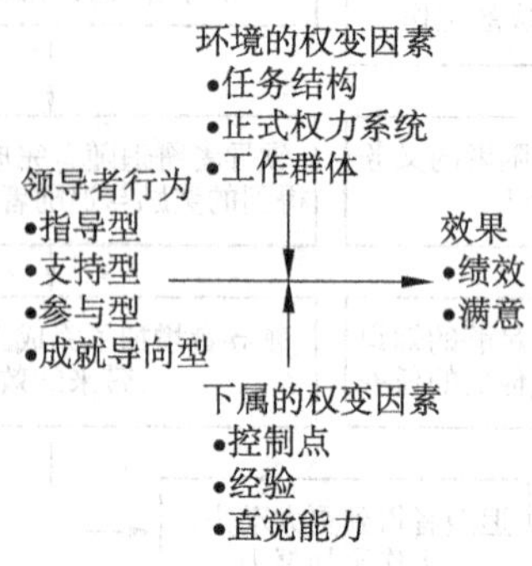

图 11-7 目标-途径理论模型

（四）领导替代品理论

不少研究资料表明，在许多情境下，下属不需要上司的领导也可以有效地完成工作，领导者表现出什么样的行为是无关紧要的。这些环境因素被称为“领导”的替代品，替代品或者使领导者对下属的影响无效，或者使上司的领导变成不必要和多余的东西。

无效因素使上司的领导行为对下属的工作产生不了影响，而替代品因素不仅使上司的领导产生不了影响，而且没必要产生这种影响，替代品因素可以代替领导者的影响。领导的替代品包括下属个体的特点、工作任务的特点、组织变量的特点三项，如表 11-8 所示。

表 11-8 领导的替代因素和无效因素

替代品因素	特　点	关系取向领导	任务取向领导
下属个体	经验/培训 专业 对奖励的淡然态度	无影响 替代 无效	替代 替代 无效
工作任务	高结构化任务 提供自身反馈 满足个体需求	无影响 替代 替代	替代 无影响 无影响
组织变量	正式明确的目标 严格的规章和程序 内聚力高的工作群体	无影响 无影响 替代	替代 替代 替代

大量的变量，如态度、个性、能力、群体规范等，都会对个体的工作绩效和满意度造成影响，过去的领导理论却忽视这些，仅单纯考虑到领导者对下属实现目标的影响。领导替代品理论提醒管理者，有时候他们不需要向下属施加影响，这样可以为自己节约不少时间，投入到更重要的事情中去。因此，明确领导只是组织整体模型的自变量之一，这一点非常重要。

第三节　领导方法与领导艺术

领导过程是领导者发挥影响力，以便使被领导者完成任务，达成组织目标的过程。因此要让被领导者自觉地、主动地工作，就需要领导者善于掌握和运用领导方法与领导艺术。纵观历史，人类的领导活动经历了由经验领导到科学领导，由科学领导到艺术领导的发展过程。

一、领导方法的含义与特征

方法是完成任务的手段。毛泽东曾指出："我们不但要提出任务，而且要解决完成任务的方法问题。我们的任务是过河，但是没有桥或没有船就不能过。不解决桥或船，过河就是句空话。不解决方法问题，任务也只是瞎说一顿。"无数实践证实，凡属正确的领导，总是同运用正确的工作方法相联系。在领导工作中，领导者自觉或不自觉地运用这样那样的方法去解决问题，领导方法不同，其工作效果就不同。从一定意义上讲，能不能实现正确有效的领导，取决于领导者是否有科学的领导方法，这对工作的好坏至关重要。

1. 领导方法的含义

领导方法是指在领导主体的领导活动中，为达到某种领导目标所运用的各种手段、方式和程序的总和。作为实现领导目标的手段和方法，领导方法有其自身的规定性，在领导实践中，领导者对这些规定性的认识、把握和运用的能力和技巧会影响领导行为达到预期目标的程度。主要的领导方法有：理论与实践相结合；领导与群众相结合；统揽全局，解剖麻雀；牵牛鼻子；抓两头，带中间等。

2. 领导方法的特征。

(1)客观性。客观事物和方法自身的客观性不可改变，领导方法的客观性在领导实践中主要落实在领导者主观态度的客观性方面。

(2)动态性。就是在同一个领导系统发展过程中的不同阶段，要及时采用不同的领导方法。领导方法的动态性并不排斥它在某些方面、环节和特定历史阶段的相对稳定性。它要求领导者要通过动态的领导方法来实现领导活动的稳步进行。

(3)条件性。领导方法的条件性是指领导方法的产生与使用要受一定条件的影响和制约。

(4)目的性。领导方法要为一定的领导目标服务，领导方法的目的性通过人们使用它的自觉性体现出来。因此，实现同一目标可以有多种方法，同一方法可以实现多种目标。

(5)时效性。时效性指一种领导方法的边际效益。新方法的采用往往会在最初实施过程中取得较大的成果，但是这种效果会随着时间的推移呈下降趋势，即领导方法往往存在时间上的"保鲜期"。

二、领导艺术的含义与特征

1. 领导艺术的含义

领导艺术是指领导者运用管理理论解决实际领导问题的技能，即领导者履行领导职能时在方式、方法上所表现出来的具有创造性和有效性的技能和技巧。领导艺术是领导者的一种特殊才能，是领导者的智慧、学识、胆略、经验、作风、品格、方法、能力的综合体现。

2. 领导艺术的特征

领导艺术是领导者个人素质的综合反映，因人而异。因此，领导艺术具有创造性、应变性、综合性等特征。①创造性。领导工作，特别是高层领导工作具有模糊性和非程序化的特点，往往没有先例可以依据，也不可能照抄照搬别人的做法，这就需要领导者创造性地解决问题。②应变性。领导艺术没有固定的模式，要依据不同时间、地点和条件，凭直觉和理性思维判断失误，随机地处理问题。要求领导者要掌握灵活应变的领导技巧。③综合性。领导艺术的运用是领导者综合素质的体现，这就要求领导者具有良好的品质、广博的知识和才能以及强烈的责任心和危机感等。④科学和经验的统一。领导工作在很大程度上要基于领导实践的总结和升华，同时要符合领导过程的基本规律。因此，领导艺术是领导科学与领导经验的统一。

三、主要的领导艺术

领导的艺术性表现得很广泛，主要包括用权艺术、用人艺术、协调人际关系艺术、时间管理艺术等。

（一）运用权力的艺术

运用权力是实施领导的基本条件，善于运用权利是领导者一项重要的领导艺术。

1. 运用权力的技巧

权力的行使受制于诸多因素，为提高运用权利的效能，领导要注意以下几点：首先，严格遵守法定权限。既不向上越权，也不向下侵权。其次，运用权利要合法、合理、合情。领导者运用权力时要照章办事、以理服人、以情动人，只有这样才能使下属接受领导，听从指挥。再次，通过组织用权。领导者要健全组织机构，强化部门职能，完善规章制度，通过组织行使职权。最后，以威望取胜。领导者要不断提高自身素质，加强各方面修养，运用权利时公正廉洁，以形成崇高威望，这样在运用权力时就能令行禁止。

2. 授权的技巧

领导者授权要遵守以下原则：①授权留责。领导将权力授予下级后，如果下级工作中出了问题领导也应承担领导责任。②视能授权。领导者要根据下级能力的高低，决定授什么权，授多少权。③明确责权。领导者授权时要明确所授工作任务的目标、责任、权力，不能模棱两可。④适度授权。领导者在授权时，要把握一定的“度”。视权力或任务的重要程度进行授权，也只有把握了授权的“度”，才能真正找到激活下属潜能的途径。⑤逐级授权。领导者只能对自己的直接下级授权，不能越级授权，否则会造成组织混乱。⑥监督控制。领导者授权后对下属工作要进行合理的监督控制。

（二）用人艺术

知人善任是一个领导者是否成熟的标志，也是领导者最富于艺术性的能力。知人是指领导者必须充分了解组织成员，熟悉他们的特长、不足，明确他们的需要，这样才能将工作需要和个人能力很好地结合起来，使组织内的每位成员能够在各自的岗位上兢兢业业，积极进取。领导者要善于与下属交流，倾听下属的心声，达到有效沟通了解下属的目的。自知是指领导者要对自己有特别清醒的认识，了解自己的个性、偏好、弱点，了解自己的言行对组织成员产生的影响。领导者在日常工作中，要善于控制自己的情绪，冷静处理各种问题；用人所长。领导者在选拔及任用下属时，应结合其他领导、同事对该员工的评价，针对不同情况区别对待。

（三）运用时间的艺术

1. 领导者面临的问题

时间是无法再生的稀缺资源，而领导者的时间往往不由自己支配；遇到什么问题就解决什么问题是许多领导者习惯的工作方式，但是这种工作方式往往会造成不重要的事情处理解决了，重要的事情却没有时间思考和解决，这不是领导者高效的工作方式。

2. 合理利用时间的艺术

领导者要科学合理地利用时间，应做到四点：①记录时间。要知道自己的时间是怎样消耗的，可以采用时间记录的方法。②时间分析。在时间记录表上首先找出那些根本不必做的事项，即纯粹浪费时间的项目；其次找出那些可以请他人办理、结果相同或更好的事项，这样的事可以授权他人办理；最后找出浪费别人时间的事项。③消除其他浪费时间的因素。为此，领导者应做以下几方面的工作：找出由于缺乏合理的计划、制度或缺乏预见性所产生的时间浪费因素；组织不健全也是造成时间浪费的因素之一。④合理安排自己的时间。领导者在分析了自己的时间利用情况并消除了时间浪费的因素后，整理出自由时间处理真正重要的问题。一旦发现有些问题还在侵犯自己的自由时间，就再次重新进行时间记录和分析。

3. 时间管理的艺术

领导者不仅要能够合理利用时间，还应该巧妙运用自己的时间，以提高工作效率。通常领导者的时间分为两部分：一部分是不可控时间，用于响应其他人提出的各种要求和问题；另一部分是领导可以自行控制的时间。时间管理的重点是如何支配自由时间。时间管理要求领导者明确在一定时间内活动的重要性和紧迫性，可把要做的每一件事按重要性和紧迫性排序，如图 11-8 所示。

	紧急	不紧急
重要	危机 急迫的问题 有限期的任务，会议 准备事项	准备及预防工作 计划 关系的建立 培训，授权，创新
不重要	干扰，一些电话 一些会议 一些紧急时间 凑热闹的活动	细琐的工作 浪费时间的闲聊 不关紧要的信件 看太多的电视

图 11-8 时间管理矩阵

（四）协调人际关系的艺术

在领导过程中存在着纵横交错的人际关系，协调人际关系是体现领导艺术的重要方面。

1. 处理好与各方面的关系

对待上级要尊重，多请示沟通。对工作安排部署要主动请示；对工作的进展情况、对工作中存在的困难和问题，要主动汇报；对工作中的设想和创见，要积极建议。要干好本职工作，服从命令，当命令有错误、命令不符合客观实际或对命令心存疑虑时，可以请示。在下属面前应尽力维护上级的威望，不能自视高明，傲视上级；对待下级多沟通协调。与下属多交流，多沟通，以加强同广大员工的思想感情联系。属于下级权限范围内的工作，一般不随便干预和插手，更不能代行下级职责范围内的工作。对待下级要大力支持，充分授权，放手使用。对待同级要真诚配合，团结领导班子成员。要处理好与领导班子内部成员关系，要识大体，顾大局；互通情报，加强联系，做到矛盾不交，困难不让，责任不推，利益不争；对外争让有度。领导者在与外面平级单位的协调中，大事要争，小事要让。

2. 调解纠纷和矛盾的技巧

在组织内人与人相处，会产生认识上的分歧、利益上的冲突、工作上的矛盾以及其他方面的纠纷。领导者在工作实践中常用的调解纠纷的方法有即评即判和纠正错误。对于是非问题和原则性问题，领导者要态度明确，立场坚定。求同存异，和平相处。通过耐心细致的思想工作，使矛盾双方都做出让步，达成谅解，求大同存小异，实现和平相处。对于个别非原则性的矛盾和纠纷，可以模糊处理，不做明确表态以有利于工作。

（五）激励的艺术

管理重在人本管理，人本管理的核心在激励。领导者要调动下属的工作积极性，首先，要学会如何适时适度激励下属。一个聪明的领导者要善于经常适时、适度地表扬下属，这种零成本激励往往能“夸”出很多努力工作的下属。其次，激励下属要注意因人而异。领导者激励下属时，一定要区别对待。最后，激励下属要注意多管齐下。领导者激励下属时，要以精神激励为主，物质激励为辅，这样才是一种长效的激励机制。

四、提高领导艺术的基本途径

领导艺术不是天生的，领导者必须不断学习，培养能力，大胆对组织进行变革，才能提高领导艺术，适应时代变化和发展的需要。

（一）通过学习，不断建构和完善领导艺术

这里的学习是广义的，包括学习各种知识，培养业务能力、锻炼身体和心理素质等方面。通过学习，领导者努力创造主观方面的条件，为领导艺术的发挥打下坚实的基础。重点学习内容包括以下几方面。一是相关业务知识：每个领导岗位都应具备相应的必备知识，如西方经济学、公共关系学、组织行为学等；二是管理心理学知识：掌握相应的管理心理学知识，可以帮助领导者在领导过程中真正做到关心下属，统御下属；三是最新思维方式和信息：领导者对最新思维方式和信息要做到有所了解，从而在领导活动中占据主导地位；四是法律知识：依法领导是现代社会领导者事业成功的首要前提。

（二）通过组织改革，营造领导艺术发挥的良好环境

通过改革，可以使组织充满活力，更适应新的环境，克服旧有弊端，领导工作中的组织改革主要侧重以下几方面：优化办公设施，如计算机管理系统、新技术生产线等；强化员工教育与培训；塑造具有激励特征的、优良的组织文化，调动员工的积极性、主动性、创造性。通过自我学习和积极改革，领导者可以创造有利条件，提高领导艺术，使自己的领导活动更富有创造性，更加卓有成效。

本章小结

本章从领导工作、领导理论、领导艺术三个方面分析了领导职能,深刻理解领导本质,有助于充分认识领导工作的重要意义,增强领导工作的有效性。在此基础上,介绍了领导权力的来源。领导理论大致归纳为三种:领导特质理论,研究领导者应具备哪些基本特质,以便选拔和培养领导者。领导行为理论,重点研究和分析领导者在工作过程中的行为表现及其对下属行为和绩效的影响,以确定最佳的领导行为。包括三种极端领导方式理论、领导连续统一体理论、管理系统理论、领导四分图理论、管理方格理论、不成熟-成熟连续流理论、垂直组合理论、交易型领导与变革型领导理论。领导权变理论,侧重研究领导行为与环境变量的关系,认为有效的领导行为应随着被领导者的特点和环境的变化而变化,包括费德勒权变理论、领导生命周期理论、目标-途径理论、领导替代品理论。这些领导理论为正确开展领导工作奠定了理论基础。领导艺术是领导者在领导的方式方法上表现出来的创造性和有效性,主要领导艺术包括用人艺术、运用权力的艺术等。

复习思考题

1. 什么是领导?领导与管理的区别是什么?
2. 结合实际,分析领导的本质特征。
3. 领导影响力的基础是什么?如何树立领导的权威?
4. 解释说明管理方格理论,并根据你的管理思想倾向与亲身经历的学生管理实践,在管理方格图上标出你的领导方式。
5. 试分析费德勒权变理论。
6. 简述领导生命周期理论。
7. 结合你所接触或了解过的实际,分析目标-途径理论。
8. 阐述领导艺术的主要内容。

案例分析

李经理的领导风格

李先生是一家文印中心的经理,他雇了18名员工,大多由全日制的学生兼职。文印中心毗邻一所大学,这家店主要是迎合大学里各种社团的文印需要,但它也提供编辑出版以及标准打印的服务,拥有三台大型的全功能一体复印机和几台电脑。

文印中心的近邻有两家全国连锁的复印店,但文印中心的业务比这两家店加起来的还要多。这家文印店成功的主要因素之一就是李先生的领导风格。李先生特别擅长和他的兼职同事一起工作。他们大多数是学生,必须让工作时间迁就他们的课程表。李先生很能处理时间上的冲突,对他而言,再小的矛盾也不能忽视,他总是愿意把时间表调整到每个人都满意。学生们也常常谈起他们对文印中心的归属感,十分推崇李先生为他们营造的大家庭氛围和精神。

文印中心的工作可分为两大块：文印和桌面印刷。李先生在这两块工作中的领导都很成功。复印工作是很直接的操作，只是简单地将顾客的原件拷贝，因为工作很乏味，所以李先生总是竭尽所能让员工不至于厌烦。他让员工穿自己的休闲装，让他们选自己爱听的音乐作为工作时的背景音乐，让他们在工作中有限度地放肆一下来营造一种友善、平易近人的气氛。李先生每天花很多时间与每个员工进行非正式的交谈，他也鼓励员工之间相互交流。李先生就是有这样的技巧，即使你所做的工作与本身再无关紧要，他也能让你觉得自己是一个举足轻重的人物，他增进了员工之间的团结，也积极地参与到他们的活动中去。

编辑出版比复印复杂得多，包括为客户设计业务格式、广告和简历。在版面印刷这块工作中要求精通文字、编辑、设计和版面设计。这项工作很有挑战性，很难轻易让客户感到满意，在这块工作的员工多数是全职的。经过这几年的观察，李先生发现在编辑出版这一块表现出色的员工是一组特别的群体，与从事复印工作的人不同，他们往往很独立、自我肯定、自我激励。在对他们的指导中，李先生给予他们很大的空间，只在他们需要帮助时提供援手，而更多的时候是放手让他们自己去做。李先生喜欢在这群人中扮演力量源泉的角色。例如：如果员工在应付客户的工作中有困难，他很乐意加入其中共同解决难题；如果有员工在软件操作上停滞不前，李先生也会迅速为他提供专业的技术。在编辑出版方面工作的员工都是自我指导型的，李先生在这一部分员工身上所花的时间要比在复印部员工身上花的少很多。

（案例来源：http://wenku.baidu.com）

问题：

1. 为什么说李先生是一名有效的领导者？

2. 李先生在领导复印人员和编辑人员这两种不同的群体时，采取了不同的领导风格，其依据是什么？

第十二章

激 励

学习目的和要求：

通过本章的学习，应能够在深刻理解激励的含义的基础上，进一步深入了解激励的作用、激励的一般过程以及激励机制；熟悉激励的类型和基本原则；重点和难点是掌握激励的基本理论，深刻理解内容型激励理论、过程型激励理论、行为改造型理论这三种激励理论的核心内容和本质特征、各自的优缺点以及相互之间的区别和联系，并且能够应用这些理论分析和解决实际的管理问题；另一个重点就是掌握激励的方法，熟悉各种激励方法的内容、特点以及适用的范围和条件，力争将来在实践中能够灵活地加以综合应用。

第一节 激励工作概述

一、激励的含义

激励就是组织通过设计适当的外部奖酬形式和工作环境，以一定的行为规范和奖罚性措施，借助信息沟通，来诱发、引导、保持和规划组织成员的行为，以有效地实现组织及其成员个人目标的系统活动。这一定义包含以下几方面的内容：①激励的出发点是满足组织成员的各种需要，即通过系统的设计、适当的外部奖酬形式和工作环境，来满足企业员工的外在性需要和内在性需要；②科学的激励工作需要奖励和惩罚并举，既要对员工表现出来的符合企业期望的行为进行奖励，又要对不符合企业期望的行为进行惩罚；③激励贯穿于企业员工工作的全过程，包括对员工个人需要的了解、个性的把握、行为过程的控制和行为结果的评价等；④信息沟通贯穿于激励工作的始末。从对激励制度的宣传、企业员工个人的了解，到对员工行为过程的控制和对员工行为结果的评价等，都依赖于一定的信息沟通；⑤激励的最终目的是在实现组织预期目标的同时，也能让组织成员实现其个人目标，即达到组织目标和员工个人目标在客观上的统一。

二、激励的作用

对一个企业来说，激励至少具有以下几方面的作用。

1. 吸引优秀人才

国际一流的企业，特别是那些竞争力强、实力雄厚的企业，通常会通过各种优惠政策、丰厚的福利待遇、快速的晋升途径来吸引企业需要的人才。

2. 留住优秀人才

德鲁克认为，每一个组织都需要三个方面的绩效：直接的成果、价值的实现和未来的人力发展。缺少任何一方面的绩效，组织注定非垮不可。因此，每一位管理者都必须在这三个方面均有贡献。在三方面的贡献中，对"未来的人力发展"的贡献就是来自激励工作。

3. 开发员工的潜在能力，促进在职员工充分发挥其才能和智慧

美国哈佛大学的威廉・詹姆斯（William James）教授在对员工激励的研究中发现，按时计酬的分配制度仅能让员工发挥20%～30%的能力，但如果受到充分激励的话，员工的能力可以发挥出80%～90%。两种情况之间60%的差距就是有效激励的结果。研究表明，员工的工作绩效是员工能力和受激励程度的函数，即绩效＝F(能力，激励)。如果把激励制度对员工创造性、革新精神和主动提高自身素质的意愿的影响考虑进去的话，激励对工作绩效的影响就更大了。

4. 造就良性的竞争环境

科学的激励制度包含一种竞争精神，它的运行能够创造出一种良性的竞争环境，进而形成良性的竞争机制。在具有竞争性的环境中，组织成员就会受到环境的压力，这种压力将转变为员工努力工作的动力。正如美国管理学家道格拉斯・麦格雷戈所说："个人与个人之间的竞争，才是激励的主要来源之一。"在这里，员工工作的动力和积极性成了激励工作的间接结果。

三、激励的过程

激励的实质是激发员工动机，促使员工产生组织所期望的行为。人的行为是由动机决定的，而动机则是由需要引起的。当人们产生某种需要而未能满足时，就会引起人的欲望，它促使人处于一种不安和紧张状态之中，从而成为做某件事的内在驱动力。心理学上把这种驱动力叫做动机。动机是由需要驱动、刺激强化和目标诱导三种因素相互作用的一种合力。

动机具有三个特征：①动机与实践活动有密切关系，人的一切行为都是由某种动机支配的；②动机不但能激起行为，而且能使行为朝着特定的方向和预期的目标前进；③动机是一种内在的心理倾向，其变化过程是看不见的。

动机产生以后，人们就会寻找、选择能够满足需要的策略和途径，而一旦策略确定，就会进行满足需要的活动，产生一定的行为。活动的结果如果未能使需要得到满足，则人们会采取新的行为：或重新努力，或降低目标要求，或变更目标等。如果活动的结果使作为活动原动力的需要得到满足，则人们的心理紧张就会消除，同时，还往往会被自己的成功所鼓舞，产生新的需要和动机，确定新的目标，进行新的活动。因此，从需要的产生到目标的实现，人的行为是一个周而复始、不断前进、不断升华的循环过程。激励就是要指导内驱力、需要、目标三个相互影响、相互依存的要素衔接起来，构成动机激发的全过程。需要、动机、行为之间的关系模型如图12-1所示。事实上一个人在同一时空条件下可以有许多种需要和动机，但其中一种需要是最强的，称为主导需要。在这种主导需要驱使下会出现多种动机，但只有一种最强的动机（称为优势动机）产生实际行为。这就形成了具体的需要结构和动机结构，如

图 12-2 和图 12-3 所示。

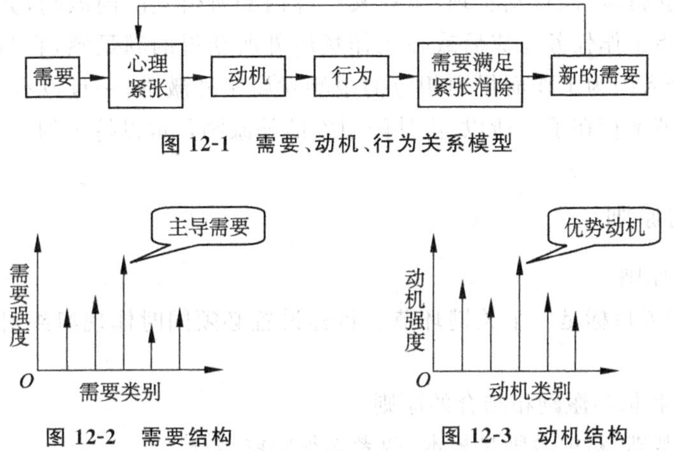

图 12-1 需要、动机、行为关系模型

图 12-2 需要结构

图 12-3 动机结构

激励就是要认真研究人们在特定环境下的需要结构、动机结构以及各种动机之间的矛盾和冲突，因势利导，进行激励，以诱发组织所期望的行为。要使员工产生组织所期望的行为，可以根据员工的需要设置某些目标，并通过目标导向使员工出现有利于组织目标的优势动机并按组织所需要的方式行动，这就是激励的实质。

为了达到激励的目的，设置目标时必须符合以下要求：①设置目标的目的，不仅是为了满足组织成员的个人需要，最终还是为了有利于完成组织目标。因此，在设置目标时，必须将组织目标纳入其中，组织成员只有在完成了组织目标后才能达到个人的目标。②目标的设置必须是受激励者所迫切需要的，只有针对受激励者的主导需求设置目标，才能激发出优势动机，最终产生组织所期望的行为。③目标的设置要适当。目标设置过高，会让人望而却步；目标设置过低，也起不到激励的作用。只有通过员工的努力才能达到的目标，才能真正起到激励的作用。④员工参与目标的设置。设置目标时最好能让员工参与其中，这样不仅可以使目标定得合理，还有利于对目标的深刻理解，更有利于激发员工产生目标导向的行为。

四、激励的类型

1. 物质激励与精神激励

虽然物质激励与精神激励的目标是一致的，但是它们的作用对象却是不同的。前者作用于人的生理方面，是对人物质需要的满足；后者作用于人的心理方面，是对人精神需要的满足。随着人们物质生活水平的不断提高，人们对精神与情感的需求越来越迫切，比如期望得到爱、得到尊重、得到认可、得到赞美、得到理解。

2. 正激励与负激励

正激励就是当一个人的行为符合组织的需要时，通过奖赏的方式来鼓励这种行为，以达到持续和加强这种行为的目的。负激励就是当一个人的行为不符合组织的需要时，通过惩罚的方式来抑制这种行为，以达到减少或消除这种行为的目的。

3. 内激励与外激励

内激励是指由内酬引发的，源自员工内心的激励；外激励是指由外酬引发的激励。内酬是指工作任务本身的刺激，即在工作过程中所获得的满足感，它与工作任务是同步的。追求成长、锻炼自己、获得认可、自我实现、乐在其中等内酬所引发的内激励，会产生一种持久性的作用。外酬是指工作任务完成后或在工作场所外所获得的满足感，它与工作任务是不同步的。比如，一个人因为工作而得到相应的报酬就属于外激励，一旦没有了报酬，这个人的工作积极性可能就不存在了。所以，由外酬引发的外激励是难以持久的。

五、激励的原则

1. 目标结合原则

在激励中，设置目标是一个关键环节。目标设置必须同时体现组织目标和员工需要的要求。

2. 物质激励和精神激励相结合的原则

物质激励是基础，精神激励是根本，两者必须紧密结合。

3. 引导性原则

外激励措施只有转化为被激励者的自觉意愿，才能达到激励效果。因此，引导性原则是激励过程的内在要求。

4. 明确性原则

激励的明确性原则包括两层含义：其一，明确。激励的目的是需要做什么和必须怎么做，一定要明确。其二，公开。组织的各项奖惩制度等必须事先公开，以便为员工所理解并能起到引导员工行为的作用。

5. 时效性原则

要把握激励的时机，“雪中送炭”和“雨后送伞”的效果是大不一样的。激励越及时，越有利于将人们的激情推向高潮，使其创造力连续有效地发挥出来。

6. 正激励与负激励相结合的原则

正激励就是对员工符合组织目标的期望行为进行奖励，负激励就是对员工违背组织目标的非期望行为进行惩罚。正负激励都是必需而且有效的，在作用于当事人的同时，还会间接地影响周围其他人。

7. 按需激励原则

激励的始点是了解员工的需要，但员工的需要因人而异、因时而异，并且只有满足最迫切需要（主导需要）的措施，其效价才会高，其激励强度才会大。因此，管理者必须深入地进行调查研究，真正了解员工需要层次和需要结构的变化趋势，有针对性地采取激励措施，才能收到实效。

六、激励的机制

激励机制是通过一套理性化的制度来反映激励主体与激励客体相互作用的方式。

（一）激励机制的构成要素

1. 诱导因素集合

诱导因素就是用于调动员工积极性的各种奖酬资源。

2. 行为导向制度

对诱导因素的提取,必须建立在对员工个人需要进行调查、分析和预测的基础上,然后根据组织所拥有的奖酬资源的实际情况设计各种奖酬形式,包括各种外在性奖酬和内在性奖酬(通过工作设计来达到)。需要理论可用于指导对诱导因素的提取。

3. 行为幅度制度

这是指对由诱导因素所激发的行为在强度方面的控制规则。

4. 行为时空制度

这是指奖酬制度在时间和空间方面的规定。这方面的规定包括特定的外在性奖酬和特定的绩效相关联的时间限制,员工与一定的工作相结合的时间限制,以及有效行为的空间范围。

5. 行为归化制度

这是指对成员进行组织同化和对违反行为规范或达不到要求的处罚和教育。

以上五个方面的制度和规定都是激励机制的构成要素,激励机制是五个方面构成要素的总和。其中诱导因素起到发动行为的作用,后四者起导向、规范和制约行为的作用。一个健全的激励机制应是完整的包括以上五个方面、两种性质的制度。只有这样,才能进入良性的运行状态。

(二) 激励机制的关注点

激励机制关注的重点就是在激励过程中起关键作用的一些因素,如时机、频率、程度、方向等。它的功能集中表现在对激励效果有直接和显著的影响,所以认识和了解激励机制,对搞好激励工作是大有益处的。

1. 激励时机

激励时机是激励机制的一个重要因素。激励在不同时间进行,其效果是有很大差异的。激励如同发酵剂,何时该用、何时不该用,都要根据具体情况进行具体分析。根据时间上快慢的差异,激励时机可分为及时激励与延时激励;根据时间间隔是否规律,激励时机可分为规则激励和不规则激励;根据工作的周期,激励时机又可分为期前激励、期中激励和期末激励。

2. 激励频率

激励频率就是在一定时间内进行激励的次数,它一般是以一个工作周期为时间单位的。激励频率的高低是由一个工作周期里激励次数的多少所决定的,研究表明,激励频率与激励效果之间并不完全是简单的正相关关系。

激励频率的选择受多种因素的制约,这些客观因素包括工作的内容和性质、任务目标的明确程度、激励对象的素质情况、劳动条件和人事环境等,一般来说有以下几种情形:①对于复杂性强、比较难以完成的任务,激励频率应当高一些;对于工作比较简单、容易完成的任务,激励频率就应该低一些。②对于任务目标不明确、较长时间才能见成果的工作,激励频率就应该低一些;对于任务目标明确、较短时间就能见成果的工作,激励频率就应该高一些。③对于各方面素质较差的工作人员,激励频率应该高一些;对于各方面素质都比较高的工作人员,激励频率就应该低一些。④在工作条件和环境较差的部门,激励频率应该高一些;在工作条件和环境较好的部门,激励频率应该低一些。

当然,上述几种情况并不是绝对的,通常情况下应该有机地联系起来,因人、因事、因地制宜地确定恰当的激励频率。

3. 激励程度

激励程度是指激励量的大小,即奖赏或惩罚标准的高低。它是激励机制的重要因素之一,与激励效果有极为密切的联系。能否恰当地掌握激励程度,直接影响激励作用的发挥。超量激励和欠量激励不但起不到激励的真正作用,有时甚至还会起反作用。所以,从量上把握激励,一定要做到恰如其分,激励程度不能过高也不能过低,度并不是越高越好,超出了这一限度,就无激励作用可言了,正所谓"过犹不及"。

4. 激励方向

激励方向是指激励的针对性。即针对什么样的内容来实施激励,它对激励效果也有显著影响。美国社会心理学家亚伯拉罕·马斯洛(A. H. Maslow)的需要层次理论有力地表明,激励方向的选择与激励作用的发挥有着非常密切的关系。当某一层次的优势需要基本上得到满足时,应该调整激励方向,将其转移到满足更高层次的优先需要,这样才能更有效地达到激励的目的。还有一点需要指出的是,激励方向的选择是以主导需求的发现为前提条件的,所以及时发现下属的主导需求是领导者正确实施激励的关键。

第二节 激励理论

激励理论是研究如何预测和激发人的动机、满足人的需要、调动人的积极性的理论。有关激励的理论有很多种,大体上可以分为三种类型:内容型激励理论、过程型激励理论、行为改造型激励理论。

一、内容型激励理论

内容型激励理论研究的是"什么样的需要会引起激励"这样的问题,它说明了激发、引导、维持和阻止人的行为的因素,旨在了解人的各种需要,解释"什么会使员工努力工作"的问题。

(一)需要层次理论

需要层次理论是马斯洛首创的一种理论。他在1943年发表的《人类动机的理论》一书中提出了该理论。

需要层次理论主要试图回答这样的问题:决定人的行为的尚未得到满足的需要是些什么内容?20世纪30年代著名的霍桑试验发现工人劳动积极性的提高在很大程度上取决于他们所处的环境,既有车间又有工厂外的社会环境,认为人是"社会人",而不是简单的"经济人"。马斯洛深化了包括霍桑试验在内的其他关于激励对象的行为科学研究,通过对需要的分类,找出对人进行激励的途径,即激励可以看做对具体的社会系统中未满足的需要进行刺激的行为过程。

马斯洛的需要层次理论主要有三个基本出发点:①人要生存,他的需要能够影响他的行为。只有未满足的需要能够影响行为,满足了的需要不能充当激励工具。②人的需要按重要性和层次性排成一定的次序,从基本的需要到复杂的需要。③当人某一级的需要得到最低限度满足后,才会追求高一级的需要,如此逐级上升,成为推动继续努力的内在动力。在此基础上，马斯洛认为，每个人都有五个层次的需要：生理的需要、安全的需要、社会或情感的需要、尊重的需要、自我实现的需要，如图 12-4 所示。

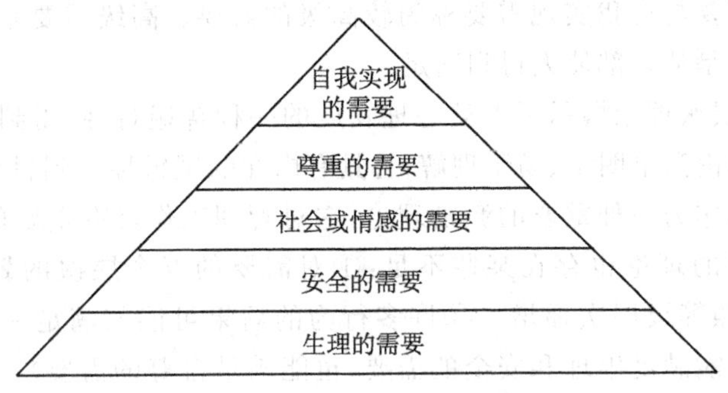

图 12-4 马斯洛需要层次理论

1. 生理的需要

任何动物都有这种需要，但不同的动物其需要的表现形式是不同的。就人类而言，人们为了能够继续生存，首先必须满足基本的生活需要，如衣、食、住、行、性等。马斯洛认为，这是人类最基本的需要。人类的这些需要得不到满足就无法生存，也就谈不上其他需要。所以，在经济不发达的社会，必须首先研究并满足这方面的需要。

2. 安全的需要

基本生活条件具备以后，生理需要就不再是推动人们工作的最强烈力量，取而代之的是安全的需要。安全需要又可分为两类：一类是现在的安全的需要；另一类是对未来的安全的需要。对现在的安全需要，就是要求自己现在的社会生活的各个方面均能有所保证，如就业安全、生产过程中的劳动安全、社会生活中的人身安全等。对未来的安全需要，就是希望未来生活能有保障。未来总是不确定的，而不确定的东西总是令人担忧的，所以人们都追求未来的安全，如病、老、伤、残后的生活保障等。

3. 社会或情感的需要

马斯洛认为，人是社会的一员，需要友谊、爱情和群体的归属感，人际交往需要彼此同情、互助和赞许。因此，人们常希望在一种被接受或有归属感的环境中工作，在他所处的群体中占有一个位置，否则就会感到孤独而消沉。

4. 尊重的需要

这是指人希望自己保持自尊和自重，并获得别人的尊敬，得到别人的高度评价。这种需要可分为两类：一类是那种要求力量、成就、信心、自由和独立的愿望，属于内在需要；另一类是要求名誉和威信（别人对自己的尊敬和尊重）、表扬、注意、重视和赞赏的愿望，属于外在需要。每一个人都有一定的自尊心，这种需要得到满足，就会使人感到自信、有价值、有力量、有能力并适于生存；若得不到满足，就会产生自卑感、软弱无能感，从而导致情绪沮丧，失去自信心。

5. 自我实现的需要

这是指人希望从事与自己能力相称的工作，使自己潜在的能力得到充分的发挥，成为自己向往已久的人物。一个人通过自己的努力，实现自己对生活的期望，从而觉得生活和工作很有意义。当人的其他需要得到基本满足以后，就会产生自我实现的需要，它会产生巨大的动力，使人努力并尽可能实现自己的愿望。

马斯洛还将这五种需要划分为高低两级。生理的需要和安全的需要称为较低级需要，而社会需要、尊重需要与自我实现需要称为较高级的需要。高级需要是从内部使人得到满足，低级需要则主要是从外部使人得到满足。

马斯洛的需要层次理论揭示了人类心理发展的一种普遍特性，得到了实践中管理者的普遍认可，因为该理论简单明了、易于理解，且具有内在的逻辑性。到目前为止，马斯洛的观点仍然被广泛传播，作为一种重要的激励理论，它对管理工作具有重要的指导作用。同时，研究也表明，马斯洛的理论也存在某些不足：①对需要的五个层次的划分似乎过于机械。②需要并不一定按照等级层次递增。③许多行为的后果可能与满足一种以上的需要有关(如适当的薪酬不仅能满足生理和安全的需要，也能满足自尊的需要)。④一个人的自我观会影响需要层次体系对个人动机的激励力。有人满足了低层次的需要后，不一定就会对高层次的需要有所渴求。

(二) 生存、关系、发展理论(ERG)

美国耶鲁大学的教授克雷顿·奥尔德弗(Clayton Alderfer)在马斯洛提出的需要层次理论的基础上，进行了更接近实际经验的研究，提出了一种新的人本主义需要理论。奥尔德弗认为，人们存在三种核心的需要，即生存的需要、相互关系的需要和成长发展的需要。

生存的需要与人们基本的物质生存需要有关，它包括马斯洛提出的生理和安全需要。相互关系的需要指人们对于保持重要的人际关系的要求。这种社会和地位需要的满足是在与其他需要相互作用中达成的，它们与马斯洛的社会需要和尊重需要分类中的外在部分是相对应的。最后，奥尔德弗把成长发展的需要独立出来，它表示个人谋求发展的内在愿望，包括马斯洛的尊重需要分类中的内在部分和自我实现层次中所包含的特征。

ERG 理论假设激励行为是遵循一定的等级层次的。在这点上虽然和马斯洛提出的观点相类似，但它又有两个重要的区别：第一，ERG 理论认为在任何时间里，多种层次的需要会同时产生激励作用。所以它承认人们可能同时受赚钱的欲望(生存的需要)、友谊(关系的需要)和学习新的技能的机会(成长的需要)等多种需要的激励。第二，ERG 理论明确提出了“气馁型回归”的概念。马斯洛理论认为人的低层次的需要得到满足后，就会上升为更高层次的需要，受高层次需要的激励。可是奥尔德弗认为，如果上一层次的需要一直得不到满足的话，个人就会感到沮丧，然后回归到对低层次需要的追求。

ERG 理论更有效地解释了组织中的激励问题，应看到每个人的需要重点是不同的，当某种需要得到满足后，人们可能会改变他们的行为。

(三) 双因素理论

双因素理论又称为激励—保健理论，由美国心理学家弗雷德里克·赫茨伯格(Frederick Herzberg)于 20 世纪 50 年代所提出。他通过对 200 名工程师和会计师的访谈，深入研究了“人们希望从工作中得到些什么”。他要求受访者详细描述哪些因素使他们在工作中感到特别满意及受到高度激励，又有哪些因素使他们感到不满和消沉。赫茨伯格对调查结果进行了分类归纳，如图 12-5 所示。

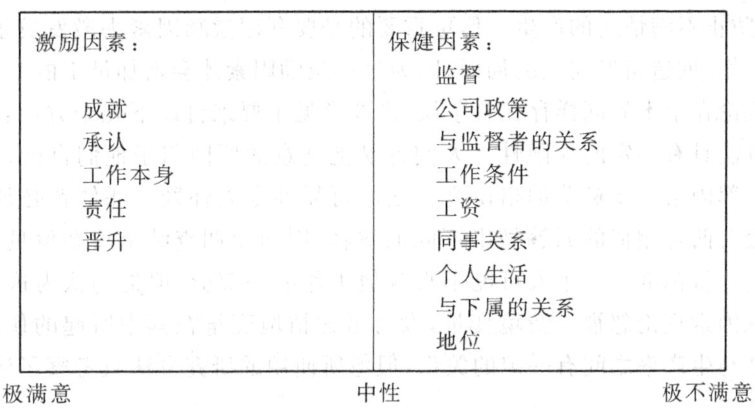

图 12-5 赫茨伯格的双因素理论

赫茨伯格在分析调查结果时惊讶地发现，对工作满意的员工和对工作感到不满意的员工的回答十分不同，与满意和不满意相关的因素是两类完全不同的因素。例如，“低收入”通常被认为会导致不满，但“高收入”却不一定被归结为满意的原因。图 12-5 左侧列出的因素是与工作满意有关的特点，右侧列出的因素是与工作不满意有关的特点。一些内在因素如成就、承认、责任与工作满意相关，当对工作感到满意时，员工倾向于将这些特点归因于他们本身，而当他们感到不满意时，则常抱怨外部因素，如公司的政策、管理和监督、人际关系、工作条件等。

这个发现使赫茨伯格对传统的“满意—不满意”相对立的观点提出了修正。传统的看法认为满意和不满意是一个单独连续体相对的两端。但是，赫茨伯格认为，满意的对立面并不是不满意，消除了工作中的不满意因素并不必定能使工作结果令人满意，如图 12-6 所示。赫茨伯格提出，这之中存在双重的连续体：满意的对立面是没有满意，而不是不满意，同时，不满的对立面是没有不满，而不是满意。因此，赫茨伯格提出，影响人们行为的因素主要有两类：保健因素和激励因素。保健因素是那些与人们的不满情绪有关的因素，如公司的政策、管理和监督、人际关系、工作条件等。保健因素处理不好，会引发对工作不满意情绪的产生；处理得好，可以预防或消除这种不满。但这类因素并不能对员工起激励作用，只能起到保持人的积极性、维持工作现状的作用。所以，保健因素又称为“维持因素”。激励因素是指那些与人们满意情绪有关的因素。与激励因素有关的工作处理得好，能够使人们产生满意情绪；如果处理不当，其不利效果最多只是没有满意情绪，而不会导致不满。他认为，激励因素主要包括这些内容：工作表现机会和工作带来的愉快，工作上的成就感，由于良好的工作成绩而得到的奖励，对未来发展的期望，职务上的责任感等。

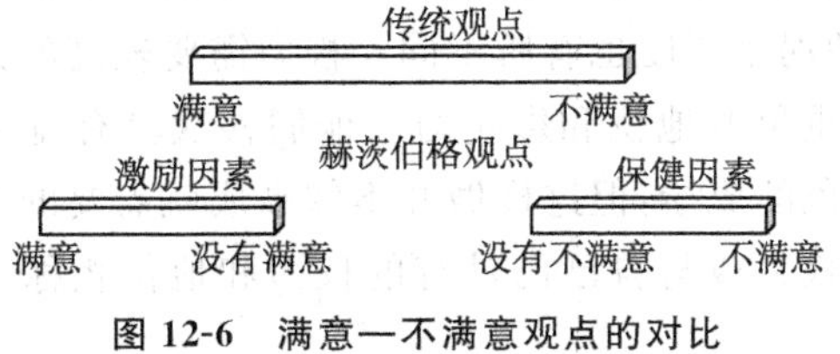

图 12-6 满意—不满意观点的对比

按照赫茨伯格的观点，在企业管理的过程中，要调动和维持员工的积极性，首先要注意保健因素,以防止不满情绪的产生。但更重要的是要利用激励因素去激发员工的工作热情,使他们努力工作,创造奋发向上的局面,因为只有激励因素才会增加员工的工作满意感。

双因素理论在学术界同样存在着争议,批评意见主要来自以下几个方面:①赫茨伯格所采用的研究方法具有一定的局限性。人们容易把满意的原因归于他们自己,而把不满意的原因归因于外部因素。②赫茨伯格研究方法的可靠性令人怀疑。评估者必须进行解释,但他们有可能会对两种相似的回答做出不同的解释,因而使调查结果掺杂偏见。③缺乏普遍适用的满意度评价标准。一个人可能不喜欢他工作的一部分,但他仍认为这份工作是可以接受的。④双因素理论忽视了情境变量,没有考虑情境变量在其中所起的作用。⑤赫茨伯格认为满意度与生产率之间有一定的关系,但他所使用的研究方法只考察了满意度,而没有涉及生产率。

(四) 三种需要理论

三种需要理论也称为成就需要理论,是由美国哈佛大学教授戴维·麦克莱兰(David Mc Clelland)等人在20世纪40—50年代通过对人的需求和动机的研究而提出来的。麦克莱兰认为个体在工作情境中有三种主要的动机或需要。

1. 成就需要

这是指达到标准、追求卓越、争取成功的需要。麦克莱兰认为,具有强烈成就需要的人渴望将事情做得更为完美,提高工作效率,获得更大的成功,他们追求的是在获取成功的过程中克服困难、解决难题、努力奋斗的乐趣,以及成功之后的个人成就感,他们并不看重成功所带来的物质奖励。个体的成就需要与他们所处的经济、文化、社会、政府的发展程度有关,社会风气也制约着人们的成就需要。麦克莱兰发现高成就需要者的特点是:他们希望得到有关工作绩效的及时明确的反馈信息,从而了解自己是否有所进步;他们喜欢设立具有适度挑战性的目标,不喜欢凭运气获得成功,不喜欢接受那些在他们看来特别容易或特别困难的工作任务。高成就需要者事业心强,有进取心,敢冒一定的风险,比较实际,大多是进取的现实主义者。高成就需要者对于自己感到成败机会各半的工作,表现得最为出色。他们不喜欢成功的可能性非常低的工作,这种工作碰运气的成分非常大,那种带有偶然性的成功机会无法满足他们的成功需要;同样,他们也不喜欢成功的可能性很大的工作,因为这种轻而易举就取得的成功对于他们的自身能力不具有挑战性。他们喜欢设定通过自身努力才能达到的奋斗目标。对他们而言,当成败可能性均等时,才是一种能从自身的奋斗中体验成功的喜悦与满足的最佳机会。

2. 权力需要

这是指影响或控制他人且不受他人控制的欲望。它是影响和控制别人的一种愿望或驱动力。不同的人对权力的渴望程度也有所不同。权力需要较高的人喜欢支配、影响他人,喜欢对别人"发号施令",注重争取地位和影响力。他们喜欢具有竞争性和能体现较高地位的场合和情境,也会追求出色的成绩,但这样做并不像高成就需要的人那样是为了个人的成就感,而是为了获得地位和权力或与自己已具有的权力和地位相称。权力需要是管理成功的基本要素之一。

3. 归属需要

这是指建立友好亲密的人际关系的愿望,也是寻求被他人喜爱和接纳的一种愿望。高归属需要者渴望友谊，喜欢合作而不是竞争的工作环境，希望彼此之间的沟通与理解，他们对环境中的人际关系更为敏感。有时，归属需要也表现为对失去某些亲密关系的恐惧和对人际冲突的回避。归属需要是保持社会交往和人际关系和谐的重要条件。

在如何辨别一个人是高成就需要者还是其他类型这个问题上，麦克莱兰主要通过投射测验进行测量。他给每位被试者一系列图片，让他们根据每张图片写一个故事，而后麦克莱兰和他的同事分析故事，对被试者的三种需要程度做出评估。

在大量的研究基础上，麦克莱兰对成就需要与工作绩效的关系进行了十分有说服力的推断。首先，高成就需要者喜欢能独立负责、可以获得信息反馈和中度冒险的工作环境。他们会从这种环境中获得高度的激励。在小企业的经理人员和在企业中独立负责一个部门的管理者中，高成就需要者往往会取得成功。其次，在大型企业或其他组织中，高成就需要者并不一定就是一个优秀的管理者，原因是高成就需要者往往只对自己的工作绩效感兴趣，并不关心如何影响别人去做好工作。再次，归属需要与权力需要和管理的成功密切相关。最优秀的管理者往往是权力需要很高而归属需要很低的人。如果一个大企业的经理的权力需要与责任感和自我控制相结合，那么他很有可能成功。最后，可以对员工进行训练来激发他们的成就需要。如果某项工作要求高成就需要者，那么，管理者可以通过直接选拔的方式找到一名高成就需要者，或者通过培训的方式培养自己原有的下属。

麦克莱兰的三种需求理论在企业管理中很有应用价值。首先，在人员的选拔和安置上，通过测量和评价一个人动机体系的特征，对于如何分派工作和安排职位有重要的意义。其次，由于具有不同需要的人需要不同的激励方式，了解员工的需要与动机有利于合理建立激励机制。最后，动机是可以训练和激发的，可以训练和提高员工的成就动机，以提高生产率。

二、过程型激励理论

过程型激励理论研究“激励是怎样产生的”，探讨人的行为是怎样被激发、引导、维持和阻止的，着重分析人们怎样面对各种满足需要的机会以及如何选择正确的激励方法，解释的是“为什么员工会努力工作”和“怎样才会使员工努力工作”这两个问题。

（一）期望理论

期望理论是美国心理学家维克托·弗鲁姆(Victor H. Vroom)在1964年出版的《工作与激发》一书中首先提出来的。期望理论的基本内容主要包括弗鲁姆的期望公式和期望模式。

弗鲁姆认为，人总是渴求满足一定的需要并设法达到一定的目标。这个目标在尚未实现时，表现为一种期望，这时目标反过来对个人的动机又是一种激发的力量。而这个激发力量的大小，取决于目标价值（目标效价）和期望概率（期望值）的乘积。用公式表示为

$$激励力量(M)=目标效价(V)\times期望值(E)$$

其中，M：激发力量，是指调动一个人的积极性，激发人内部潜力的强度。V：目标价值（目标效价）是一个心理学概念，是指达到目标对于满足个人需要的价值，同一目标，由于各个人所处的环境不同、需求不同，其需要的目标效价也就不同。同一个目标对每一个人可能有正、零、负三种效价。目标效价越高，激励力量就越大。E：期望值，是人们根据过去经验判断自己达到某种目标的概率。

这个公式说明：目标价值大小直接反映人的需要动机强弱，期望概率反映人实现需要和动机的信心强弱。假如一个人把某种目标的价值看得很大，估计能实现的概率也很高，那么这个目标激发动机的力量就越强烈。

怎样使激发力量达到最佳值，弗鲁姆提出了他的期望模式，如图 12-7 所示。在这个期望模式的四个因素中包含了以下三个方面的关系：

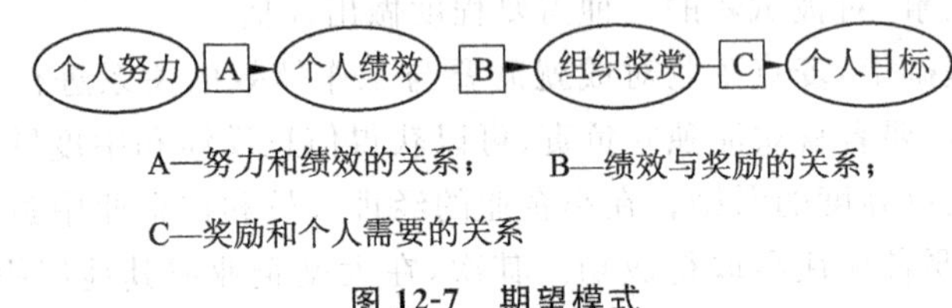

A—努力和绩效的关系；　B—绩效与奖励的关系；
C—奖励和个人需要的关系

图 12-7　期望模式

(1) 努力和绩效的关系

这是指个人感觉到通过一定程度的努力而达到工作绩效的可能性。个人认为通过努力可以达到工作绩效，就会激发个人的工作热情。

(2) 绩效与奖励的关系

这是指个人对于达到一定工作绩效后即可获得理想的奖赏结果的信任程度。人们总是期望在达到预期成绩后，能够得到适当的合理奖励，如奖金、晋升、提级、表扬等。组织的目标如果没有相应有效的物质和精神奖励来强化，时间一长，积极性就会消失。

(3) 奖励和个人需要的关系

这是指如果工作完成，个人所获得的潜在结果或奖赏对个人的重要性程度。奖励什么要适合不同的人的不同需要，要考虑效价。要采取多种形式的奖励，满足各种需要，最大限度地挖掘人的潜力，最有效地提高工作效率。

通过对弗鲁姆期望模式的分析，可以总结出期望理论中所包含的激励产生过程的四个步骤：①员工感到这份工作能提供什么样的结果？这些结果可以是积极的，如工资、人身安全、同事友谊、信任、额外福利、发挥自身潜能或才干的机会等；也可以是消极的，如疲劳、厌倦、挫折、焦虑、严格的监督与约束、失业威胁等。②这些结果对员工的吸引力有多大？他们的评价是积极的、消极的还是中性的？这显然是一个内部的问题，与员工的态度、个性及需要有关。如果员工发现某一结果对他有特别的吸引力，那么他将努力实现它，而不是放弃工作。对于相同的工作，有些人则可能对其评价产生消极心理，从而放弃这一工作，还有的人的看法可能是中性的。③得到这一结果，员工需采取什么样的行动？只有员工明确地知道为达到这一结果必须做些什么时，这一结果才会对员工的工作绩效产生影响。④员工是怎样看待这次工作机会的？在员工衡量了自己可以控制的决定成功的各项能力后，他认为工作成功的可能性有多大？

期望理论对企业许多管理工作具有启迪作用，它明确地提出职工的激励水平与企业设置的目标效价和可以实现的概率有关，这对企业采取措施调动职工的积极性具有现实的意义。

(二) 公平理论

公平理论，也称为社会比较理论，是美国心理学家斯达西·亚当斯(J. Stacey Adams)于20世纪60年代提出的。这种理论的基础在于员工不是在真空中工作的，他们总是在进行比较，比较的结果对他们在工作中的努力程度有影响。

公平理论主要讨论报酬的公平性对人们工作积极性的影响。这一理论认为员工首先考虑自己的收入与付出的比率，然后将自己的收入付出比与相关他人的收入付出比进行比较。如果员工感觉到自己的比率与他人相同，则为公平状态；如果感到二者的比率不相同，则产生不公平感，也就是说，他们会认为自己的收入过高或过低。这种不公平感出现后，员工们就会试图去纠正它。

人们通常通过两个方面的比较来判断其所获报酬的公平性，即横向比较和纵向比较。横向比较就是将"自我"与"他人"相比较来判断自己所获报酬的公平性，从而对此做出相对应的反应。纵向比较则是把自己目前的与过去的进行比较。

亚当斯提出"贡献率"的公式，描述员工在横向和纵向两个方面对所获报酬的比较以及对工作态度的影响：

$$\frac{O_A}{I_A}=\frac{O_B}{I_B}$$

式中：I——个人所投入(付出)的代价，如资历、工龄、教育水平、技能、努力等；

O——个人所获取的报酬，如奖金、晋升、荣誉、地位等。

该式既可以用于横向对比，又可以用于纵向对比。所谓横向对比，就是将自己和他人进行对比，此时，A 代表自己，B 代表他人；所谓纵向对比，就是将自己的现在和过去进行对比，此时，A 代表现在，B 代表过去。

该式简明地表达了影响个体公平感各变量间的关系。从中可以看出，人们并非单纯地将自己的投入或回报与他人进行比较，而是以双方的回报与投入的比值来进行比较；或者将自己现在的单位投入获得的回报与过去的单位投入获得的回报进行比较，从而衡量自己是否受到公平的对待。

若 $O_A/I_A=O_B/I_B$，人们就会有公平感；

若 $O_A/I_A<O_B/I_B$，人们就会感到不公平，产生委屈感；

若 $O_A/I_A>O_B/I_B$，人们也会感到不公平，产生内疚感。

一般而论，人的内疚感的临界阈值较高，而委屈感的临界阈值较低，因此主要是后者即委屈感对人的影响大。

在公平理论中，员工所选择的与自己进行比较的参照对象是一重要变量，可以划分出三种参照类型："他人"、"制度"和"自我"。①"他人"包括同一组织中从事相似工作的其他个体，还包括朋友、邻居及同行。②"制度"指组织中的薪金政策与程序以及这种制度的运作。③"自我"指的是员工自己在工作中付出与所得的比率。它反映了员工个人的过去经历及交往活动，受到员工过去的工作标准及家庭负担程度的影响。如果发现自己的付出与所得比和其他人的相比不平衡，就会产生紧张感，这种紧张又会成为他们追求公平和平等的动机基础。

当一个人发现自己受到不公平(利己或损己)待遇时，他往往采取以下几种方式消除心理的不公平感：①力求改变自己的报酬；②要求改变他人的报酬；③设法改变自己的投入；④要求改变他人的投入；⑤自我消除不公平感。

公平理论揭示了人们公平心态的激励功能，把一个客观存在却不大为人们注意的问题纳入了科学研究领域。但是这种理论还有待深入研究，这主要因为：其一，公平可以消除人们的不满，但它似乎难以激励人们。因为公平感本身是一种心理平衡感，平衡而无冲突，就失去了动力。其二，公平的主观色彩甚浓，因此实际上很难操作，也就难以利用。其三，有利于自己的不公平感也是激励人们的力量。实际生活中的“倾斜政策”等能调动积极性的原因也在于此。因此，公平的激励价值也许存在于尽量减少人们损己的不公平感而扩大人们利己的不公平感的策略之中。

（三）波特-劳勒综合激励模式

波特-劳勒综合激励理论是由美国心理学家莱曼·波特(Lyman W. Porter)和爱德华·劳勒(Edward E. Lawler)在1968年的《管理态度和成绩》一书中首先提出来的。它是在期望理论的基础上引申出的一个更为实际、更为完善的激励模式。

波特和劳勒以工作绩效为核心，对与绩效有关联的许多因素进行了一系列相关性研究，并在此基础上提出了一个综合激励模式，如图12-8所示。实线表示因素间的因果关系，虚线表示反馈回路。

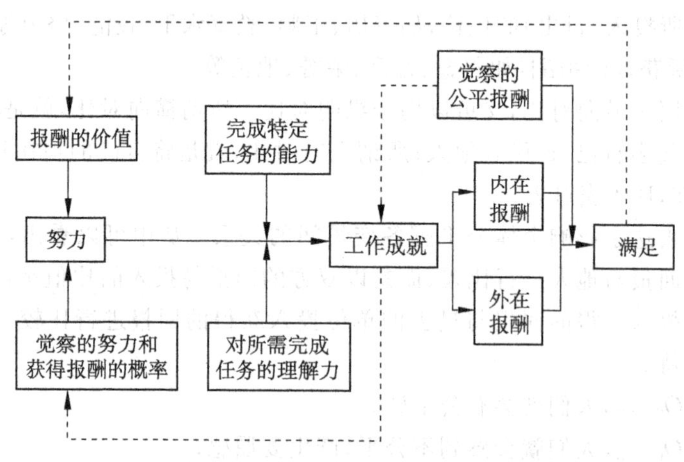

图12-8 波特-劳勒综合激励模式

在该模式中，突出了四个变量，即努力程度、工作成就、报酬和满意感之间的有机联系。把整个激励过程(特别是期望理论和公平理论)联结为一个有机的整体。该模式的基本特点是：①个人是否努力以及努力的程度不仅仅取决于奖励的价值，而且还受到个人觉察出来的努力和受到奖励的概率的影响。个人觉察出来的努力是指其认为需要或应当付出的努力。受到奖励的概率是指其对于付出努力之后得到奖励的可能性的期望值。很显然，过去的经验、实际绩效及奖励的价值将对此产生影响。如果个人有较确切的把握完成任务或曾经完成过并获得相当价值的奖励的话，那么他将乐意付出相当的或更高程度的努力。②个人实际能达到的绩效不仅仅取决于其努力的程度，还受到个人能力大小以及对任务了解和理解程度的影响。特别是对于比较复杂的任务，个人能力以及对此项任务的理解较之其实际付出的努力对所能达到绩效的影响更大。③个人所应得到的奖励应当以其实际达到的工作绩效为价值标准，尽量剔除主观评估因素，要使个人看到：只有在完成了组织的任务或达到目标时，才会受到精神和物质上的奖励。这样，奖励才能成为激励个人努力达到组织目标的有效刺激物。④个人对于所受到的奖励是否满意以及满意的程度如何，取决于受激励者对所获报酬公平性的感觉。如果受激励者感到不公平，则会导致不满意。⑤个人是否满意以及满意的程度将会反馈到其完成下一个任务的努力过程中。满意会导致进一步的努力，而不满意则会导致努力程度的降低甚至离开工作岗位。

综上所述，波特和劳勒的激励模式是对激励系统比较全面和恰当的描述，它告诉管理者，激励与绩效之间并不是简单的因果关系。要使激励能产生预期的效果，就必须考虑到奖励内容、奖励制度、组织分工、目标设量、公平考核等一系列综合性因素，并注意个人满意程度在努力中的反馈。

（四）罗伯特·豪斯激励综合模式

美国宾夕法尼亚大学沃顿商学院教授罗伯特·豪斯(Robert House)把前述各种激励理论综合起来，将人们从事工作的内在性激励与外在性激励结合起来，提出了著名的综合激励模式。其代表性公式为：

$$M=V_{it}+E_{ia}(V_{ia}+E_{ej}V_{ej})$$

式中：M——激励力量；

V_{it}——活动本身提供的内酬效价，它给予的内部激励不受任务完成与否及结果如何的影响，因而与期望值大小无关；

E_{ia}——活动能否完成任务的期望值；

V_{ia}——完成任务的效价；

$E_{ej}V_{ej}$——一系列双变量的总和，其中 E_{ej} 表示完成任务能否获得某项外酬的期望值，V_{ej} 表示该项外酬的效价。

公式中下标的意思分别是：i 为内在，e 为外在，t 为任务本身，a 为完成。

运用乘法分配率，可将此公式变为

$$M=V_{it}+E_{ia}V_{ia}+E_{ia}E_{ej}V_{ej}$$

式中：$E_{ia}V_{ia}$——内激励；

$E_{ia}E_{ej}V_{ej}$——各种外激励之和。

上述模式表明，整体激励力量取决于内部和外部两大方面。所以，要提高对员工的激励效果，就必须同时重视对员工内在性激励和外在性激励的提高。

1. 内在性激励的提高

对员工的内在性激励包括工作本身的内在性价值 V_{ia} 和完成工作给员工所带来的内在性激励作用($E_{ia}V_{ia}$)。提高工作本身的内在性价值可以有许多办法，如采取工作丰富化和工作多样化措施，让员工经常体验到一些新的工作，感受到工作的乐趣和挑战性，减少工作的单调乏味感；鼓励员工参与决策计划的制定，让他们了解自己所从事的工作在整个组织工作中的位置和作用，提高他们对自身工作重要性的认识等。在员工认识到所从事工作的重要性之后，关键的问题是设法保证员工凭借自身的努力能够达到预期的目标，实现个人预期，所以，要加强对员工的培训，提高他们完成工作任务的能力，帮助他们克服工作中出现的各种问题和困难，为职工创造完成工作任务的良好条件。同时，根据员工在工作中做出的各种成绩进行强化，使他们明确自己正在不断朝着目标迈进，从而提高完成工作任务的自信心，强化工作动力。

2. 外在性激励的提高

外在性激励取决于员工对外在性报酬的追求。所以，提高外在性激励水平，必须了解员工所追求的外在性报酬的种类及重视程度，以便对症下药。目前有些企业领导经常深入群众中，定期或不定期地走访员工家庭，就某些问题向员工进行问卷调查等，在不同程度上都具有这样的目的。另外，要注重奖罚及时兑现，员工努力工作并取得了较大成绩之后，要及时地满足他们对外在性报酬的需求，这样才能促使员工继续努力工作。

三、行为改造型激励理论

（一）强化理论

强化理论是由美国哈佛大学教授、心理学家伯尔赫斯·弗雷德里克·斯金纳（Burrhus Frederic Skinner）提出来的。强化理论也叫做行为矫正理论，是斯金纳在对有意识行为特性深入研究的基础上提出的一种新行为主义理论，它是以学习的强化原则为基础的关于理解和修正人的行为的一种学说。此理论认为，人的行为具有有意识条件反射的特点，既可以对环境起作用，促使其产生变化，环境的变化（行为结果）又反过来对行为产生影响。因此，当有意识地对某种行为进行肯定强化时，可以促进这种行为重复出现；对某种行为进行否定强化时，可以修正或阻止这种行为的重复出现。这样，人们可以用这种正强化或负强化的办法来影响行为的后果，从而修正其行为。根据这一原理，采用不同的强化方式和手段，可以达到有效激励员工积极行为的目的。

强化是指对一种行为的肯定或否定的后果（报酬或惩罚），它至少在一定程度上会决定这种行为在今后是否会重复发生。

1. 强化类型

强化按照不同标准，有不同的划分方法。

按作用分，强化包括正强化、负强化和自然消退三种类型。①正强化，又称积极强化。当人们采取某种行为时，能从他人那里得到某种令其感到愉快的结果，这种结果反过来又成为推进人们趋向或重复此种行为的力量。②负强化，又称消极强化，是指通过某种不符合要求的行为所引起的不愉快的后果，对该行为予以否定。若员工按所要求的方式行动，就可减少或消除令人不愉快的处境，从而也增大了员工符合要求的行为重复出现的可能性。③自然消退，又称衰减，是指对原先可接受的某种行为强化的撤销。若在一定时间内不予强化，此行为将自然下降并逐渐消退。总之，正强化是用于加强所期望的个人行为，负强化和自然消退的目的是减少和消除不期望发生的行为。这三种类型的强化相互联系、相互补充，构成了强化的体系，并成为一种制约或影响人的行为的特殊环境因素。

按方式分，分为连续性强化和间歇性强化。在实验中，斯金纳发现强化与行为之间存在着一定的关系。如果强化的时间和比率不同，强化作用的效果也会大不相同。斯金纳提出了一个著名的强化类型表。根据这个强化类型表，一切强化可分为连续性强化和间歇性强化两大类。①连续性强化，即每次行为都受到强化。②间歇性强化，即只是部分行为受到强化。间歇性强化又可按照时间和比率的不同分为以下四种：①固定时间强化，强化是定期的，如计时工资；②变动时间强化，强化是不定期的，如随时进行的奖励；③固定比率强化，强化按一定比率进行，如计价工资制；④变动比率强化，强化按随机比率进行，如业务员业务提成等。

2. 应用强化激励理论的原则

(1)应以正强化方式为主。在强化手段的运用上，应以正强化为主。采用负强化（尤其是惩罚)手段要慎重,负强化应用不当会带来一些消极影响。当然,必要时也要对不符合组织要求的行为给予惩罚,做到奖惩结合。

(2)注意强化的时效性。采用强化的时间对于强化的效果有较大的影响。要取得最好的激励效果,就应该在行为发生以后尽快采取适当的强化方法。

(3)因人制宜,采用不同的强化方式。由于人的个性特征及其需要层次不尽相同,不同的强化机制和强化物所产生的效应会因人而异。因此,在运用强化手段时,应采用有效的强化方式,并随对象和环境的变化而相应调整。

(4)设立明确而又适当的目标。对于人的激励,首先要设立一个明确的、鼓舞人心而又切实可行的目标,只有目标明确而具体时,才能进行衡量和采取适当的强化措施。

(二) 归因理论

归因理论是由美国心理学家弗里茨·海德(Fritz Heider)在1958年研究社会知觉的试验中首先提出来的,后经美国斯坦福大学李·罗斯(Lee D. Ross)等人加以发展。归因理论认为,人们对过去的成功和失败,一般会有四种归因:努力程度(相对不稳定的内因)、能力大小(相对稳定的内因)、任务难度(相对稳定的外因)以及运气和机会(相对不稳定的外因)。这四种因素可以按照内外原因、稳定性和可控性三个维度来划分。从内外原因方面来看,努力和能力属于内部原因,任务难度和机遇属于外部原因;从稳定性来看,能力和任务难度属于稳定因素,努力和机遇属于不稳定因素,因为一个人的能力和他面临任务的难度是很难改变的,而一个人的努力程度和是否遇到适当的时机是不断变化的;从可控性来看,努力是可控制的因素,而任务的难度和机遇都是不以人的意志为转移的。

人们把成功和失败归因于何种因素,对于以后的工作积极性有很大影响。美国心理学家韦纳(B. Weiner)的研究指出,不同的归因方式往往导致不同的行为或情绪上的不同结果,如表12-1所示。

表12-1 不同的归因方式及其产生的结果

归因方式	结果
成功归结于内部原因(努力、能力)	满意和自豪
成功归结于外部原因(任务容易或运气好)	惊奇和感激
失败归于内因(努力、能力)	内疚和无助感
失败归于外因(任务容易或运气好)	气愤和敌意
成功归于稳定因素(任务难或能力强)	会提高以后的工作积极性
成功归于不稳定因素(碰巧或努力)	工作的积极性可能提高也可能降低
失败归于稳定因素(任务难和能力弱)	会降低以后的积极性
失败归于不稳定因素(运气不好或努力不够)	可能提高以后的工作积极性

总之,归因理论对管理实践具有重要的意义。了解人们的归因倾向,掌握人们的归因规律,就可以进一步按一定的规律指导和训练人们的正确归因倾向,有助于人们正确地总结工作中成功的经验和失败的教训,调动人们的工作积极性,提高工作效率。

(三) 挫折理论

挫折是指人们从事有目的的活动,在环境中遇到障碍和干扰,使需要和动机不能获得满足时的情绪。它是一种普遍存在的社会心理现象。挫折理论专门研究人们遇到挫折后会有一些什么行为反应,管理人员应如何针对员工的挫折采取相应措施,以及如何引导员工走出挫折的阴影,积极努力地对待工作。

引起挫折的原因是多种多样的,人们受挫的程度也各不相同,但总的来说,挫折不外乎是由主观因素和客观因素造成的。由主观因素引起的挫折叫做个人起因的挫折。由客观因素引起的挫折叫做环境起因的挫折,这是由于外界事物或情况阻碍人们达到目标而产生的挫折。

许多研究表明,受挫的大小与个体的动机密切相关,当重要动机受挫时,感受到的挫折就大,打击也大。由于心理发展层次的不同、认识方法的差异、抱负水准的高低等原因,不同个体具有不同的重要动机。因而,挫折的感受因人而异。一般来说,一个人遭受挫折后,在生理上、心理上均会产生种种反应,而反应的强烈程度和方式往往根据受挫的性质、强度及个体自身当时的情况而异。一个人的行为受挫后,目标不能达到,动机无法兑现,需要得不到满足,在个体和环境之间便产生了冲突,导致内心的紧张,心理上的不安,乃至陷入痛苦之中。此时,个体会自觉不自觉地采取一种防卫性的对抗行为,以适应行为受挫后的新情况。行为受挫后所产生的防卫行为,其效果可能是积极的、建设性的,也可能是消极的、破坏性的。所以说,挫折既是坏事,又是好事。它一方面使人失望、痛苦、消极、颓废,甚至一蹶不振,也会引起粗暴的消极对抗行为,导致矛盾激化,还可能使某些意志薄弱者因此失去生活的希望等;另一方面,挫折又可能给人以教益,使人变得聪明起来,使犯错误的人猛醒,认识错误,接受教训,改弦更张,它还可以磨砺人的意志,使之更加成熟、坚强,它还能激发人的斗志,使其从逆境中奋起。

挫折理论对管理工作实践有较强的实用价值。作为管理者应耐心细致地帮助受挫折者分析挫折原因,及时给予他们关心、劝慰和鼓励,使他们重新振作精神,以利再战;当受挫折者的行为不理智时,要有容忍的态度、弄清事实真相,先缓解挫折因素,再分析他的防卫机制,以理服人;对犯错误的员工要创造一种情境,使他们感到集体的温暖,感到自己不会受到集体的排斥,可以成为集体的成员;可采取精神发泄方法,还可通过谈心活动等,使受挫折者自由表达他们受压抑的情感,从而摆脱阴影,由紧张情绪恢复到理智状态等。

第三节 激励方法

一、物质利益激励

1. 绩效工资

企业突出绩效工资意味着员工是根据他的绩效贡献而得到奖励的。因此,这种工资一般又称为奖励工资,它实际上是激励的期望理论和强化理论的逻辑结果,增加工资是和工作行为挂钩的。

2. 分红

分红是员工和管理人员在特定的单位中,当单位绩效达到或超过预先确定的绩效目标时,接受奖金的一项激励计划。这些绩效目标可以是细化了的劳动生产率、成本、质量、顾客服务或者利润等。和绩效工资不同的是,分红鼓励协调和团队工作,因为全体员工都对经营单位的利益在做贡献。绝大多数公司都采用符合自身特点的精确的绩效目标和奖金的核算方法。

3. 员工持股计划

员工持股计划是指给予员工部分企业的股权,允许他们分享改进的利润绩效。相对而言,员工持股计划在小企业的管理中比较流行,但也有像宝洁公司(P&G)这样的大企业在采用这种激励形式。员工持股计划实际上是公司以放弃股权的代价来提高生产率。绝大多数企业主管发现这种激励形式的效果很不错。员工持股计划使员工们更加努力工作,因为他们是所有者,要分担企业的盈亏。但要使这种激励形式有效进行,管理人员必须向员工提供全面的公司财务资料,赋予他们参与重大决策的权利,以及给予他们包括选举董事会成员在内的投票权。

4. 总奖金

总奖金是以绩效为基础的一次性现金支付计划。单独的现金支付旨在提高激励的效价。这种计划在员工感到他们的奖金真正反映了公司的经济效益时才有效,不然,效果适得其反。

二、社会心理激励

社会心埋激励是指管理者运用各种社会心理学方法,刺激被管理者的社会心理需要,以激发其动机的方式与手段。

1. 目标激励

目标激励即以目标为诱因,通过设置适当的目标,激发动机,调动积极性的方式。员工在管理中的自觉行为,都是追求目标的过程,正是一个个目标,引导着员工去采取一个又一个行动。因此,追求目标的实现是满足人的需要的重要途径,目标成为管理激励中极为重要的诱因。可用以激励的目标主要有三类:工作目标、个人成长目标和个人生活目标。管理者可通过对这三类目标的恰当选择与合理设置有效调动员工的积极性。运用这种方式时应注意以下几点:①尽可能增大目标的效价。管理者设置目标时,一要选择下级感兴趣、高度重视的内容,使所选择的目标尽可能多地满足下级的需要;二要使目标的实现与奖酬或名誉、晋升挂钩,加大目标实现的效价;三要做好说明、宣传工作,使下级能真正认识到目标的社会心理价值及其实现所带来的各种利益。②增加目标的可行性。只有通过努力能够实现的目标,才能真正起激励作用。目标水平要先进合理,要具备相应的实施条件,要具有可操作性,并做好必要的说明解释工作,使下级充分认识到实现的可能性。

2. 表扬与批评

表扬与批评是管理者经常运用的激励手段。要讲究表扬与批评的艺术,因为它将直接关系到表扬与批评的效果。运用这种方式时应注意以下几点:①坚持以表扬为主,批评为辅。表扬为主,能够满足人们尊重的心理需要,易于为下级接受,效果较好;但必要的批评也必须有,放弃了批评,就是对违纪的放纵,就是对权力的放弃。②必须以事实为依据。无论是表扬,还是批评,都必须尊重事实。如果失实,会造成南辕北辙的不良后果。③要讲究表扬与批评的方式、时机、地点,注重实际效果。管理者要根据问题的性质、表扬与批评对象的身份与心理特点，科学地选择适宜的方式。此外还要注意进行的时机与场合等因素。④批评要对事不对人。针对某人的过失批评，他会心服口服，而如果因一个过失，就批评这个人本身，指责其人格，甚至斥责其在动机上是故意的，则极易引起受批评者反感，从而引起对立与冲突，使批评失效。⑤尽量减少批评的次数。要一事一评，切不可批评一次，将过去发生的多个问题算总账，这样，不但重点不突出，而且还会引起受批评者的反感和抵触。⑥批评与表扬的适当结合。当批评一个人的缺点时，应首先肯定其优点与成绩，这样，受批评者觉得受到公平对待，容易接受批评。如有必要，在表扬一个人的时候，也可以提示一下其缺点，这样可使其心悦诚服地克服缺点。

3. 感情激励

感情激励即以感情作为激励的诱因，调动人的积极性。现代人对社会交往和感情的需要是强烈的，感情激励已成为现代管理中极为重要的调动人的积极性的手段。感情激励主要包括以下几方面的内容：①在上下级之间建立融洽和谐的关系。这就要求管理者要高度重视与下级的个人关系，使关系融洽，或有较深的友谊，以增强亲和影响力。②促进下级之间关系的协调与融合。组织中各成员之间的关系会影响到组织目标的实现，需要对非正式组织关系进行积极引导，以尽可能满足各成员社会交往的需要。③营造健康、愉悦的团体氛围，满足组织成员的归属感。管理者应注意以维系感情为中心，组织开展各种健康、丰富多彩的组织文化活动，营造愉悦的团体氛围，使每个成员因置身于这一团体感到满意和自豪，满足其归属感，创造一种高质量的社会生活，从而实现有效激励，令其自觉地、心情愉快地为实现组织目标而努力工作。

4. 尊重激励

随着人类文明的发展，人们越来越重视尊重的需要。管理者应利用各种机会信任、鼓励、支持下级，努力满足其尊重的需要，以激励其工作积极性。尊重激励主要包括以下几方面的内容：①尊重下级的人格。上下级只是管理层次和职权的差别，彼此之间是平等的。管理者应尊重自己的下级，特别是尊重其人格，使下级始终获得受到尊重的体验。②尽力满足下级的成就感。要尊重下级自我实现的需要，创造条件鼓励和支持下级实现自己的工作目标，追求事业的成功，以满足其成就感。③支持下级自我管理、自我控制。管理者要授权于下级，充分信任他们，放手让下级实行自我管理、自我控制，以满足其自主心理。

5. 参与激励

参与激励即以让下级参与管理为诱因，调动下级的积极性和创造性。下级参与管理，有利于集中群众意见，以防决策的失误；有利于满足下级受尊重的心理需要，从而受到激励；有利于下级对决策的认同，从而激励他们积极自觉地推进决策的实施。支持下级参与管理或称民主管理，应注意以下几点：①增强民主管理意识，建立参与的机制。管理者与被管理者双方都要树立民主管理既是员工政治权利，又是现代管理方式的意识，自觉地推进其实施。同时，要建立科学、可行的员工参与管理的制度、结构、程序和方法，从制度、方法、体系上保证民主管理的实施。②真正授权于下级，使下级实实在在地参与决策和管理过程，充分发挥员工民主管理的作用。③有效利用多种参与形式，鼓励全员参与。在我国国有企业中，民主管理的形式主要有职工代表大会、合理化建议制度、基层民主管理活动等，要依实际需要加以运用。同时，采取措施激励全体员工在各个管理层次和各个环节上，全面参与管理活动，以最大限度地开发员工的潜能，调动其积极性和创造性。

6. 榜样激励

“榜样的力量是无穷的”,管理者应注意用先进典型来激发下级的积极性。榜样激励主要包括以下两方面:①先进典型的榜样激励。管理者要注意发现和总结先进事迹和先进人物,以他们的感人事迹来激励下级。应用中,要注意事迹的真实性、与下级人员工作的可比性、可学性等,真正令下级服气,感动并激励下级。②管理者自身的模范作用。即管理者号召和要求下级做到的,自己首先要做到,应身先士卒,率先垂范,以影响、带动下级。

7. 竞赛(竞争)激励

人们普遍存在着争强好胜的心理,这是由人谋求实现自我价值、重视自我实现需要所决定的。管理者结合工作任务,组织各种形式的竞赛,鼓励各种形式的竞争,就会极大地激发员工的热情、工作兴趣和克服困难的勇气与力量。在组织竞赛、鼓励竞争的过程中,应注意以下几方面:①要有明确的目标和要求,并加以正确的引导。这样,确保竞赛与竞争能沿着正确的轨道进行,防止偏离组织目标。②竞争必须是公平的。竞争的基础、条件、起点、过程、成果衡量与奖惩,都必须是公平合理的。③竞赛与竞争的结果要有正确的评价和相应的奖励,并尽可能增加竞争结果评价或奖励的效价,以加大激励作用。

三、工作激励

按照赫茨伯格的双因素理论,最有效的激励因素来自工作本身,即满意于自己的工作是最大的激励。因此,管理者必须善于调整和调动各种工作因素,搞好工作设计,千方百计地使下级满意于自己的工作,以实现最有效的激励。

1. 工作的适应性

工作的适应性,即工作的性质和特点与从事工作的员工的条件与特长相吻合,能充分发挥其优势,引起其工作兴趣,从而使员工高度满意于工作。既定的一批不同性质的工作岗位,与既定的一批不同素质、特点的员工,如果组合好了,就会使大家都满意于工作,积极性高涨;如果组合不好,人的长处与兴趣都受到压抑,则大家都不满意于工作,工作情绪低落。可见,科学合理的人与事的配合是有效激励的重要手段。管理者要善于研究人和工作的性质与特点,用人之所长,用人之兴趣,科学调配与重组,实现人与事的最佳配合,尽可能地使下级满意于工作。

2. 工作的意义与工作的挑战性

员工怎样看待自己所从事的工作,直接关系到其对工作的兴趣与热情,进而决定其工作积极性的高低。人们愿意从事重要的工作,并愿意接受具有挑战性的工作,这反映了人们追求实现自我价值,渴望获得别人尊重的需要。因此,激励员工的重要手段就是向员工说明工作的意义,并增加工作的挑战性,从而使员工更加重视和热衷于自己的工作,达到激励的目的。

3. 工作的完整性

人们愿意在工作实践中承担完整的工作。从一项工作的开始到结束,都是由自己完成的,工作的成果就是自己努力与贡献的结晶,从而获得一种强烈的成就感。管理者应根据工作的性质与需要以及人员情况,尽可能将工作划分成较为完整的单元分派给员工,使每个员工都能承担一份较为完整的工作,为他们创造获得完整工作成果的条件与机会。

4. 工作的自主性

人们出于自尊和自我实现的需要心理，期望独立自主地完成工作，而自觉不自觉地排斥外来干预，不愿意在别人的指使或强制下被迫工作。这就要求管理者能尊重下级的这种心理，通过目标管理等方式，明确目标与任务，提出规范与标准，然后大胆授权，放手使用，让下级进行独立运作，自我控制。工作成功了，完全归功于下级的自主运作。这样，下级将受到巨大激励，会对自主管理的工作高度感兴趣，并以极大的热情全身心投入，以谋求成功。

5. 工作的扩大化

影响工作积极性的最突出原因是员工厌烦自己所从事的工作，而造成这种现象的基本原因之一就是工作的单调乏味或简单重复。为解决这一问题，管理者应开展工作设计研究，即如何通过工作调整，克服单调乏味和简单重复，千方百计地增加工作的丰富性、趣味性，以吸引员工。工作扩大化旨在消除单调乏味状况，增加员工工作的种类，令其同时承担几项工作或周期更长的工作。具体形式有：①兼职作业，即同时承担几种工作或几个工种的任务；②工作水平延伸，即前向、后向地接管其他环节的工作；③工作轮换，即在不同工种或工作岗位上进行轮换。这样，既有利于增加员工对工作的兴趣，又有利于促进人的全面发展，这是重要的工作激励手段。

6. 工作的丰富化

工作的丰富化是指让员工参与一些具有较高技术或管理含量的工作，即提高其工作的层次，从而使职工获得一种成就感，使其受尊重的需要得到满足。具体形式包括：①将部分管理工作交给员工，使员工也成为管理者；②吸收员工参与决策和计划，提升其工作层次；③对员工进行业务培训，全面提高其技能；④让员工承担一些技术含量较高的工作。

工作扩大化是指从横向上增加工作的种类，而工作丰富化则是从纵向上提高工作的层次，两者的作用都在于克服工作的单调乏味，拓展工作的内涵和外延，增加员工的工作兴趣。

7. 绩效信息激励

人们对于那种工作周期长、长时间看不到或根本看不到成果的工作很难有大的兴趣，而对于只要有投入立即就能看到产出的工作则兴趣较浓，这也是人们成就感的一种反映。管理者在工作过程中，应注意及时测量并评定、公布员工的工作成果，尽可能早地使员工得到工作的反馈。员工们及时看到他们的工作成果，就会有效地激发其工作积极性，促使其努力扩大战果。

本章小结

本章首先介绍了激励的定义，然后分析了激励过程的基本要素，包括需要、动机和行为。三者之间的因果关系是：需要引发动机，动机导致行为，行为指向目标。在此基础上，进一步介绍了激励的作用、类型、原则和机制。

内容型激励理论研究的是"什么样的需要会引起激励"这样的问题，它说明了激发、引导、维持和阻止人的行为的因素，旨在了解人的各种需要，解释"什么会使员工努力工作"的问题。主要包括马斯洛的需要层次理论、奥尔德弗的ERG理论、赫茨伯格的双因素理论、麦克莱兰的成就需要理论等。

过程型激励理论主要注重从组织目标与个人目标一致性的角度来研究激励实现的过程

和机制。主要包括亚当斯的公平理论、弗鲁姆的期望理论、波特和劳勒的激励模式、罗伯特·豪斯的综合激励模式等。

行为改造型激励理论的重点是研究人的行为怎样转化和改造，如何使人的心理和行为变消极为积极的理论。主要有斯金纳的强化理论、海德的归因理论以及挫折理论。

激励思想的运用主要体现在激励方法的选择上。激励方法主要有物质利益激励、社会心理激励、工作激励三大类。

复习思考题

1. 什么是激励？激励的作用表现在哪些方面？
2. 激励的类型有哪些？激励的基本原则是什么？
3. 需要层次理论的主要内容有哪些？
4. 平均分配公平吗？
5. 什么是激励因素？什么是保健因素？
6. 在期望理论中包含了哪三个方面的关系？
7. 如果一个人感受到了不公平，他可能采取什么样的措施？
8. 强化有哪几种类型？
9. 解释波特和劳勒的激励模式。
10. 根据公平理论，你认为公司应如何设计自己的薪酬制度才能更好地激励员工？
11. 激励的基本方法是什么？举例说明如何运用这些方法。

案例分析

HB公司销售人员激励模式

HB公司是一家大型生产销售型企业，为了快速提升销售额，占领市场，扩大市场份额，公司采取了把销售人员收入与销售业绩挂钩的激励机制。

基本工资是销售人员的保底收入，即使销售人员没有实现销售额，月基本工资也照拿，但这一部分额度比较低，一般在700～1 200元，是销售人员的基本生活保障。

销售人员的主要收入来源于销售毛利的提成，其计算公式为

销售毛利提成=(销售收入－销售成本－销售费用)×提成比例

销售能力强、业绩优异的销售人员一个月能拿到2万～3万元的销售毛利提成奖。高额的提成奖励极大地刺激了销售人员的积极性，公司的销售额迅速攀升，市场份额也急剧增长。

同时，此激励机制也吸引了一大批优秀的销售人员加入到公司，并把销售业绩不理想的人员逐步淘汰出局。然而，在公司销售业绩突飞猛进的同时，问题也随之产生了，公司的销售费用率(销售费用相对于销售额的比例)越来越高，越来越难于控制，而且还有进一步扩大的趋势。这是公司管理层在设计销售人员激励机制和制定销售人员管理政策之初没想到的。

公司管理层当初认为，按销售毛利来提成，销售人员应该会有控制和降低销售费用的动

力，因为在销售收入一定的情况下，销售费用降低后，提成的基数（销售毛利）会提高，其提成奖励也会增加，降低销售费用对销售人员来说是有益的。

那么，HB公司销售人员的激励模式问题到底出在哪里呢？

（案例来源：李超佐. 销售人员激励模式探析——以国内某大型生产销售企业为例.）

问题：

1. 通过阅读案例，你认为HB公司销售激励模式中存在的问题是什么？产生问题的根源是什么？

2. 你可否提出什么良策来解决HB公司销售激励模式存在的问题？

第十三章

协 调

学习目的和要求：

通过本章的学习，在理解协调的内涵和重要作用的基础上，进一步了解内外部协调的主要内容，掌握协调的原则和常用的协调方法，在理论的指导下，不断实践，旨在提高实际协调的技能。沟通可以实现协调，它既是协调的重要手段，也是协调的重要过程。为了更加深入地理解协调职能，还应进一步学习沟通的相关知识。首先要理解沟通的基本含义，然后再进一步了解人际沟通的基本模式、组织沟通的方式和沟通网络。在实际沟通过程中，经常会遇到许多沟通障碍，影响了沟通的效率和效果。所以，还应熟悉常见的沟通障碍及其产生的原因，掌握有效沟通的原则和促进有效沟通的策略，克服或消除沟通障碍，提高沟通的有效性。

第一节　协调工作概述

缺乏协调，就会使组织在人力、物力、财力以及时间上造成巨大浪费。协调应实现人与人之间的良好配合，形成良好的人际关系，促进管理目标的实现。

一、冲突与冲突管理

在管理活动中需要解决大量的、无时不在的矛盾和冲突，其主要手段就是协调。据美国管理学会进行的一项对中层和高层管理人员的调查，管理者平均要花费20%的时间来处理冲突。另据调查，大多数成功的企业家认为管理者的必备素质与技能中，冲突管理排在决策、领导、沟通技能之前。由此可见，冲突管理已成为现代企业管理中的一项不可忽视的重要内容。

罗宾斯认为："冲突是一个过程，这种过程始于一方感觉到另一方对自己关心的事情产生消极影响或将要产生消极影响。"西蒙把冲突定义为："组织的标准决策机制遭到破坏，导致个人和团体陷入难于选择的困难。"曾任国际冲突管理协会主席的乔斯沃德教授认为，"冲突是指个体或组织由于互不相容的目标认知或情感而引起的相互作用的一种紧张状态"，他认为一个人的行为给他人造成了阻碍和干扰就会产生冲突，冲突和暴力、争吵是两码事。

随着管理学的发展，人们对冲突的认识也发生了变化，国外学者把冲突观念的演变分为三个阶段，即传统的观点、人际关系观点和相互作用观点三个阶段。冲突的传统观点认为，冲突都是不良的、消极的，它常常作为暴乱、破坏、非理性的同义词。因此，应该避免冲突。人际关系观点认为，冲突是与生俱来的，是无法避免的，应接纳冲突，使它的存在合理化。冲突不可能被彻底消除，有时它还会对群体的工作绩效有益。相互作用观点认为，应鼓励冲突，并将其维持在较低水平，这能够使群体保持旺盛的生命力。

冲突发生于对稀缺资源分配方式的分歧以及不同的观点、信念、行为、个性的冲撞。一般认为，冲突时相互作用的主体之间存在着不相容的行为或目标。按照冲突发生的层次来划分，可以分为四个层次：个人内心的冲突、人际关系冲突、部门之间的冲突和组织之间的冲突。管理学研究的重点是人际关系冲突、部门之间的冲突和组织之间的冲突。解决人际关系冲突和部门之间冲突的一个重要途径就是改善组织内部人际关系，做好组织内部的协调工作；解决组织之间冲突的一个重要途径就是改善组织公共关系，做好组织外部的协调工作。

二、协调的含义和作用

1. 协调的含义

“协”是指协商、协同、协力、协作，“调”是指调节、调和、调停、调解。协调是指管理者通过一定的手段和方法，对管理活动中各个要素之间的问题和关系进行协商和调节，使之相互配合，从而高效、步调一致地实现管理目标的活动。

法约尔把“协调”和“计划、组织、指挥、控制”并列为管理的五大职能。他在1916年所著的《工业管理与一般管理》中写道：“协调就是指企业的一切工作都要和谐地配合，以便于企业经营顺利地进行，并且有利于企业取得成功……协调就是让事情和行动都有合适的比例，就是方法适合于目的。”孔茨和奥唐奈则认为协调是管理的本质。孔茨在其著作《管理学》一书中指出：“许多权威人士把协调当作管理的一个独立职能。然而，把它当作管理的本质看更为准确，因为使个人的努力与所要取得的集体目标协调一致是管理的目的，每一项管理职能都是在做协调工作。”大量的管理实践表明，协调既是领导者的一项重要职能，又是其完成各项工作的核心目标。协调无处不在，管理的实质就是协调。

2. 协调的特点

(1) 协调是一种经常性的组织行为。组织活动要求机构之间、人员之间、财物之间以及它们相互之间形成一种有机结合，达到最佳的合理安排，这就需要组织不断地进行协调活动。

(2) 协调是一种艺术性的组织行为。组织协调是管理者以丰富的管理经验、深厚的知识为基础，从方式方法上对各种管理方法纯熟、巧妙、高超地驾驭。

(3) 协调是一种系统性的组织行为。协调组织内部的与外部的、组织的与人事的、领导的与非领导的多种错综复杂的关系过程，实际上也就是进行组织公共关系的过程。

3. 协调的作用

协调的作用主要表现在以下几个方面。

(1) 使个人目标和组织目标一致,促进组织目标的实现。若个人目标与组织目标相一致,人们的行为就会趋向统一,组织目标就容易得到实现。但是,个人目标和组织目标往往不完全一致,这就需要管理者通过协调工作,使个人目标与组织目标相辅相成,从而促进组织目标的实现。

(2) 解决冲突,促进协作。人与人之间、人与组织之间、组织与组织之间的冲突是不可避免的,并且这种冲突如果积累下去就会由缓和变为激烈、由一般发展到极端形式。如果任其发展下去,轻则干扰组织目标的实现,重则会使组织崩溃、瓦解。所以,管理者必须通过协调处理和利用冲突,发挥冲突的积极作用,并使部门之间、人与人之间能够很好地相互配合。

(3) 提高组织效率。协调使组织各部门、各成员都能对自己在完成组织总目标中所承担的角色、职责以及应提供的配合作用有明确的认识,组织内所有力量都集中到实现组织目标的轨道上来,各个环节紧密衔接,各项活动和谐进行,而各自为政、相互扯皮、不顾组织利益的现象则会大大减少,从而极大地提高组织的效率。

(4) 协调是改善组织外部环境的重要手段。任何组织都是一个开放的系统,存在于一定的外部环境中。组织要谋生存、求发展,就必须适应环境的要求,获得环境的支持。组织同环境中各方面既可能有共同利益,又可能有不同利益,有时能相互协作,有时又会出现矛盾,这就需要经常协调同外部环境各方面的关系,寻求了解、信任和支持,以利于组织的发展。

三、协调的原则

协调是一种管理艺术和技巧,没有固定的模式和统一的原则。不同学派、不同学者有不同的观点,不同的社会制度、不同的组织也有着不同的原则。协调应遵循以下原则。

1. 及时性原则

矛盾和问题一旦出现,若不及时解决,往往会积少成多,积小成大,甚至无法正常解决,形成积重难返之势。如果在问题的萌芽状态就能及早关注,及时处理,则只需要很少的时间和精力就能解决。

2. 目标一致原则

在协调工作时应注意实现组织的目标是各部门、各阶段的一致努力的方向。

3. 关键性原则

关键性原则包括两点:一是要注重抓关键问题、根本问题、影响长远的问题、“瓶颈”问题和代表性的问题;二是解决问题要标本兼治,否则问题会不断重复出现。

4. 责任明确原则

明确责任是协调的基本手段。明确责任就是规定各部门、各岗位在完成组织目标方面所应承担的工作任务和职责范围。

5. 加强沟通原则

及时沟通信息,减少误会,达成理解和支持是协调的有力保证。

6. 以人为本、互相尊重的原则

协调的实质是处理人际关系,而处理人际关系的首要准则就是尊重人、关心人,真正做到以人为本,才有可能处理好纷繁复杂的人际关系。

7. 客观、公正、实事求是的原则

客观、公正就是在进行协调工作时，管理者要按照事物的本来面貌秉公办事，不徇私舞弊、徇情枉法。实事求是就是管理者在协调各种关系、矛盾和冲突时，要依据实情，本着协商、尊重、信任的态度，实事求是，面对现实，相互谅解，以谋取共同的利益。

8. 原则性和灵活性相结合的原则

原则包含的内容非常广泛，比如国家的政策法令、组织的宗旨、目标和计划、规章制度、道德规范等。这些原则应当坚持，否则势必导致是非不清、奖惩不明，良好的人际关系也会受到破坏。但是，原则性必须同灵活性相结合。比如，在一些非重大问题上采取相互妥协、让步、调和的办法，以调节纠纷，使矛盾较快地得到基本解决，也是灵活性的要求。

9. 统筹兼顾、力求平衡的原则

统筹兼顾、力求平衡是要处理好整体与局部、重点与非重点、眼前利益与长远利益等关系时的一个基本准则。

10. 求大同存小异的原则

求同的目的在于寻找协调对象之间的一致之处、共同点和共同利益，以此作为协调的基础和出发点，从而谋求问题的解决。存小异是指在追求管理整体效益的过程中，承认利益、行为、思想等方面的差异，不搞“一刀切”，灵活变通，因地制宜，因时制宜。

11. 正确对待冲突的原则

在管理过程中，冲突是必然存在的。冲突也并非都是坏事，因为既有破坏性的冲突也有建设性的冲突，对二者应该区别对待。

四、协调的分类

按照不同的标准，协调可分为不同的类型。

1. 按协调的范围分类

依此划分，可分为以下几种。

(1) 内部协调，是指组织内部各部门、单位、个人之间的协调，由组织自己负责进行，可控性较强。

(2) 外部协调，是指组织与其外部环境各方面之间的协调，由于组织难以控制外部因素，故可控性较差。

2. 按协调的内容分类

按此方法划分，可分为以下几种。

(1) 人际关系协调，是指组织内外人与人之间关系的协调，主要涉及人的性格、情感等心理因素。

(2) 工作协调，是指组织内外各种业务活动的协调，主要涉及业务内容和行政方面的因素。

3. 按协调的指向分类

按此方法划分，可分为以下几种。

(1) 垂直(纵向)协调，是指从上到下或从下到上的纵向协调。如组织内部上下级之间、不同层次的部门之间的协调，组织与政府部门之间的协调等。

(2) 水平(横向)协调,是指无隶属关系的单位或个人之间的横向协调。如组织内部同级各单位之间、同事之间的协调,组织与无隶属关系的部门、单位之间的协调等。

4. 按协调对象的组织状况分类

按此方法划分,可分为以下几种。

(1) 组织间的协调。所谓组织间的协调,就是不同组织之间的协调,尤其是组织与利益相关者之间的利益协调是协调的主要内容。

(2) 个人间的协调。所谓个人间的协调,就是在组织内部,协调人与人之间的关系。

(3) 组织与个人之间的协调。所谓组织与个人之间的协调,就是在组织内部,协调个人与组织或与组织内的某些部门之间的关系。

5. 按照协调的性质或手段分类

按此方法划分,可分为以下几种。

(1) 制度性协调,就是通过确立合理的组织结构和职能,制定科学的规章制度,实现组织协调。

(2) 沟通性协调,是指通过控制、激励、情感表达和信息交流达到协调。

(3) 利益性协调。利益性协调分内部和外部两种情况。对内要做到员工工资奖金的劳酬一致,落实物质激励措施;对外,在垂直方向要协调好上下级各部门之间的利益关系,在水平方向包括企业与用户、协作单位、竞争对手、公众等关系的协调。

五、组织内部协调与组织外部协调

(一) 组织内部的协调

组织系统是一个多单元、多层次、多环节的结构体系,组织的运转是一个充满许多矛盾的极为复杂的动态过程,要解决组织运行中的各种矛盾和冲突就必须依靠协调职能才能达到。

1. 各生产要素的协调

组织要顺利地运转,就必须根据总目标的要求,对组织各要素进行统筹安排和合理配置,并使工作各环节相互衔接、相互配合。在要素配置过程中,就产生了各种各样的关系,其中重要的方面有产品销售与生产能力的关系、生产任务与原料供应的关系、生产任务与生产技术的关系、资金需求与资金供给的关系等。这些关系又大多表现为部门与部门间的关系。

2. 企业与股东关系的协调

企业与股东关系的协调是重要的内部关系,在所有权和经营权相分离的现代企业制度下,股东出资形成了企业的原始经营资本,并交由专门的经营管理层来运营。因此,没有股东也就没有现代企业。协调企业与股东关系的目的是通过加强企业与股东间以及经营管理层与股东之间的信息沟通,争取现有股东和潜在投资者的了解、信任和支持,巩固企业生存和发展的根基。

3. 组织内部人际关系的协调

协调组织内部人际关系的目的是提高员工对组织的归属感、认同感和组织的内聚力,减少内耗,使所有员工团结一致,共同为实现组织目标而努力。组织内部各部门、个人之间的协调反映在多方面。如:个体之间因思想观念的差异、行为方式的差异以及竞争的关系等导致的个人与个人之间的矛盾关系;个人目标与组织目标之间的矛盾关系;个人利益与组织利益的矛盾关系;个人自由与组织纪律的矛盾关系;以及部门与部门之间的矛盾关系等。

(二)组织外部的协调

1. 企业与消费者的关系

在市场经济条件下,企业与消费者的关系可以说是"唇齿相依",没有了消费者,企业就失去了生存的基础。与消费者建立和维持良好的关系,是企业发展中的头等大事。企业应该与消费者进行充分的沟通,深入了解消费者明示的和潜在的需求,向消费者提供能够满足甚至超越其需求的产品或服务,争取消费者满意,乃至忠诚。在协调企业与消费者的关系时,需要牢固树立消费者为导向的观念,设身处地地为消费者着想,只有这样才能赢得消费者的信任和支持,这样才能在激烈的市场竞争中立于不败之地。

2. 企业与政府的关系

企业作为社会的细胞,其生产经营活动与政府及相关部门如工商、财政、税务、劳动人事、法律、环保、质监、安监等,会发生千丝万缕的联系。企业作为社会的一员,必须遵纪守法、诚信经营、恪守道德底线、承担社会责任、为政府分忧、接受政府和社会的监管,尽到一个合格的企业公民应该尽到的责任。同时,企业应积极地响应政府的号召,充分利用和努力争取政府的优惠政策,结合自身优势,发展相关产业,成就企业,造福社会。

3. 企业与新闻媒体的关系

新闻媒体是指互联网、报纸、电视台、电台等大众传播媒介机构。新闻媒体通过新闻报道、新闻评论、社会讨论等形式来引导公众舆论,对企业有一定的监督作用。新闻媒体既是企业处理对外关系的重要媒介,同时又是企业对外关系中的一个重要方面。企业可以借助新闻媒体,加强与政府、消费者、社会公众等外界的沟通,扩大社会影响力,塑造良好的企业形象。同时,一些不利于企业的言论也会在短时间内借助新闻媒体迅速蔓延,如果企业处理不当,也会给企业带来严重的负面影响。因此,企业应该高度关注与新闻媒体之间的关系,妥善处理有关事件,尤其是一些被社会广泛关注的突发事件,为企业营造一个良好的舆论氛围,树立良好的企业形象。

4. 企业与社区的关系

社区关系就是一个社会组织的区域关系、地方关系、邻里关系。它是指与某个社会组织主体地域上互邻、利益上相关的一种公众关系。建立良好社区关系的重要意义主要表现在以下两个方面:社区关系直接影响着组织的生存环境,社区关系直接影响着组织的公众形象。企业与社区公众的关系主要表现在两个方面:第一,社区往往是企业的重要劳动力来源。第二,社区为企业提供部分服务,如交通、能源、邮政、治安保卫、孩子上学等。实际上,千里之行始于足下,对企业而言,做大做强的"千里之行"就是从成功运作自己脚下的社区开始的。与社区建立良好的关系关键一点是企业必须了解社区需要,有的放矢地积极参与社区的建设和活动。社区对企业的需求有:为社区上缴稳定的税金、各项费用、基金,为社区创办、扶持各项公益事业,为社区创造一个良好的生态环境和人文环境,为社区待业人员提供充足的就业机会和良好的教育,提高社区的知名度。企业在遵守相关法律法规的前提下和遵循与社区和谐共处的原则以及正确的经营思想的指导下,量力而行,尽量为社区排忧解难,努力营造良好的社区关系。

5. 企业与供应商的关系

从企业与供应商关系的特征看，传统采购的供应商关系表现为三种：竞争性关系、合同性关系（法律性关系）、合作性关系。企业之间的竞争多于合作，是非合作性竞争。现代战略采购的关系是一种战略性合作关系，提倡一种双赢（Win-Win）机制。从传统的非合作性竞争走向合作性竞争，合作与竞争并存是当今企业关系发展的一个趋势。供应商关系管理（SRM）正如当今流行的客户关系管理（CRM），是用来改善与客户的关系一样，SRM 是用来改善与供应链上游供应商的关系的，它致力于实现与供应商建立和维持长久、紧密的伙伴关系，旨在改善企业与供应商之间关系的新型管理机制，目标是通过与供应商建立长期、紧密的业务关系，并通过对双方资源和竞争优势的整合来共同开拓市场，降低产品成本，保证质量，扩大市场需求和份额，最终实现供需双方的双赢。

第二节　协调方法

组织内部上下左右之间以及组织外部各利益相关者之间往往会由于各种原因产生各种各样的矛盾和冲突，为了解决这些矛盾和冲突，促进企业各项工作有条不紊地进行，企业可以通过制度性协调、沟通性协调、利益性协调来实现组织协调。

一、制度性协调方法

制度性协调就是通过确立正确的方针、目标、科学合理的组织结构和职能，制定切实可行的规章制度等手段来实现组织的协调。组织设计对于做好协调工作至关重要，合理的制度设计可以为组织的协调工作提供保证。

1. 价值观协调

就是通过各级领导者的带头示范作用，形成组织成员共有的价值观体系，为协调工作、处理矛盾打下良好的思想基础。要让全体员工坚持系统观念和全局观念，讲团结、讲协作、比贡献，发扬"把困难留给自己，把方便让给别人"的精神，消除各种形式的本位主义、自由主义思想，上下同欲、齐心协力，为实现组织目标而共同努力。

2. 方针协调

方针是指导组织行为的准则。制定方针有助于保证组织内部各部门、单位和人员按照相同的准则来行动，也有助于它们之间的协调和信息沟通。组织可制定方针，其内部各子系统也可制定该系统的方针，但必须同组织的方针保持协调一致。环境状况和组织目标的变化，会导致对组织方针的重新评价，以确定它们是否仍然适用。

3. 目标协调

目标协调包括目标、计划、预算和战略的协调。组织内部各部门、单位的地位和职责不同，各自的目标也不同，相互之间可能存在着矛盾和冲突，这就需要组织从大局出发，按照局部服从整体的原则，来协调各部门和单位的目标，使之成为一个协调一致的目标管理系统。

4. 机构协调

就是通过调整组织机构，健全组织职能，完善职责分工和建立规章制度等办法来进行协调。对待那些处于部门与部门之间、单位与单位之间的“结合部”的问题以及诸如由于分工不清、职责不明所造成的问题，应当采取结构协调的措施。“结合部”的问题可以分为两种。①“协同型”问题。这是一种“三不管”的问题，就是有关的各部门都有责任，又都不能负全责，需要有关部门通过分工协作共同努力才能解决的问题。②“传递型”问题。它需要协调的是上下工序和管理业务流程中的业务衔接问题，可以通过把问题划给联系最密切的部门去解决，并相应扩大其职权范围。

二、沟通性协调方法

管理过程中出现的许多矛盾或冲突往往是由于信息失真、沟通不够或沟通不畅等原因引起的，这时就可以采用沟通性协调方法加以解决。

1. 谈话协调法

(1) 个别谈心。大家在各自的岗位上，每个人的能力、水平以及经历的情况和看问题的方法、角度，往往是不相同的，如能及时沟通，就有可能取得一致。谈心是一种比较好的沟通方式。谈心主要是解决思想、感情上的不协调问题。因此，要对谈话主题的确定、时机的选择、方式方法的运用、情感的表露、语言的表达和程度的掌握等给予详细的研究，灵活地运用。

(2) 协商对话协调法。这种方法特别适应于领导者与被领导者之间、管理者与被管理者之间的协调活动。领导者与被领导者、管理者与被管理者经常会出现矛盾或冲突的情况，而这种情况的出现又常常是由于彼此间缺少交往或沟通渠道不畅造成的。因此，采取领导者与被领导者、管理者与被管理者之间进行直接交流的协商对话协调法，不但可以增强领导者和管理者的工作透明度，增进被领导者与被管理者对于工作的了解和理解，而且也有利于上情下达和下情上达，减少彼此间的误会和摩擦。协商对话协调法是现代组织管理的一个发展趋势。

2. 会议协调法

这是一种最常见的协调方法，一般有以下三种。

(1) 例会。例会是由单位主管领导牵头组织有关部门在固定时间(每月的某一日或每星期的某一日)内召开的会议。一个单位是否建立例会协调制度、例会间隔时间的长短等，要根据单位工作的性质而定。

(2) 合署办公会。就是将与问题有关的几个职能部门联合在一起办公，集中研讨解决问题的办法，在统一认识的基础上，做出具体的协调规定。这种方式有利于各职能部门认识到协同工作的重要性，提高协调的自觉性。这种方式与例会方式的不同点主要是，例会是在固定的日期按惯例举行，合署办公会是针对某一特殊问题临时召开的专门会议。

(3) 现场会。就是在协调某一问题时，把有关人员带到问题的现场，请现场主管人员讲出问题产生的原因和设想的解决办法，同时允许对其他部门提出要求，然后，当场定出解决措施的一种会议形式。这种方式的好处是能使有关人员有一种“紧迫感”，促使问题尽快解决。

3. 心理协调法

组织中的矛盾和冲突，归根结底是人与人之间的矛盾和冲突。人与人之间的矛盾和冲突之所以会形成，除了组织目标、组织制度等带有“硬性”作用的因素外，更复杂的还是人的情感、欲望、性格、爱好和需要等带有“软性”作用的心理和人际关系因素。因此，为了搞好组织的协调工作，就必须将管理心理学的方法引进到组织协调工作中来，注意从心理的角度进行调试。心理协调方法有很多，诸如改变情景法、精神发泄法、需要满足法、认知行为疗法、操作行为疗法、模仿行为疗法和反应行为疗法等。只要运用妥当，这些方法都能够收到减少矛盾和冲突，达成和谐一致的功效。

三、利益性协调方法

企业内部不同人员、不同部门和企业都有各自的利益，三者相互之间往往还会因利益之争而产生矛盾和冲突；企业外部不同利益相关者的利益诉求不但各自存在差异，相互之间也有可能发生矛盾和冲突。如何合理分配与协调企业内外利益相关者的利益将关系企业的稳定、健康和可持续发展，企业必须予以高度关注，并采取切实可行的方法协调各方利益。除了个别谈心和会议协调法也适用以外，还有其独具特色的协调方法。企业利益协调的方法大致可以分为以下几种类型。

1. 谈判

谈判是有关方面就共同关心的问题互相磋商，交换意见，寻求解决的途径和达成协议的过程。谈判由“谈”和“判”两个字组成，“谈”是指双方或多方之间的沟通和交流，具有一般沟通的特征；“判”就是决定一件事情，是双方或多方通过辩论，缩小双方或多方对同一问题认识分歧与差距，逐步达到统一，谋求一致。这是谈判与一般的沟通的不同。谈判必须是建立在互利互惠的基础上进行的沟通和协商活动。

2. 行政命令

行政命令法是行政机关通过对与行政执行有关的各方采用必要的行政命令来实现行政协调的一种方法。有些矛盾一时无法解决，而消除这些矛盾又迫在眉睫，这时，采用行政命令也不失为一种重要的方法。

3. 仲裁

仲裁是一种根据双方当事人自愿而采取的争议解决方法，具体是指发生争议的双方当事人，根据其在争议发生前或发生后所达成的书面仲裁协议，自愿将该争议提交中立的第三方进行裁决，并且该裁决能得到国家强制执行的争议解决方式。作为一种解决权益纠纷的民间性裁判制度，仲裁既不同于解决同类争议的司法、行政途径，也不同于人民调解委员会的调解和当事人的自行和解途径。它具有自愿性、专业性、灵活性、保密性、快捷性、独立性的特点。当沟通与谈判都无法协调相关利益冲突时，可以由仲裁机构来仲裁。当然，在采用此方法时，必须由当事人双方同意，而不能借助强制性的行政手段或命令。

4. 诉讼

诉讼指纠纷当事人通过向具有管辖权的法院起诉另一方当事人的形式解决纠纷。现代意义上的诉讼，作为一种解决社会系统中利益冲突的机制和一种专门法律活动，它意味着对国家意志及法律权威的接受与服从。显然，以诉讼这种强制性、权威性的手段实施“公力救济”，一方面是由于私力救济的力所不及，另一方面也是由于维护统治秩序的需要。因为社会冲突的适当解决不仅关系个体权益，而且关系统治秩序和社会系统的整体利益。因此，必须由社会控制系统或国家介入，以社会控制系统或国家强制力进行处置。公共权力的使用以及对诉讼结果的确认，往往使诉讼成为一种合法的、最有效的，从而也是最终的冲突解决手段。

在现实生活中，协调需要调整的关系很多，涉及的领域也很广，具体的方式方法还有很多，诸如宣传教育法、中介法、冷处理法、热处理法、避虚就实法、先易后难法、步步为营法、跟踪处理法、主体合流法、中间数法等。

第三节 沟　通

任何一个组织的运行都离不开组织成员的分工与合作，为有效地达到组织的既定目标，组织成员的分工合作以及行为协调有赖于相互之间传递信息，并了解这些信息表达的意思。组织成员之间若没有这种相互间的信息沟通，不但不能进行协调与合作，还会给组织运行造成障碍，甚至导致组织失败。

一、沟通的概念

沟通也称为沟通联络，即信息交流。对于沟通的概念有很多不同的理解。孔茨认为，沟通是“信息从发送者转移到接收者那里，并使后者理解该项信息的含义”。西蒙认为“信息沟通是指一个组织成员向另一个组织成员传递决策前提的过程”。美国管理学家威廉·纽曼(William H. Newman)和查尔斯·萨默(Charles E. Summer)则把沟通解释为“在两个或更多人之间进行的在事实、思想、意见和情感等方面的交流”。此外，沟通还被解释为用语言、书信、信号、电讯等方式进行的交往，是在组织成员之间取得共同的理解和认识的一种方法。综观以上界定，可以看出对沟通的理解至少包括以下三个基本条件：①沟通必须涉及两个或两个以上的人。②沟通必须有一定的沟通客体或内容，即信息情报等。沟通是传达思想和信息的过程，如果在传达和交流的过程中没有相应的内容，则沟通是无效的。③沟通必须有传递信息情报的途径，如语言、书信等。根据以上三个要素，我们可以把沟通定义为信息或思想在两个或两个以上人群中的传递并理解的过程。

二、沟通的作用

1. 沟通是管理者正确决策的前提和基础

管理者是根据各种信息做出决策的，有效、及时、全面的信息沟通能够极大地改进管理者获取信息的数量、质量和速度。因此，成功的信息沟通可以提高管理者决策效率和质量。

2. 解决冲突，协调组织行动，建立良好的人际关系

沟通的目的之一就是解决冲突。冲突广泛存在于组织的各项活动中，影响和制约着组织和个体的行为倾向和行为方式，影响着组织目标的实现，通过沟通引导个体努力使自己的行为与组织的目标一致。

3. 有效沟通可以提高组织的效率，促进组织的变革、创新

领导者的决策要得到及时的贯彻、执行，必须通过沟通将决策的意图完整地传递到执行

者那里。信息传递不及时，执行者不能准确理解决策者意图，就会影响决策执行的效果。人与人之间、部门与部门之间的有效沟通可以促进效率的提高。

此外，组织一些大的变革方案需要通过沟通传递给基层群众，取得群众的支持并促成变革的成功；同样，基层一些好的想法、好的建议，也需要通过沟通传达给有关领导，取得领导的认同并得以实现。

三、沟通过程

详细了解和掌握一般沟通的过程，对于深入理解管理沟通的过程具有重要作用。沟通过程的一般模型如图 13-1 所示，并将沟通过程恰当地分解为以下几个基本要素。

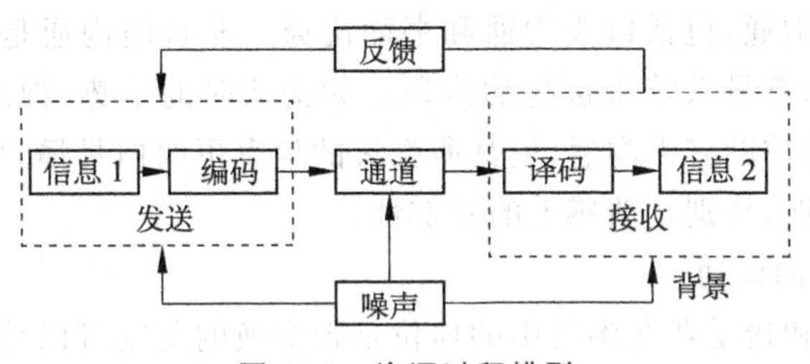

图 13-1 沟通过程模型

1. 编码和译码

编码是指信息的发送者将其意义符号化，编成一定的语言符号或其他非语言符号。译码是指信息接收者将符号化的信息还原为思想并理解其意义。

2. 通道(渠道)

通道是沟通信息所要经过的路线，即信息在发送者—接收者之间得以传递的手段或媒介物。

3. 反馈

反馈是发送者—接收者之间的相互反应。

4. 噪声

噪声指阻止理解和准确解释信息的障碍，或者说是妨碍信息沟通的任何因素，它几乎存在于信息沟通的全过程。

5. 环境(背景)

环境主要是指沟通发生的地点和情境，环境对沟通会产生很大的影响。在很多情况下环境不同，沟通的内容、过程和结果都会发生很大的变化。

四、组织沟通

(一) 组织沟通的概念

1. 组织沟通的定义

组织沟通是组织成员之间的信息交流和传递，即组织中的人际沟通。

2. 组织沟通的特性

(1) 在正式组织的沟通中，沟通网络必须明确地予以规定；每一个组织成员都要明确沟通路线；按照组织设计中的制度规定，组织成员之间信息传递都有一定的规则。

(2) 根据制度建立起来的沟通路线，必须是直接的，而沟通的信息也必须是可靠的和准确的。

(3) 正式的沟通路线要确保其畅通和传达信息的可靠性。任何组织一旦进入运转过程，其正式的沟通路线就必须保证畅通而不能间断，一旦间断，就有可能造成沟通的故障，还有失去控制和指导的危险。

(二) 组织沟通的方式

1. 言语沟通和非言语沟通

根据沟通过程中所使用符号系统的不同，可分为言语沟通和非言语沟通。言语沟通是使用正式语言系统的沟通，包括口头沟通和书面沟通。非言语沟通是指借助非正式语言符号，即语言文字以外的符号系统来进行的沟通。如交谈时的手势、神态、表情等。非言语沟通的主要作用有：一是辅助言语沟通，使其所交流的信息更明白易懂，使沟通的效果更好；二是能显示出一种真实性，特别是情感上的真实性。

2. 单向沟通与双向沟通

根据信息发出者和接受者在沟通中的地位是否交换的角度可以分为单向沟通和双向沟通。如果信息发出者和接受者在沟通中地位不变，就是单向沟通。如做报告、演讲、指示和命令等。它的特点是传递信息速递快，信息发出者不必顾忌接受挑战，能保持其尊严。单向沟通适用于任务急、工作简单、无须反馈的情景，但准确性差。如果信息发出者和接受者在沟通中地位不断变化，就是双向沟通。交谈、协商、会议等即是双向沟通的典型例子。双向沟通使信息得到及时反馈，具有准确性高、参与性强、感情有交流等优点，但速度慢，参加者的心理压力大，易受干扰，也缺乏条理。

3. 正式沟通和非正式沟通

(1) 正式沟通。正式沟通是指按照组织明文规定的原则、方式，经由组织机构而进行的信息传递与交流。如组织内的文件传达、定期召开的会议、上下级之间的定期汇报及组织间的公函往来等。正式沟通通常是在组织的层级系统内进行的，约束力强，能保证有关人员或部门按时、按量得到规定的信息，比较严肃，有益于保密。重要文件和消息的传达、组织决策的贯彻等，适合采用正式沟通方式。正式沟通的不足是：正式沟通一般是在垂直方向上进行层层传递，若组织层级比较多，不仅影响传递的速度，更有可能造成信息失真，同时也不利于横向沟通。正式沟通包括上下级之间的垂直沟通(即上行与下行沟通)和同级之间的平行沟通。①下行沟通。即沿着权力层次结构自上而下地进行信息传递和交流。在组织内部，上级与下级间的信息交流基本上都是下行沟通，如管理者对下级发指示、命令、下达计划等。管理者也常常利用下行沟通来评价下属的工作成绩，提出改进意见。下行沟通是传统组织内最主要的沟通方式，这种层层传达的沟通方式经常因层级太多而速度较慢，影响了沟通效果。但是，这种沟通方式易于形成一种“权力气氛”，因而影响士气。而且，由于曲解、误解和搁置等因素，所传递的信息会逐渐减少或歪曲。②上行沟通。即沿着权力层次结构自下而上地进行信息传递和交流。下属通常通过上行沟通向上级汇报当前工作进展情况和出现的问题。在上行沟通中，上级是信息的接收者，他们获得了有关组织运行情况的信息，为自己解决问题提供了依据。此外，许多组织还鼓励员工通过上行沟通，征求合理化建议或意见，激发个人的积极性和创造性。常见的上行沟通，如上级审阅下属的工作报告，上下级讨论会，设立合理化建议制度等。③平行沟通。即在同一水平层次上的人员之间、部门之间发生的信息沟通。同层次的沟通可以节省时间和提高效率。平行沟通主要存在于协作关系的人与人之间或部门与部门之间。在一些委员会、协调会等形式的沟通中，基本上也是平行沟通。

但是，在组织中，也常常会出现越级沟通的现象，即跨越权力层级的信息沟通。在组织正式的沟通体系中，越级沟通一般是不允许的。越级沟通之所以存在，是因为它避开了许多中间环节，缩短了沟通通道，因而可以极大地提高沟通速度和减少信息失真的可能性。越级沟通已成为沟通发展的一个重要课题。

(2) 非正式沟通。非正式沟通是指正式途径以外的，不受组织层级结构限制的沟通方式。非正式沟通的沟通对象、时间和内容都不固定，因而也难以辨别，如同事之间的聊天、领导看望生病的员工、小道消息的传播等都是非正式沟通。由于不必受原则、规定的限制，因此，组织内的非正式沟通常常比正式沟通还要重要和普遍。由于非正式沟通都是口头传播，故传播速度极快，也易于迅速消散，一般没有永久性的结构和成员。非正式沟通的优点是：①沟通形式多样，弹性大，速度快；②一些来自非正式沟通的信息，经常能使决策者更全面、准确地认识问题，提高决策的合理性；③通过非正式沟通，满足人们的某些需要，改善成员的心态，提高工作积极性，从而改进组织绩效。非正式沟通的缺点如下：①非正式沟通经常是在非常广的范围和非常多的个体之间发生，由于人们的技能、知识、态度的差异，所以信息常常失真和歪曲；②难以控制，一些不实的小道消息经过散布，会造成很坏的影响，即所谓“妖言惑众”，破坏组织的凝聚力和稳定性。

非正式沟通在组织中的存在是必然的，是无法加以消除的。非正式沟通既有其积极的一面，也有消极的一面，管理者应学会了解并学会利用它，发挥它在组织沟通中的积极作用。

（三）组织沟通网络

1. 正式沟通网络

正式沟通网络是根据组织机构、规章制度来设计的，用以交流和传递与组织活动直接相关的信息的沟通途径。正式沟通有五种基本的信息沟通网络形式，见图 13-2。在正式组织环境中，每一种网络形式相当于一定的组织结构形式。①链式沟通。这种模式发生在一种直线型组织中。沟通只能向上或向下进行，而且每一个上级只有一个下级向他报告，而每一个下属也只向一个上级报告。在这种模式下，信息层层传递，路线长，速度慢，且容易发生信息的过滤、篡改和失真。②轮式沟通。这种沟通模式下，下属都向同一个上级报告，且下属之间不能沟通，由于结构层级少，信息沟通传递快且不易发生信息失真。组织集中程度高，但每一个人沟通的渠道只有一个(领导除外)，成员满意度低，组织士气低落。③圆周式沟通。此种模式下，组织成员只能与相邻的成员沟通，而不能与其他成员交流，即沟通只能发生在同一部门成员之间或直接上下级之间，也不能越级沟通。在这种沟通模式下，组织成员往往可以达到比较一致的满意度，组织士气高昂，但由于信息也是层层传递，因此速度较慢并且容易出现信息失真。④全通道式沟通。这是一种开放型的模式。在这种沟通模式下，每一个组织成员可以自由地与其他成员沟通，沟通快。这种模式组织集中化程度低，成员士气旺盛，合作精神强，适合人才聚集的高技术企业。⑤Y 式沟通。这也是一种只能纵向沟通的模式，逐级传递。这种组织的权力集中度高，解决问题快，但成员士气一般。

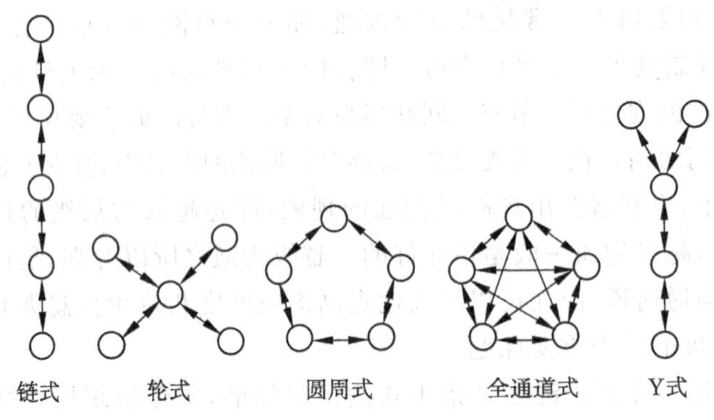

图 13-2　五种不同的信息沟通网路

2. 非正式沟通网络

非正式沟通大致有四种模式，如图 13-3 所示。①单线型。以“一人传一人”为特征。②辐射型。以“一人传多人”为特征。③随机型。也称概率型，以“一人偶然传”为特征。④集束型。也称“葡萄藤式”，以“一人成串传”为特征。

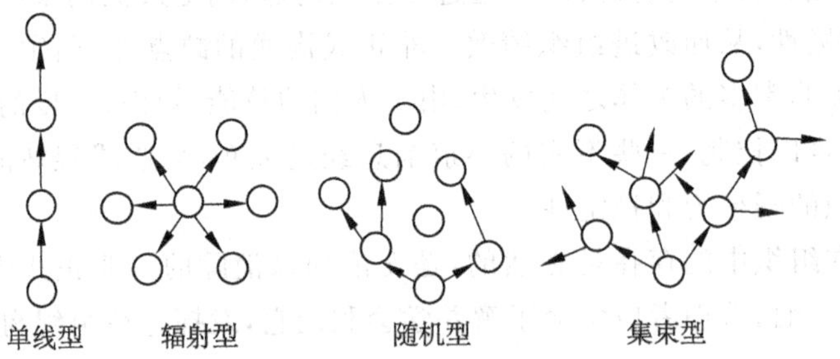

图 13-3　非正式沟通网络

五、有效沟通的原则与障碍

（一）有效沟通的原则

1. 及时

及时是指沟通双方要在尽可能短的时间里进行沟通，并使信息发生效用，为此就要做到以下几点：①传送及时。在信息传递过程中，尽可能减少中间环节，避免信息的过滤，使信息最快地到达接收者手中。②反馈及时。接收者接收到信息后，应及时反馈，这有利于信息发出者修正信息。③利用及时。信息具有较强的时效性，要求双方及时利用信息，避免信息过期无效。

2. 充分

信息充分要求信息发出者在发出信息时要全面，不要人为地对信息进行不恰当的“过滤”，即不能以偏概全。

3. 适量

信息要尽量全面，但也要适量，既不能欠量也不能过量。欠量的信息不够充分，也不利于科学决策；同样，过量的信息会耽误管理者太多的时间和精力，甚至会使管理者面对纷繁复杂的信息感到茫然而无所适从。

4. 准确

即不能失真。只有不失真的信息,才能收到预期的效果。失真的信息往往会对接收者产生误导。

(二) 有效沟通的障碍

有效沟通是指传递和交流信息的可靠性和准确性高,它表明了对内外噪声的抵抗能力,因而和组织的智能是连在一起的。沟通的有效性越明显,就说明组织智能越高。影响有效沟通的障碍包括下列因素。

1. 个人因素

个人因素主要包括两大类:一是有选择地接受;二是沟通技巧的差异。有选择地接受是指人们拒绝或片面地接受与他们的期望不一致的信息。研究表明,人们在接收信息时往往是有选择性的,人们往往愿意接收中听的信息,拒绝不中听的信息。除了人们接受能力有所差异外,许多人运用沟通的技巧也很不同,这些都直接影响沟通的效果。

2. 人际因素

人际因素主要包括沟通双方的相互信任、信息来源的可靠度和发送者与接受者之间的相似程度。信息传递不是单方面的事情,而是双方面的事情。因此,沟通双方的诚意和相互信任至关重要。上下级的猜疑只会增加抵触情绪,减少坦率交谈的机会,也就不可能进行有效沟通。沟通的准确性与沟通双方间的相似性有着直接的关系。沟通双方特征的相似性影响了沟通的难易程度和坦率性。沟通一方如果认为对方与自己很接近,那么他将比较容易接受对方的意见,并且达成共识。相反,如果沟通一方视对方为异己,那么信息的传递将很难进行下去。

3. 结构因素

结构因素包括地位差别、信息传递链、团体规模和空间约束四个方面。研究表明,地位的高低对沟通的方向和频率有很大的影响。地位悬殊越大,信息趋向于从地位高的一方流向地位低的一方。事实清楚地表明,地位是沟通中的一个重要障碍。一般来说,信息通过的等级越多,到达目的地的时间也越长,信息失真则越大。当工作团体规模较大时,人与人之间的沟通也相应变得较为困难。企业中的工作常常要求员工只能在某一特定地点进行操作。这种空间约束的影响往往在员工单独于某位置工作或在数台机器之间往返运动时尤为突出。空间约束不利于员工之间的交流,限制了他们的沟通。

4. 技术因素

技术因素主要包括语言、非语言暗示、媒介的有效性和信息过量。语言本身的不准确性和多义性导致发送者和接收者的不同理解,而且还包含情感因素在里面,更容易让人产生误解。沟通媒介不同,沟通的效果也不同。一般来说,书面沟通和口头沟通各有所长。书面沟通常常用于正式的场合,传递篇幅长、内容详细的信息。口头沟通适于传递感情和非语言暗示的信息,传递速度快,反馈也较快。

六、改善组织沟通的方法

(一) 学习沟通技能

提高组织沟通者自身的沟通技能是改善组织沟通的根本途径,应注重以下几点。

1. 调整沟通心态

随着现代社会信息网络和通信技术的高速发展，人与人之间的沟通方式也变得丰富多样。现代企业的组织沟通者不仅要做好企业运作的程序化信息沟通，同时也应开诚布公、推心置腹、设身处地进行成员之间的心灵沟通。

2. 善于交谈和倾听

语言是内心世界的表现，一个人的教养和为人在交谈中会自然流露出来。因此，掌握交谈中的一些基本规则和技巧，是社交场合中拉近交谈双方距离的良方。基本规则是：一要委婉含蓄，表达巧妙。二要善于倾听，给别人以说话的机会。这样才能在听取别人谈话的同时，获得对方的好感。在人们长期的传统思维中，沟通是一种富有动作性的动感过程，倾听这一静态过程就被许多沟通者忽视了。但倾听恰恰是沟通行为中的核心过程。因为，倾听能激发对方的谈话欲，促发更深层次的沟通。另外，只有善于倾听，深入探测到对方的心理以及他的语言逻辑思维，才能更好地与之交流，从而达到沟通的目的。所以，一名善于沟通的组织者必定是一位善于倾听的行动者。三要坦率诚恳，切忌过分客气。欧美人习惯率直地表达自己的意见，只要言语不唐突，直抒己见反而更易获得好感。四要诙谐幽默，避开矛盾的锋芒。幽默风趣的话语不仅令人愉快，还能化解因各种原因引起的紧张情绪和尴尬气氛。

3. 注重非语言信息

据有关资料表明，在面对面的沟通过程中，那些来自语言文字的信息不会超过60%，换而言之，有40%是以非语言信息传达的。非语言信息包括沟通者的面部表情、语音语调、目光手势等身体语言和非语言信息。非语言信息往往比语言信息更能打动人。因此，如果你是组织沟通的信息发送者，你必须确保你发出的非语言信息强化语言的作用。如果你是组织沟通的信息接收者，你同样要密切注视对方的非语言提示，从而全面理解对方的思想、情感。

（二）疏通沟通渠道

作为一个组织，要充分考虑组织的行业特点和人员心理结构，结合正式沟通渠道和非正式沟通渠道的优缺点，设计一套包含正式沟通和非正式沟通的沟通通道，以使组织内各种需求的沟通都能够准确及时、有效地实现。目前，大多数企业的组织沟通还是停留在指示、汇报和会议这些传统的沟通方式上，它们不能顺应社会经济的发展、组织成员心理结构以及需求层次的变化，而应采用因人制宜、因时制宜的有效沟通方式。

定期的领导见面和不定期的群众座谈会就是一种很好的正式沟通渠道，它也能切实地解决上述存在的问题。领导见面会是让那些有思想有建议的员工有机会直接与主管领导沟通，一般情况下，是由于员工的意见经过多次正常途径的沟通仍未得到有效回复。群众座谈会则是在管理者觉得有必要获得第一手的关于员工真实思想、情感时，而又担心通过中间渠道会使信息失真而采取的一种领导与员工直接沟通的方法。与领导见面会相比，群众座谈会是由上而下发起的，上级领导是沟通的主动方，而领导见面会则是应下层的要求而进行的沟通。

在非正式沟通渠道方面，大多企业也同样存在着类似的问题。它们不是利用现有的资源、技术条件及时有效地对沟通渠道进行改进和完善，从而使得一些非正式渠道显得过于呆板和陈旧，同时也不易控制。现代企业近年来采用的郊游、联谊会、聚会等形式未尝不是非正式沟通的良好方式。这些渠道既能充分发挥非正式沟通的优点，又因它们都属于一种有计划、有组织的活动而易于被组织领导者控制，从而大大减少了信息失真和扭曲的可能性。同时随着社会科学技术的进步，电子网络技术也已被引介于组织的沟通领域。这正是组织沟通领域的变革和飞跃。电子网络因其快速、准确的特点，极大地提高了组织沟通的效率。另外，网络也因其虚拟性这一特点，为非正式沟通提供了良好的沟通平台。

（三）建立沟通反馈机制

没有反馈的沟通不是一个完整的沟通，完整的沟通必然具备完善的反馈机制；否则，沟通的效果会大大降低。但是目前很多组织却没有重视到沟通反馈的作用，所以这应该引起组织沟通者的重视。反馈机制的建立首先应从信息发送者入手。信息发送者在传递信息后应该通过提问以及鼓励接收者积极反馈来取得反馈信息。另外，信息传送者也应仔细观察对方的反应或行动以间接获取反馈信息。因为反馈可以是有意的，也可以是无意的。信息接受者不自觉流露出的震惊、兴奋等表情，都是反馈信息的重要组成部分。作为信息接受者，在沟通反馈中实际上处于主体地位，但他们往往会因为信息发送者通常是上级管理者而不能客观准确地做出信息反馈。这就需要接受者端正沟通心态，以实事求是的态度对待信息沟通尤其是信息反馈。信息发送者也应积极接受接收者的反馈信息，使得组织沟通成为真正意义上的双向沟通。

（四）改善沟通环境

沟通环境是影响组织沟通的一个重要因素。这种环境包括组织的整体状况、组织中人际关系的和谐程度、组织文化氛围和民主气氛、领导者的行为风格等。组织中和谐的人际关系是优化沟通环境的前提，应鼓励员工之间的相互交流、协作，强化组织成员的团队协作意识。这些措施一定程度上都能起到促进人际关系和谐的作用。另外，组织成员之间也应相互尊重差异，促进相互理解，在此前提下的人际沟通将会更有效地改善人际关系。

组织中民主的文化氛围和科学的领导者作风是良好的沟通环境的核心要素。组织者应致力于营造一种民主的组织氛围，组织领导者也应适当地改善自己的领导风格和水平，凭借自身的人格魅力去领导人，而不是权力去领导人，准确、全面地了解组织成员的思想感情，为组织的管理沟通打下良好的基础。

本章小结

协调是指管理者通过一定的手段和方法，对管理活动中各个要素之间的问题和关系进行协商和调节，使之相互配合，从而高效、步调一致地实现管理目标的活动。对协调按照不同的标准进行分类，有助于对协调的深入理解，同时协调对提高组织效率，改善组织外部环境也都发挥着重要作用。协调包括企业内部协调和企业外部协调。为了做好组织的协调工作，管理者必须遵守协调的原则。

沟通就是为信息或思想在两个或两个以上人群中的传递并理解的过程。沟通对解决冲突、正确决策、建立良好的人际关系都起着非常重要的作用。

正式沟通的方式分为下行沟通、上行沟通和平行沟通。正式沟通的网络分为链式、轮式、圆周式、全通道式和Y式五种沟通模式。非正式沟通网络大致有单线型、辐射型、随机型和集束型四种沟通模式。

有效沟通的原则是及时、充分、适量、准确。影响有效沟通的障碍包括个人因素、人际因素、结构因素和技术因素，可以通过提高个人沟通技能、疏通沟通渠道、建立反馈机制和改善沟通环境等策略改善沟通。

复习思考题

1. 什么是协调？协调的作用是什么？
2. 协调的原则有哪些？
3. 协调的内容包括哪些？
4. 协调的方法有哪些？
5. 什么是沟通？为什么要沟通？
6. 组织中各种沟通方式的优缺点是什么？
7. 组织中常见的影响沟通的因素有哪些？
8. 管理者应掌握哪些沟通技巧？
9. 区分沟通的类别，解释企业中的沟道网络。
10. 进行有效沟通需遵循哪些原则？
11. 有效沟通的障碍有哪些？如何克服？

案例分析

部门和部门之间协调的失衡

某燃气炉公司面对越来越激烈的市场竞争，公司从上到下采取了一系列的措施，董事会给总经理制定了新的目标，总经理也采取了新的考评方法。下面是该公司从上至下的做法。

董事会制定了财务目标，公司总经理至少要完成销售目标的95%，而且为冬季新产品投资的生产线要为公司增加收入30%。

公司总经理在与董事会进行简单沟通之后，确定了企业方向：①重点关注大客户和经销商；②快速推进高质量的新产品；③争取在冬季到来之前获取大订单；④扩大生产量、提高产品质量和提高生产率来增加利润率。

销售总监：考核指标是销售收入要达到目标的95%，而且新产品的收入要增加30%。于是他费了九牛二虎之力劝说了几家大客户和经销商从他公司大批量购买公司新型燃气炉。这些燃气炉必须在寒冷的冬季到来之前发送到大客户和经销商手上。但是目前公司的生产线仍处于调试阶段。如果新型燃气炉不能够在10月15日之前发货，这些客户和经销商就有权取消订单。

如果真是这样，不仅销售部门的业绩会大幅下滑，而且新产品生产线的投资也会因此受到巨大损失。他得到的实际信息是：公司的第一批新型燃气炉最快在10月25日后才能发出。

生产总监：他的两项主要工作指标是产品质量和生产量。新型燃气炉的生产质量达标是一个比较费时费力但效率又低的过程，为了确保产品质量达到标准，生产总监在编排先生产新型产品还是生产原规格产品的优先顺序时，因担心新型燃气炉的生产质量和生产量会影响部门的绩效，便主动将生产原规格产品优先排列并加大了生产量。他觉得：反正销售不是他应当考虑和负责的事情，他的考核指标是生产质量和生产量。

财务总监：今年对他的一项考核是缩短应收账款的周期。于是在对待客户的财务制度上，财务总监进行了调整，原来两个月的付款期限，一下子被调整为两周。他知道客户会接受不了的，但只有这样才能确保指标的完成；他也知道现在的竞争比较激烈，这样做对销售肯定不利，但销售量的多少与他的考核结果没有任何关系，所以也只好这样了。

采购总监：公司对他考核的两项指标是要控制采购成本和降低库存。他从事采购工作已经有10多年了，他认为采购最重要的职责就是为公司降低成本。所以他通常会采购一些虽说性能不是很稳定但价格相对比较低的原材料，他认为性能不稳定不是大问题，因为公司还有售后部门做售后服务来解决这些问题。而且为了降低库存，他推迟了下订单的时间，这样就造成了因为原材料的供应不足而导致生产停滞的现象，但这似乎对他也没有直接的关系，因为考核中并没有提到这一点。

看起来该公司采取了目标管理，每一项的考核指标与其职责是一一对应的，从每一个部门来说似乎都合情合理，但如果从公司的整体和公司的战略来看，结果又会怎样呢？

（案例来源：本案例来自 http://wenku.baidu.com）

问题：

1. 试讨论、分析，问题到底出在哪里。
2. 如何做才能避免类似情况的出现？

第十四章

控　制

学习目的和要求：

通过本章的学习，首先应理解控制的含义，深刻理解控制的必要性和重要作用。其次需要了解控制的过程，包括确定控制标准、衡量工作成效、纠正偏差三个基本步骤，为了确保控制的有效性，还需要熟悉每个基本步骤的具体内容和要求，因为只有好的控制过程，才能产生好的控制结果。最后，为了深入理解控制职能，在掌握控制的类型和控制原则的基础上，进一步了解控制的内容，熟悉常用的控制方法。

控制是保证组织的计划与实际运行动态相适应的管理职能。没有控制，就难以保证一切活动按照计划进行。一个有效的控制系统可以保证各项活动朝着达到组织目标的方向进行，而且控制系统越是完善，组织目标就越容易实现。

第一节　控制工作概述

一、控制的内涵

控制就是按照事前制订的计划标准去衡量实际完成的情况，发现计划实施中的偏差，并采取有效措施予以纠正，确保计划目标实现的一系列活动。控制是监视组织各方面的活动，保证组织实际运行状况与组织计划要求保持动态适应的一项管理职能。计划和控制二者密不可分。事实上，计划越是明确、全面和完整，控制的效果也就越好；控制工作越是科学、有效，计划也就越容易得到实施。控制把组织、人员配备、领导指挥职能与计划设定的目标连接在一起。在必要时，它能随时启动新的计划方案，使组织运行的目标更加符合自身的资源条件和适应组织环境的变化。控制包括以下三个方面的含义：①控制的依据，即控制标准。没有公正、准确、客观的控制标准，控制工作就难以正常进行。②控制的对象，即偏差信息，是指与标准要求偏离的信息。发现偏差信息是控制工作的重要环节。③控制的方式，即采取矫正措施或纠正措施，保证组织计划的顺利进行。

二、控制的必要性和作用

（一）控制的必要性

罗宾斯曾指出:“有效的管理应该始终督促他人,以保证应该采取的行动事实上已经在进行,保证他人应该达到的目标事实上已经达到。”在现代管理中,由于管理对象、管理环境和管理活动本身具有不完善的特征和多变的因素,因而管理控制的必要性更加突出。

1. 组织管理环境的不确定性

在现代社会中,由于总体环境的复杂多变和发展,必然会影响到组织的管理活动。为了适应这种变化,从而保证组织目标和计划的实现,管理活动也应该随之而不断变化和深化。因此,加强管理的控制职能,加强对环境变化的监测,及时采取自我调节和加强外界协调的能力,成了管理工作必不可少的重要环节。

2. 组织管理活动的复杂性

随着社会生产力的发展,现代组织的规模和内部结构日趋庞大和复杂。由于目标和计划的实现涉及各个部门和成员,需要进行大量的组织协调工作。因此,对管理活动提出了更高层次的要求。对组织内部的有效控制,需要建立完备的控制系统,从而有效地监控和调节各种各样错综复杂的活动,使各部门的活动紧紧围绕组织目标,保证每项工作顺利进行。

3. 组织管理权力的分散性

随着组织结构的调整、扩大和复杂多变,管理权力的分层授予更为普遍。组织分权程度越高,控制就越必要。每个层次的管理者都必须定期或不定期地检查下属的工作,以保证授予他们的权力得到正确的运用,从而保证组织目标的实现。如果没有控制系统和相应的控制,管理者就得不到有关下级工作情况的信息,也就无法采取及时的纠正行动。

4. 管理者能力的差异性

即使企业制订了全面完善的计划,经营环境在一定时期内也相对稳定,对经营活动的控制仍然是必要的。这是由不同组织的管理者的认识能力和工作能力的差异所造成的。由于管理者个人能力的限制及个人动机、性格的差异性,不可避免地会在执行工作过程中犯各种各样的错误,出现这样或那样的偏差,而控制是发现错误、纠正偏差的有效手段。通过对实际活动的反馈,能及时发现管理者的失误;通过对产生偏差的原因进行分析,可以使管理者明确问题之所在,从而采取有效措施纠正偏差。

（二）控制的作用

1. 能保证组织的决策目标和计划任务得以顺利实现

虽然决策和计划是控制的依据,但反过来看,如果没有控制系统提供的信息,就难以做出正确的决策和周密的计划,因为大多数决策和计划是建立在对以前经验和教训的汲取的基础上的。因此,决策与计划也离不开控制,控制职能可以说是决策与计划职能的继续。

2. 可以使管理过程形成一个有效的封闭回路,形成有效的管理活动

控制在客观上起着对管理活动进行考核、评价的作用。正确的控制工作不但能纠正管理目标的偏差,而且将导致新的目标,提出新的计划,改变组织结构与人员配备,在指挥方式上做出重要调整等,从而产生新的管理活动,使管理过程高效化。

3. 可以对一部分管理活动进行指挥并调节各方面的关系

随着控制职能从过去的单纯监督发展到自觉地调节各种活动以及信息反馈的加强，它在管理中的作用不仅限于一般的控制作用，而且还发挥一部分指挥和协调的作用。

4. 可以使组织和激励这两种职能得到正常发挥

因为有了完善的控制系统，才能自觉地协调人们的生产经营活动，对组织上出现的问题及时加以调整，从而使组织功能得到有效发挥。有了完善的控制系统，才有完备的、能反映实际成果的信息，人们的职责分工、权益关系才能得到正确的处理和加强，激励也才能发挥它的作用。此外，组织和激励的效果如何，往往可以通过控制职能反映出来。

三、控制的内容

罗宾斯将控制的内容归纳为组织对人员、财务、作业、信息和组织绩效这五个方面的控制。此外，组织运行过程中会面临各种风险，风险控制日益受到人们的普遍重视，故还应将风险控制包含其中。

1. 对人员的控制

组织的目标是要由人来实现的，员工应该按照管理者制订的计划去做。为了做到这一点，就必须对人员进行控制。对人员进行控制最常用的方法是直接巡视，发现问题马上纠正。另一种有效的方法是对员工进行系统化的评估，通过评估，对绩效好的予以奖励，使其维持或加强良好表现；对绩效差的则应采取相应的措施，纠正其出现的行为偏差。

2. 对财务的控制

为保证组织获取利润、维持组织的正常运作，必须进行财务控制。财务控制包括审核各期的财务报表，保证一定的现金存量，保证债务的负担不至于过重，保证各项资产都得到有效的利用等。预算是最常用的财务控制衡量标准，也是一种有效的控制工具。

3. 对作业的控制

作业是指从劳动力、原材料等资源到最终产品和服务的转换过程。组织的作业质量在很大程度上决定了组织提供的产品或服务的质量。作业控制就是通过对作业过程的控制，来评价并提高作业的效率和效果，从而提高组织提供的产品或服务的质量。组织中常见的作业控制有生产控制、质量控制、原材料控制、库存控制等。

4. 对信息的控制

随着人类步入信息社会，信息在组织运行中的地位越来越高，不精确的、不完整的、不及时的信息会大大降低组织效率。因此，在现代组织中，对信息的控制显得尤为重要。对信息的控制就是要建立一个管理信息系统，使它能及时地为管理者提供充分、可靠的信息。

5. 对组织绩效的控制

组织绩效是组织上层管理者的控制对象，组织目标的达成与否都从这里反映出来。无论是组织内部的人员，还是组织外部的人员或组织，都十分关注组织的绩效。要有效实施对组织绩效的控制，关键在于科学地评价、衡量组织绩效。一个组织的整体效果很难用一个指标来衡量。生产率、产量、市场占有率、员工福利、组织的成长性等都可能成为衡量指标，关键是看组织的目标取向，即要根据组织完成目标的实际情况并按照目标所设置的标准来衡量组织绩效。

6. 风险控制

风险管理是组织或个人用以降低风险的消极结果的决策过程，通过风险识别、风险估测、风险评价，并在此基础上选择与优化组合各种风险管理技术，对风险实施有效控制和妥善处理风险所致损失的后果，从而以最小的成本收获最大的安全保障。有效地对各种风险进行控制有利于组织作出正确的决策，有利于保护组织资产的安全和完整，有利于实现组织活动的目标，对组织来说具有重要的意义。

四、控制的类型

管理控制的种类很多，采取不同的分类方法，可以将其划分为不同的类型。

（一）事前控制、现场控制和事后控制

根据控制点位于整个活动过程中的位置，可以将其分为事前控制、现场控制和事后控制，如图 14-1 所示。

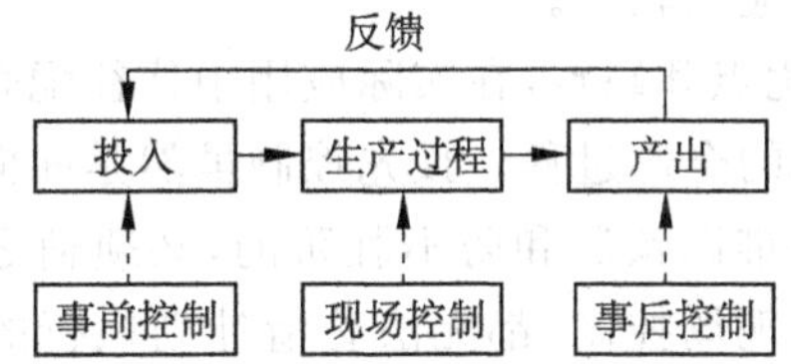

图 14-1　事前控制、现场控制和事后控制关系图

1. 事前控制

事前控制也称预先控制或前馈控制，它是指在组织活动开始之前的控制。控制的内容包括依据组织的计划标准，检查人、财、物、信息等资源的准备情况和预测其产生的效果两个方面。这是一种面向未来的控制。这类控制一般建立在经验预测的基础之上，以尽可能降低偏差发生的概率。现实生活中，事前控制很常见。如企业的财务预算、原料检查的活动、管理部门制定规章制度及相关实施细则，在人才招聘之前拟订对应聘者的具体要求等，都是事前控制的实例。

事前控制的中心问题是防止组织中所使用的资源在质和量上产生偏差，其重点是预先对组织中的人、财、物、信息、时间等进行控制和检查，合理配置，使其符合预期的标准，从而保证计划的实现。由于事前控制可以避免预期出现的偏差，有利于提高组织活动的效率。因此，是人们最渴望使用的控制类别。这种控制需要及时和准确的信息，但却难以得到满足，因而人们不得不借用现场控制和事后控制两种类型。

2. 现场控制

现场控制也称过程控制或同期控制。它是指计划执行过程中所实施的控制，是一种同步的、适时的控制。即管理者通过对计划执行过程中的人和事进行直接指导和监督，随时纠正偏差。这是一种为基层主管所普遍采用的控制方法。主管人员通过深入现场，亲自指导和监督员工的活动。通过现场指导，可以使员工以正确的方法工作，培养员工的能力，使员工的工作更有成效。通过监督，可以使主管人员有机会在现场解释工作的要领和技巧，提高员工的工作能力；也可以约束下属人员的活动，从而保证计划的执行和计划目标的实现。现

场控制的实例很多，基层主管人员进行的现场指导就属于现场控制。

3. 事后控制

事后控制也称成果控制或反馈控制，是在计划执行后进行的控制，也就是从组织活动进行后的信息反馈中发现偏差，分析原因，采取措施，纠正偏差，从而起到控制的作用。其目的是防止已经发生或即将发生的偏差再度发生或扩大，另外，它还能够为未来计划的制订提供借鉴。事后控制是最早的控制类型，传统的控制方法几乎都属于这一类型。事后控制的方法有财务报告分析、标准成本分析、员工的工作绩效评估等。

事后控制位于活动的终点，其致命弱点在于滞后性。从衡量结果、比较分析到制定纠偏措施及实施，整个活动已经结束，活动中产生的偏差已经在组织系统内部造成了损失，只能内部消化并且无法补偿。事后控制虽然不尽如人意，但与前两种控制类型相比，它也有明显的优点。一是事后控制为管理者提供了检验计划执行效果的真实信息。二是事后控制的信息可以促进员工工作绩效的提高。反馈的信息好则表明员工的工作绩效好，可以激励员工的工作积极性；反馈的信息差则可以促使员工改进工作，有益于后面的工作。总之，事后控制有其特有的优点，在现实中应用较广。

以上三种控制方式各有优点和缺点，在实际应用中往往配合使用，并与管理的其他职能相互渗透，共同构成管理活动的全部过程。预先控制虽然是面向未来的控制，能避免预先出现的问题，但有些突发事件是难以预测和防不胜防的，必须辅之以现场控制，否则将前功尽弃。而且，无论事前控制还是现场控制，都无法看清计划执行的结果，而只有在事后才能看清，所以更多的控制要通过事后控制来进行。另外，在管理活动循环发展的过程中，控制类型也具有相对性，对前一阶段是事后控制，对后一阶段往往是事前控制。

（二）直接控制和间接控制

根据组织控制所使用手段的不同，可以将控制分为直接控制和间接控制。

1. 直接控制

直接控制是控制者与被控制对象直接接触进行控制的形式。直接控制是相对于间接控制而言，它是着眼于培养更好的主管人员，使他们能熟练地应用管理的概念、技术和原理，能以系统的观点来进行和改善他们的管理工作，从而防止出现因管理不善而造成的不良后果。因此，直接控制的原则就是：主管人员及其下属的素质越高，就越不需要进行间接控制。

2. 间接控制

间接控制是指根据计划和标准考核工作的实际结果，分析出现偏差的原因，并追究责任者的个人责任以使其改进未来工作的一种控制方法，多见于上级管理者对下级人员工作过程的控制。

（三）集中控制、分散控制和分层控制

根据控制结构的不同，可以分为集中控制、分散控制和分层控制。

1. 集中控制

集中控制即在管理系统中建立一个控制中心，由它来对所有的信息进行集中统一的加工、处理并发出指令，以此对管理活动实行控制。集中控制方式比较简单，指标控制统一，便于整体协调和整体最优的控制；但缺乏灵活性和适应性，机构的变革和创新较困难。集中控制比较适用于组织规模和信息量不是很大，控制中心对信息的获取、存储和加工效率较高的

组织。比如,有的企业设立的生产指挥部、中央调度室等采取的就是集中控制。而在管理系统庞大、组织规模和信息量极大时,就不宜采用集中控制,以免延长信息传递和反馈的时滞。使系统反应迟钝,延误决策时机。尤其是一旦控制中心发生故障,会造成系统的瘫痪,风险极大。因此,采取集中控制时一定要考虑组织的实际情况。

2. 分散控制

分散控制即在管理系统中设立多个控制中心,由它们对系统的信息进行分散的加工、处理、监控和发布指令,以实现对管理活动的有效控制。分散控制的特点是由若干分散的控制机构来共同完成组织的总目标。在这种控制方式中,各种决策及控制指令通常是由各局部控制机构分散发出的,各局部控制机构主要是根据自己的实际情况,按照局部最优的原则对各部门进行控制,对于日常的一般性、常规性事务则由各部门、各岗位及全体员工自行控制。分散控制适应于结构复杂、功能划分上较细的组织。分散控制具有反应快、时滞短、控制效率高、应变能力强等优点,但也存在难以使各分散的系统做到相互协调、难以保证各分散系统的目标与总体目标的一致性的缺点,从而会危及整体的优化,严重的甚至会导致失控。

3. 分层控制

分层控制是一种把集中控制和分散控制结合起来的控制方式。它有两个特点:一是各子系统都具有各自独立的控制能力和控制条件,从而有可能对于系统的管理实施独立的处理;二是整个管理系统分为若干层次,上一层次的控制机构对下一层次各子系统的活动进行指导性、导向性的间接控制。在分层控制中,要注意防止缺乏间接控制、滥用直接控制和多层次地向下重叠实施直接控制的产生。

(四) 正式组织控制、非正式组织控制和自我控制

根据整个组织控制活动来源的不同,可分为正式织织控制、非正式组织控制和自我控制三种类型。

1. 正式组织控制

正式组织控制是指由管理人员设计和建立起来的一些机构或人员来进行控制。组织可以通过规划指导成员的活动,通过预算来控制消费,通过审计监督来检查各部门或各个成员是否按规定进行活动,并提出具体更正措施和建议意见。正式组织控制可以确保组织获利和继续生存与发展。

2. 非正式组织控制

非正式组织控制也称群体控制,它基于群体成员的价值观念和行为准则,是由非正式组织自发发展起来和维持的。非正式组织的行为规范虽然没有明文规定,但非正式组织中每个成员都十分清楚它的内容,都知道自己如果遵守这些规范,就会得到其他成员的认可,可能会强化自己在正式组织中的地位;如果违反这些行为规范,就会遭到惩罚,这种惩罚可能是遭受排挤、讽刺甚至被驱逐出该组织。非正式组织控制在某种程度上左右着员工的行为,如果处理得好,则有利于达成组织目标;如果处理得不好,将会给组织带来很大危害,所以要对其加以正确引导。

3. 自我控制

自我控制即个人有意识地按某一行为规范进行活动。这种控制成本低、效果好,但它要求上级给下级以充分的信任和授权,还要把个人活动与报酬、提升和奖励联系起来。自我控

制的能力取决于个人本身的素质。具有良好素质的人一般自我控制能力较强，顾全大局的人比看重自己局部利益的人有较强的控制力，具有高层次需求的人比只有低层次需求的人有较强的控制力。自我控制具有有助于发挥员工的主动性、积极性和创造性，减轻管理人员负担，提高控制的及时性和准确性等优点。

正式组织控制、非正式组织控制和自我控制有时相互一致，有时又是相互抵触的。如何使它们尽可能和谐，防止互相冲突和抵触，取决于组织对其成员的教育和吸引力，或者说取决于组织文化。有效的管理控制系统应该综合利用这三种控制类型，以利于组织目标的实现。

（五）预防性控制与更正性控制

按照控制活动的性质，可分为预防性控制和更正性控制两种类型。

1. 预防性控制

预防性控制是为了避免产生错误或尽量减少今后的更正性活动，以及为了防止资金、时间或其他资源的损耗而采取的一种预防保证措施。使用这种控制措施，要求对整个运行活动的关键点有比较深刻的理解，能预见问题。一般来说，法律法规、规章制度、工作程序、人员训练和培养计划等，在管理活动中都起着重要的预防控制的作用。当然，这些预防性措施能否真正被遵守，还必须有良好的监控机构作为保证。预防性控制方法的优点是：可以促使管理者更多地进行自我控制，从而主动地对潜在的问题采取纠正措施；在向管理者个体委派任务时，有着较大的准确度，也为管理者定期、经常性的评价以及组织的培训提供了依据；可以获得下属更多的信任与支持；会有效地减少组织运行中的种种偏差。

2. 更正性控制

更正性控制是指为了发现工作中存在的问题以便进行更正而进行的控制。更正性控制的目的是发现行为的偏差并使行为或实施进程回到预先确定的或管理者所希望的水平。在实践中，这种控制使用得较为广泛。

（六）闭环控制与开环控制

按照控制活动中是否有反馈过程，可分为闭环控制和开环控制。

1. 闭环控制

系统的输出量对系统的控制作用有直接影响的控制称为闭环控制。即由信息的正向通路和反馈通路构成闭合回路的控制系统，又称反馈控制系统。反馈控制系统就是根据系统输出变化的信息来进行控制，即通过比较系统行为（输出）与期望行为之间的偏差，并消除偏差以获得预期的系统性能。在反馈控制系统中，既存在由输入端到输出端的信号前向通路，也包含从输出端到输入端的信息反馈通路，两者组成一个闭合的回路。自动控制系统多数是反馈控制系统。

同开环控制系统相比，闭环控制具有一系列优点。在反馈控制系统中，不管出于什么原因（外部扰动或系统内部变化），只要被控制量偏离规定值，就会产生相应的控制作用去消除偏差。因此，它具有抑制干扰的能力，但反馈回路的引入增加了系统的复杂性和不稳定性。

2. 开环控制

如果系统的输出端与输入端之间不存在反馈，也就是控制系统的输出量不对系统的控制产生任何影响，这样的控制称为开环控制。在开环控制系统中，不存在由输出端到输入端的反馈通路。因此，开环控制系统又称为无反馈控制系统。同闭环控制系统相比，开环控制系统的结构要简单得多，同时也比较经济。

除了上面介绍的分类方法外，还有其他一些分类方法。如依据控制的侧重点的不同，可以把控制分为任务控制、管理控制和战略控制；按控制的时态，可分为静态控制和动态控制等。

五、控制的原则

控制的目的是保证组织活动符合预定计划，以有效地实现预定的目标。因此，有效控制应坚持以下原则。

1. 适应性原则

这是指控制应该与计划的工作特点以及主管人员的具体情况相适应。控制的目标是实现计划，控制是实现计划的保证。为实现每一项计划，所进行的控制工作有很大的不同，都需要按不同计划的特殊要求和具体情况来设计。因此，控制工作越是考虑到各种计划的特点，就越能更好地发挥作用。所以，在设计控制系统时，每个管理者都必须围绕计划进行，要根据计划的特点确定控制标准、衡量方法和纠正偏差的措施。

2. 重点与例外原则

控制工作不可能面面俱到，应找到最能体现组织目标的关键因素进行控制。还应该严格地用“例外”来控制，即建立 种标准，定期地进行衡量，并且只是进行抽样衡量，只有当情况与标准相比较明显地出现偏差时才予以控制。控制人员越是注意那些重要的例外偏差，即越是把控制的注意力集中在那些超出一般情况的特别好或特别坏的情况上，控制工作的效能和效率就越高。

3. 及时性原则

这是指能够及时发现偏差，纠正偏差。高效率的控制系统，要求能迅速发现问题并及时采取纠正偏差的措施。这一方面要求及时准确地收集和传递所需信息，避免时过境迁，使控制失去应有的效果；另一方面要估计可能发生的变化，使采取的措施与已变化了的情况相适应，即纠正偏差的安排应有一定的预见性。

4. 灵活性原则

这是指控制工作即使在面临计划发生变动、出现了未能预见的情况或计划失败的情况下，也能发挥作用。控制的灵活性原则要求制定多种应付变化的方案和留有一定的后备力量，并采取多种灵活的控制方式和方法以达到控制的目的。控制应保证在某些未能预测到的事件发生，如生产经营环境突变、计划疏忽和失败等情况下，控制仍然有效。因此，要求有弹性和替代方案，如滚动计划体现了控制的灵活性原则。

5. 经济性原则

这是指把控制活动所需费用与控制所产生的结果进行比较，当通过控制所获得的价值大于所需费用时，才实施控制。因此，在控制过程中要求坚持适度性。所支出的费用必须是有效的和合理的，要防止在无效控制上花费精力和财力；要重视选择关键性问题和注意对例外出现的偏差进行控制；同时，要求努力降低控制的耗费和提高控制效果，改进控制方法和手段，以最少的资源投入取得理想的控制效果。

6. 客观性原则

这是指管理者对控制工作应客观公正，防止主观片面。实行客观的控制，首先要尽量采用客观的计量标准和计量方法，获得准确的数据；其次依据科学的程序，尽可能用定量的方法进行评价，把定性的内容具体化，尽量减少管理者个人的主观随意性和个人偏见。

第二节 控制过程

控制是根据计划的要求，设立衡量绩效的标准，然后把实际工作与预定的标准相比较，以确定组织活动中出现的偏差及其严重程度，在此基础上，有针对性地采取必要的纠正措施使偏差保持在允许的范围内，以确保组织资源的有效利用和组织目标的实现。尽管各种类型的控制，其具体的工作程序可能各有区别，但有效的控制活动都包括制定控制标准、衡量工作成效、纠正偏差三个基本步骤。

一、制定控制标准

要控制就要有标准，离开可比较的标准，就无法实施控制。因此，控制过程的首要步骤就是拟订控制标准。控制标准是控制过程中对业绩进行考评和确定是否存在偏差的客观依据，确定标准就是为衡量实际的工作成效提供尺度。因此，建立一套全面而合理的考核标准，是实现控制目标的基础。

（一）控制标准的特点或要求

控制标准是组织控制的基础，它要体现以下几方面的特点或要求。

（1）控制标准应与目标保持一致。控制标准是衡量实际业绩的尺度，目的是为了实现组织的目标。因此，控制标准不仅要带有目标的许多特征，而且要与组织目标保持一致。

（2）控制标准应反映计划的要求。计划是实现目标的手段和步骤，是目标的分解和具体化，控制标准要符合计划的特点和要求。

（3）控制标准应通俗易懂。一个不为主管人员和员工理解的控制标准是无价值的，并且会导致不必要的错误，挫伤员工的积极性。

（4）控制标准应具有可操作性。控制标准应客观、明确，尽可能使量化的程度高一些。

（5）控制标准应具有挑战性。控制标准既有可行性又有先进性，是人们经过努力才能实现的目标。

（6）控制标准要有一定的弹性。控制标准要能够适应组织环境条件的意外变化，使组织管理者在遭遇突发事变时不至于束手无策。

（7）控制标准要多样化。在实际工作中，单一的控制标准难以对组织及其成员的工作绩效做出客观的评价，而多种控制标准能够较为准确地衡量工作绩效。

（8）控制标准相互间应协调一致。控制标准协调一致，不致因相互矛盾而使人无所适从。

（9）控制标准应当相对稳定。控制标准可以有一定的弹性，但不能无原则地朝令夕改。

（二）控制标准的形式

理想的标准是以考核目标直接作为标准，但更多的情况往往是将某个计划目标分解为一系列的标准。如行政系统内部的控制标准就是按照机构设置和组织层次，层层落实目标任务，构建目标体系，以层层分解的目标任务作为控制标准；有些企业组织内则以工作程序以及各种定额作为控制标准。尽管控制标准具有多样化的特点，但可以分为定性标准和定量标准。

1. 定量标准

这是指能够以一定形式的计量单位直接计量的标准。定量标准便于度量和比较，是控制标准的主要表现形式。定量标准主要表现为以下几种：①实物标准，是指非货币标准，但有明确的实物数量，是计划工作的主要表现形式。②货币标准，是指以货币衡量的消耗标准，反映了组织的经营和发展状况，包括成本标准、收益标准、资金标准等，适用范围广泛。③时间标准，是指活动完成所必须遵守的时间，为工作提供了时间限定，表现为交货期、工时定额、工程周期等一系列的时间指标。④综合标准，主要表现某一产业或工作的比率情况，如 GDP 增长率等。

2. 定性标准

它是指难以用计量单位直接计量的标准。这类标准主要用于有关服务质量、组织形象、组织成员的工作表现等方面，这些方面的标准一般能够做出定性的描述，但都难以定量化。尽管如此，为了使定性标准便于掌握和控制，应尽可能地采用一些可度量的方法。例如，产品等级、某个领导者的工作能力等。

（三）制定控制标准的关键环节

1. 选择控制对象

由于控制标准的具体内容取决于控制对象，因此，在制定标准时，应当首先选择控制对象，即明确组织的哪些事物、哪些环节需要加以控制，这是在制定标准的具体内容时需要认真分析的。一般情况下，组织的活动都有最终的成果，组织活动的成果往往体现了组织计划的要求。所以，人们习惯于把组织活动的最终成果作为首选的重点控制对象。根据对组织活动最终成果的计划要求确定控制标准，也就是规定组织活动结果在正常情况下的期望值水平。通常情况下，影响组织在一定时期活动成果的主要因素包括环境特点及其发展趋势、资源投入、活动过程等。

2. 选择关键点

任何组织的管理者都不可能也没有必要做到对组织所有活动和所有成员的控制，而必须在影响组织活动成果的若干因素或环节中选择几个关键因素或环节作为重点控制对象，即控制关键点。关键点一般是计划实施过程中起决定作用的因素，或者是容易产生偏差的因素，是对全局有根本影响作用、决定组织活动成败的因素。对关键点的选择，一般应统筹考虑如下三个方面：①会影响整个工作运行过程的重要操作与事项；②能在重大损失出现之前显示出差异的事项。③若干能反映组织主要绩效水平的时间与空间分布均衡的控制点。在选择确定了控制对象和关键点之后，还要对它们进行深入的观察，以保证控制标准的具体内容与控制对象和关键点的特性相符合。

(四)制定控制标准的具体方法

任何一项具体工作的衡量标准都应有利于组织目标的实现,对每一项具体工作都应有明确的时间、内容、要求等方面的规定。管理控制标准要求简单明了,尽可能定量和详尽描述。建立标准常用的方法有以下三种。

1. 统计方法

是指利用统计数据来确定预期结果的方法。由统计方法获得的标准称为统计标准,也称为历史性标准。它是以组织在各个历史时期活动的数据、记录为基础,或者依据同类组织的统计数据,为未来活动设立的标准。最常用的有统计平均值、极大(或极小)值和指数等。一般来说,利用组织自身的统计数据制定的统计性标准既有优点也有缺点。优点是简便易行,切合组织实际情况;缺点是视野狭窄,只局限于组织内部情况,不了解同类组织的发展状况,容易出现闭门造车的弊病,对于组织的未来发展有不利影响。适当的做法是在制定统计性标准时,充分参照组织外部同类组织的数据资料,以便制定一个兼顾组织当前与长远发展的统计标准。

2. 经验评估法

经验评估法是指根据专家的经验和判断确定控制标准的方法。在实际工作中,由于有些组织、有些活动没有统计数据和资料可利用,有些活动还因为其是新生事物,组织没有这方面的实践,因而只能根据经验分析和判断制定控制标准。这种方法的优点是可以打破统计方法的局限性,在资料和数据缺乏的情况下仍然能够制定出控制的标准,使控制有章可循。其缺点也很明显,它只能是粗略性质的,而非精确性、科学性的。这种方法可以作为统计方法和工程方法的补充,尤其适合于组织从事的活动是新生事物时,对其控制标准的制定。利用经验评估法来制定控制标准时,要注意充分吸取组织内部各方面专家、学者和组织成员的意见,以便集思广益,制定一个对于组织发展合理、有利的标准。

3. 工程标准法

工程标准法是指在对工作情况进行客观的定量分析的基础上制定标准的方法,也称为工作标准法。它是以较为精确的技术参数和实测数据为基础的。工程标准法主要应用于测量生产过程中生产者个人或群体的产出数额,这种测量在企业中又称为时间研究和动作研究。通过时间研究和动作研究,企业的管理者为员工制定标准生产定额。这种方法有利于基层管理人员恰当地安排工作,合理地评估员工的绩效,准确地预测企业生产经营活动所需的人工和成本等。这种方法的优点是标准的制定具有客观的依据和合理性,准确性高,但也存在着成本高、耗时长的缺点。

二、衡量工作成效

衡量实际工作是控制过程的第二个步骤,其主要内容是将实际工作情况和控制标准相比较,对工作做出客观的评价,从中发现它们之间的偏差,为进一步采取控制措施提供全面而准确的信息。

(一)衡量的要求

衡量工作成效的工具是标准。在依据标准衡量工作成效之前,还需要明确衡量的一系列要求。①要依据标准衡量工作成效，并通过衡量来检验标准的客观性和有效性。②管理者获取的组织活动信息必须准确、及时和适用。在依据标准衡量工作成效时，重要的是要及时获取有关工作成果的信息。③建立信息反馈系统。由于衡量绩效的工作不都是由管理人员直接进行的，有时需要借助专职的检测人员，因此，应该建立有效的信息反馈网络，使反映实际工作情况的信息能及时收集起来，并适时地传递给管理人员，使其能将信息与预定的控制标准相比较，及时发现问题，并迅速做出纠正行动。④衡量的对象要有代表性。在通常情况下，不可能对所有的对象进行衡量，只能对其中的一部分进行衡量。因此，必须抓住重点，对于需要加强控制的关键环节，应重点检查和衡量，以使控制更有针对性。⑤衡量的频度要适度。有效控制强调适度控制，作为控制的一个阶段或步骤，衡量的频度也要适度。适度衡量不仅体现在衡量对象的数量选择上而且还表现在对同一对象的衡量次数上。

（二）衡量什么

许多时候，不是组织所有的活动或工作都要衡量，衡量的往往是一个或几个关键点。衡量什么是比较关键的问题，在很大程度上它决定了组织成员的追求。比如，衡量一个中学，是什么决定了中学努力的方向，如果衡量的是素质教育，学校就会向此方向努力；如果衡量的是升学率，学校就会只重视学生的学习成绩而忽视其他方面。所以，如果选错了衡量的标准，衡量将不准确，可能还会导致严重的不良后果。一般来说，衡量什么与被控制对象的工作特点有关。就一般的组织工作而言，衡量有下面几种情况：①有些工作或活动的结果可以用数量标准来衡量。例如，制造公司的经理可用每天的产量、单位产品所耗费的工时、资源或消费者退货的百分比等对公司运作情况进行衡量。②一些工作或活动可以分解，使之成为能用目标去衡量的工作。这时，管理者需要首先确定某个人、某个部门或某个单位对整个组织所贡献的价值，然后将其转换成标准。③有些工作和活动的结果难以用数量标准来衡量。例如，管理者在衡量一个专业研究人员的工作时，就很难用数量标准来说明，这时可以采用定性的标准。相对于定量标准来说，定性标准缺乏准确性，但在难以用数量关系来衡量的领域，也不失为一种好的衡量办法。

（三）衡量的方法

衡量的方法应当根据具体情况来选择。组织计划的执行情况和处理问题的有关信息一般都是通过听取口头汇报、书面汇报，进行直接观察和借助信息技术方式取得的。管理者通过这些渠道获得所需要的控制信息，并以此来衡量实际工作成效。这些方法各有优缺点，管理者应当根据各种方法的特点综合使用，以利于取长补短。当然，管理者的偏好和个人风格对衡量方法的选择也有重要影响。

1. 口头汇报

依据汇报场合的不同，汇报一般分为正式汇报和非正式汇报两种。正式汇报往往在某些公众场合进行，如会议等；非正式汇报通常是一对一的，如电话交谈和个别交谈等。口头汇报的优点是快捷和反馈及时，语音信息的发出和反馈几乎同时进行；缺点是容易出现过滤现象，使控制信息失真，影响控制效果。

2. 书面汇报

书面汇报大多是在计划执行完毕或者阶段性工作完成之后形成的，如备忘录、电子邮件、传真、工作总结、会计报表和其他有关统计报表等。书面汇报的优点是能被长久保存，便于查询;缺点是信息反馈较慢。

3. 亲自观察

亲自观察是指管理者亲临现场获得第一手未经过滤的信息,如一线调查访问、现场观察等。亲自观察要求管理人员深入实际,在现场发现问题、解决问题。这种方法获得的控制信息真实性大,但要求管理者能够有清晰的头脑。一方面,管理者要能对信息去伪存真,防止被虚假现象所蒙蔽;另一方面,要求管理者具有丰富的管理经验和果断的决策能力,发现问题及时加以控制。

4. 抽样调查

抽样调查是一种非全面调查,它是从全部调查研究的对象中,抽选一部分单位进行调查,并据以对全部调查研究对象作出估计和推断的一种调查方法。显然,抽样调查虽然是非全面调查,但它的目的却在于取得反映总体情况的信息资料。因而,也可起到全面调查的作用。抽样调查的主要优点有:①可以减少调查的工作量;②它是针对总体中的一部分单位进行的,可以大大减少调查费用,提高调查效率;③收集、整理数据、综合样本的速度快,可保证调查的时效性。

5. 借助信息技术获取信息

随着信息技术的发展和使用的普及,管理者可以通过建立和使用信息管理系统来从事信息的收集、处理和传送,这不仅有益于管理者迅速地获得相关数据和统计报表,还能够降低成本、提高效率。当然,这取决于信息管理系统的有效性和完备性。

三、纠正偏差

依据衡量的标准,利用科学方法,对工作绩效进行衡量之后,就应该将衡量结果与标准进行比较,通过比较可以发现实际工作成效与标准之间的偏差,并依据偏差的程度和性质,分析其产生的原因,采取相应的措施,或维持现状,或纠正偏差,或修改标准。至此,控制过程得以完成,同时,又开始了新一轮控制过程。

(一)比较

通过比较可以确定实际工作成效与标准之间的偏差。在某些活动中,偏差的产生是难以避免的。但是需要明确的是,不是所有的偏差都会影响组织活动的最终成果。有些偏差可能反映了计划制订和执行中的严重问题,而有些偏差则可能是由一些偶然的、暂时的、局部的因素引起的,因而不一定会对组织活动的最终成果产生影响。因此,在采取纠正措施以前,有必要先对偏差的性质和程度进行分析、评估,确定可以接受的偏差范围。如果偏差显著地超出这个范围,就应该引起管理者的重视。在比较阶段,管理者应特别注意偏差的大小和方向。

(二)分析偏差的性质或原因

一般地,偏差的性质有两种:一种是有利偏差,一种是不利偏差。有利偏差是指那些符合组织发展趋势的偏差,如由于科学技术的进步,使得劳动生产率高于预定标准。不利偏差是指那些本身或者进一步扩大后会导致组织活动偏离计划要求的偏差,如由于贷款利率上升,使得企业投资成本上升,超出预算。对于上述两种性质的偏差都要进行原因分析。造成偏差的原因可能是在组织内部，也可能是在组织外部；可能是可控的，也可能是不可控的。有关人员必须对此进行认真、深入的分析。一般造成偏差的原因有以下三个方面。

(1) 外部环境的重大变化。当组织的外部环境发生突变，如爆发战争、国内政局变化以及发生重大自然灾害等时，组织原定目标和计划不能实现。管理者一般无法控制，只能在认真分析的基础上采取一些补救措施，调整组织的战略，应对挑战，以消除不利影响。

(2) 计划执行原因。这是指由于计划执行者自身的原因导致偏差发生，如工作不认真、缺乏责任心、玩忽职守，或能力不足、不能胜任工作等原因，都可能造成计划执行产生偏差。

(3) 计划不合理。在计划制订过程中，决策者的想法有时与实际不符，或者盲目乐观，制订出高指标的计划；或是盲目悲观，制定出过于保守的计划。

必须对这三类不同性质的偏差做出准确的判断，因为搞清楚偏差产生的原因是采取相应措施的基础。

(三) 采取纠正措施

在分析偏差的性质并查明其产生原因后，管理者面临着三种选择：第一，维持现状；第二，纠正偏差；第三，修改标准。

如果偏差的性质是有利偏差或偏差发生在可允许的范围内，管理者一般不必采取任何行动，维持现状即可；如果偏差是不利偏差或偏差超出了可允许的范围，管理者就应该采取行动，纠正偏差。这种纠正行动的具体措施是：调整组织的管理策略，如重申规章制度、激励措施，明确责任，强化违规惩罚措施等；调整组织结构、调整人事安排或重新分配员工的工作以及采取补救措施等。需要注意的是，管理者在采取纠正措施之前，首先要决定纠正措施的性质是应急还是一劳永逸，是治标还是治本。一般来讲，如偏差十分严重，治本措施来不及，则应采用应急措施，待偏差引发的危机缓解后再治本；如偏差发生的原因清楚，且有充足的时间标本兼治，则应当推行治本措施。

当偏差表明其发生的原因是由于标准不合理，也就是标准过高或者过低时，管理者应考虑修改标准。在修改标准的问题上，管理者应把握这样的原则：当人们达不到标准时，人们总是迁怒于标准，认为标准不合理。这时，管理者应作认真的分析，确认是否属实。如果标准是合理的，就应该坚持标准，不能迁就，并做出相应解释；否则应考虑变更标准。

控制是一个连续的过程，它使管理工作成为一个闭路系统。在多数情况下，实施控制既是一个管理过程的终结，又是一个新的管理过程的开始。控制不仅是实现计划的保证，而且积极地影响计划的制订。正是由于这个原因，控制活动成为贯穿于整个管理活动始终的一条主线。只要有管理，就意味着必然有控制。随着管理活动的发生、管理系统的运行，控制过程也不断地、周而复始地连续展开。

第三节 控制方法

在企业管理实践中，所应用的控制方法不胜枚举。既有通用的控制方法，即适用于所有专业管理，又有专业的控制方法，即控制方法与控制的对象和内容密不可分，涉及很多专业管理知识，仅适用于专业管理领域。由于绝大多数控制方法与专业密切相关，而且很多方法的适用领域也在不断地拓展，因此，本节不对通用的控制方法和专用的控制方法做严格的区分，同时，也为了叙述的方便，根据控制对象和内容的不同，对一些主要的专业管理领域常用的控制方法作简要介绍。

一、人员控制

控制工作从根本上来说，最重要也最难的是对人的控制。人是组织中最宝贵和最关键的资源，其他几方面的控制都要靠人去实现。可以说，人员控制是管理控制中最主要的内容。人力资源部门统一管理组织中，涉及人员招聘、培训、任职、考评、工资、晋升等各方面的内容。

人员控制系统控制主体是各级管理者，控制客体是员工的行为，控制信息主要有职位说明书、操作规程、行为规范、人员履历、工作汇报、绩效考评信息等，控制方法包括直接监督、职位设计、人事调整、培训、股票期权、报酬、绩效考评、文化建设等。

人员控制系统的功能主要有三个：一是为岗位或任务配备合适的人员；二是明确任务及责任人；三是调动员工士气，提高员工的执行能力和自我控制能力。

人员控制方法主要有：一是人员配备与人事调整。为岗位或任务配备合适的人员，并进行必要的调整。二是培训。确定培训需求，选择培训方法，增强培训效果。三是授权。上级把自己的职权授给下属，使下属拥有相当的自主权和行动权。授权有助于实现下属的自我控制，进而提高控制的有效性。四是工作汇报。要求下属定期或不定期地递交工作汇报是一种普遍的控制方法。工作汇报是工作人员向上级汇报工作进展情况的书面材料。中心问题是对一定时期内的工作经验和教训进行总结、分析和评价，肯定成绩和找出问题。

二、财务控制

（一）预算控制

1. 预算的含义

预算就是用数字，特别是用财务数字的形式来描述企业未来的活动计划。它预估了企业在未来时期的经营收入和现金流量，同时也为各部门或者各项活动规定了在资金、劳动、材料及能源等方面的支出额度。预算控制就是根据预算规定的收入与支出标准来检查和监督各个部门的生产经营活动，以保证各种活动或各个部门在完成既定目标、实现利润的过程中对经营资源的利用，并使费用支出受到严格有效的约束。

2. 预算控制的种类

(1) 收支预算。它是指以货币来表示的组织经营管理的收支计划预测，是企业日常发生的各项基本活动的预算，主要包括销售预算、生产预算、采购预算、直接人工预算、制造费用预算、单位生产成本预算、销售费用及管理费用预算等。

(2) 实物量预算。它是指一种以实物单位来表示的预算，是对货币量收支预算的重要补充。较为常用的实物量预算的单位包括直接工时数，原材料数量、面积、重量、体积等。对于大多数企业来说，都需要对原材料的供应量、产品的产出量、劳动力的需要量、劳动工时等编制实物量预算，以便对企业生产过程进行有效控制。

(3) 现金预算。现实预算实际上是一种对组织未来生产与销售活动中现金的流入与流出进行的预测,可用它来衡量实际的现金使用情况。它还能显示可用的多余资金,因而有可能编制剩余资金的投资计划。

(4) 投资预算。又称资本支出预算,是指组织为更新或扩大规模,投资于厂房、机器、设备等其他有关设施,增加固定资产的各项支出预算。它概括了组织在何时进行投资、投资多少、融资渠道如何、何时可获得收益、每年的现金流量为多少、投资回报率等问题。投资预算涉及金额大,回报时间长。因此,投资预算总是和组织的发展战略以及长远规划相一致。

(5) 资产负债预算。资产负债预算是对组织会计年度末期的资产、负债和资本等财务状况的预测。它通过将组织各部门和各项目的分预算进行汇总,既验证了所有其他预算的准确性,又反映了组织在年度财务末期的资产与财务状况。

(二) 非预算控制

1. 审计控制

审计控制是指对反映企业资金运动过程及其结果的会计记录和财务报表进行审核、鉴定,以判断其真实性和可靠性,从而为控制和决策提供依据。根据审查主体和内容的不同,审计一般分为三种:外部审计、内部审计和管理审计。

(1) 外部审计。

外部审计是指由外部机构(如会计师事务所)选派的审计人员对企业财务报表及其反映的财务状况进行独立的评估。为了检查财务报表及其反映的资产与负债的账面情况与企业真实情况是否相符,外部审计人员需要抽查企业的基本财务记录,以验证其真实性和准确性,并分析这些记录是否符合公认的会计准则和记账程序。

(2) 内部审计。内部审计是由企业内部的机构或由财务部门的专职人员来独立进行的。内部审计兼有许多外部审计的目的。它不仅要像外部审计那样核实财务报表的真实性和准确性,还要分析企业的财务结构是否合理;不仅要评估财务资源的利用效率,而且要检查和分析企业控制系统的有效性;不仅要检查企业目前的经营状况,而且要提供改进这种状况的建议。

(3) 管理审计。外部审计主要核对企业财务记录的可靠性和真实性;内部审计在此基础上对企业政策、工作程序与计划的遵循程度进行测定,并提出必要的改进企业控制系统的对策建议;管理审计的对象和范围则更广,它是一种对企业所有管理工作及其绩效进行全面系统的评价和鉴定的方法。管理审计虽然也可在组织内部的有关部门进行,但为了保证某些敏感领域得到客观的评价,企业通常聘请外部的专家来进行。管理审计的方法是利用公开记录的信息,从反映企业管理绩效及其影响因素的若干方面将企业与同行业其他企业或其他行业的著名企业进行比较,以判断企业经营与管理的健康程度和成熟程度。

2. 比率分析

一般来说,仅从对组织管理工作成效的绝对数量总量的度量中是很难得到准确结论的。因此,在对组织经营活动状况做出是否有成效的判断之前,必须首先分析所获得数据之间的内在关系,相互对照才能说明一些问题,这种方法就是比率分析。比率分析就是将企业资产负债和损益表上的相关项目进行对比,形成一个比率,从中分析和评价企业的经营成果和财务状况。常用的比率类型有财务比率和经营比率,前者用于说明企业财务状况,后者主要用于说明企业经营活动状况。

(1) 财务比率。财务比率可以帮助了解各企业的偿债能力和盈利能力等财务状况。常用的财务比率有:①流动比率是企业的流动资产与流动负债之比。它反映了企业偿还需要付现的流动债务的能力,一般来说,企业资产的流动性越大,偿债能力就越强;反之,偿债能力则越弱。因此,企业资产应具有足够的流动性。②速动比率是流动资产和存货之差与流动负债之比。该比率和流动比率一样是衡量企业资产流动性的一个指标。当企业拥有大量存货但这些存货周转率低时,速动比率比流动比率更能准确地反映客观情况。③负债比率是企业总负债与总资产之比。它反映了企业所有者提供的资金与外部债权人提供的资金的比例关系。只要企业全部资金的利润率高于借入资金的利息,且外部资金不在根本上威胁企业所有权的行使,企业就可以充分地向债权人借入资金以获取额外利润。④盈利比率是企业利润与销售额或全部资金等相关方面的比例关系。反映了企业在一定时期从事某种经营活动的盈利程度及其变化情况。

(2) 经营比率。经营比率也称活力比率,是与资源利用有关的几种比例关系,它反映了企业经营效率的高低和各种资源是否得到了充分利用。常用的经营比率有:①库存周转率是销售额与库存平均价值的比例关系,它反映了与销售收入相比库存数量是否合理。表明企业投入库存的流动资金的使用情况。②固定资产周转率是销售总额与固定资产之比,它反映了单位固定资产能够提供的销售收入,表明了企业资产的利用程度。③销售收入与销售费用的比率,这个比率表明单位销售费用能够实现的销售收入,在一定程度上反映了企业营销活动的效率。反映企业经营状况的这些比率,通常也需要进行横向或纵向(不同时期之间)的比较才更有意义。

三、生产和库存控制

1. 生产控制

生产控制是指在生产计划执行过程中,对有关产品生产的数量和期限的控制,主要目的是保证完成生产作业计划所规定的产品产量和交货期限指标。生产进度控制是生产控制的基本方面,狭义的生产控制就是指生产进度控制。生产进度控制的基本内容主要包括:投入进度控制、工序进度控制和出产进度控制。生产进度控制贯穿整个生产过程,从生产技术准备开始到产成品入库为止的全部生产活动都与生产进度有关。习惯上人们将生产进度等同于出产进度,这是因为客户关心的是能否按时得到成品,所以企业也就把注意力放在产成品的完工进度上,即出产进度。生产进度控制的目的在于依据生产作业计划,检查零部件的投入和出产数量、出产时间和配套性,保证产品能准时装配出厂。供应链环境下的进度控制与传统生产模式的进度控制不同,因为许多产品是协作生产的和转包的业务,和传统的企业内部的进度控制比较来说,其控制的难度更大,必须建立一种有效的跟踪机制进行生产进度信息的跟踪和反馈。

2. 库存控制

库存控制是指对制造业或服务业生产、经营全过程的各种物品、产成品以及其他资源进行管理和控制,使其储备保持在经济合理的水平上。库存控制是使用控制库存的方法,得到更高的盈利的管理手段。库存控制是仓储管理的一个重要组成部分,它是在满足顾客服务要求的前提下通过对企业的库存水平进行控制，力求尽可能降低库存水平、提高物流系统的效率，以提高企业的市场竞争力。

生产和库存控制的方法很多，既有定性的方法，也有定量的方法。如准时生产制、生产线平衡、生产调度、甘特图法、网络图法、经济订货批量法、线性规划法等。

四、质量控制

质量控制是企业生产经营过程控制的一个重要环节。它是对确定和达到质量所必需的全部职能和活动的控制，包括质量方针的制定及所有产品、过程或服务方面的质量保证和控制的组织和实施。其目的在于保证本企业所生产的产品或所提供的服务达到一定的质量水平，以满足顾客需求，争取顾客满意，甚至顾客忠诚。通常需要对产品的质量特性，按一定尺度、技术参数或技术经济指标规定必须达到的水平，形成质量标准，作为质量控制的技术依据。产品质量检验就是人们最早进行质量控制的有效手段，现在依然发挥着重要作用。然而，仅仅依靠最终产品检验还不能保证产品质量。因为，随着科技的发展，产品越来越复杂，许多质量问题是在产品使用过程中才暴露出来的，此外，仅仅依靠最终产品的检验会给企业带来很大的损失，起不到预防的作用。产品是过程的结果，要想有一个好的结果必须有一个好的过程。因此，过程控制越来越受到人们的重视。其实，影响产品和服务质量的因素是多方面的：既有物质的因素，又有人的因素；既有技术的因素，又有管理的因素；既有企业内部的因素，又有企业外部的因素。要把这一系列的因素系统地控制起来，全面管好，就必按照ISO 9000族标准要求，建立一个完善的质量管理体系，全员参与质量管理，广泛、灵活地运用定性的、定量的、统计的和非统计的等一切有效的质量控制方法，对形成产品质量的全过程和影响产品质量的操作者、机器设备、原材料、工艺方法、加工环境、测量方法六大因素进行有效的控制。

常用的质量控制方法有：产品检验、产品（过程、体系）审核、设计和开发的评审、验证和确认、供应商审核、管理评审、统计过程控制、测量系统控制、实验室认可、顾客满意度测评、标杆管理、质量审核、质量评审、自我评价等。

五、成本控制

成本控制是在企业的生产经营活动中，根据一定的控制标准，对产品成本形成的整个过程进行经常性的监督和控制，从而将各种费用支出和劳动消耗控制在规定的标准范围内，实现企业的预期成本目标。成本控制一般有事前成本控制和计划执行过程中的成本控制。事前成本控制是在成本形成前对影响成本的因素进行事前规划、审核和监督，以严格控制相关费用支出。通常通过成本预测、参与决策、成本计划等工作来实现。计划执行过程中的成本控制是在成本形成过程中，对各种耗费进行日常的控制，以最终实现成本控制目标。

成本控制的方法主要有绝对成本控制法、相对成本控制法、定额法、标准成本法、目标成本法、经济采购批量法、线性规划法等。

六、信息系统控制

管理信息系统（MIS）是一个以人为主导，利用计算机硬件、软件、网络通信设备以及其他办公设备，进行信息的收集、传输、加工、储存、更新和维护，以提高效率和效益为目的，支持企业的高层决策、中层控制、基层运作的集成化的人机系统。管理信息系统由决策支持系统(DSS)、工业控制系统(CCS)、办公自动化系统(OA)以及数据库、模型库、方法库、知识库和与上级机关及外界交换信息的接口组成。

管理信息由信息的采集、信息的传递、信息的储存、信息的加工、信息的维护和信息的使用五个方面组成。信息是管理的一项极为重要的资源，管理工作的成败取决于能否做出有效的决策，而决策的正确程度则在很大程度上取决于信息的质量。所以能否有效地管理信息成为企业的首要问题，管理信息系统在强调管理、强调信息的现代社会中越来越得到普及。

信息系统的基本功能如下：①数据处理功能。②计划功能。根据现存条件和约束条件，提供各职能部门的计划，如生产计划、财务计划、采购计划等，并按照不同的管理层次提供相应的计划报告。③控制功能。根据各职能部门提供的数据，对计划执行情况进行监督、检查、比较执行与计划的差异、分析差异及产生差异的原因，辅助管理人员及时加以控制。④预测功能。运用现代数学方法、统计方法或模拟方法，根据现有数据预测未来。⑤辅助决策功能。采用相应的数学模型，从大量数据中推导出有关问题的最优解和满意解，辅助管理人员进行决策，以期合理利用资源，获取较大的经济效益。

七、企业绩效评价

1. 企业绩效评价的含义及意义

企业绩效评价是指采用特定的指标体系，对照统一的评价标准，按照一定的程序，通过定量定性对比分析，对企业一定经营期内的经营效率和经营业绩做出客观、公正、准确的综合评价。随着我国经济体制改革的日益深入，客观公正地评价企业绩效的重要性正被越来越多的人所认识，成为政府、企业界和会计界的一个重大课题。尤其是政府管理部门，只有了解企业的实际绩效，才能正确制定经济发展的目标和政策，更好地完成宏观调控的职能；同时正确地评价企业的绩效，也是管理部门公正、客观地评价企业管理者能力和水平的前提。

2. 企业绩效评价方法简介

作为一项有效的企业考核制度，在国外已建立相当长的一段时间，从早期的成本绩效评价到20世纪的财务绩效评价(如杜邦体系)，到目前财务指标与非财务指标相结合的方法(如卡普兰的战略平衡计分卡)。

根据衡量企业绩效的不同标准，可将企业绩效评价方法分为两大类。第一类从衡量企业绩效的不同方面，可以把企业绩效评价方法分为杜邦财务分析法、经济增加值(EVA)评价、平衡计分卡评价等。第二类从衡量企业绩效指标的选取上，可以把企业绩效评价方法分为单一指标评价法和综合指标评价法。单一指标评价法采用净资产收益率(ROE)、总资产收益率(ROA)、每股收益(EPS)、净资产利润率、总资产利润率、托宾Q比率(Tobin's Q Ratio)、股票累积收益率、经济增加值(EVA)等。综合评价方法考虑到影响企业绩效的因素是多方面的，单一指标只能从一个侧面反映企业的绩效状况。综合评价方法通常选取不同指标，再对这些不同的指标赋予不同权重，最后得到总的评价结果，达到对企业经营进行综合、全面的评价的目的。目前比较常用的综合评价方法有沃尔评分法、现代综合评价法、国有资本金绩效评价指标法、卓越绩效评价法等。

由于篇幅所限，下面仅就杜邦财务分析法、经济增加值评价和平衡计分卡评价作一简要介绍。

(1) 杜邦分析法

杜邦分析法是利用几种主要的财务比率之间的关系来综合地分析企业的财务状况，这种分析方法最早由美国杜邦公司使用，故名“杜邦分析法”。杜邦分析法是一种用来评价公司盈利能力和股东权益回报水平，从财务角度评价企业绩效的一种经典方法。其基本思想是将企业净资产收益率逐级分解为多项财务比率乘积，这样有助于深入分析比较企业经营业绩。即：净资产收益率=利润率(利润/销售收入)×资产周转率(销售收入/资产)×权益乘数(资产/权益)。

杜邦模型最显著的特点是将若干个用以评价企业经营效率和财务状况的比率按其内在联系有机地结合起来，形成一个完整的指标体系，并最终通过权益收益率来综合反映。采用这一方法，可使财务比率分析的层次更清晰、条理更突出，为报表分析者全面仔细地了解企业的经营和盈利状况提供方便。杜邦分析法有助于企业管理层更加清晰地看到权益资本收益率的决定因素，以及销售净利润率与总资产周转率、债务比率之间的相互关联关系，给管理层提供了一张明晰的考察公司资产管理效率和是否最大化股东投资回报的路线图。

(2) 经济增加值评价(EVA)

它是由美国学者斯图尔特(Stewart)提出，并由美国著名的思腾思特咨询公司注册并实施的一套以经济增加值理念为基础的财务管理系统、决策机制及激励报酬制度。它是基于税后营业净利润和产生这些利润所需资本投入总成本的一种企业绩效财务评价方法。

EVA 是指从税后净营业利润中扣除包括股权和债务的全部投入资本成本后的所得。其核心是资本投入是有成本的，企业的盈利只有高于其资本成本(包括股权成本和债务成本)时才会为股东创造价值。EVA 是一种全面评价企业经营者有效使用资本和为股东创造价值能力，体现企业最终经营目标的经营业绩考核工具，也是企业价值管理体系的基础和核心。

公司每年创造的经济增加值等于税后净营业利润与全部资本成本之间的差额。其中资本成本包括债务资本的成本，也包括股本资本的成本。目前，以可口可乐为代表的一些世界著名跨国公司大都使用 EVA 指标评价企业业绩。

从算术角度说，EVA 等于税后经营利润减去债务和股本成本，是所有成本被扣除后的剩余收入。EVA 是对真正“经济”利润的评价，或者说，是表示净营运利润与投资者用同样资本投资其他风险相近的有价证券的最低回报相比，超出或低于后者的量值。

(3) 平衡计分卡(BSC)

它是 20 世纪 90 年代初由哈佛商学院的罗伯特·卡普兰(Robert Kaplan)和诺朗诺顿研究所所长、美国复兴全球战略集团创始人兼总裁戴维·诺顿(David Norton)提出的一种绩效评价体系。实际上，平衡计分卡方法打破了传统的只注重财务指标的业绩管理方法。平衡计分卡认为，传统的财务会计模式只能衡量过去发生的事情(落后的结果因素)，而无法评估组织前瞻性的投资(领先的驱动因素)。在工业时代，注重财务指标的管理方法还是有效的。但在信息社会里，传统的业绩管理方法并不是全面的，组织必须通过在客户、供应商、员工、组织流程、技术和革新等方面的投资,获得持续发展的动力。正是基于这样的认识,平衡计分卡方法认为,组织应从四个角度审视自身业绩:学习和成长、内部经营过程、客户、财务。企业愿景和战略与这四个方面之间的相互关系如图 14-2 所示。

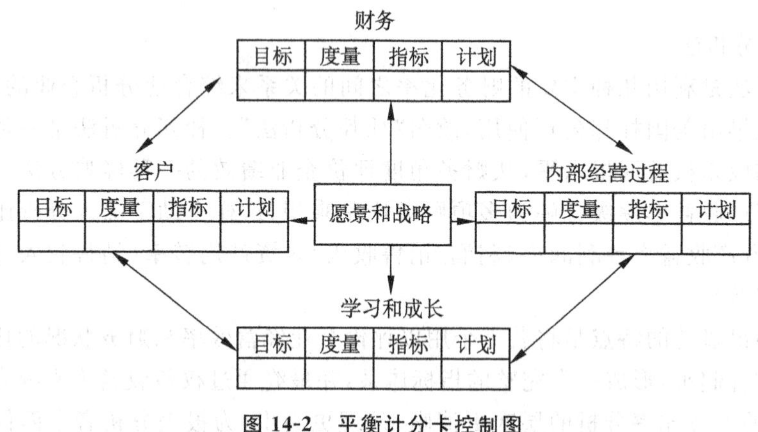

图 14-2 平衡计分卡控制图

平衡计分卡反映了财务、非财务衡量方法之间的平衡,长期目标与短期目标之间的平衡,外部和内部的平衡,结果和过程平衡,管理业绩和经营业绩的平衡等多个方面。所以能反映组织综合经营状况,使业绩评价趋于平衡和完善,利于组织长期发展。

八、风险控制

要产出必须先投入,有投入就有风险。企业的活动,如投资、采购与生产以及销售等是在一个充满了风险性因素的环境中进行的。这就说明了一个事实:为了减少或避免由风险带来的损失,企业从事这些活动的同时也是一个对风险进行识别、评估及其控制的过程。

(一) 风险的定义

美国的阿瑟·威廉姆斯(C. Arthur Williams)等在《风险管理与保险》一书中,把风险定义为:“在给定的情况下和特定的时间内,那些可能发生的结果间的差异。如果肯定只有一个结果发生,则差异为零,风险为零;如果有多种可能的结果,则有风险,且差异越大,风险越大。”

(二) 风险的起因

风险产生的主观原因是:①信息的不对称性。信息在质和量两个方面不能完全或充分地满足预测未来的需要,而获取完全或充分的信息要耗费大量金钱与时间,不利于经济、及时地做出决策;②人的有限理性。它决定了人不能准确无误地预测未来的一切,人的能力等主观因素的限制再加上预测工具以及工作条件的限制,决定了预测结果与实际情况肯定有或大或小的偏差。风险产生的客观原因是:①世界是永恒变化与发展的。未来绝不是过去和现在的简单延伸,任何事物都处于变化之中,影响事物变化的因素纷繁复杂。②在充满随机性的世界里,随机性就不可避免地导致了风险,运用先进的方法与工具固然可以更好地预测未来,但随机性、偶然性却难以消除,百分之百准确地预测未来是不可能的。总之,风险与不确定性是不可避免的,需要更科学地分析风险与不确定性,研究应付风险的办法,做出最优决策。

（三）企业风险的类型

由风险产生的主观和客观原因，不难看出风险存在的普遍性和对某人、某事或某单位的特殊性。因此，可将风险划分为两大类：一类是企业都具有的风险，称为一般性风险，这种风险无论是企业从事的行业或业务范围，都是客观而普遍存在的；另一类是作为企业从事某个活动才具有的特殊风险。

1. 一般性风险

一般性风险是由企业自身无法抗衡的因素引起的，所以企业和管理者是无法直接控制的。主要包括：①自然风险，是指自然灾害、自然环境恶化等不可控因素引起的导致公司投资损失的可能性。②政治风险，是政治因素变化而造成的企业经营损失风险，有国际、国内两个方面。③市场风险，是由于市场需求、物价、利率、环境的变化而产生的风险。包括由于经济危机和周期的影响造成购买力和投资下降，使企业的业务萎缩甚至倒闭所产生的危机。④经济形势变化的风险，是由于国家现行经济法规，如税收制度、财政制度、金融制度、价格体制和经济管理体制等的变化，造成企业经济效益较大变化所带来的风险。⑤科技进步导致的风险，是由于科学技术进步使生产成本降低、新产品层出不穷、需求改变、设备更新、新工艺的出现等，可能导致企业的原生产能力丧失或淘汰而产生的风险。此外，还有社会与文化的变迁而产生的潜移默化的影响带来的风险。

2. 特殊风险

以国际商务活动为例，其特殊风险主要包括外汇风险、国家风险和经营风险。

（1）外汇风险。在一个国际企业组织的全部活动中，则在它的经营活动过程、结果、预期经营收益中，都存在着由于外汇汇率变化而引起的外汇风险。如：①交易风险。在经营活动中，由于外汇汇率波动而引起的应收资产与应付债务价值变化的风险即为交易风险。②会计风险，也称转换风险。主要指由于汇率变化而引起资产负债表中某些外汇项目金额变动的风险。会计风险受不同国家的会计制度与税收制度所制约。③经济风险。是指由于外汇汇率发生波动而引起国际企业未来收益变化的一种潜在的风险。可以预期的汇率变动并不能称为经济风险，因为公司在评估预期投资效果和编制投资项目财务报表时已将汇率变动这一因素考虑进去，只有预料未及的汇率变动对国际商务项目的生产、销售、成本与价格发生作用时才会发生经济风险。

（2）国家风险。国家风险是以一个国家的经济和政治形势以及尚有外债为背景产生的，与项目所在国国家主权行为相关而无法为公司行为所左右的风险。这种风险有明确的针对性，一般表现为歧视性风险。比如，两国处于战争状态或关系恶化时，双方政府互相冻结对方在本国的一切资产，或债务国单方面宣布停止还债，没收债权国资产。

（3）经营风险。公司投资项目一般提供的是物质产品或劳务形式的商品，在其商品的生产、销售过程中，市场状况和生产技术条件等因素的变化、违约和人为责任造成的风险往往会引起企业的经营风险。

（四）风险的处理方法

风险控制就是通过各种经济、技术手段回避、分散或转移风险，将风险控制在投资人所愿意承担的一定范围内的行为。

1. 风险回避的方法

大多数项目面临的风险形式及风险事故发生的可能性程度或概率值事先是可以预料的。企业不进行投资或商务活动，就可以避免这些风险事故的发生以及随之而来的风险损失，当然也不能获得相应的利益，这并非明智之举。一般来说，对于政治风险采取风险回避态度。企业可以通过变更投资地点和投资时间的方式，避开对某投资项目所面临的无法转移和特定的国家风险。用“币种选择”的办法回避外汇的交易风险。

2. 风险防范的方法

防患于未然是众所周知的风险防范方法，防范措施或手段以及使用的单位和场合可列举如下。①预警系统：国防、财务与经营状况、税务稽查、质量监督、安全监督、环境监测等。②紧急情况的修正案：贸易壁垒和突发事件。③监督措施：信息对称化措施、派员进驻、经济间谍。④银行借贷保证措施：抵押金/物、铺底资金、备用/准备金、担保。⑤防止人才流失的手段：入股、期权、合同与激励。⑥预防外汇风险的手段：外汇保值（远期外汇、现汇加资金市场、外汇期权）进出汇平衡法、多种货币组合法、保值条款、提前收滞后付（收支内部冲抵）。

3. 风险分散的方法

企业一般通过多种措施来分散商务和投资的风险。具体有：①投资分散化，即不把国际商务项目集中于某一特定国家和地区或某一特定部门上，而是实现国际商务地域、行业和产品的多元化，“四面出击”；②联合投资共担风险，如与项目所在国政府或大中型公司合资经营；③财务多元化，如在采购、销售、融资时采用多种货币；④协议分担风险，即业务发生前，协议双方在协议里签订由于价格或汇率的变动造成的损失由双方共同承担的保值分摊条款。

4. 风险转移的方法

分为保险转移和非保险转移。保险转移是指公司支付保险费，向保险公司投保，将国际商务的部分风险转移给保险公司。如在公司向项目所在国保险公司投保之后，发生火灾、地震等自然风险的损失就有相当一部分由保险公司承担。非保险转移是指公司不向保险公司投保而利用其他途径把国际商务的部分风险转移出去，从而达到风险控制的目的。如公司进入期货市场套期保值等。转移投资风险的方法还有工作外包、虚拟企业分工协作、租赁等。这些方法都可将风险转移或分散出去。

总之，对于投资风险特别大的项目往往采取风险回避措施，而对风险较大、风险损失较重的项目进行保险转移或非保险转移，或是采取联合投资等方式进行风险分散。

本章小结

控制就是按照事前制订的计划标准去衡量实际完成的情况，发现计划实施中的偏差，并采取有效措施予以纠正，确保计划目标实现的一系列的活动。控制有助于保证计划的顺利实现，使管理形成一个有效的闭合回路。根据不同的标准，可以将控制分为不同的类别。有效的控制活动包括确定控制标准、衡量工作成效、纠正偏差三个基本步骤。为了确保结果的有效性，就必须确保控制过程的有效性，在控制的每一个阶段都应按照相应的程序和要求进行控制。

控制的内容可以归纳为对人员、财务、作业、信息、组织绩效和风险六个方面的控制。控制的方法因控制内容的不同而异。本章重点介绍了财务预算、比率分析和风险控制的方法，简要介绍了人员控制、生产控制、库存控制、质量控制、成本控制、信息系统控制和企业绩效评价的方法。管理涉及的领域很宽，控制的方法也非常多。由于篇幅所限，本章只就某些重点控制领域做了简要介绍，目的是使初学者对控制方法有一个大致的、全面的了解，如果希望深入了解和掌握某些方法，还需要继续深入学习后续的相关专业课程。

复习思考题

1. 什么是控制？控制的作用表现在哪些方面？
2. 控制可以分为哪些类型？
3. 控制的原则是什么？
4. 控制的主要内容是什么？
5. 控制过程分为哪几个步骤？具体内容是什么？
6. 什么是预算控制？包括哪些类型？
7. 什么是非预算控制？包括哪些方法？
8. 为什么要进行成本控制？
9. 生产控制的内容是什么？
10. 什么是风险？企业通常面临什么风险？如何应对？

案例分析

"东北华联"盲目投资失控

从事商业经营的"东北华联集团股份有限公司"于1993年8月上市。公司红火了一年多便开始走下坡路，到1997年年末，连续两年累计亏损2.5亿元。后被新入主的第一大股东长春高斯达生化药业集团股份有限公司更名为"高斯达"。

"华联时代"：只要感觉好，现在就投资。

"东北华联"上市后募集资金1.6亿元，股价由每股1元跃升为最高达18元，许多购买了华联股票的人一夜之间腰缠万贯。"东北华联"的主体"华联商厦"更是生意兴隆。"东北华联"一度成为吉林省国有企业股份制改革的"领跑者"。

实力剧增后，"东北华联"雄心勃勃："科、工、贸全方位发展，立足吉林，放眼全国，走向世界。"在省内，先后兼并"辽源一百"、四平金龙集团等三家企业，设立了第二华联商厦、华联实业总公司、外贸总公司等16家全资企业。在广州、深圳、上海等地也买房购地；在美国、泰国、俄罗斯等国设立境外企业。刚刚一年时间，"东北华联"便由一个商业大厦摇身变成拥有55个全资子公司、6个控股和参股企业、资产5.6亿元的集商业、实业、房地产于一体的跨区域综合性企业集团。

然而，企业"长"大了，新上马的项目却无一成功：第二华联商厦很快停业整顿，6 000万元白白扔掉；白山华联总公司和白山五交化公司创立后毫无收益，5 700多万元打了水漂；投入982万元的江山木业公司成立之日就成了亏损之时；在美国买了房子，可是什么事都没干成；在泰国建了一个大酒店，投多少赔多少……就在一两年时间内，公司损失了近2亿元，资金被挥霍一空。

“东北华联”创始人之一、后任企业党委副书记的李贵贤说，有钱之后的头脑发胀使企业掉进了扩张的“陷阱”。企业上市后一下子有上亿元的资金流进企业，这么多钱怎么花出去?公司领导们争着抢着报项目，只要你说能赚钱，班子主要成员感觉好，就马上投资，一点也不犹豫。公司监事会主席焦继业说，监事会曾经提出应建立投资责任追究制度，但没有得到董事会的通过。李贵贤说，当时吉林省看到全国各地都在搞企业上市，而本省一家上市企业也没有，心情十分急迫，仓促之际选中了“东北华联”。由于“东北华联”不具备上市公司要有“3年以上的股份制经营历史”的要求，在有关部门的运作下，与远在千里之外的浑江百货大楼嫁接改造。可只嫁接来了“3年以上的股份制经营历史”，并没有嫁接来规范的股份制经营机制。名义上，“东北华联”是吉林省股份改革试点单位，“新三会”全都健全，可实际上还是国有企业那一套经营思想和经营方式。也就是说，企业在上市后，一步登天，可是在天上才发现没生翅膀，不会飞翔。

1994年10月，民营企业上海万通实业公司悄悄运作，购买了华联16%的法人股，成为第一大股东。“东北华联”从此由国有股权占主导地位变成了由法人股权占主导地位的股份制企业。

“万通时代”:“遥远”的管理，失控的局面。

“万通”入主后，“东北华联”由盲目扩张转而进行全线调整。从1995年年初开始，公司相继收缩战线，突出主业，关停一批亏损企业。另外还从台湾地区请来专门管理人才，对“东北华联”实行新的管理方式。然而，由于经营上已经积重难返，加之经营班子轮流坐庄，企业的局面越来越糟。曾任公司总经理的李新鲜说，在“万通时代”，第一大股东在公司的工作代表平均工资高出同级人员3倍，而这部分代表又同为本埠人，这对班子成员产生了很大影响，人们对企业的责任心大大减弱。

当时任公司监事的焦继业介绍说，由第一大股东出任的董事长并不常驻公司，一年只来几次，平常基本上听电话汇报，一些指令是通过传真传到企业后实施的，成了“遥控管理”。有什么急事，董事长坐飞机过来处理一下就走。一些人为了达到个人的目的，合伙编造情况，欺骗远在外地的董事长，造成了一些决策的不切实际。

从1995年开始，盲目扩张的“后遗症”集中爆发，企业经济效益连续3年以平均50%以上的速度负增长。1996年亏损额达到1.18亿元，列沪深两地商业板块亏损“冠军”。

危急时刻，“万通”准备退出。吉林省有关部门决定，由持有国有股权的二股东吉林省国际信托投资有限责任公司把“万通”这部分股权收回。而这时的“万通”急于卖个好价钱，双方迟迟没有达成一致。就在“谈判”的过程中，民营企业长春高斯达生化药业集团股份有限公司急于找“壳”上市，就以每股1.97元的高价与“万通”成交。

1998年2月，长春高斯达公司正式成为“东北华联”的第一大股东。1年后，已经戴上ST帽子的“东北华联”被更名为“ST高斯达”，“东北华联”四个字在股市上“消失”了。

与1993年的繁华相比，1998年年末的华联商厦透出悲伤的气息。一则告示贴在商厦门口:企业已被转让，店内所有商品大甩卖。长春人奔走相告:“快到华联去吧，那东西便宜得吓人。”在吉林省股份制改革中充当“领跑”角色的“王子”成了名副其实的“乞丐”。到1997年年底，连续两年累计亏损2.5亿元。企业资产大多都成了虚值，华联实业总公司号称资产1 800多万元，实际资产不足200万元，江山木业公司900多万元的资产没有了，华联商厦

191 万元有账无货。资产使用状况更糟，因企业停产、公司歇业造成近 1.7 亿元的资产闲置……“东北华联”败落了。

（案例来源：节选自：http://wenku.baidu.com）

问题：

1. 阅读完此案例，你有什么感受？
2. 试应用控制理论分析以上案例。

第十五章

创　新

学习目的和要求：

通过本章的学习，应深刻认识创新的必要性，并在学习创新理论的基础上，掌握管理创新和技术创新的基本知识。从管理变革、组织发展需求和持续改进与创新关系三个方面深入理解创新的动因；准确把握创新的概念和特征，了解创新的作用和分类，理解创新思维的概念、特征、形态、阶段和思维形式，理解创新源泉和创新策略，准确把握创新模式的概念、内涵与创新策略选择，了解创新过程、创新能力、创新成果质量和创新活动的组织等内容；掌握管理创新的概念，理解管理创新的内容；掌握技术创新的概念，理解技术创新的模式和内容，了解技术创新过程及其管理。

第一节　创新动因分析

在知识经济时代，顾客需求瞬息万变，技术创新不断加速，产品生命周期不断缩短，市场竞争日益激烈，顾客、竞争、变化(3C)构成影响组织生存与发展的三股力量，“物竞天择、适者生存”是普遍规律。研究分析创新动因，尽管不全面但有助于加强创新工作的自觉性。

一、管理变革分析

21 世纪，人类社会进入信息时代和知识经济时代，以信息技术为代表的新技术将引发人类社会前所未有的深刻变革，涉及管理所关注的所有主题：管理与管理者、领导、组织与人事、效率、市场和顾客、竞争与战略、管理创新与组织变革、管理全球化等。

(一) 管理工作变革

1. 管理者需要更多的知识

信息技术以知识为基础，创意成为经济活动的新核心，知识取代了土地、厂房，成为管理者最重要的资产。管理者必须具备相应的专业知识，才能胜任管理工作。

2. 管理的工作范围得到扩展

信息技术使一切信息数字化，并在光纤网络中飞快流动，这不仅提升了信息传输与储存的数量、速度与质量，也增加了信息相对组合的可能性，扩展了管理的时空范围。信息数字化使得一切都可虚拟化，将彻底改变传统的经济活动。

3. 管理对象更加分散

网络的诞生使人们通过网络合作，以知识与创意为产品增添价值。除了管理单位的员工难得见面之外，消费者与生产者也通过网络接触，两者之间的中间环节消失，增加了企业把握消费者的难度。

4. 管理更加复杂多样

产业融合成为发展趋势，派生出更多的新产业。生产者与消费者经由网络直接接触后，生产者与消费者间的界限也变得模糊，消费者成为部分生产者，按顾客要求定制成为主要生产方式。

（二）管理环境变革

1. 经济全球化

(1) 从多国公司到跨国公司。多国公司是指同时在两个或两个以上国家从事经营活动，但以本国为基地对国外经营进行集中管理的公司。随着多国公司的范围和目标在全球广泛延伸，多国公司逐步演化为一种更为普遍的跨国公司(TNC)。TNC 是指同时在两个以上的国家从事经营活动，并在从事经营的所在国分散制定决策的公司。这种组织类型主要雇用当地人员经营，而且产品和市场战略完全根据当地的文化特色来制定，使管理的国际化、全球化为众人注目。

(2) 从民族中心导向到区域中心导向再到全球中心导向。民族中心经营的导向与类型是根据母公司的经营导向类型而定，随后发展到多中心经营，即给予外国附属公司以相当大的管理自主权，配备当地人员，实现经济当地化。20 世纪 90 年代以来，国际竞争不仅仅是国家对国家的形式，全球竞争正在由于区域性合作协议的产生而被重构。像美国—加拿大联盟、欧洲联盟等区域性联盟的出现，也使国际化经营迈入区域中心导向阶段。区域性联盟的出现无疑会大大改变各国、各地区的经济合作和力量对比，形成新的经济格局，促进全球经济一体化。

(3) 从国际化到多国化再到全球化。"世界正逐渐从一个创造国家财富的时代进入到一个创造世界财富的时代。"全球化进程日益强大的冲击力是促成经营管理模式全面、连续变革的最重要力量之一。

2. 市场环境瞬息万变

(1) 时间概念空前重要。进入 21 世纪，时间已经成为组织获得竞争能力的决定性因素。主要表现在：产品更新换代周期越来越短；交货期越来越精确；竞争的方式和种类越来越多，竞争的内容已不单纯是低廉的价格；质量、交货时间、售后服务、对顾客需求的快速反应、产品设计的不断更新、更加灵活的供应链等都成为竞争的主题。

(2) 顾客驱动与顾客满意。顾客正在走出传统的角色：顾客不但是企业产品与服务的接受者，还是企业的能力资源，并可以成为企业竞争优势的来源，是价值的创造者。以顾客为导向，不仅意味着企业的最终目的是满足和超越顾客需求，使顾客满意；更意味着组织可以和顾客一起去创造价值，合作起来与对手竞争。顾客满意已成为一种全新的经营理念。

(3) 产品趋于多样化。随着经济的发展，买卖关系中的主导权转到了买方，顾客有了极大的选择余地，对各种产品有了更高的要求。这种趋势使得企业必须经常地投入更大力量和更多的精力进行新产品的研究和开发，使得企业不得不从单一品种大批量生产方式转向多品种、小批量生产方式。

（三）管理理念变化

管理理念是指管理者在管理活动过程中所持有的思想观念和价值判断。

1. 以人为本的管理成为管理的中心

以人为本的管理成为管理的核心价值理念，管理不仅仅是以物质资源和资本的管理为中心，而是更强调对人才的管理，重视知识，尊重人才，发挥知识或团队的整合效应，突出竞争化的“人才激励管理”。

2. 从基础型、理性型转向发展型理念

20 世纪 90 年代英国城市大学罗尼·莱森(Ronnie Lessem)首先提出了一种与传统的基础型和理性型管理理念不同的发展型管理理念，如表 15-1 所示。

表 15-1 基础型、理性型与发展型管理理念的比较

比较项目	基础型	理性型	发展型
生长土壤	古典经济学	现代科学技术	浓郁的人文思想
根	政治经济学	行政学、行为科学	生物学与社会生态学
枝干	追求卓越	成效管理	学习型组织
结果	经济的个人化	企业组织化	个人、组织和社会都获得自我实现和发展

3. 知识成为主导资源

知识生产力已成为社会经济发展的关键性因素，未来的企业竞争将不是精良的机器和雄厚的财力的较量，而主要是企业间知识和脑力的对抗。德鲁克认为：“我们正处在一个世界最伟大的转折时期，即从货币和物质资本为企业主导资源的社会转变为一个以知识为主导资源的社会。”企业要善于创造、使用、保存并转让知识，企业投资将向知识和智力开发倾斜，智力密集型劳动成为企业发展的基本力量。企业是以知识为基础，人才成为企业的关键资产，知识在竞争中发挥着越来越重要的作用。

4. 从以资本为中心转向以知识为资本

知识化劳动是劳动生产率提高、利润的获得和企业生产力发展的主要来源和动力。在这种背景下，企业制度也将发生变革。企业制度从以资本为中心，资本雇佣劳动，股东占有企业的传统模式，将逐渐转变为以知识为中心，知识统率资本，股东和职工共同拥有企业的模式；分配关系所赖以存在的资源占有关系和性质发生变化，分配模式也将从按资分配转向按贡献分配。

5. 跨文化管理

在全球经济一体化的浪潮中，不同文明的碰撞与融合势在必然，不同文明将会因利益密切关联而趋于相互合作。生产和消费趋同、生活方式趋同趋势要求生产经营跨越民族的心理和行为界限，要求管理有新的价值观，既要有对本民族文化内涵的认识，还要有对非本民族文化的理解力，它强调在保持本土优秀文化基础上兼收并蓄，建立既有自己特色又充分吸纳人类先进文化成果的管理模式。

6. 可持续发展成为主题

(1) 可持续发展。从全球社会、经济、生态的相互依存关系,人口、资源、环境的相互关系来重新审视各类组织的管理思想与管理规则已成为当代国际社会注目的焦点,标志着传统的经济发展模式的重大变革,也形成了对传统企业管理理论的挑战。

(2) 积极承担社会责任。企业不仅要对股东负责,而且要高度重视其他相关利益者的利益诉求,达到利益相关者满意,它要求一贯以利润最大化为首要目标的众多企业重新审视传统的行为准则,越来越多的企业要致力于构建企业伦理。

7. 战略管理成为管理统帅

在激烈的国际市场竞争和复杂多变的外部环境中,企业要想求得生存和长远发展,就必须站在全局的高度去把握未来,通过强化自身的优势,取得企业内部资源与外部环境的动态平衡,研究企业战略管理便成为一个重要课题。

8. 管理对象从有形生产要素为主转向以无形要素为主

传统管理需要大量的资金、设备,有形资产起决定作用,而信息技术时代的管理则是知识、智力,无形资产的投入起决定性作用。在企业资产中,无形资产的比例正在大大增加,无形资产的升值也将带来企业社会价值观的变化。

9. 战略管理模式由区域战略转向全球战略

企业战略是在全球观念指导下的、在全球范围内捕捉机遇和回避风险的全球性战略。这种战略模式的发展趋势是对企业战略管理能力的一种挑战。它要求管理者具有全球性战略环境和企业的条件与目标的分析判断能力;具有抓住机遇和回避风险的速度、机警和创新精神;具有适应全球竞争的独特的能力和技巧。全球战略模式将把企业经营管理水平提升到一个全新的更高境界。

10. 强调集体领导、民主决策

在信息技术时代,领导方式也要随之转变。要把各行其是的众多部门整合为一体,既保持员工个人和团体的高效率,又整合对外关系和创造新机遇。在这种情况下,领导应当是集体领导,集中公众智慧的领导。信息技术时代,管理决策必须知识化、国际化。首先是企业管理层的文化程度空前提高,因而知识决策素质大大提高;其次是重视专家集团和智囊机构提供的决策意见和建议;最后是高素质员工对知识决策的民主参与等。

11. 强调自主管理

人类在发展过程中不断追求个人价值的客观趋势,使得员工更有主见,再不能只是听命行事,而且要求参与决策与自治,自主管理日渐成为管理新风潮,没有管理的管理将成为最高的管理境界,塑造一个自主的管理环境,将成为企业新的考验。

(四) 管理方式变革

1. 研究与发展模式变革

信息技术的飞速发展使企业研究与发展的能力和效率得到极大的提高。主要表现在:由于计算机的广泛应用,企业研究与发展人员的模拟、优化设计和分析处理的能力大为提高,使研究与发展人员解决疑难问题的综合能力空前提高;计算机信息网络的建立,使企业研究与发展人员能够及时了解企业外部和内部的最新信息,能够做到与其他人员的信息共享,尤其是能够及时了解市场信息,从而使得企业的研究与发展活动具有更强的市场导向;

由于信息处理能力的提高，产品设计能够及时根据市场用户的需要对产品功能进行最优调整和修改，并同时完成其零部件和工艺的最优设计，变纵向顺序过程为横向的并行过程，研发周期大大缩短。

2. 生产模式的变革

随着CAM、CIMS、FMS的广泛应用，信息技术的发展使现代企业从大批量生产方式向小批量的按需生产方式跃迁。柔性制造系统使多变的、按需生产的产品多样化成为现实；设计和制造的同时进行使企业甚至能够在产品真正投入批量制造前即可达到设计和制造成本的最优；传统的学习模式发生革命性的变化，大规模生产的规模经济性已在很大程度上为多样化的柔性制造所替代；高效的制造系统使产品生产周期大大缩短。

3. 管理手段变革

管理手段变革主要表现在管理呈现信息化、数字化和虚拟化。芯片技术大大提高了人类储存知识的能力；光纤与数字技术大大提高了信息传播速度；软件开发使知识可编码和商品化，提高了人们使用知识的能力；网络化消除了人们应用知识的空间和时间限制；网络营销使传统营销面临根本性的挑战，营销重心从满足顾客需要转变为识别、发掘顾客的潜在需求；售后服务更加重要；家庭配送、邮寄成为主要方式；电子货币的使用和商业信用发展到极致；直销方式将促使技术手段不断拓宽。

（五）管理组织结构变革

1. 组织的活动空间与内涵不断扩张

组织的价值观作用越来越明显；管理的日常工作进一步拓展，组织的管理不仅限于对经济增长和更好物质条件的追求，而是在新的社会价值观和社会目标下对经济增长与人类尊严及社会意识的协调。

2. 组织结构发生重大变化

广泛采用扁平网络化组织，“中梗阻”将消失；虚拟企业（动态网络联盟结构）出现，世界成为“地球村”；建设学习型组织成为普遍现象；企业规模适度化，宜大则大、宜小则小，以经营灵活、效益好为原则；广泛建立战略联盟，市场竞争将趋向竞争与合作并存的良性竞争。

二、创新是组织适应变化的必然要求

（一）组织满足利益相关者需求需要创新

满足利益相关者需求是组织生存与发展的前提条件。组织向社会的输出与利益相关者需求越是吻合，组织的生命力就越旺盛，其生命周期就越有可能延长。然而，利益相关者的需求在不断变化，且变化越来越快。比如，员工不但要获得必要的报酬，还要求成长与进步，要有尊严地生活；顾客将接受产品和服务的质量视为其价值的体现，对产品和服务的要求越来越个性化、多样化等，组织只有不断调整或改变资源配置的方式、方向，才能向利益相关者提供新的输出。

（二）组织适应信息社会和经济全球化等环境变化需要创新

信息社会给管理带来的变革一定是革命性的。有关专家研究表明，这种变革至少可以归结为五个方面：①信息社会给企业生产、管理活动的方式带来了根本性的变革；②信息技

术将组织内外的各种经营管理职能、机制有机地结合起来;③信息社会的到来会改变产业的竞争格局和态势;④信息社会给企业带来了新的、战略性的机遇,促使组织对其使命和活动进行反思;⑤为了成功地运用信息技术,必须进行组织结构和管理的变革。因此,现代信息技术对管理的重大挑战是如何创新,在全球竞争中立于不败之地。

经济全球化是当今世界的一场革命,资金、技术、设备等都以前所未有的速度在全球范围内流动和转让,世界已成为一个全球市场。比利时鲁汶大学教授李嘉图·彼得莱拉(Ricardo Petrella)把全球化的特征归纳如下:①金融市场的全球化;②公司策略的跨国化,尤其是把全球竞争看作创造财富的来源;③技术、相关的产品开发以及知识在全球的普及;④在世界消费市场上,消费方式向文化产品转化;⑤本国社会管理能力跨国化,被包含在全球政治经济体系之中;⑥各国政府在制定全球管理规定中的作用日益减少。在这种大背景下,管理不再局限于国家的边界,组织的生存能力将取决于它的应变能力,取决于它是否能跟上外界环境变化的规模与速度,取决于它是否以全球战略眼光来进行全球资源整合。面对国际经营活动的巨大规模、惊人的发展速度、难以置信的多样化和高度的复杂性,必须具有创新能力。

(三)组织发展与进步需要创新

马克思和恩格斯认为,自然界是一切事物的本源,是人类赖以生存的基础。人类为了生存与发展就必须通过创新从自然界获取生产和生活资料,如用石头打造石器;同时,人类应用创新成果进一步改造自然,产生新创新,推动人类社会发展与进步。同样,政府要推动创新不断发展生产力,创造和谐生产关系,企业家要组织创新以促进组织发展与进步等。

三、创新是重要的管理职能

(一)管理职能分析

从决策、计划、组织、领导、激励、协调、控制等管理职能分析,在特定时期内组织的管理工作主要包括以下内容:①确定系统目标;②制定并选择实现目标的行动方案;③设计组织结构,配备工作人员;④发布工作指令,供应各环节活动所需资源;⑤激发人们实现目标的行为;⑥协调各部分关系,使各项工作相互衔接、协调有序运行;⑦检查和控制各部门的工作,纠正实际工作与目标的偏差,使之符合预定的要求。显然,这些工作的核心是维持,但组织所处的环境在不断变化,组织只有不断提高管理水平,才能适应变化的环境。为此,还必须进行以下工作:①在控制的基础上,分析和评价现状,识别改进的区域;②确定改进目标;③寻找可能的解决方法以实现目标;④评价这些解决办法并作出选择;⑤实施解决办法;⑥测量、验证、分析实施的结果;⑦将解决办法形成正式规定;⑧对实施结果进行评价,以确定进一步改进的机会,这就是持续改进。

(二)维持、持续改进与创新的关系

由此可见,管理内容的核心就是维持、持续改进和创新。持续改进是维持的发展,创新则是持续改进的质变;维持是为了实现创新的结果,持续改进为创新奠定基础,创新则为更高层次的维持提供依托和框架。从组织和环境的关系分析,仅有维持只能被动地适应环境,

做不好就会被环境所淘汰；持续改进是为了主动地、更好地适应环境，而创新能够引导环境。因此，有效的管理在于维持和持续改进的组合；卓越的管理是实现维持、持续改进和创新最优组合的管理。

综上所述，创新的动因就是组织既要适应内外部环境变化，又要引导环境，保持组织的可持续发展。

第二节　创新工作概述

一、创新的概念、作用及类型

（一）创新的概念

1912年，著名的美籍奥地利经济学家约瑟夫·阿洛伊斯·熊彼特(Joseph Alois Schumpeter)从经济学的角度首次提出了创新的概念，在熊彼特看来，经济发展的基本动力是创新，在其所著的《经济发展理论》中将创新定义为"企业家对生产要素的重新组合"，并认为企业家之所以能成为企业家，并不是因为其拥有资本，而是因为他拥有创新精神并实际地组织了创新，以获得企业利润或者潜在的超额利润。他把创新的内容明确地概况为五个方面：①生产一种新的产品；②采用一种新的生产方法；③开辟一个新的市场；④开拓并利用原材料或半成品的新的供应来源；⑤采用新的生产组织形式或管理方式。熊彼特所指创新概念的五个方面实质上包含了创造全新的资源配置方式方法的内在含义。因为，经济发展过程是不断的创新和观念更新，导致新的资源配置方式方法不断产生和资源配置效率的不断提高的过程。德鲁克进一步指出，创新可以认为是"使人力和物力资源拥有新的更大的物质生产能力的活动"。"任何改变现存物质财富，创造潜力的方式都可以称为创新"，"创新是创造一种资源"。可见，创新是提供与以前不同的经济满足，使经济更加有活力的、创造性的活动。我们认为，创新是指以创造性的思维和行动为特征，通过整合生产要素，持续改进和创造崭新的更有效的资源配置方式，以新的管理范式、产品和服务，满足、引导利益相关者需求的活动过程。

（二）创新的作用

首先，创新有利于促进组织经济增长。从宏观看，创新是一个民族进步的灵魂，是经济发展的发动机，是一个国家兴旺发达的不竭动力。在过去的一个世纪中，人类的经济获得了迅猛的增长，这种增长和发展的根源就是创新，创新促进经济繁荣，是经济发展的核心。从微观看，通过创新，持续提高利益相关者满意度，使组织在利益相关者满意的基础上，获得利润的自然回报，进而获得壮大与发展。

其次，创新有利于增强组织竞争能力，形成竞争优势。通过创新可提高人力资源、财力资源、物质资源、时间与空间资源、信息资源和知识资源的配置效率，提高运行质量，降低运行成本，增强组织自身肌体功能。通过创新，无论是产生新的制度、采用新的技术、推出新的产品、增加新的服务，都可以使组织能够领先一步并形成组织的核心能力，成为行业的领先者，使组织在竞争中拥有"易守难攻"的竞争优势。

最后，创新有助于转变经济发展方式。通过创新实现经济发展方式以要素驱动到创新驱动的转变，走资源节约型、环境友好型发展道路。

（三）创新的类型

从不同角度划分有不同的创新类型。从创新对系统的影响程度分析，可分为局部创新和整体创新；从创新与环境的关系分析，可分为消极防御性创新和积极攻击性创新；从创新发生的时期分析，可分为系统初建期的创新和运行中的创新；从创新的组织程度分析，可分为自发创新和有组织的创新；从创新程度上分析，可分为渐进性创新和突破性创新；从创新范围分析，可分为区域性创新和企业创新；从创新的组织方式分析，可分为自主创新和协同创新；从创新的信息源分析，可分为原始创新、集成创新、引进吸收消化再创新；从创新的内容分析，可分为管理创新和技术创新。

二、创新特征与创新思维

（一）创新特征

熊彼特指出，创新是"一种创造性的毁灭"，它既可带来机遇，同时也可能带来威胁。一方面，它为组织创造了利用新技术和新产品的机会；另一方面，新的、更先进的产品会危害甚至摧毁老的、已有产品的需求，但创新的最终目的是为了获取潜在的利润。因此，创新具有如下特征：①目的性与价值性。创新应有明确的目的，有明显、具体的价值，对经济社会具有一定的效益，且经得起实践检验。②相对性与新颖性。创新是对已有事物的改革和革新，是"旧质"向"新质"的渐进过程或质的飞跃过程，具有时间和空间的相对性；创新是对旧事物的扬弃，求新是创新的灵魂，创新要以"创造性"作为其活动的特点。③风险性和高收益性。创新活动需要投入大量的人力、物力、财力，占用大量的信息，耗费大量的时间，存在创新过程有可能失败或创新结果有可能不被人们认识和承认或价值增值有可能不能实现的风险，但创新一旦取得成功必然带来高效率、高效益。创新获得的高效益与高风险呈正相关关系，创新管理要扩大效益性，规避风险性。

（二）创新思维

1. 创新思维的概念

思维是人脑对客观现实间接或者概括的反映，创新思维就是创造性的思维活动，具有独创性、新颖性、超前性等特征，实质是选择—突破—重新构建的过程。可分为以下四个阶段，即准备阶段：提出问题；酝酿阶段：问题的求解；豁朗阶段：问题的突破；验证阶段：问题成果的证明和检验。创新思维形态包括形象思维与抽象思维、发散思维与集中思维、直观思维与旁通思维、逻辑思维与非逻辑思维、分合思维与逆向思维、纵向思维与横向思维以及系统思维、顿悟（直觉与灵感）等。

2. 创新思维的形式

创新思维有两种形式：一是以理智和概念为基础的形式逻辑，可以称为分析型方法，主要有缺点列举法、特性列举法、希望点列举法和检查表法等；二是以想象和直觉为基础的形象思维，称为非分析型方法，主要有头脑风暴法、原形启发法等。

三、创新源泉与创新策略

（一）创新源泉

创新机会来源于人类社会的实践活动，来源于组织内外部的一系列不同的机会，它总是留给那些勤于学习、善于思考、勇于实践的有心人。德鲁克在《创新与企业家精神》一书中，归纳了七种不同的来源。

1. 意外的成功或失败

“有心栽花花不开，无心插柳柳成荫”，意想不到的成功和失败都有可能是创新的机会。意想不到的成功提供了一个最理想、最省心而且是风险最小的创新机会；失败可能是无法抗拒的，但“失败是成功之母”，失败可能预示着潜在的变化和随之而来的创新机会。无论是意想不到的成与败，都要认真分析并回答：究竟发生了什么变化？为什么会发生这样的变化？这种变化会将组织引向何方？组织应采取何种应对策略才能充分地利用这种变化，使之成为组织发展的机会？

2. 企业内外的不协调

不协调是组织对外部环境或内部条件的假设与现实相冲突，或实际状况与理想状况不一致。不协调现象是事物变化的前兆，可能为组织提供了创新机会。宏观或行业经济景气状况与企业经营绩效不符是经常观察到的一种现象，如行业发展了，企业却停止不前，显然是一种不正常现象；假设和实际不一致也是一种常见的不协调现象，任何组织都是根据一定的假设来计划和组织其活动的，良好的假设和实际不一致发生时，组织的努力程度越高，带来的负面效果就越大。分析不协调现象产生的原因，便可为创新提供一种思路和机会。

3. 过程改进的需要

过程改进的需要与内部生产经营过程有关，由这种需要引发的创新是对现已存在的过程进行改善，把原有的某个薄弱环节去掉，利用新知识、新技术，重新设计新工艺、新方法，以提高效率、保证质量、降低成本。过程改进既可能是科学技术发展的逻辑结果，也可能是推动和促进科技发展的原动力。如计算机在管理中的应用，促进了组织结构的扁平化、网络化；劳动力资源的匮乏以及由此造成的劳动力成本的增加，促使企业努力推进生产过程的机械化和自动化。

4. 行业和市场结构的变化

行业和市场结构的调整变化是经常进行的，行业和市场结构的变化会产生新变革，如生物工程对传统医药产生冲击。行业和市场结构一旦发生变化，企业必须迅速作出反应，在生产、营销以及管理等诸方面进行创新与调整，否则就有可能影响企业在行业中的相对地位，甚至带来经营上的灾难，引发企业的生存危机。相反，如果企业及时应对，那么这种结构的变化给企业带来的将是众多的创新机会。所以，企业应及时洞察行业和市场结构的变化，迅速分析变化带来的影响，确定企业调整方向。

5. 人口结构的变化

人口因素对企业经营的影响是多方位的。数量、年龄结构、人口构成、就业与教育状况以及收入等的变化，也是产生创新的重要来源。需要指出的是，分析人口数量对创新机会的影响，不仅要考察人口的总量指标，而且要分析各种人口构成的统计资料，尽管总量指标可在一定程度上反映人口变化的趋势，但在总量相同或基本未变的人口中，年龄结构可能有着很大的差异或已经发生了重大的变化。因此，人口变量的研究应着重在人口年龄的分析，特别是人口中比重较大的核心年龄层次的分析，如人口老龄化带来医疗保健的新需求。

6. 观念的变化

消费观念的改变影响着市场需求结构、市场结构、产业结构等，如人们对社会生活质量和水平普遍提高的观念转变，对医疗卫生、保健产品、营养产品业等提供了许多创新机会，对绿色食品的大量需求和对食品安全的忧虑，对现代养殖业、种植业既提供了机遇，也提出了挑战。以观念转变为基础的创新必须及时组织，才可能给企业带来发展和增长机会。当消费者观念转变时，企业滞后于竞争对手行动，推出产品时市场可能已经饱和；当消费者观念尚未转变或刚刚开始转变时，企业迅速采取行动推出产品，企业将处于领先竞争地位，不仅开发了企业市场，也开发了行业市场，但为了促成消费观念的转变，需要投入大量的前期费用，在成本上可能处于不利地位。

7. 新知识的产生

一种新知识的出现，将为创新提供异常丰富的机会，但无论在创新时间、失败的概率或成功的可能性预期以及对企业家的挑战上，也是最为变化莫测和难以驾驭的。知识性创新的特点之一是具有最为漫长的前置期，一种新的知识从出现到转化为现实生产力需要的时间是很长的，而用这些新技术研制出的新产品进入市场也需要很长的时间；知识型创新的特点之二是这类创新不是以某一单一因素为基础，而是以好几种不同类型的知识的组合为条件，具有综合性，是多种知识、多门学科的综合，比如新材料技术、生物工程、生命科学等，每一项高技术的应用，都要求综合地运用现代科学技术的各种知识。前置期较长和对相关知识的集合性要求，使以新知识为基础的创新具有更大的风险。

实际上，创新活动是一个源源不断创造、利用和扩散的过程，创新机会可以来源于企业内部，也可以来源于企业外部，也可能两者兼有，通常是几种不同来源或影响因素共同作用的结果。

（二）创新策略

创新活动是一项复杂的系统工程，尽管在现实中有时确实会出现“意想不到的奇迹”，如不治之症的患者突然痊愈，百思不得其解的难题因偶然机会迎刃而解，德鲁克把这种现象称为“希腊女神的亲吻”，我们称为“瞎猫碰上死耗子”。这是人们因偶然机会巧遇了还没有发现的规律，且不是人们有组织、有目的地工作，其发生的概率是极小的。因此，大多数创新成果来源于人们有系统的分析、组合，有目的地勤奋工作。

1. 创新原则

(1) 认真调查研究的原则。到实践中调查，掌握第一手资料，了解、识别现实需求和潜在需求是创新的基础和前提。

(2) 系统分析综合原则。在调查的基础上，系统分析事物之间的内在联系和相互关系，透过现象、抓住本质，才能事半功倍。

(3) 简单易行、突出重点原则。越是简单的创新越是高效的创新，同时要抓住关键环节。

(4) 大处着眼、小处着手原则。创新要顶天立地，既要有长远的、明确的目标，又必须脚踏实地从小事做起。

(5)“领先一步”原则。创新要居于领先地位,在现有条件下具有相对优势。

(6)科学性、可行性原则。创新要遵循创新规律,体现创新的新颖性、价值性,同时要具有可操作性。

2. 创新策略

(1)“全力以赴、背水一战”策略。常常被用于起点高、难度大、决定生死存亡的关键性创新项目,具有高投入、高风险、高回报特征。因此,既要树立“每战必胜,一击必中”的必胜信心,也要十分谨慎思考、周密计划、准确实施,否则会前功尽弃、全盘皆输。

(2)“出其不意、攻其不备”策略。在创新活动中第一个吃螃蟹者不仅是英雄,更会是成功者,创新能使企业或产品与众不同,在竞争中获得主动,利用竞争对手防卫的薄弱之处发起进攻,往往能够较易地出奇制胜。

(3)“知此知彼、合理定位”策略。在创新中,既要明了自己的长处和不足,扬长避短,又要看到竞争对手的优势和短处,趋利避害。

(4)“触景生情、重新定义”策略。在对原有产品不改变其使用价值和造价的前提下,利用人们某种心态,根据特定消费者的特殊需求,推出其新的使用价值和价格,比如,诸多的杂粮类饮食店就是该策略的典型应用。

四、创新模式与创新战略选择

(一)创新模式

从创新的组织模式看,有自主创新和协同创新两种。

1. 自主创新

自主创新是指企业通过自身的努力和探索产生核心技术或概念的突破,并在此基础上依靠自身的能力推动创新的后续过程,达到预期目标的创新活动。其基本特点是:①技术突破的内生性。自主创新所需的核心技术来源于企业内部的技术突破,是企业依靠自身力量,通过独立的研究开发活动而获得的。②技术和市场方面的率先性。自主创新应将市场领先作为创新追求的目标,获得市场竞争优势。③知识和能力支持的内在性。创新过程需要自身知识和能力的支持,需要依靠自身的力量推进。优势是:①竞争优势。通过自主创新实现技术突破,有利于形成技术垄断优势、产业优势、产品竞争优势和市场竞争优势。②形成创新集群。自主创新一般涉及的是全新领域,一方面的重大突破很可能会引起一系列的创新,产生一大批创新成果。缺点是高投入和高风险性,包括巨大人力、物力投入的财务风险,研究探索失败的技术风险,产品实现的生产风险以及产品推广的市场风险。自主创新需要较强的人力、物力、财力等基础条件,需要较高的营销能力、知识产权保护能力和风险防范能力。

2. 协同创新

协同创新是指创新资源和要素有效会聚,通过突破创新主体间的壁垒,充分释放彼此间“人才、资本、信息、技术”等创新要素活力而实现深度合作的创新活动。其基本特点是:①创新主体多元化,具有松散性和相对独立性;②风险共担、利益共享、竞合并存、互惠多赢。优势是:①通过创新主体间分工、协作,促进外部资源内部化,实现资源共享、优势互补;②可以缩短创新时间，提高创新速度，提高创新质量，加快产品进入市场进程，缩短创新周期；③可以减少设备等资源重复购置，节约创新成本。主要形式有：①政府主导形式。在协同创新中政府起主导作用，包括政府确定创新内容、创新目标、创新时间、创新协同方式等。②合同约定形式。创新主体间签订创新合同，明确各自的权利、义务，开展创新活动。③基地合作形式。建立研发基地，促进高等院校、科研院所、产业企业、国内国外的协同创新。④产业技术创新战略联盟形式。在同行业或产业，联合组建产业技术创新战略联盟，对基础性、共性、关键性技术开展研究与攻关。协同创新的难点在于建立科学合理的利益协调机制和风险防范机制。

从创新的信息源模式看，有原始创新、集成创新、引进吸收消化再创新。

1. 原始创新

原始创新是指获得前所未有的重大科学发现、技术发明、原理性主导技术等创新成果。原始创新意味着在研究开发方面，特别是在基础研究和高技术研究领域取得独有的发现或发明，拥有自主知识产权。具有首创性、突破性和带动性等特征。

2. 集成创新

集成创新是指通过对各种现有技术的有效集成，形成有市场竞争力的产品或者新兴产业或管理模式、商业模式等。具有融合性、系统性和协同性等特征。

3. 引进吸收消化再创新

引进吸收消化再创新是指在引进国内外先进技术的基础上，学习、分析、借鉴，进行再创新。具有针对性、跟随性、低风险性等特征。

（二）创新战略选择

创新战略是一系列选择的综合结果。

1. 创新基础的选择

主要涉及是进行基础研究还是应用研究的选择。选择基础研究不仅具有较大风险，而且要求企业能够提供长期的、强有力的人力、物力、资金支持，而应用性研究所需时间相对较短、资金相对较少、风险相对较低，当然，与之相对应地对竞争优势的贡献程度也相对要小一些。

2. 创新对象的选择

主要涉及是管理创新还是技术创新的选择。在管理创新中是对经营理念、组织结构、管理制度、组织文化、管理方式方法、管理模式创新的选择；在技术创新中是对要素、要素组合方法和要素组织结果创新的选择。

3. 创新水平的选择

主要涉及是原始创新、集成创新、引进吸收消化再创新的选择。创新水平的选择决定了企业在市场上的竞争能力以及在某一时间段的垄断地位，原始创新、集成创新带来的“先人一步”可以给企业带来良好的声誉、占据有利的市场地位、进入最有利的销售渠道、获得有利的要素来源、获取高额的垄断利润，但也需要高额的投入风险、需求的不确定风险和技术的不确定风险。引进吸收消化再创新可以分享先行者开发的市场，在先行者基础上进一步完善，使之更加符合市场需求，获得“后发”优势。

4. 创新方式的选择

主要涉及是自主创新还是协同创新的选择。自主创新有利于自己独享创新成果，但需要较为雄厚的实力，且要独自承担创新风险；协同创新尽管需要共享创新成果，但有利于集中优势资源，提高创新质量，降低创新风险。

五、创新过程与创新能力

（一）创新过程

创新必须遵循一定的步骤、程序和规律，它包括以下过程。

1. 明确问题

创新是对原有秩序的破坏。要用怀疑精神审视已有的假设、理论和经验，发现已有假设、理论、经验和现实的矛盾，寻求创新机会；要通过分析企业内外部环境变化，挖掘创新源，寻找创新机会；在有关资料收集、整理、分析的基础上明确创新问题。

2. 制定方案

针对创新问题，深入分析有利于创新的优势条件和制约创新的“瓶颈”因素，遵循创新原则，采用可行的创新思维、创新策略、创新模式、创新方法，通过评估分析形成创新方案。

3. 迅速行动

创新成功的秘密主要在于迅速行动。“没有行动的思想会自生自灭”这句话对创新思想的实践成功尤为重要。实际上任何创新方案不可能十全十美，过分追求方案的完美，有可能坐失良机。创新方案必须立即付诸行动才有意义并在不断地尝试中逐渐完善，从某种意义上说，面对瞬息万变的市场，创新行动的速度比创新方案的完善更为重要。

4. 忍耐坚持

创新是一种探索性行为，具有风险性，有可能失败，创新过程就是不断尝试、不断失败、不断提高的过程。因此，为取得最终的成功，创新者在开始行动后就必须坚定不移地继续下去，绝不能半途而废，否则就会前功尽弃。创新者要有坚忍不拔、不达目的誓不罢休的勇气和忍耐力。伟大的发明家爱迪生曾经说过：“我的成功是从一路失败中取得的。”创新的成功在很大程度上要归因于“最后五分钟”的坚持。

（二）创新能力

创新能力是指依靠创新推动企业发展的能力，主要包括以下几个方面。

1. 信息获取和利用能力

信息获取和利用能力是指企业从外部获取需求信息、技术发展信息和政府政策信息并用来指导创新构思以满足利益相关者需求的综合利用过程。获取信息是创新活动的首要环节，充分掌握信息资源，有利于节约成本、减少不必要的浪费，还可以缩短创新时间、加快创新速度，更好地满足利益相关者需求。

2. 创新投入能力

创新投入能力是指企业投入创新资源的数量和质量，主要包括人力投入、资金投入和设施投入，是启动创新和维持创新的基本条件。创新投入能力一方面决定了创新的规模和强度，同时有利于保证创新活动的顺利进行。

3. 创新管理能力

创新管理能力是指企业从整体上、战略上和组织上安排创新的能力。良好的创新管理能力能够焕发和激起创新活动的积极性，能够创造良好的创新环境，减少创新的风险性和不确定性，促进企业与外界的沟通与协调。

4. 研究与开发(R&D)能力

研究与开发能力是指企业根据已有的知识存量创造新知识、新技术的能力，包括基础研究、应用研究和实验开发三种形式。研究与开发(R&D)能力是创新的本质能力，是创新能力中最重要的组成部分，是企业竞争力的源泉，是企业效益的根本。

5. 生产制造能力

生产制造能力是指企业将研发成果转变为符合要求的产品、服务的能力。它是企业将创新成果快速推向市场的重要环节。

6. 营销能力

营销能力是指企业根据市场需求将新产品销售给顾客以满足其需求的能力，包括市场研发能力、市场开发能力和销售能力，反映了企业市场创新的能力。

六、创新成果质量与创新活动的组织

(一) 创新成果质量

创新成果质量是指创新活动成果满足需求性、新颖性、成熟性、配套性、效益性和时间性的程度。需求性是指创新成果要能满足利益相关者的现实需求和潜在需求，它是创新的生命，不能满足需求的创新只能带来社会资源的浪费。新颖性是指创新成果与原事物相比的改进或突破，它是创新的核心和本质。成熟性是指创新成果转化为现实生产力的能力，如果创新成果不成熟，就不能成为现实生产力，只能束之高阁。配套性是指创新成果的可操作性，如果没有与创新成果相适应的政策、资源条件，创新成果也难以转化。效益性是指创新成果能够产生的实际价值，包括经济效益、社会效益和生态效益。时间性是指创新成果适应环境变化的能力，适时推出创新成果对获得竞争优势具有重要意义。

(二) 创新活动的组织

国内外的许多研究表明，导致创新失败的重要原因是组织上的因素，而非技术上的因素。创新是一项系统的、复杂的工作，需要科学合理地组织。创新活动的组织是决定创新能否成功的关键要素，直接影响到创新质量。

1. 制订创新计划

制定创新计划是开展创新活动的起点，根据企业生产经营的实际，拟定创新领域、目标和项目，配置创新所需资源。

2. 营造创新文化

管理人员要自觉地带头创新，并努力为组织成员提供和创造一个有利于创新的环境。树立“无功便是过”的新观念，积极鼓励、支持、引导组织成员创新，营造一种人人谈创新、时时想创新、无处不创新的组织氛围。包容个性、鼓励创新、容忍失败，建立从失败中学习、成长、成功的工作机制。

3. 建立合理的奖励制度

奖励是人们持续创新的动力，制定物质奖励和精神奖励相结合、过程奖励和结果奖励相结合、重点奖励和普遍奖励相结合的奖励制度体系，激发每个人的创新欲望，促进企业的创新活动。

4. 采用合理的组织形式

根据创新的需求和难易程度，合理选择职能制、矩阵式组织结构模式以及自主创新、协同创新的创新模式。

第三节　管理创新与技术创新

一、管理创新

（一）管理创新的概念

熊彼特的经济发展理论，其实是在论述新的资源配置方式对经济发展的推动作用，而管理就是资源有效配置的活动。因此，熊彼特应当是最早涉及管理创新概念的著名经济学家。我国学者常修泽等人在其著作《现代企业创新论》(1994)中提出："管理创新是一种更有效而尚未被企业采用的管理方式或方法的引入。"芮明杰教授认为：管理创新是指创造一种新的更有效资源整合范式，它既可以是新的有效整合资源以达到企业目标和责任的全过程式管理，也可以是以新的具体资源整合及目标制定等方面的细节管理。管理创新具体包括五种情况：①提出一种新的经营思路并加以有效实施；②设计一种新的组织机构并使之有效运转；③提出一种新的管理方式方法；④设计一种新的管理模式；⑤进行一项制度的创新。我们认为，管理创新是指以创造性的思维和行动为特征，通过整合生产要素，持续改进和创造崭新的更有效的管理体系，以新的管理范式，满足、引导利益相关者需求的活动过程。

（二）管理创新的内容

1. 经营思路创新

企业行为的正确与否，其根源在于企业的经营思路是否科学合理、符合实际，企业在变化多端和激烈的市场竞争中获得可持续发展，首先要在经营思路上有创意，并付诸实践，形成创新。经营思路创新包括以下方面：新的经营方针、目标、战略；新的经营理念及其推行；新的经营策略；资本运营新思路；生产经营新思路的方式方法；企业发展方式等。经营思路的创新是一件极其复杂和困难的事情，科学合理的经营思路必然产生正导向，否则产生负导向。如福特汽车公司在20世纪初提出"让工薪阶层都拥有自己的一部车"的新思路，导致了T型车的产生，这一思路不仅使福特汽车公司有了巨大发展，并使"薄利多销"、"物美价廉"的管理思想取得了巨大成功。由于经营思想违背客观规律导致的企业失败的例子也是举不胜举。

2. 环境创新

环境创新是指通过企业积极的创新活动去改造环境，引导环境朝着有利于企业经营的方向变化。例如，通过企业的攻关活动，影响社区政府政策的制定；通过企业的技术创新，影响社会技术进步的方向等。就企业而言，环境创新的主要内容是市场创新。在市场经济条件下，市场是一切经济活动的中心，市场的本质是顾客需求的总和。因此，市场创新是指企业引入并实现各种新的市场要素,开拓新的产品市场,为此而进行的市场研究、开发、组织和管理活动,目的在于引导需求、创造需求。可采用仿创型、改创型和首创型三种类型的市场创新。

3. 组织结构创新

组织结构是组织运行的基础,是一个柔性的、有学习能力的有机体,随着组织自身发展需要和外部环境的变化进行重组再造。组织结构创新主要涉及以下几个方面:组织结构基本形式的新发展;部门机构职责、权限的新发展;集权分权的新方式;组织结构的学习性深化;组织结构中信息网络的重构;组织结构中人际关系的安排;部门岗位设置与人员才能的发挥;组织结构的柔性化设计等。从发展看主要趋势是:组织设计越来越重视人的因素,越来越重视系统性,越来越重视信息处理,越来越重视组织的弹性。组织结构创新的根本目的是适应组织发展和环境变化,提高组织运行效率。海尔集团为了实现"敬业报国、追求卓越"的远大目标,先后三次对其组织结构进行了创新:1984—1992年间,采用了金字塔式的直线职能制组织结构,以实施"名牌发展战略";1992—1998年间采用了事业部制组织结构,以实施"多样化发展战略";1998年后,为实施"国际化发展战略",采用了流程网络式组织结构,极大地推动了海尔集团的创新与发展。

4. 管理制度创新

制度是组织运行方式的原则规定,是实现管理目标的重要保证,制度化是管理的有效手段之一,是处理频繁、反复出现问题的有效方法。制度安排的首要特征是公平、公正、公开,制度创新会对企业的各种创新行为带来强烈、深远的影响,如3M公司为了激发员工的创新意识,制定了允许员工利用15%的工作时间来开发他们的兴趣和设想,从而大大推动了企业的创新活动。企业制度主要包括基本制度,即企业的领导制度和产权制度;工作制度,即企业各个方面的专项管理制度,如计划、技术、劳动、财务等制度;责任制度,即企业中各级各类人员的岗位责任制度。制度创新主要有以下几个方面:各类企业管理制度的创新;管理制度的效用评价;管理制度的制定方法;系统化管理制度的创新;企业内部工作流程的设定与创新;科学议事规则设定等。

5. 组织文化创新

组织文化的重要性越来越突出,已经成为组织有效管理的手段。因此,当今组织无论大小、强弱无不热衷于组织文化建设,但值得思考的问题是许多组织的文化并不能深入人心,更不用说人们能够自觉践行,甚至背道而驰出现了文化的负功能,其根源是组织文化与组织实际相背离。组织文化建设应源于历史、着眼现在、展望未来,是一个分阶段的渐进过程。因此,当企业战略随外部环境变化需要进行调整时,组织文化也必须进行相应的改造与创新,以避免组织文化对组织发展产生制约,出现人们熟悉的价值观念和行为准则在行为选择上的惯性,从而严重阻碍组织战略调整的实施。

6. 管理方式方法创新

管理方式方法是企业资源整合过程中使用的工具,直接涉及企业资源的有效配置。全面质量管理、线性规划、库存管理等对企业有效整合资源、提高效益发挥了巨大作用。随着知识经济时代的到来和管理信息化应用的深度、广度的不断加大,管理方式方法创新将大有作为,它既可以是单一方式方法的创新,也可以是综合性的管理方式方法的创新。主要包括以下几方面:新的领导方式;以人为本管理的新方式;生产、经营、服务等方面管理方法的发明和创造;新的管理手段创新;新办公设施的创设和使用;企业生产组合的创新;基于顾客需求的方式方法创新等。

7. 管理模式创新

作为一个综合的和全面的管理范式,它与企业的特点有密切的关系,能够结合企业的特点创造全新的管理就是管理模式创新。管理模式创新的核心是:以市场为中心的明确的发展目标和竞争战略,以效率和效益为中心的不断变化的系统管理手段和方法,以人为本的核心价值观念和企业文化。主要包括以下几方面:企业综合管理方面的创新;企业中某一管理方面的综合创新;企业管理方法、手段的综合创新;企业综合管理方式方法的创新。鉴于篇幅所限,主要介绍以下6种。

(1) 计算机集成制造系统(CIMS)。CIM由美国的约瑟夫·哈林顿(J. Harrington)博士于1973年提出。其要点是整体(系统)观和信息观:企业的各种生产经营活动是不可分割的,需要统一考虑;整个生产制造过程实质上是信息的采集、传递和加工处理的过程。CIM是组织、管理企业生产的一种哲理,是一种生产管理模式,CIMS是CIM的具体实现形式。

我国"863计划"CIMS专家组对CIMS的定义是:"CIMS是通过计算机硬件和软件,并综合运用现代管理技术、制造技术、信息技术、自动化技术、系统工程技术,将企业生产全部过程中有关的人、技术、经营管理三要素及其信息流与物料流有机集成并优化运行的复杂的大系统。"其基本结构如图15-1所示。管理信息分系统的核心为企业资源规划(ERP);工程设计分系统的核心为CAD/CAPP/CAM的3C一体化;制造自动化分系统是CIMS中信息流与物流的结合点,是CIMS最终产生经济效益的所在;质量管理分系统使全部质量活动构成一个有机的整体;数据库和计算机网络是CIMS的支撑系统,是CIMS信息集成的基础。

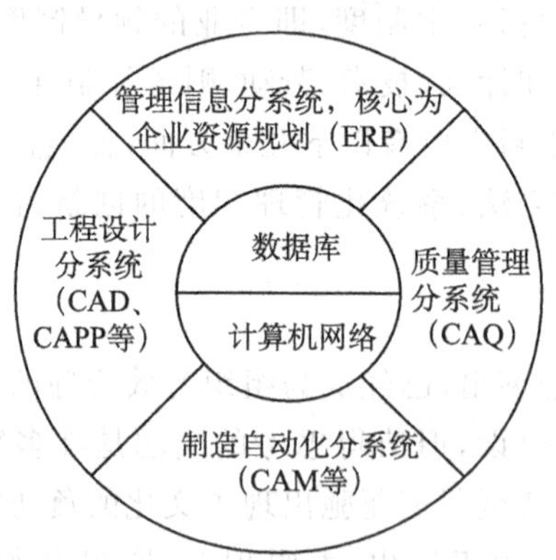

图15-1 CIMS基本结构图

CIMS将产品设计、加工制造、经营管理等方面的所有活动有效地集成起来,有利于信息及时、准确地交换,保证了数据的一致性,提高了产品质量,缩短了产品开发周期,减少了库存和在制品,提高了企业生产效率、效益。

(2) 精益生产方式(LP)。精益生产来源于日本的丰田方式,是在分析大批量生产方式后,逐步创立的一种独特的多品种、小批量、高质量和低消耗的生产方式,核心是取消一切不产生附加值的过程、活动和资源。基本思想是:①以"简化"为主要手段。精简组织机构,去掉一切不增值的岗位和人员;简化产品开发过程,强调并行设计,并成立高效率的产品开发小组;简化零部件的制造过程,采用"准(及)时制"生产方式,尽量减少库存;协调总装厂与协作厂的关系，避免相互之间的利益冲突。②以“人”为中心。LP强调以人为中心，认为人是生产中最宝贵的资源，是解决问题的根本动力。将人视为比机器更为重要的财富，对员工进行持续不断的培训教育，扩大其知识面和培养其解决问题的独立能力，使员工的积极性和创造性得以充分发挥；推行独立自主的小组工作方式，充分发挥人的主观能动性、集体责任感与协作精神；原则上工人是终身雇佣的，工人的工资按资历分级，奖金和公司盈利挂钩，从而增强工人的主人翁责任感和工作的主动性；要求工人是多面手，从而提高了工作任务安排的灵活性，避免了单调枯燥的重复工作，提高了工作的创造性。③以“尽善尽美”为追求目标。在降低成本、减少库存、提高产品质量等方面持续不断地努力。当然，“尽善尽美”的理想目标是难以达到的，但是企业可以在对“尽善尽美”的无止境的追求中源源不断地获取效益。

(3) 敏捷制造(AM)。20世纪90年代前后，美国面对快速变化和激烈的市场竞争，组织有关研究机构和企业人员探索新的制造生产组织模式和战略计划。1988年美国通用汽车公司(GM)和里海大学工业工程系共同提出了敏捷制造的构想，意指制造企业采用现代通信手段，通过快速配置各种资源(包括技术、管理和人)，以有效和协调的方式响应用户需求，实现制造的敏捷性。其特征是：①敏捷虚拟企业组织形式。敏捷虚拟企业简称虚拟企业或称为企业动态联盟，是依据市场需求和具体任务大小，为了迅速完成既定目标，按照资源、技术和人员的最优配置原则，通过信息技术和网络技术，将一个公司内部的一些相关部门或者同一地域的一些相关公司或者不同地域且拥有不同资源与优势的若干相关企业联系在一起，快速组成一个统一指挥的生产与经营动态组织或临时性联合企业(即虚拟企业)。虚拟企业具有适应市场能力的高度柔性和灵活性，其主要包括五个方面：组织结构的动态性和灵活性；地理位置的分布性；结构的可重构性；资源的互补性；依赖于信息和网络技术。②虚拟制造技术。虚拟制造技术又称拟实制造技术或可视化制造技术，意指综合运用仿真、建模、虚拟现实等技术，提供三维可视交互环境，对从产品概念产生、设计到制造全过程进行模拟实现，以便在正式制造之前，预估产品的功能及可制造性，获取产品的实现方法，从而缩短产品上市时间，降低产品成本。

(4) 并行工程(CE)。传统的产品开发是按照市场调研—产品计划—产品设计—试制样机—修改设计—工艺准备—正式投产的顺序工作模式，其缺陷是设计阶段无法预见或考虑后续制造过程可能出现的问题，一旦制造过程出现问题，则与设计有关的环节都要随之重新设计变更，造成设计改动量大、产品开发周期长。20世纪80年代中期，顾客对产品的质量、成本和种类要求越来越高，产品的生命周期越来越短，以信息技术为基础的并行工程思想应运而生。并行工程是对产品及其相关过程(包括制造过程和支持过程)进行并行、一体化设计的一种系统化工作模式，它试图使开发者从一开始就考虑到产品全生命周期中的所有因素，包括质量、成本、进度和用户需求。旨在设法保证设计与制造的一次性成功，缩短产品开发周期，提高产品质量，降低产品成本，从而增强企业的竞争能力。CE的目标是提高质量、降低成本、缩短产品开发周期和产品上市时间，顺序工程与平行工程的对比示意图如图15-2所示。主要具有以下四个特点：①设计人员的团队化。CE十分强调设计人员的团队工作，因为借助于计算机网络的团队工作是CE系统运转的前提和关键。②设计过程的并行性。开发者从设计开始便同时考虑加工工艺、装配、检测、质量保证、销售、维护等全生命周期。并行设计过程中，产品开发过程各个阶段的工作交叉进行，应及早发现那些与相关过程不匹配的环节。③设计过程的系统性。在CE中，设计、制造、管理等过程已不再是分立单元体，而是一个统一体或系统。设计过程不仅仅要出图样和有关设计资料，而且还需进行质量控制、成本核算、产品进度计划表等。④设计过程的快速"短"反馈。为了最大限度地缩短设计时间，及时地将错误消除在"萌芽"阶段，CE强调对设计结果及时进行审查并且要求及时地反馈给设计人员。

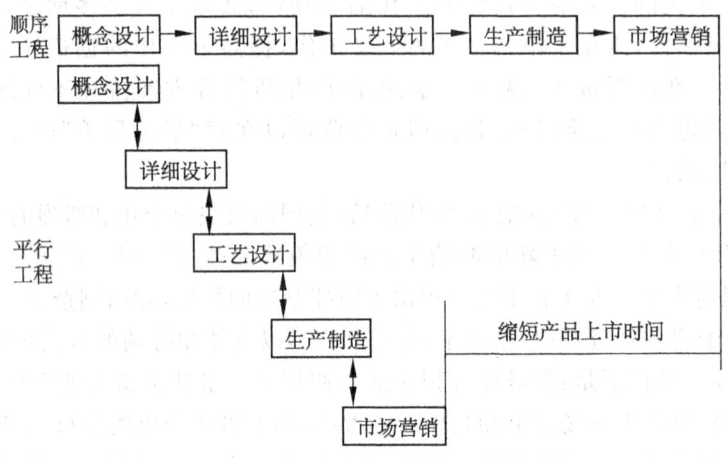

图 15-2　顺序工程与并行工程比较示意图

(5) 业务流程再造(BPR)。1990年，《哈佛商业评论》杂志发表了迈克尔默(M. Hammer)的文章"改造工作：不要自动化，而要推翻重来"。随后1993年，哈默与担任CSC Index管理顾问公司董事长的詹姆斯·钱皮(James Champy)于1993年合著《再造企业》一书，从而掀起了世界性的BPR研究浪潮。该理论引起了西方学者和企业界的高度重视，被称为西方"第二次管理革命"，已成为西方发达国家变革性的理论和思想。业务流程重组是指对企业的业务流程作根本性的思考和彻底重建，其目的是在成本、质量、服务和速度等方面取得显著的改善，使得企业能最大限度地适应以顾客、竞争、变化为特征的现代企业经营环境。"根本性"、"彻底性"、"显著性"是其关注的核心内容，"过程"观点和"再造"观点是理论的核心观点。①"过程"观点。即集成从订单到交货或提供服务的一连串作业活动，使其建立在"超职能"基础上，跨越不同职能与部门分界线，进行管理和作业过程重建。重新检查每一项作业活动，识别不具有价值增值的作业活动，将其剔除，并将所有具有价值增值的作业活动重新组合，优化作业过程，缩短交货周期。②"再造"观点。即打破旧有管理规范，再造新的管理程序，以回归原点和从头做起等零基新观念和思考方式，获取管理理论的重大突破和管理方式的革命性变化。"再造"要求摆脱现行系统，从零开始，展开功能分析，将企业系统所欲达到的理论功能逐一列出，再经过综合评价和统筹考虑筛选出最基本的、关键的功能并将其优化组合，形成企业新的运行系统。

(6) 电子商务(EC、EB)。基于网络和信息技术的电子商务作为一种新兴的交易形式在全世界范围内得到广泛应用。狭义的电子商务(EC)是指交易主体贸易活动的电子化；广义的电子商务(EB)是指交易主体各种业务的电子化，其概念模型如图15-3所示。交易主体是指能够从事电子商务活动的客观实体；电子市场是交易主体从事商务活动的场所，是一个通过网络连接的统一的、拥有各种信息和资源的、虚拟的交易平台；交易事务是指交易主体间所从事的具体活动；物流是商品和服务的配送和传输渠道；资金流主要指资金的转移过程；信息流是交易主体间信息传递与交流的过程。可见，电子商务的前提是网络和先进的电子信息技术，关键是掌握现代信息技术与商务理论及实务的复合型人才，核心是以商品交易为中心的各种经济事务活动；按照交易对象可采用企业对企业(B2B)、企业对消费者(B2C)、企业对政府(B2G)、政府对政府(G2G)、消费者对消费者(C2C)等模式；它具有虚拟性、高效性、协作性、集成性和可扩展性等特征；可发挥广告宣传、咨询洽谈、网上订购、网上支付、物流配送、信息反馈、交易管理等功能；它具有超越时空界限、高速高效、显著降低采购与库存成本、提供更有效的客户服务、全面提升竞争力等优势，对管理将产生重大影响。主要表现在：①对宏观经济与管理的影响。将推动全球经济和贸易的快速发展、促进知识经济的发展、催生新兴行业的出现、创造新的就业机会，有利于转变政府职能，推动法律法规建设。②对微观经济与管理的影响。将改变企业的生产方式、组织结构和管理方式、营销方式、竞争方式和财务管理，有利于降低采购价格、减少库存和产品积压、缩短生产周期、为顾客提供更有效的服务、降低运营成本、带来新的销售机会和促进管理创新。③对人们工作生活的影响。有利于人们通过网络更快、更直观、更经济、更有效地获得各种有关产品、服务和政策信息，并直接向企业、政府反馈信息，满足需求多样化、个性化需求。

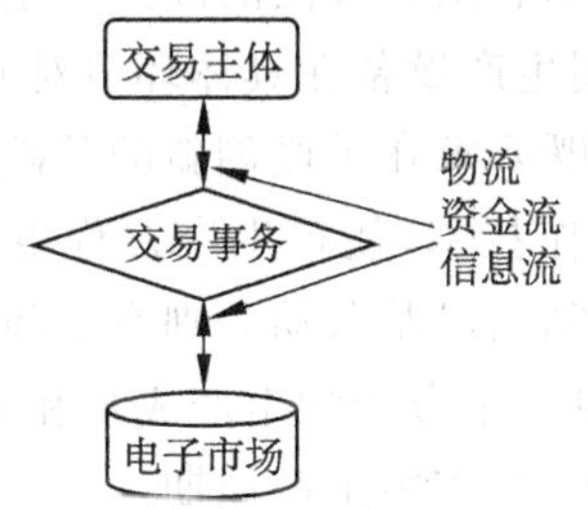

图 15-3　电子商务概念模型示意图

二、技术创新

（一）技术创新的概念

从熊彼特提出的创新内容分析可知，技术创新概念源于熊彼特的创新理论。美国学者曼斯菲尔德(Mansfield)认为，当一项发明被首次应用时，才称为创新。美国学者斯通曼(Stoneman)认为，技术创新是首次将科学发明输入生产系统，并通过研究开发，努力形成商业交易的过程。我国的傅家骥教授认为，技术创新是企业家抓住市场潜在的盈利机会，重新组织生产条件、要素和组织，从而建立效能更强、效率更高和生产费用更低的生产经营系统的活动过程。许庆瑞教授认为，技术创新泛指一种新的思想的形成，得到利用并产生出满足市场用户需要的产品的整个过程，广义而论，它不仅包括一项技术成果本身，而且包括成果的推广、扩散和应用过程。汪应洛教授认为，技术创新就是建立新的生产体系，使生产因素和生产条件重新组合，以获得潜在的经济效益。我们认为，技术创新是指以创造性的思维和行动为特征，通过整合生产要素，持续改进和创造崭新的更有效的生产体系，以新的产品和服务，满足、引导利益相关者需求的活动过程。

（二）技术创新的内容

技术创新按照产品生产过程分析，可分为要素创新、要素组合创新和要素组合结果创新。

1. 要素创新

从生产的输入看，要素创新包括材料创新和手段创新。①材料创新。材料是构成产品的物质基础和生产工艺与加工方法作用的对象，是产品成本构成的主要部分，其性能在很大程度上影响着产品质量。材料创新主要是寻找和发现现有材料，特别是自然提供的原材料的新用途，满足生产需求；同时，随着科学技术的发展，利用新知识和新技术制造合成材料，以降低成本、提高质量。②手段创新。是指生产的物质手段的改造和更新。任何产品的制造都要借助一定的设备、工艺装备等物质生产条件，生产手段的创新对于保证产品质量、降低材料消耗、提高劳动生产率都具有重要意义。手段创新主要包括以下几方面：一是将先进的科学技术成果用于改造和革新原有的设备、工艺装备，以延长其技术寿命、提高性能或机械化、自动化程度；二是用更先进、更经济的生产手段取代陈旧、落后、过时的工艺装备，提高装备水平。

2. 要素组合创新

从生产的过程看，要素组合创新包括生产工艺创新和生产过程组织。①生产工艺创新。生产工艺创新包括技术工艺的改革和操作方法的改进。生产工艺是企业制造产品的总体流程和方法，操作方法是劳动者利用生产设备在具体环节对原材料、零部件或半成品的加工方法。生产工艺和操作方法的创新既要求在手段创新的基础上改变产品制造的工艺、过程，也要求不断地研究和改进具体的操作技术，使得生产过程更加合理。②生产过程组织。生产过程组织包括设备、工艺装备、在制品以及劳动分别在空间上的布局和时间上的组合。空间布局影响人机配合和生产效率，时空组合影响生产成本和生产周期，不断优化生产过程组织有利于提高生产效率、降低生产成本、缩短生产周期。

3. 要素组合结果创新

从生产的输出看，要素组合结果就是产品创新。产品创新是指新产品的开发和对老产品的改造，是对原有产品的结构、性能、技术特征等一方面或者几方面进行改造、提高或独创，可分为改进型新产品、新用途新产品、换代新产品和全新新产品。

在技术创新中，要素创新、要素组合创新和要素组合结果创新是相互区别、相互联系和相互促进的，其中产品创新是核心。

（三）技术创新的模式

20 世纪 60 年代以来，国际上先后出现了五代具有代表性的技术创新过程模式。

1. 技术推动创新过程模式

“二战”后英国经济学家阿罗（Arrow）提出了线性模式，是指由于创新主体拥有新的技术发明或发现，并利用其开展的技术创新活动，它是由技术成果引发的一种线性过程，如图 15-4 所示。基于认识自然现象、揭示自然规律，获取新知识、新原理、新方法的技术推动创新过程模式是突破性创新，尽管创新周期都非常长，但是一旦获得成功，就会产生新的技术革命，如出现了数控技术，才有了数控机床。

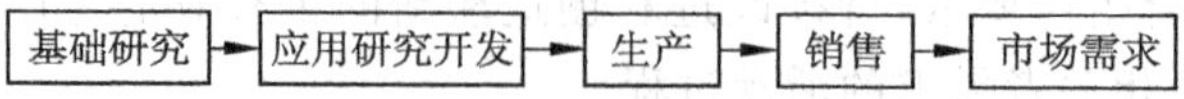

基础研究 → 应用研究开发 → 生产 → 销售 → 市场需求

图 15-4　技术推动创新过程模式

2. 需求拉动创新过程模式

倡导这一模式的代表人物是美国教授施穆克勒(Schmookler),是指由客观存在的市场需求而引发创新主体开展技术研究,并应用技术成果从事技术创新活动。该模式强调市场是R&D构思的来源,市场需求为产品和工艺创新创造了机会,并激发为之寻找可行的技术方案的研究与开发活动,创新是市场需求引发的结果,如图15-5所示。基于市场和生产需求的创新过程模式是渐进型创新,具有低风险、低成本和重大商业价值的特征。

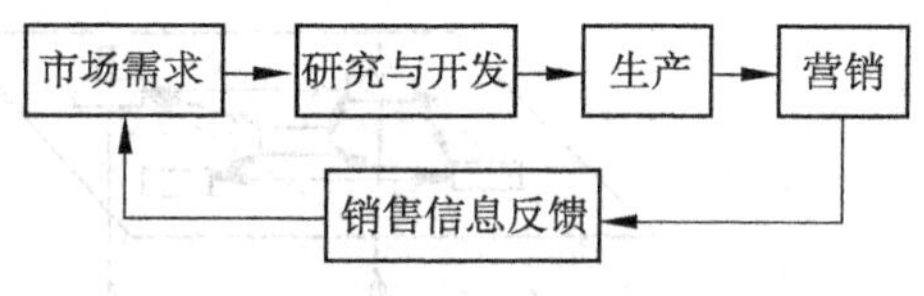

图 15-5 需求拉动创新过程模式

3. 技术与市场交互作用创新过程模式

20世纪70年代和80年代初期,提出了第三代创新过程模式,即技术推动和市场需求的相互作用而引发的双重推动模式。它是指创新主体在拥有或部分拥有技术发明或发现的条件下,在社会和市场需求的拉动下开展的技术创新活动,认为创新是技术和市场交互作用共同引发的,如图15-6所示。技术推动或需求拉动的过程创新模式只是技术与市场交互作用的创新过程模式的特例。

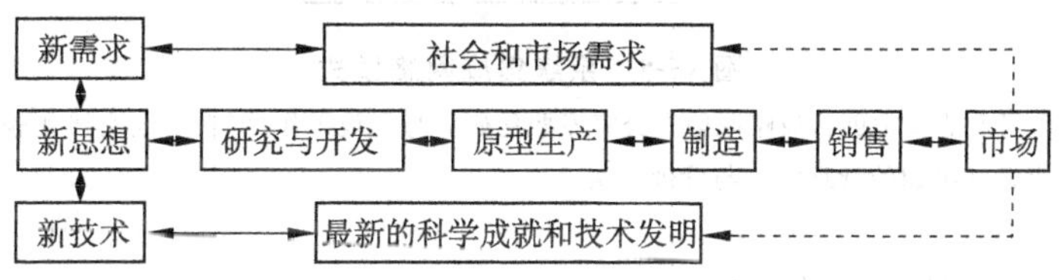

图 15-6 技术与市场交互作用创新过程模式

4. 一体化创新过程模式

一体化创新过程模式是20世纪80年代后期提出的第四代创新过程模式,它不是将创新过程看作顺序的序列性过程,而是看作同时涉及创新构思的产生、R&D、设计制造和市场营销的并行过程,如图15-7所示。它强调R&D部门、生产设计部门、供应商和用户之间的联系、沟通和密切合作,大大缩短了研制生产周期。我国在"两弹一星"的研制中采用了这种创新模式。

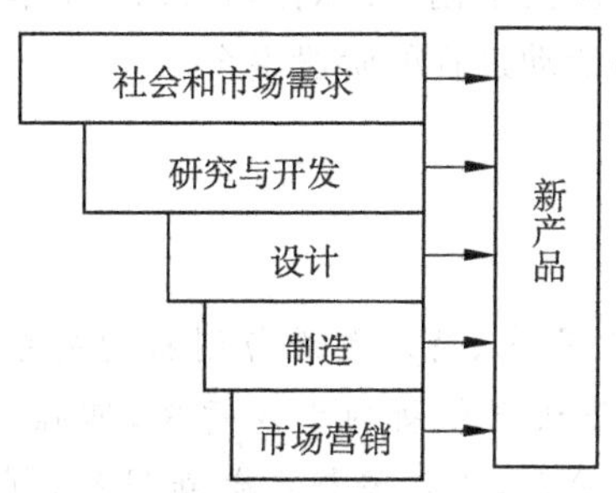

图 15-7 一体化创新过程模式

5. 系统集成网络模式

20 世纪 90 年代初期，人们提出了系统集成网络模式，它是一体化模式的进一步发展，如图 15-8 所示。其最显著的特征是强调合作者之间更紧密的战略联系，更多地借助于专家系统进行开发研究，借助信息技术利用仿真模型替代实物原型，并采用创新过程一体化的计算机辅助设计与计算机集成制造系统，它认为创新过程不仅是一体化的职能交叉过程，而且是多机构系统集成网络链接的过程。

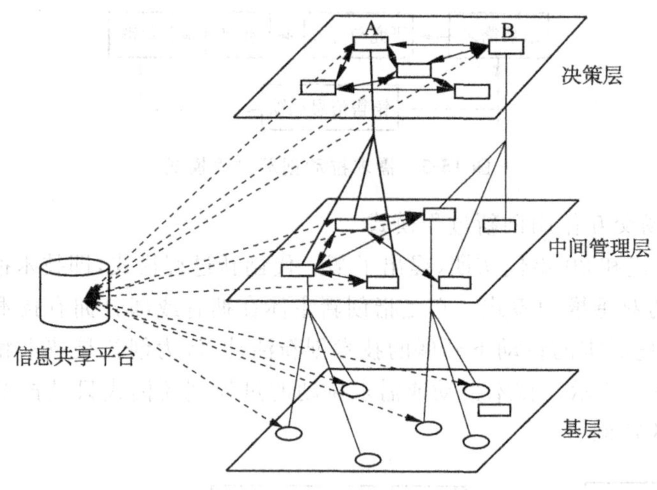

图 15-8 系统集成网络模式

资料来源于《抗生素产业技术创新战略联盟办公室专职化研究与建设工作》资料。细实线代表 A 组织的管理结构与管理层次；粗实线代表 B 组织的管理结构与管理层次。

（四）技术创新过程的管理

1. 技术创新过程的含义

技术创新是一个动态过程，经济学家引入了“技术创新链”的概念，认为在这一链条上，第一环节是科研过程，形成新的思路和（或）发明；第二环节是新产品的开发、试制和生产，即将前一个阶段的发明，变成新的产品和（或）工艺；第三个环节是市场营销，核心为商业化；第四个环节是创新扩散，目的是形成创新的规模效益。

2. 技术创新过程管理的含义

技术创新过程管理主要涉及技术创新计划的制订、创新构思的形成与评价、研究与开发过程活动的组织以及技术创新活动过程的阶段整合。

本章小结

本章从管理变革、组织发展需求、持续改进与创新的关系三个方面分析了创新的动因，深刻理解创新动因，有助于充分认识创新的重要意义，增强创新工作的自觉性。在此基础上，介绍了创新的概念、作用和分类，创新特征和创新思维，创新源泉和创新策略，创新模式和创新策略选择，创新过程与创新能力，创新成果质量与创新活动过程的组织等创新的理论知识，为创新工作奠定了基础。最后介绍了管理创新的概念，经营思路创新、环境创新、组织结构创新、管理制度创新、组织文化创新、管理模式创新等内容；介绍了技术创新的概念、技术创新内容、技术创新模式、技术创新过程及其管理等内容，理解和掌握管理创新与技术创新的具体内容有助于增强创新工作的实际技能。

复习思考题

1. 组织为什么要创新？为什么说创新是管理的重要职能？

2. 什么是创新？创新具有哪些特征？

3. 组织可从哪些方面寻找创新机会？有哪些创新模式？选择创新战略应考虑哪些因素？

4. 什么是管理创新？管理创新包括哪些具体内容？

5. 什么是技术创新？技术创新的内容和模式有哪些？

案例分析

方太(Fotile)公司的管理创新

宁波方太厨具有限公司成立于1996年1月，其前身是1985年创办的慈溪无线电九厂(后改为飞翔集团公司)，1996年改制为方太公司。经过10余年的发展，已成为我国厨房领域最成功的生产厂家之一。目前拥有员工3500余人，其中总部员工约1000人，市场营销人员2500余人，公司总资产超过3亿元。

方太公司的快速发展离不开持续的技术创新，并树立了“真诚、敬业、学习、创新”的企业精神，每年用于研发方面的投入占公司销售收入的比重超过了5%，迄今为止，共获国家专利200余项。1996年率先研制开发大圆流线型吸油烟机，各项技术指标均优于国家行业标准；同年，为解决家庭中经常出现的煤气泄漏造成的事故隐患，公司开发出了模糊智能型吸油烟机；1997年，根据上海用户意见开发出体态玲珑的“厨后”吸油烟机，外观设计和内在质量均达到国内一流水平；1998年运用CAD技术和高科技动力空气动力学原理设计开发出“飓风型”吸油烟机，市场占有率、顾客满意度均在同行业中名列前茅；2000年，将航空领域的遥控感应技术运用到产品开发，开发出智能调速式吸油烟机，以“双探头、双感应、双保险”的特点再一次抓住了市场的“牛鼻子”；2003年，公司成功地开发出“住宅厨房集成技术”，该项目被列为同年建设部科技成果推广项目，引导并推动了中国第三次厨房革命的潮流；等等。当然，方太的技术创新离不开企业与之相适应的管理创新，回顾公司的发展历程，方太的管理创新主要经历了三个阶段：1985—1996年为第一阶段的经验管理，1996—2003年为第二阶段的科学管理，2003年开始为第三阶段的文化管理。

第一阶段是方太公司的创业阶段，管理创新的主要内容是依靠经验管理来推动企业的发展。

由于此阶段为公司的起步阶段，企业规模小、员工文化层次低、劳动密集型程度高和技术档次低，公司采用的是传统的经验管理，显著的特点表现为两个方面：一是经营决策集权化，企业上什么项目、搞什么产品、实施什么样的销售策略完全是一个人说了算；二是处理工作时常将“人情”置于“制度”之上，遇到问题时常常不看实质看面子，规章制度形同虚设。采用的管理模式为“集中统一下的分解管理法”,即“一改、二包、三放、四统、五考核”。“一改”是指改革工资制度,即推翻了原来的固定工资,分配机制与岗位责任制紧密挂钩;实行工人三联计件工资、车间主任动态结构工资和上层绩效工资三种工资制。“二包”是指实行两级承包,分别设置车间承包,再由车间向员工承包,充分调动车间主任和全体员工的责任心和积极性。“三放”指的是下放用工权、工资分配权和车间主任经费审批权,使厂长集中精力考虑重大决策。“四统”是指对外供销统一、资金使用统一、质量管理统一和财务核算统一。“五考核”是指计划、质量、成本、文明、安全月月考核,并与工资挂钩。这种承包责任制实质上是企业管理模式的创新。但总体上看,企业的所有活动主要围绕生存展开,管理的基础还不扎实,还没有形成一个长远的发展目标与战略。为了适应外部环境的不断变化和自身发展的需要,公司开始了第二阶段的管理创新。

第二阶段是公司的起飞阶段,管理创新的主要内容是从经验管理向现代管理转变,主要采用的是科学管理的方法和手段,重点是夯实企业的基础管理,不断完善科学管理体系。

公司管理模式从传统经验管理转化为科学管理。主要体现在三个方面:一是通过质量体系标准和外协管理加强质量管理,二是加强6S管理,三是加强人力资源管理。在质量管理方面,方太在1996年就导入ISO 9001质量管理体系,并在2003年在同行业中率先通过三体系(ISO 9001、ISO 14001、OHSA 18001)整合认证。通过认证过程,一种理性、规范和全方位的质量控制和管理过程引入了方太的质量管理体系。另外通过对外协生产和质量的管理,到1999年,有相当多的合作单位都通过了ISO 9000的国际质量认证或长城安全认证,从而保障了产品的质量。6S管理(整理、整顿、清扫、清洁、素养和安全)的实施和落实,使公司的管理制度、信息和情报工作、标准与定额、安全管理、计量等基础管理工作更加细致和扎实,为以后管理的逐渐升级打下了坚实的基础。最后,公司已经意识到人才是企业发展的关键,因此非常重视人力资源管理。在淡化家族制的同时,大力引进职业经理人,认真做好选人、用人和育人工作,同时在企业内部实施人才内部流动和干部能上能下机制,充分发挥人才的作用。

总之,在科学管理阶段,公司已不再满足于基本的生存,而是考虑到公司的长远发展,并开始从战略上规划企业的长远发展目标;基础管理逐渐加强;管理职能实现专业化,并形成了严密的组织体系。企业生产经营规模、技术发展水平和管理水平都有了很大的提高。但是,“大企业病”的弊端也日渐显露出来,各职能部门的“本位主义”日益严重;部门之间的协调工作大大增加;管理成本居高不下;战略执行力不够;创新的阻力增加;企业对环境变化的反应灵敏性下降;等等。为了企业能更好地发展,方太开始了第三个阶段的管理创新。

第三阶段可以说是方太的成熟阶段,企业文化建设已成为公司发展的重点和关键。因此,管理创新的内容表现为文化创新。

企业的成败在一定程度上取决于企业家和企业人追求什么样的价值观,而这个价值观就是企业文化的核心。企业文化是企业的灵魂,没有文化的企业是没有生命力的。因此,公司在创立初始就非常重视企业的文化建设。在当时的飞翔集团,“地摊精神”高度概括了飞翔集团一次创业时的艰苦奋斗精神和智慧经营思路,使飞翔人勇敢地攀登在世界点火枪大王的高峰,又培养了飞翔文化的理念。从飞翔文化到方太文化的转型,不是简单地重复,而是在继承和发展过去优良传统的基础上,在二次创业的实践中创造的新文化。它以品牌文化为中心,在较高层面上着力塑造产品、厂品和人品“三品合一”的企业形象,在生产经营的全过程中注入丰富的文化内涵，形成了自己的质量文化、营销文化、服务文化、开发文化、广告和品牌文化；以中国传统的文化为底蕴，弘扬儒家人本主义精神、自力更生精神，广泛吸收CI、6S和ISO 9000等西方先进的管理思想和理念，使企业文化与社会文化、本土文化、传统文化相结合，创造出富有自身特色并卓有成效的经营管理体系，并提出了方太使命、方太哲学、方针、愿景、战略等构成要素，将“方太愿景与文化”编印成册分发给员工学习和贯彻，促使企业文化建设实现了质的飞跃。

总之，方太公司的成功发展，既来源于持续的技术创新，也来自企业不断的管理创新。因此，在技术创新和管理创新的双重推动下，方太公司在未来的道路上一定会更好地实现“让家的感觉更好”的企业发展目标。

（案例来源：孙永正．管理学．2版．北京：清华大学出版社，2007）

问题：

1. 为什么说技术创新是方太公司发展的生命线？
2. 方太在不同的发展阶段采取的管理模式各有何特点？
3. 企业在选择不同的管理方式时，应考虑哪些因素？

参考文献

[1] 周三多．管理学[M]．3 版．北京：高等教育出版社，2010.

[2] 潘福林，张智利．管理学原理[M]．北京：中国铁道出版社，2010.

[3] 姜真．现代企业管理[M]．北京：清华大学出版社，2007.

[4] 孙永正，等．管理学[M]．2 版．北京：清华大学出版社，2007.

[5] 尤建新．企业管理概论[M]．3 版．北京：高等教育出版社，2006.

[6] 徐艳梅．管理学原理[M]．北京．北京工业大学出版社，2000.

[7] 许庆瑞．管理学[M]．北京：高等教育出版社，1997.

[8] 陈爱祖，等．组织与组织系统模型研究[J]．管理学家，2011.

[9] 张义珍．管理学[M]．石家庄：河北人民出版社，2003.

[10] 斯蒂芬·P. 罗宾斯，等．管理学原理与实践[M]．毛蕴诗主译．北京：机械工业出版社，2010.

[11] 理查德·L. 达夫特，等．管理学原理[M]．高增安，等译．北京：机械工业出版社，2009.

[12] 李彦斌．管理学[M]．北京：机械工业出版社，2011.

[13] 张玉利．管理学[M]．天津：南开大学出版社，2004.

[14] 王关义，高海涛，张铭．管理学[M]．北京：机械工业出版社，2011.

[15] 张英奎，孙军．现代管理学[M]．北京：机械工业出版社，2009.

[16] 席酉民，韩巍，葛京，等．和谐管理理论研究[M]．西安：西安交通大学出版社，2006.

[17] 席酉民．和谐理论与战略[M]．贵阳：贵州人民出版社，1989.

[18] 席酉民，尚玉钒．和谐管理理论[M]．北京：中国人民大学出版社，2002.

[19] 陈爱祖，等．构建和谐社会的管理学原理体系[J]．河北学刊，2006(3).

[20] 尤建新，陈强，鲍悦华．顾客满意度管理[M]．北京：北京师范大学出版社，2008.

[21] Freeman R E. Strategic Management: A Stakeholder Approach. Boston: Pitman, 1984, 12: 57-60.

[22] Carroll A B. Reflections on Stakeholder Theory[J]. Business and Society, 1994, 5: 79-95.

[23] 教育部社会科学研究与思想政治工作司．自然辩证法概论[M]．北京：高等教育出版社，2004.

[24] 环境保护部环境工程评估中心．环境影响评价相关法律法规．5 版．北京：中国环境科学出版社，2012.

[25] 焦强，等．基础管理学[M]．成都：四川大学出版社，2007.

[26] 邱农，等．新编管理学[M]．北京：经济管理出版社，2007.

[27] 单大明，等．新编管理学[M]．北京：中国传媒大学出版社，2007.

[28] 里奇·格里芬．管理学[M]．刘伟译．北京：中国市场出版社，2006.

[29] 郭现芳．企业战略管理[M]．成都：西南财经大学出版社，2011.

[30] 姚新庄，杨茂．管理学原理[M]．成都：电子科技大学出版社，2008.

[31] 张燕．管理学[M]．南京：东南大学出版社，2008.

[32] 王祥,等. 管理学[M]. 昆明:云南大学出版社,2007.

[33] 徐子健,等. 管理学[M]. 北京:对外经济贸易出版社,2008.

[34] 陈英武,等. 现代管理学基础[M]. 长沙:国防科技大学出版社,2007.

[35] 包国宪,吴建祖,等. 管理学——理论与方法[M]. 兰州:兰州大学出版社,2008.

[36] 杨玄烨,等. 管理学基础[M]. 武汉:武汉理工大学出版社,2009.

[37] 芮明杰. 管理学——现代的观点[M]. 上海:上海人民出版社,2005.

[38] 徐国华,张德,赵平. 管理学[M]. 北京:清华大学出版社,1998.

[39] 查克·威廉姆斯,谢永珍,等. 管理学[M]. 北京:机械工业出版社,2011.

[40] 卢润德,等. 管理学[M]. 北京:机械工业出版社,2010.

[41] 陈传明,周小虎. 管理学[M]. 北京:机械工业出版社,2012.

[42] 邵冲. 管理学案例[M]. 北京:清华大学出版社,2006.

[43] (美) Griffin R W. 管理学[M]. 刘伟译. 北京:中国市场出版社,2011.

[44]Bateman T S,Snell S A. 管理学:新竞争格局[M]. 6 版. 北京:北京大学出版社,2007.

[45] 徐向艺. 管理学[M]. 济南:山东人民出版社,2005.

[46] 王利平. 管理学原理(修订版)[M]. 北京:中国人民大学出版社,2005.

[47] 陈劲. 管理学[M]. 北京:中国人民大学出版社,2010.

[48] Certo S C,Certo S T. 现代管理学:概念与技能[M]. 冷元红,等译. 11 版. 北京:清华大学出版社,2010.

[49]Gibson J L,Ivancevich J M, Donnelly J H. 组织学[M]. 王常生译. 10 版. 北京:电子工业出版社,2002.

[50] 吴勤堂,吴义. 管理学[M]. 武汉:武汉大学出版社,2010.

[51]Daft R L. 组织理论与设计精要[M]. 李维安,等译. 北京:机械工业出版社,2013.

[52] 吴照云,等. 管理学[M]. 5 版. 北京:中国社会科学出版社,2006.

[53] 郭跃进. 管理学[M]. 3 版. 北京:经济管理出版社,2005.

[54] 陈树文. 领导学[M]. 北京:清华大学出版社,2011.

[55] 杨文士,焦叔彬,张雁,等. 管理学[M]. 北京:中国人民大学出版社,2009.

[56] (美)斯蒂芬·P. 罗宾斯. 管理学. 北京:中国人民大学出版社,2004.

[57] (美)理查德·L. 达夫特,多萝西·马西克. 管理学原理[M]. 7 版. 北京:机械工业出版社,2012.

[58] (美)查尔斯·W. L. 希尔,[澳]史蒂文·L. 麦克沙恩. 管理学[M]. 北京:机械工业出版社,2010.

[59] (美)安德鲁·J. 杜柏林. 领导力[M]. 4 版. 北京:中国市场出版社,2007.

[60] (美)里基·W. 格里芬. 管理学[M]. 9 版. 北京:中国市场出版社,2008.

[61] 朱雪芹. 管理学原理[M]. 北京:清华大学出版社,2011.

[62] 黄国庆. 管理学概论[M]. 北京:清华大学出版社,2010.

[63] 李杰,张秋来,盛丽. 管理学原理[M]. 北京:清华大学出版社,2011.

[64] 高闯. 管理学[M]. 北京:清华大学出版社,2009.

[65] 赵丽芬. 管理理论与实务[M]. 北京:清华大学出版社,2010.

[66] 刘雪梅,胡建宏. 管理学原理与实务[M]. 北京:清华大学出版社,2011.

[67] 倪杰. 管理学原理[M]. 北京:清华大学出版社,2006.

[68] 周鸿. 管理学[M]. 北京:机械工业出版社,2007.

[69] 邢以群. 管理学[M]. 杭州:浙江大学出版社,2011.

[70] 单凤儒,金彦龙. 管理学[M]. 北京:科学出版社,2009.

[71] 蒋先平,谭宏. 管理学[M]. 北京:北京师范大学出版社,2011.
[72] 崔援民. 现代企业管理学[M]. 北京:中国经济出版社,1988.
[73] 乔忠. 管理学[M]. 北京:机械工业出版社,2012.
[74] 孙元欣. 管理学——原理·方法·案例[M]. 6版. 北京:科学出版社,2009.
[75] 王毅武,康星华. 现代管理学教程[M]. 北京:清华大学出版社,2008.
[76] 戴庆辉. 先进制造系统[M]. 北京:机械工业出版社,2006.
[77] 刘飞. 先进制造系统(修订版)[M]. 北京:中国科学技术出版社,2004.
[78] 杨斯迈. 现代管理学原理[M]. 北京:经济科学出版社,1996.
[79] 叶金国. 技术创新系统自组织论[M]. 北京:中国社会科学出版社,2006.
[80] 仲岩. 电子商务实务[M]. 北京:北京大学出版社,2009.
[81] 邵兵家. 电子商务概论[M]. 北京:高等教育出版社,2003.
[82] 覃征,等. 电子商务概论[M]. 2版. 北京:高等教育出版社,2006.